〔実務法律講義 14〕

第2版

実務 家族法講義

橋本昇二・三谷忠之 著

発行 民事法研究会

第 2 版はしがき

　本書の初版が刊行されたのは、平成18年 3 月であった。初版は、法科大学院の学生にも、また、実務家にも、テキスト・参考書として広く受け入れられ、その後の判例や法改正および実務の最新動向等を反映した改訂版の刊行が望まれていたため、初版から 6 年を経たこの時点で、第 2 版を発行する運びとなった。

　第 2 版では、この間の重要な判例、たとえば、虚偽の嫡出子出生届に対する親子関係不存在確認請求を権利の濫用とし、子の保護を図った事例（最判平成18・7・7民集60巻 6 号2307頁など）、遺留分減殺の算定についての新たな見解を示した事例（最判平成21・3・24民集63巻 3 号427頁）など、実務的にも極めて重要である判例を取り上げた。

　また、この間、一般社団法人及び一般財団法人に関する法律（平成18年法律第48号）および信託法（平成18年法律第108号）がそれぞれ施行され、さらに、民法等の一部を改正する法律（平成23年法律第61号）によって、児童虐待の防止等を図り、児童の権利利益を擁護する観点から、親権、監護権などに関して重要な改正がされ、改正民法が平成24年 4 月 1 日に施行された。そこで、第 2 版では、これらの改正に対応し、従前の記述を改めた。

　そのほか、従前の家事審判法を全体として見直し、新たに家事事件の手続を規定した家事事件手続法（平成23年法律第52号）が成立し、平成23年 5 月25日に公布されたため（同法は、平成25年 5 月25日までに施行される）、現行の家事審判法と間もなく施行される家事事件手続法の両方の規定を併記した。

　初版では、実務にも耐えうる法科大学院用テキストという観点から執筆された。第 2 版でも、その観点は、同じであるが、今回は、橋本が初版の著者の一人である岡部喜代子氏の後を引き継ぎ、上記の諸点について補筆補正を行うとともに、引き続き、三谷が全体をチェックして補充をし、アップ・ツー・デートしたものである。

　最後になったが、第 2 版の刊行を快く引き受けていただき、丁寧な校正な

第2版はしがき

どにお世話をいただいた民事法研究会の田口信義社長、南伸太郎さんおよび興石祐輝さんに、謝意を表する次第である。

　平成24年7月1日

東洋大学法科大学院教授・弁護士　橋 本 昇 二

香川大学法学研究院教授・弁護士　三 谷 忠 之

はしがき

　近年、親族法、相続法分野に関する判例・学説の進展には瞠目すべきものがある。多くの注目すべき裁判がなされて実務に大きな影響を与えている。理論上の問題も多く、研究者からは様々な精力的な成果が発表されるようになった。また、法律の改正や新法の発布も相次いでいる。

　このような分野に関する教科書を書く機会に恵まれたことはまことにありがたいことであった。われわれは東洋大学法科大学院で教鞭を取っており、教科書の必要性を痛感していたからである。法科大学院では、理論と体系を教えるとともに、その理論がいかに実務に直結しているか、いかに実務を動かすか、どのように紛争解決に機能するかを教えなければならない。また、実体と手続がいかに密接に関連しているかも理解してもらわなければならない。われわれは、本書をそのような必要性に応える教科書にしようと考えた。

　本書は、法科大学院の教科書ではあるが、しかし、それのみを目標としたものではない。法科大学院を卒業し実務家になった後にも使うことができ、かつ、この１冊があれば、家族関係紛争処理は一応まかなえるものとなることを目指した。だからこそ、実体法上の各種問題のほか、手続についても実務上の必要性が高いと思われる事柄に関して解説を加え、民法のみならず、児童虐待防止法、DV法、戸籍法など、また、民事訴訟法、人事訴訟法、家事審判法のほか、民事執行法、破産法などについても触れることになった。

　本書は実務的であることを目指したが、実務的であることは同時に理論的であることであると考えている。十分とはいえないが、できるだけ、理論上の問題にも切り込んでみたつもりである。親族法、相続法の分野は、法律学の分野では、あまり日の当たる場所を占めてこなかった。しかし、おそらくは、もっとも日常的に紛争が発生し、多くの人が苦しみ、その解決が必要とされる分野であろう。親族法、相続法の理論的研究がなおいっそう発展し、家族関係紛争が、法と論理に従って、かつ妥当な結果となるよう解決されること、また、手続がより整備され、紛争が早期に解決されることを願ってや

はしがき

まない。微力ではあるが、そのため精一杯努力する所存である。本書をお読みくださった方々のご批判を仰ぎ、今後の研究の励みとしたい。

なお、本書刊行後の新判例・新法令に関する情報は、三谷のホームページ(http://www1.odn.ne.jp/~cjq24190/)で提供していく予定である。

最後になったが、東洋大学法科大学院で教鞭をとっているとはいえ、実務にも耐えうるという難題を背負った法科大学院用テキストの執筆の機会を与えていただいた民事法研究会の田口信義社長および丁寧に校正などいろいろとお世話をしていただいた編集部の上野恭世さんに記して謝意を表する次第である。

平成18年3月1日

東洋大学法科大学院教授・弁護士

岡部喜代子

三谷忠之

●本書の法科大学院における利用の仕方●

1 　まず最初に、事例と設問を読まずに、あるいは、事例と設問を意識せずに、本文を読み、書いてある内容を理解してください。それは、本書が家族法の基本書として利用することを意味しています。事例と設問を読んでから本文を読むと、いきおい、それらに対する解答を意識して解答部分のみを探して本文を読むことになり、全体的な理解の妨げとなるからです。基本書として利用できるように本文を考えて叙述しています。これを最低2回はしてください。

2 　家族法全体を理解したら、次に事例を見て、本文を読み続けていきながら設問の解答を1つひとつ考えてみてください。解答は必ずしも当該事例・設問の章だけでない場合があるかもしれません。したがって、各章を読破するごとに自ら一応解答を書いておき、全体を読破したら、またその解答を振り返ってくください。そして、追加するべきものがあれば追加し、最終解答としてください。解答は、頭の中で考えるだけにせず、1度は必ず自分で書いてください。実体法以外に手続的な問題もあります。家族法は民事法の一部ですので、手続的な問題についても理解するように努力してください。手続的な問題も本文でかなり指摘していると思います。

3 　そして最後に、演習問題に取り組んでください。グループで議論するのもよいですし、自分で考えるのもよいですが、議論だけ頭の中で考えるだけというのでなく、必ず自分で書いてください。手続側面での問題にも配慮して書くようにしてください。疑問が生じたときは、参考文献にある教科書、引用の論文、判例とその評釈などを読んで、徹底的に考えるという習慣を身に着けてください。

　以上のようにして、家族法の全体を理解し、考える力を養ってください。司法試験直前は、最初に戻って、本文のみを通読して、理解していたと思われる内容を確認してください。しかも本書は、実務的にも十分通用できる内

本書の法科大学院における利用の仕方

容を盛り込んでもいますので、基本書としてだけでなく、新司法試験合格後において、実務書としての利用にも堪えるものである、と自負しています。

凡　例

〔法令略称〕　　　　　　　　　　　　　　　　　　　　　　　　　(50音順)

会社	会社法	信託	信託法
家事	家事事件手続法	特家審規	特別家事審判規則
家審	家事審判法	破産	破産法
家審規	家事審判規則	非訟	非訟事件手続法
刑	刑法	民	民法
後見登記	後見登記等に関する法律	民執	民事執行法
戸籍	戸籍法	民訴	民事訴訟法
人訴	人事訴訟法	民調	民事調停法
人訴規	人事訴訟規則	民調規	民事調停規定

〔引用文献略語〕　　　　　　　　　　　　　　　　　　　　　　　(50音順)

青山・改訂Ⅱ　　青山道夫・改訂家族法論Ⅱ (1971年、法律文化社)

明山・扶養　　　明山和夫・扶養法と社会福祉 (1973年、有斐閣)

有泉・新補正2版　　有泉亨・新版親族法・相続法補正第2版 (1988年、弘文堂)

有地・新版　　　有地亨・新版家族法概論 (2003年、法律文化社)

有地・新版補訂　　有地亨・新版家族法概論〔補訂版〕(2005年、法律文化社)

石田・新　　　　石田敏明・新人事訴訟法―要点解説とＱ＆Ａ― (2004年、新日本法規出版)

石田ほか編　　　石田喜久夫＝乾昭三＝甲斐道太郎＝中井美雄＝中川淳編・親族法・相続法 (1993年、青林書院)

一問一答成年後見・新版　　小林昭彦＝太鷹一郎＝大門匡編・一問一答新しい成年後見制度〔新版〕2006年 (2000年、商事法務)

凡 例

伊藤　　　　　　伊藤昌司・相続法（2002年、有斐閣）
伊藤＝長編・要件事実(2)　　伊藤滋夫＝長秀之編・民事要件事実講座第2巻総論II多様な要件と要件事実（2005年、青林書院）
内田・民法IV補訂　　内田貴・民法IV〔補訂版〕（2004年、東京大学出版会）
太田・概説　　太田武男・親族法概説（1990年、有斐閣）
大津・研究　　大津千明・離婚給付に関する実証的研究（1981年、法曹会）
大村　　　　　大村敦志・家族法（有斐閣法律学叢書）（1999年、有斐閣）
大村・2版　　大村敦志・家族法（第2版）（有斐閣法律学叢書）（2002年、有斐閣）
大村・2版補訂　　大村敦志・家族法（第2版補訂版）（有斐閣法律学叢書）（2004年、有斐閣）
岡部・親族　　岡部喜代子・親族法への誘い（2003年、八千代出版）
岡部・相続　　岡部喜代子・相続法への誘い（2001年、八千代出版）
梶村＝徳田編・家事2版　　梶村太市＝徳田和幸編・家事事件手続法〔第2版〕（2007年、有斐閣）
川井＝久貴編　　川井健＝久貴忠彦編・親族・相続法（1988年、青林書院）
北川・V2版　　北川善太郎・親族・相続〔民法講要V〕（第2版）（2001年、有斐閣）
寄与分事例集　　最高裁判所事務局家庭局監修・寄与分事例集（1994年、司法協会）
久貴　　　　　久貴忠彦・親族法（1984年、日本評論社）
現代家族大系(4)　　現代家族法大系編集委員会編・現代家族法大系4相続(1)（1980年、有斐閣）
現代裁判体系(10)　　村重慶一編・親族（現代裁判法体系10）（1998年、新日本法規）
講座現代家族(3)　　川井健＝利谷信義＝三木妙子＝久貴忠彦＝野田愛子＝泉久雄編・講座・現代家族法第3巻親子（1992年、日本評

講座現代家族(4)	川井健＝利谷信義＝三木妙子＝久貴忠彦＝野田愛子＝泉久雄・講座・現代家族法第4巻親権・後見・扶養（1992年、日本評論社）
講座現代家族(5)	川井健＝利谷信義＝三木妙子＝久貴忠彦＝野田愛子＝泉久雄・講座・現代家族法第5巻遺産分割（1992年、日本評論社）
講座実務家審(2)	岡垣学＝野田愛子編・講座実務家事審判法(2)夫婦・親子・扶養関係（1988年、日本評論社）
小林＝原・解説	小林昭彦＝原司・平成11年度民法一部改正法などの解説（2002年、法曹会）
佐藤・夫婦財産	佐藤良雄・夫婦財産契約論（1984年、千倉書房）
佐藤＝伊藤＝右近・民法Ⅴ2版	佐藤義彦＝伊藤昌司＝右近健男・民法Ⅴ親族・相続〔第2版〕（有斐閣Sシリーズ）（1995年、有斐閣）
佐藤＝伊藤＝右近・民法Ⅴ3版	佐藤義彦＝伊藤昌司＝右近健男・民法Ⅴ親族・相続〔第3版〕（有斐閣Sシリーズ）（2005年、有斐閣）
佐藤編・現代	佐藤隆夫編・現代家族法（現代法学双書8）（1990年、八千代出版）
島津・転換期	島津一郎・転換期の家族法（1991年、日本評論社）
新相続解説	法務省民事局参事官室編・新しい相続制度の解説（1980年、金融財政事情研究会）
新注民(21)	青山道夫＝有地亨編集・新版注釈民法(21)親族(1)親族総則・婚姻の成立・効果（1989年、有斐閣）
新注民(23)	中川善之助＝米倉明編集・新版注釈民法(23)親族(3)親子(1)実子（2004年、有斐閣）
新注民(24)	中川善之助＝山畠正男編集・新版注釈民法(24)親族(4)親子(2)養子

凡 例

(1994年、有斐閣)

新注民(25)改訂　　於保不二雄＝中川淳編集・新版注釈民法(25)親族(5)〔改訂版〕（2004年、有斐閣）

新注民(26)　　中川善之助＝泉久雄編集・新版注釈民法(26)相続(1)相続総則・相続人（1992年、有斐閣）

新注民(27)　　谷口知平＝久貴忠彦編集・新版注釈民法(27)相続(2)（1989年、有斐閣）

新注民(28)補訂　　中川善之助＝加藤永一編集・新版注釈民法(28)相続(3)遺言・遺留分〔補訂版〕（2002年、有斐閣）

新民法学(5)　　副田隆重＝棚村政行＝松倉耕作・新・民法学5家族法（1997年、一粒社）

鈴木　　鈴木禄弥・親族法講義（1988年、創文社）

鈴木・改訂　　鈴木禄弥・相続法講義改訂版（1996年、創文社）

鈴木・基準　　鈴木眞次・離婚給付の決定基準（1992年、弘文堂）

鈴木・新居住　　鈴木禄弥・居住権論新版（1981年、有斐閣）

成年後見解説　　法務省民事局参事官室・成年後見制度の改正に関する要綱試案の解説―要綱試案・概要・補足説明―（1998年、きんざい）

成年後見説明　　法務省民事局参事官室編・婚姻制度等に関する民法改正要綱試案及び試案の説明（1994年、日本加除出版）

大系(3)　　家族法大系刊行委員会編・家族法大系Ⅲ離婚（中川善之助教授還暦記念）（1959年、有斐閣）

大系(6)　　家族法大系刊行委員会編・家族法大系Ⅵ相続(1)（中川善之助教授還暦記念）（1960年、有斐閣）

大系(7)　　家族法大系刊行委員会編・家族法大系Ⅶ相続(2)（中川善之助教授還暦記念）（1960年、有斐閣）

髙木・研究　　髙木多喜男・遺留分制度の研究（1981年、成文堂）

髙木・口述　　髙木多喜男・口述相続法（1988年、成文堂）

鷹巣・構造　　鷹巣信孝・財産法における権利の構造（1996年、成文堂）

高野・家事調停　　高野耕一・家事調停論〔増補版〕（2012年、信山社）

高橋・展開　　高橋朋子・近代家族団体論の形成と展開（1999年、有斐閣）

田中＝岡部＝橋本＝長・諸問題　　田中壮太＝岡部喜代子＝橋本昇二＝長秀之・遺産分割事件の処理をめぐる諸問題（1994年、司法研修所）

谷口・戸籍3版　　谷口知平・戸籍法第3版（1986年、有斐閣）

知識ライブ(4)　　村重慶一編・法律知識ライブラリー4家族法（1994年、青林書院）

注民(20)　　青山道夫編集・注釈民法(20)親族(1)総則・婚姻の成立・効果（1966年、有斐閣）

注民(21)　　青山道夫編集・注釈民法(21)親族(2)離婚（1966年、有斐閣）

利谷編　　利谷信義編・現代家族法学（NJ叢書）（1999年、法律文化社）

中川・課題　　中川善之助・身分法の総則的課題（1941年、岩波書店）

中川・上　　中川善之助・親族法（上）（1958年、青林書院）

中川＝泉・4版　　中川善之助＝泉久雄・相続法第4版（法律学全集）（2000年、有斐閣）

二宮・3版　　二宮周平・新法学ライブラリー9家族法〔第3版〕（2009年、新世社）

沼邊ほか編・新読本2版　　沼邊愛一＝佐藤隆夫＝野田愛子＝人見康子編・新家事調停読本第2版（1994年、一粒社）

野田愛子　　野田・現代家族法―夫婦・親子―（1996年、日本評論社）

野田＝安倍監・概説改訂　　野田愛子＝安倍嘉人監修・人事訴訟法概説〔改訂版〕（2009年、日本加除出版）

林ほか編　　林良平＝右近健男＝山口純夫編・親族・相続法（1987年、青林書院）

百年IV　　広中俊雄＝星野英一編・民法典の百年IV個別的観察(3)親族編・相続編（1998年、有斐閣）

11

凡　例

深谷・3 版　　深谷松男・現代家族法〔第三版〕(1997年、青林書院)
深谷・4 版　　深谷松男・現代家族法〔第四版〕(2001年、青林書院)
星野・借地　　星野英一・借地・借家法（1969年、有斐閣）
細川・解説　　細川清・改正養子法の解説（1993年、法曹会）
松倉・志向　　松倉耕作・血統訴訟と真実志向（1997年、成文堂）
松倉・論　　　松倉耕作・血統訴訟論（1995年、一粒社）
三谷・民執講義 2 版　　三谷忠之・民事執行法講義〔第 2 版〕(2011年、成文堂)
三谷・民訴講義 3 版　　三谷忠之・民事訴訟法講義〔第 3 版〕(2011年、成文堂)
三谷・民倒講義　　三谷忠之・民事倒産法講義（2006年、成文堂）
三谷・常識　　三谷忠之編・両性平等時代の法律常識（2005年、信山社）
民法(8) 4 版　　遠藤博＝川井健＝原島重義＝広中俊雄＝水本浩＝山本進一編集・民法(8)親族〔第 4 版〕(有斐閣双書)（1997年、有斐社）
民法(9) 4 版　　遠藤博＝川井健＝島原重義＝広中俊雄＝水本浩＝山本進一編集・民法(9)相続〔第 4 版〕(有斐閣双書)（1996年、有斐閣）
民法学(7)　　奥田昌道＝玉田弘毅＝米倉明＝中井美雄＝川井健＝西原道雄＝有地亨編・民法学(7)親族・相続の重要問題（有斐閣双書）（1976年、有斐閣）
民法講義(8)　　泉久雄＝久貴忠彦＝久留都茂子＝宮井忠夫＝米倉明＝上野雅和＝加藤永一・民法講義(8)相続（有斐閣大学双書）（1978年、有斐閣）
民法講座(7)　　星野英一編集代表・民法講座 7 ―親族・相続―（1984年、有斐閣）
本沢・研究　　本沢巳代子・離婚給付の研究（1998年、一粒社）
山川・講義 5 版　　山川一陽・親族法・相続法講義〔第 5 版〕(2011年、日本加除出版)
我妻　　我妻栄・親族法（1973年、有斐閣）

我妻・改正	我妻栄・改正親族・相続法解説（1949年、日本評論社）
我妻・債各中(2)	我妻栄・債権各論中巻二（1962年、岩波書店）
我妻・新債総	我妻栄・新訂債権総論（1964年、岩波書店）
我妻・新総則	我妻栄・新訂民法総則（1965年、岩波書店）
我妻・物権	我妻栄・物権法（1964年、岩波書店）
我妻編・経過	我妻栄編・戦後における民法改正の経過（1956年、日本評論社）

〔雑誌略語〕　　　　　　　　　　　　　　　　　　　　　　　　　　（50音順）

家月	家庭裁判月報		判タ	判例タイムズ
下民集	下級裁判所民事判例集		判評	判例評論
金法	金融法務事情		比較法	比較法研究
ケース	ケース研究		法協	法学協会雑誌
高刑集	高等裁判所刑事判例集		法研	法学研究
高民集	高等裁判所民事判例集		法時	法律時報
ジュリ	ジュリスト		法論	法律論叢
訟月	訟務月報		民集	最高裁判所民事判例集
新聞	法律新聞		民商	民商法雑誌
判時	判例時報			

第1部　総論編

第1章　家族法総則

- I　親族法・相続法の性質 …………………………………… 2
  - 1　親族法の性質 ……………………………………………… 2
  - 2　相続法の性質 ……………………………………………… 2
- II　親族法・相続法の特徴 …………………………………… 3
  - 1　画一性・絶対性 …………………………………………… 3
  - 〔民法の一部を改正する法律案要綱〕…………………… 4
  - 2　歴史的事実 ………………………………………………… 7
  - 〔表1〕　家族関係の変化―新旧民法比較表 …………… 8
- III　現在の親族法・相続法の課題 ……………………………10

第2章　家族法各則

- I　親族法総則 …………………………………………………11
  - 1　親族とは …………………………………………………11
  - 〔図1〕　親族関係図 ………………………………………13
  - 2　親族の範囲 ………………………………………………14
  - 3　扶け合いの義務 …………………………………………14
- II　相続法総則 …………………………………………………15

	1	相続の意義 …………………………………………………15
	2	相続の根拠 …………………………………………………16
	3	現行民法における法定相続と遺言相続 …………………16

第3章　家庭関係事件の手続―人事事件と家庭裁判所

I	人事訴訟事件 …………………………………………………18
II	家事審判事件 …………………………………………………20
	1　夫婦・親子の効果に関する事件 …………………………20
	2　制限行為能力者の保護に関する事件 ……………………21
	3　遺産分割に関する事件 ……………………………………21
III	通常民事事件 …………………………………………………22
IV	家事調停 ………………………………………………………23

第2部　各論編

第1章　婚　約

I	事　例 …………………………………………………………26
II	設　問 …………………………………………………………27
III	婚約とは何か …………………………………………………27
IV	婚約の成立はどのような場合に認められるか ………………28
V	婚約するとどのような効果が生じるか ………………………29

15

1　婚姻履行請求権の実現方法は……………………………………29
　　2　債務不履行に基づく損害賠償請求権が存在しうる ……………30
　　　(1)　その要件は ……………………………………………………30
　　　(2)　損害の範囲は …………………………………………………31
　　　(3)　不法行為による損害賠償も可能である ……………………32
　Ⅵ　結納の性質とは ……………………………………………………32
　Ⅶ　実務上の留意点 ……………………………………………………33
　Ⅷ　事例について ………………………………………………………34
　　　〔コラム〕　婚姻外男女関係 ………………………………………35
〔演習問題〕……………………………………………………………………35

第2章　婚姻の成立

　Ⅰ　事　例 …………………………………………………………………36
　Ⅱ　設　問 …………………………………………………………………36
　Ⅲ　婚姻とはどういうことか ……………………………………………37
　Ⅳ　婚姻が成立する要件としては何があるか …………………………38
　　1　実質的要件とは何か ………………………………………………38
　　　(1)　婚姻意思の存在が必要である ………………………………38
　　　(2)　婚姻能力とは何か ……………………………………………41
　　　(3)　婚姻障碍は不存在でなければならない ……………………42
　　2　形式的要件とは何か ………………………………………………44
　　　(1)　届　出 …………………………………………………………44
　　　(2)　婚姻届書作成後に翻意したにもかかわらず受理された婚姻届
　　　　　は有効か ………………………………………………………45
　　　(3)　婚姻届出時に意識不明になった場合はどうか ……………45
　　　(4)　届出時に死亡していた場合はどうか ………………………46

〔コラム〕　宿直が飲酒、婚姻届受理でトラブル ……………………47
　　　【書式１】　婚姻届 ………………………………………………………47
　Ⅴ　婚姻の無効および取消し ……………………………………………………48
　　１　婚姻の無効はどのようなときに生じるか …………………………48
　　２　取消しが可能な婚姻はどのような場合に生じるか ………………48
　　　(1)　取消事由と取消請求期間 ……………………………………………48
　　　(2)　婚姻取消しの効果は遡及するか ……………………………………50
　Ⅵ　手　続 ……………………………………………………………………50
　　１　調　停 ………………………………………………………………51
　　２　合意に相当する審判 ………………………………………………51
　　３　追認は認められる …………………………………………………52
　　４　職分管轄 ……………………………………………………………52
　　５　離婚無効の訴えと婚姻取消しの訴えの併合 ………………………52
　　６　土地管轄 ……………………………………………………………52
　　７　関連請求 ……………………………………………………………53
　　８　訴訟の集中 …………………………………………………………53
　　９　立証責任 ……………………………………………………………54
　　10　請求の認諾・放棄、訴訟上の和解 …………………………………54
　　11　判　決 ………………………………………………………………54
　Ⅶ　事例について …………………………………………………………54
〔演習問題〕 ……………………………………………………………………55

第３章　婚姻の効果

　Ⅰ　事　例 …………………………………………………………………56
　Ⅱ　設　問 …………………………………………………………………56
　Ⅲ　夫婦はなぜ同氏でなければならないか ……………………………………56

17

- Ⅳ 貞操義務（守操義務） ……………………………………………59
  - 1 夫婦間に貞操義務はあるか ………………………………59
  - 2 貞操義務違反の効果は ……………………………………60
- Ⅴ 同居・協力・扶助義務 ……………………………………………65
  - 1 同居義務 ………………………………………………………65
  - 2 協力義務 ………………………………………………………67
  - 3 扶助義務 ………………………………………………………67
- Ⅵ 成年擬制とは ………………………………………………………68
- Ⅶ 夫婦間の契約取消権はいつでも行使可能か …………………68
- Ⅷ 実務上の留意点 ……………………………………………………69
- Ⅸ 事例について ………………………………………………………69
- 〔演習問題〕 ……………………………………………………………70

第4章　夫婦財産制

- Ⅰ 事　例 ………………………………………………………………71
- Ⅱ 設　問 ………………………………………………………………71
- Ⅲ 夫婦財産契約は婚姻前に ………………………………………71
- Ⅳ 財産は夫婦のいずれに帰属するか ……………………………73
  - 1 夫婦別産制と共同財産制の違いは ………………………73
  - 2 夫婦別産制の内容は ………………………………………73
- Ⅴ 婚姻費用の分担はどうなるのか ………………………………76
  - 1 婚姻費用の分担とは ………………………………………76
  - 2 婚姻費用分担義務と扶助義務との関係はどのような関係にあるのか ……………………………………………………………76
  - 3 婚姻費用分担額はどのような算定方法により決定するか ………77
  - 4 婚姻費用の分担の本質は何か ……………………………77

VI	日常家事債務 …………………………………………………………79
1	事　例 ……………………………………………………………79
2	設　問 ……………………………………………………………80
3	日常家事債務について責任が認められる根拠は何か ………80
4	表見代理は認められるか ………………………………………81
VII	実務上の留意点 ………………………………………………………82
VIII	事例について …………………………………………………………83
〔演習問題〕 …………………………………………………………………84

第 5 章　離　婚

I	事　例 ……………………………………………………………………85
II	設　問 ……………………………………………………………………86
III	婚姻の破綻状態では婚姻の効果はどうなるか ……………………87
IV	離婚の成立 ………………………………………………………………89
1	離婚とは何か ……………………………………………………89
2	離婚するための方式は …………………………………………89
(1)	協議離婚 ………………………………………………………89
〔表2〕	年次別離婚件数と種類 ……………………………………90
(2)	調停離婚 ………………………………………………………94
【書式2】	離婚届 ………………………………………………………94
(3)	審判離婚 ………………………………………………………95
(4)	裁判上の和解離婚 ……………………………………………95
(5)	判決離婚 ………………………………………………………95
(6)	認諾離婚 ………………………………………………………95
3	離婚原因にはどのようなものがあるか ………………………95
(1)	不　貞 …………………………………………………………95

19

(2)　悪意の遺棄 …………………………………………………96
　(3)　3年以上の生死不明 ………………………………………97
　(4)　強度の精神病 ………………………………………………98
4　その他婚姻を継続し難い重大な事由とは …………………102
　(1)　不貞類似の行為 ……………………………………………102
　(2)　暴行・虐待 …………………………………………………103
　〔配偶者暴力に関する保護命令の流れ〕………………………104
　(3)　重大な侮辱 …………………………………………………105
　(4)　性交不能、性的異常 ………………………………………105
　(5)　勤労意欲の欠如、浪費 ……………………………………105
　(6)　精神障がい …………………………………………………106
　(7)　病　気 ………………………………………………………106
　(8)　配偶者の親族との不和 ……………………………………106
　(9)　宗教活動 ……………………………………………………107
　(10)　性格の不一致 ………………………………………………107
　(11)　その他 ………………………………………………………108
5　民法770条1項1号から4号までと5号との関係 …………108
6　民法770条2項の問題点 ……………………………………108
7　有責配偶者の離婚請求 ………………………………………109
　〔表3〕　有責配偶者からの離婚請求の判例 …………………110
8　破綻主義立法 …………………………………………………111
9　裁判離婚手続 …………………………………………………112

V　手　続 ………………………………………………………112
1　土地管轄 ………………………………………………………113
2　関連請求の併合 ………………………………………………113
3　当事者 …………………………………………………………114
4　審　理 …………………………………………………………115
5　公開停止 ………………………………………………………115

6　訴訟物 …………………………………………………………116
　　7　主張立証責任 …………………………………………………116
　　8　附帯処分 ………………………………………………………116
　　9　保全処分 ………………………………………………………118
Ⅵ　実務上の留意点 ……………………………………………………118
Ⅶ　事例について ………………………………………………………120
〔演習問題〕………………………………………………………………121

第6章　離婚の効果

Ⅰ　事　例 …………………………………………………………………122
Ⅱ　設　問 …………………………………………………………………122
Ⅲ　子の監護に関する定めをしなければならない ……………………122
Ⅳ　親権者を定めなければならない ……………………………………124
Ⅴ　もとの氏に復する ……………………………………………………124
Ⅵ　財産分与の請求ができる ……………………………………………125
　　1　財産分与の内容は何か ………………………………………126
　　　(1)　清算の意味は ……………………………………………127
　　　(2)　離婚後扶養の意味もある ………………………………129
　　　(3)　慰謝料も含みうる ………………………………………129
　　2　財産分与の方法は何か ………………………………………131
　　3　財産分与請求権保全のための債権者代位権の行使は許されるか …131
　　4　財産分与は詐害行為取消権の対象となるか ………………131
　　5　財産分与と税金との関係はどうなっているか ……………132
Ⅶ　祭祀財産の承継者を定める必要性 …………………………………132
Ⅷ　姻族関係の当然終了 …………………………………………………133
Ⅸ　死亡による解消 ………………………………………………………133

21

目　次

- **X　実務上の留意点** ……………………………………………133
  - 1　氏と戸籍 …………………………………………………133
  - 2　離婚給付の諸問題 ………………………………………136
    - (1)　財産分与 …………………………………………136
    - (2)　慰謝料 ……………………………………………142
  - 3　年金法の改正 ……………………………………………143
  - 4　保全処分 …………………………………………………144
  - 5　破　産 ……………………………………………………144
  - 6　証明の方法 ………………………………………………145
- **XI　事例について** ………………………………………………146
- 〔演習問題〕 ………………………………………………………146

第7章　嫡出子

- **I　事　例** ………………………………………………………148
- **II　設　問** ………………………………………………………148
- **III　嫡出子とは何か** ……………………………………………149
  - 1　嫡出親子関係が成立する要件は ………………………149
    - (1)　妻の生んだ子であること ………………………149
    - (2)　嫡出が推定される場合 …………………………149
    - (3)　推定されない嫡出子もある ……………………150
    - (4)　人工生殖子の問題が生じている ………………153
- **IV　親子関係存否はどのようにして争うのか** ………………154
  - 1　嫡出推定のある場合 ……………………………………154
  - 2　嫡出推定のない場合 ……………………………………154
  - 3　妻が出産した子ではない場合 …………………………155
  - 4　推定の重複する場合 ……………………………………155

(1)　再婚禁止期間の趣旨は何か ……………………………………155
　　　(2)　父を定める訴えの特徴は ………………………………………155
　Ⅴ　事例について ……………………………………………………………157
　〔演習問題〕……………………………………………………………………158

第8章　非嫡出子

Ⅰ　事　例 ………………………………………………………………………159
Ⅱ　設　問 ………………………………………………………………………159
Ⅲ　非嫡出親子関係はいつ成立するか ……………………………………159
　1　非嫡出母子関係の場合 …………………………………………………159
　2　非嫡出父子関係の場合 …………………………………………………160
　　　(1)　任意認知とは ……………………………………………………160
　　　(2)　裁判による認知（強制認知）…………………………………162
　　【書式3】　認知届 ………………………………………………………163
　　　(3)　認知の効力は遡及する …………………………………………165
Ⅳ　非嫡出親子関係の存否の争い方 ………………………………………165
Ⅴ　準　正 ………………………………………………………………………166
Ⅵ　実務上の留意点 …………………………………………………………166
〔演習問題〕……………………………………………………………………167

第9章　養子縁組

Ⅰ　事　例 ………………………………………………………………………169
Ⅱ　設　問 ………………………………………………………………………170
Ⅲ　養子とは何か ……………………………………………………………170

Ⅳ 普通養子とは何か ………………………………………………171
1 実質的要件にはどのようなものがあるか ………………………171
(1) 縁組意思が存在しなければならない ………………………………171
(2) 縁組能力がなければならない ………………………………………172
(3) 縁組障碍事由は不存在でなければならない ………………………173
2 形式的要件にはどのようなものがあるか ………………………175
3 縁組の無効および取消し ……………………………………………178
(1) 無効事由とは何か ……………………………………………………178
(2) 取消事由があるとどうなるか ………………………………………179
4 養子縁組の効力 ………………………………………………………181
(1) 嫡出子の身分の取得の時期はいつか ………………………………181
(2) 養子の氏はどうなるか ………………………………………………182
5 離縁をする方法は ……………………………………………………182
(1) 協議離縁 ………………………………………………………………182
【書式4】 家事審判（調停）申立書 ……………………………………183
(2) 死後離縁 ………………………………………………………………184
(3) 裁判離縁 ………………………………………………………………185
6 離縁するとどのような効果が生ずるか …………………………186
(1) 親族関係の終了 ………………………………………………………186
(2) 氏はどうなるのか ……………………………………………………186
(3) 離縁による復氏の際の権利の承継 …………………………………186
(4) 財産分与は認められるか ……………………………………………186

Ⅴ 特別養子とは何か ………………………………………………187
1 制度目的は何か ………………………………………………………187
2 実質的要件には何があるか …………………………………………187
(1) 養親の夫婦共同縁組である必要がある ……………………………187
(2) 養親となる者の年齢に制限がある …………………………………188
(3) 養子となる者にも年齢制限がある …………………………………188

(4)　父母の同意が必要である ……………………………………188
　　　(5)　子の利益のための特別の必要性がなければならない …………188
　　3　形式的要件には何があるか …………………………………………190
　　4　特別養子縁組成立のための方式は …………………………………190
　　5　特別養子縁組の効果は ………………………………………………190
　　　(1)　実方との親族関係の終了 …………………………………………191
　　　(2)　戸籍の続柄欄 ………………………………………………………191
　　6　離縁はできるか ………………………………………………………191
　　7　離縁の効果は …………………………………………………………191
　Ⅵ　実務上の留意点 …………………………………………………………192
　　1　認知予定の父親がいる場合 …………………………………………192
　　2　養子縁組の不受理申出制度 …………………………………………192
〔演習問題〕 ……………………………………………………………………193

第10章　親権（子の監護）

　Ⅰ　事　例 ……………………………………………………………………194
　Ⅱ　設　問 ……………………………………………………………………194
　Ⅲ　親権の性質は ……………………………………………………………195
　Ⅳ　親権者となる者は誰か …………………………………………………197
　　1　共同親権が原則である ………………………………………………197
　　2　単独親権者を指定する場合 …………………………………………197
　　3　単独親権者が死亡した場合 …………………………………………198
　　4　単独親権者である養親が死亡した場合 ……………………………199
　　5　養親と実親が離婚した後に単独親権者となった者が死亡した
　　　場合 ……………………………………………………………………199
　Ⅴ　親権の効力として認められる内容は何か ……………………………200

1　監護権 ··200
　　　(1)　子の監護をめぐる争いの態様 ·······························200
　　　(2)　親権者以外に子の監護者の指定が必要な場合とは ········201
　　　(3)　子の引渡請求が認められる場合 ·····························202
　　　(4)　面会交流権 ··207
　　　(5)　養育費 ··211
　　2　財産管理権 ···211
　　　(1)　父母の一方が共同の名義でした行為の効力は有効か ·····212
　　　(2)　子本人の同意が必要な場合 ····································213
　　　(3)　利益相反行為をするときはどうするか ·····················213
　　　(4)　親権濫用とされる場合とは ····································214
Ⅵ　親権の喪失 ···215
　　1　親権喪失の審判 ··215
　　2　親権停止の審判 ··216
　　3　管理権喪失の審判 ···217
　　4　親権喪失、親権停止または管理権喪失の審判の取消し ·······218
　　5　親権または管理権の辞任および回復 ······························218
Ⅶ　実務上の留意点 ··218
Ⅷ　事例について ··219
〔演習問題〕··219

第11章　後　見

Ⅰ　事　例 ···220
Ⅱ　設　問 ···220
Ⅲ　後見制度にはどのようなものがあるか ································221
Ⅳ　未成年後見とは ··222

1　未成年後見はいつ開始するか ……………………………………222
　　　2　未成年後見の機関には何があるか …………………………………222
　　　　(1)　常置機関は何か ……………………………………………………222
　　　　(2)　任意的設置機関もある ……………………………………………225
　Ⅴ　法定後見制度とは ………………………………………………………226
　　　1　成年後見制度とは ……………………………………………………226
　　　　(1)　成年後見を開始するには …………………………………………226
　　　　(2)　成年後見人は誰が選任するか ……………………………………226
　　　　(3)　成年後見人はどのような事務を行い制限・義務があるか ……227
　　　　(4)　成年後見監督人 ……………………………………………………230
　　　2　保佐とは ………………………………………………………………230
　　　　(1)　保佐人の代理権 ……………………………………………………230
　　　　(2)　保佐人の事務処理の基準 …………………………………………231
　　　3　補助とは ………………………………………………………………231
　　　　(1)　補助人の代理権 ……………………………………………………231
　　　　(2)　補助人の事務処理の基準 …………………………………………231
　Ⅵ　任意後見制度とは ………………………………………………………232
　　　1　任意後見監督人選任審判 ……………………………………………232
　　　　(1)　選任審判の要件 ……………………………………………………232
　　　　(2)　審　理 ………………………………………………………………233
　　　　(3)　法定後見の取消し …………………………………………………234
　　　　(4)　任意後見事務 ………………………………………………………234
　　　　(5)　任意後見監督人の職務 ……………………………………………234
　　　　(6)　任意後見監督人に対する監督 ……………………………………235
　　　2　任意後見人の解任 ……………………………………………………235
　　　3　任意後見契約解除許可 ………………………………………………236
　　　4　後見、保佐および補助との関係 ……………………………………236
　Ⅶ　実務上の留意点 …………………………………………………………238

27

VIII 事例について …………………………………………239
〔演習問題〕………………………………………………239

第12章　扶　養

I　事　例 …………………………………………………240
II　設　問 …………………………………………………240
III　扶　養 …………………………………………………241
　1　扶養とは何か ………………………………………241
　2　生活保持義務と生活扶助義務との関係は ………241
　3　扶養義務者は誰か …………………………………242
　4　扶養義務者・権利者の順位はどうなっているか …243
　5　扶養請求権の発生要件にはどのようなものがあるか …243
　6　扶養請求権を処分できるか ………………………243
　7　過去の扶養料の請求の方法は ……………………244
　8　私的扶養と公的扶養とはどちらが優先するか …245
IV　親の未成熟子に対する生活保持義務 ………………245
　1　根拠条文は何か ……………………………………245
　2　養育費との関係は …………………………………246
　3　婚姻費用分担との関係は …………………………246
　4　算定方法はどうなるか（養育料、扶養料とも同一）…246
V　夫婦間の生活保持義務 ………………………………248
　1　根拠条文は何か ……………………………………248
　2　婚姻費用分担との関係は …………………………248
VI　子の老親に対する扶養義務 …………………………249
　1　扶養義務の性質と根拠は何か ……………………249
　2　算定方法はどうなるか ……………………………250

	3　引取扶養とはどのようなものか ………………………………250
VII	その他親族間の扶養義務 ……………………………………………251
VIII	強制執行等 ………………………………………………………………251
IX	実務上の留意点 …………………………………………………………252
X	事例について ……………………………………………………………252

〔演習問題〕………………………………………………………………………253

第13章　相続人

I	事　　例 …………………………………………………………………254
II	設　　問 …………………………………………………………………254
III	法定相続人主義と同時存在の原則 …………………………………254
IV	胎　　児 …………………………………………………………………255
V	血族相続人の範囲と順位 ……………………………………………256

　　1　子 ……………………………………………………………………256
　　2　子の代襲相続 ……………………………………………………256
　　　(1)　代襲原因 ……………………………………………………257
　　　(2)　代襲相続人の要件 …………………………………………257
　　　(3)　再代襲相続 …………………………………………………258
　　　(4)　代襲相続の効果 ……………………………………………259
　　　(5)　代襲相続の性質 ……………………………………………259
　　3　直系尊属 …………………………………………………………259
　　4　兄弟姉妹 …………………………………………………………260
　　5　兄弟姉妹の代襲相続 ……………………………………………260

VI	配偶者 ……………………………………………………………………261
VII	相続欠格 …………………………………………………………………261

　　1　相続欠格事由 ……………………………………………………261

29

2　関連判例 ……………………………………………………263
　　3　最近の問題事例 ……………………………………………265
　Ⅷ　推定相続人廃除 …………………………………………………265
　　1　廃除原因 ……………………………………………………266
　　　(1)　被相続人に対する虐待・重大な侮辱 ………………266
　　　(2)　虐待・重大な侮辱以外の著しい非行 ………………266
　　2　廃除の手続 …………………………………………………266
　　3　廃除の効果 …………………………………………………267
　　4　廃除の根拠 …………………………………………………267
　Ⅸ　二重資格の相続人の欠格・廃除 ………………………………267
　Ⅹ　実務上の留意点 …………………………………………………268
　　1　相続人廃除について ………………………………………268
　　2　身分関係を争う訴訟について ……………………………268
　Ⅺ　事例について ……………………………………………………269
　〔演習問題〕 ……………………………………………………………269

第14章　相続財産

Ⅰ　事　例 ………………………………………………………………271
Ⅱ　設　問 ………………………………………………………………272
Ⅲ　包括承継（一般承継） ……………………………………………272
　1　相続の対象とならない権利・義務 …………………………272
　　(1)　一身専属権 …………………………………………………272
　　(2)　被相続人に属さなかった権利 ……………………………277
　　(3)　祭祀財産 ……………………………………………………278
　　(4)　事実上の利益 ………………………………………………278
　2　共同相続の形態 ………………………………………………279

(1) 所有権 ……………………………………………………280
　　(2) 共有持分権 ………………………………………………280
　　(3) 用益物権・担保物権・占有権 …………………………280
　　(4) 不可分債権 ………………………………………………281
　　(5) 不可分債務 ………………………………………………281
　　(6) 可分債権 …………………………………………………282
　　(7) 可分債務 …………………………………………………284
　　(8) 形成権 ……………………………………………………285
　　(9) 法律上の地位 ……………………………………………286
　　(10) 社員権 ……………………………………………………286
　　(11) ゴルフ会員権 ……………………………………………286
　3　相続財産に対する共有持分権の処分・管理・保存………286
　4　相続財産に属するかどうかの争い ……………………………287
Ⅳ　事例について ………………………………………………………287
〔演習問題〕………………………………………………………………288

第15章　祭祀財産

Ⅰ　事　例 ………………………………………………………………289
Ⅱ　祭祀に関する権利の承継 …………………………………………289
Ⅲ　祭祀財産の範囲 ……………………………………………………289
Ⅳ　祭祀財産の承継者の指定 …………………………………………291
Ⅴ　事例について ………………………………………………………292
〔演習問題〕………………………………………………………………292

第16章　相続財産の管理

- I　事　例 …………………………………………………………………293
- II　設　問 …………………………………………………………………293
- III　共同相続財産の性質 …………………………………………………293
- IV　共同相続財産の処分 …………………………………………………294
- V　共同相続財産の管理行為 ……………………………………………295
- VI　共同相続財産の保存行為 ……………………………………………296
- VII　相続財産管理人 ………………………………………………………297
  - 1　相続財産管理人の選任 ……………………………………………297
  - 2　相続財産管理人の地位 ……………………………………………297
- VIII　相続財産管理費用 ……………………………………………………299
- IX　事例について …………………………………………………………299
- 〔演習問題〕………………………………………………………………300

第17章　相続分

- I　事　例 …………………………………………………………………301
- II　設　問 …………………………………………………………………302
- III　相続分の意義 …………………………………………………………302
- IV　法定相続分 ……………………………………………………………305
  - 1　子および配偶者が相続人であるとき ……………………………305
  - 2　配偶者および直系尊属が相続人であるとき ……………………305
  - 3　配偶者および兄弟姉妹が相続人であるとき ……………………305
  - 4　非嫡出子がいるとき ………………………………………………306
    - (1)　嫡出子と非嫡出子が相続人であるとき ……………………307

(2) 配偶者と嫡出子と非嫡出子が相続人であるとき ……………307
　5 全血兄弟と半血兄弟が相続人であるとき ………………………308
　6 配偶者のみが相続人であるとき …………………………………308
　7 代襲者が相続人であるとき ………………………………………308
　8 二重資格の相続人であるとき ……………………………………309
V 指定相続分 ……………………………………………………………310
VI 相続分譲渡とその取戻し ……………………………………………311
VII 具体的相続分 …………………………………………………………312
　1 特別受益 ……………………………………………………………312
　　(1) 特別受益者 ……………………………………………………313
　　(2) 特別受益となる行為 …………………………………………313
　　(3) 特別受益の評価 ………………………………………………316
　　(4) 持戻免除 ………………………………………………………317
　　(5) 特別受益に関する争い ………………………………………317
　2 寄与分 ………………………………………………………………319
　　(1) 寄与分を主張できる者 ………………………………………320
　　(2) 寄与行為 ………………………………………………………320
　　(3) 特別の寄与 ……………………………………………………321
　　(4) 因果関係 ………………………………………………………322
　　(5) 寄与分の算定方法 ……………………………………………322
　　(6) 寄与分の性質 …………………………………………………322
　　(7) 寄与分と特別受益の関係 ……………………………………323
　3 具体的相続分の算定方法 …………………………………………323
　　(1) 特別受益のみであるとき ……………………………………324
　　(2) 寄与分のみであるとき ………………………………………355
　　(3) 特別受益と寄与分があるとき ………………………………326
VIII 事例について ………………………………………………………329
〔演習問題〕 ………………………………………………………………329

第18章　遺産分割

- I　事例 …………………………………………………………331
- II　設問 …………………………………………………………332
- III　遺産分割の対象となる財産 …………………………………332
  - 1　可分債権 ……………………………………………………332
  - 2　遺産の代償財産 ……………………………………………334
  - 3　相続財産の果実 ……………………………………………335
  - 4　可分債務 ……………………………………………………336
  - 5　管理費用 ……………………………………………………336
- IV　遺産分割の方法 ……………………………………………337
  - 1　相続財産の評価 ……………………………………………337
  - 2　各相続人の遺産分割による取得分の算出 ………………337
  - 3　各相続人の取得すべき財産 ………………………………338
- V　一部分割がなされた場合の遺産分割 ………………………339
  - 1　一部分割が行われた場合 …………………………………339
  - 2　相続財産の可分債権を遺産分割の対象としない場合 ……341
- VI　いわゆる相続させる旨の遺言がある場合 …………………342
  - 1　相続分指定がある場合 ……………………………………342
  - 2　相続分指定がない場合 ……………………………………344
  - 3　遺留分侵害のある場合 ……………………………………345
    - (1)　遺留分請求権者に特別受益のない場合 ………………345
    - (2)　遺留分請求権者に特別受益のある場合 ………………347
    - (3)　残余財産の遺産分割方法と遺留分の関係 ……………349
- VII　分割の実行 …………………………………………………350
  - 1　当事者 ………………………………………………………350
  - 2　分割の方法 …………………………………………………352

3　遺産分割審判の性質 …………………………………………352
　　4　遺産分割協議の性質 …………………………………………354
　　5　遺産分割協議を解除することの可否 ………………………355
　　6　遺産分割協議の合意解除の可否 ……………………………357
　Ⅷ　分割の効力 …………………………………………………………357
　　1　遡及効 …………………………………………………………357
　　2　第三者保護 ……………………………………………………359
　　3　被認知者の価額請求 …………………………………………359
　　4　担保責任 ………………………………………………………361
　Ⅸ　実務上の留意点 ……………………………………………………362
　Ⅹ　事例について ………………………………………………………362
　〔演習問題〕……………………………………………………………363

第19章　相続回復請求権

　Ⅰ　事　例 ………………………………………………………………366
　Ⅱ　設　問 ………………………………………………………………367
　Ⅲ　相続回復請求権の性質 ……………………………………………367
　　1　個別的請求権説 ………………………………………………367
　　2　独立請求権説 …………………………………………………368
　　3　最大判昭和53・12・20の事案 ………………………………368
　Ⅳ　相続回復請求権の行使 ……………………………………………371
　Ⅴ　相続回復請求権の消滅時効の起算点 ……………………………371
　Ⅵ　事例について ………………………………………………………372
　〔演習問題〕……………………………………………………………373

第20章　相続の承認・放棄

- I 事　例 …………………………………………………… 374
- II 設　問 …………………………………………………… 374
- III 通　則 …………………………………………………… 375
  - 1 性　質 ………………………………………………… 375
  - 2 熟慮期間 ……………………………………………… 375
  - 3 撤回、取消し、無効 ………………………………… 376
  - 4 財産管理 ……………………………………………… 377
- IV 承　認 …………………………………………………… 378
  - 1 単純承認 ……………………………………………… 378
    - (1) 相続財産の全部または一部の処分 ……………… 378
    - (2) 熟慮期間の徒過 …………………………………… 379
    - (3) 背信行為 …………………………………………… 380
  - 2 限定承認 ……………………………………………… 381
- V 放　棄 …………………………………………………… 383
  - 1 熟慮期間の問題点 …………………………………… 383
  - 2 再転相続の熟慮期間 ………………………………… 385
  - 3 放棄の無効主張 ……………………………………… 387
  - 4 放棄の効果 …………………………………………… 388
- VI 実務上の留意点 ………………………………………… 389
- VII 事例について …………………………………………… 389
- 〔演習問題〕 ………………………………………………… 391

第21章　遺言の作成

- I　事　例 ……………………………………………………………………392
- II　設　問 ……………………………………………………………………393
- III　遺言ブーム ………………………………………………………………394
- IV　性　質 ……………………………………………………………………394
- V　遺言能力 …………………………………………………………………395
- VI　遺言事項 …………………………………………………………………396
- VII　遺言の方式 ………………………………………………………………397
  - 1　自筆証書遺言 …………………………………………………………398
    - (1)　全文の自書 ………………………………………………………398
    - (2)　日　付 ……………………………………………………………400
    - (3)　氏　名 ……………………………………………………………401
    - (4)　押　印 ……………………………………………………………401
    - (5)　加除訂正の方式 …………………………………………………402
  - 2　公正証書遺言 …………………………………………………………403
    - (1)　口　授 ……………………………………………………………403
    - (2)　承　認 ……………………………………………………………404
    - (3)　意思能力 …………………………………………………………405
  - 3　秘密証書遺言 …………………………………………………………405
    - (1)　記載方法 …………………………………………………………405
    - (2)　加除訂正 …………………………………………………………406
    - (3)　口がきけない者の秘密証書遺言 ………………………………406
    - (4)　成年被後見人の秘密証書遺言 …………………………………406
  - 4　証人・立会人の欠格事由 ……………………………………………406
  - 5　共同遺言の禁止 ………………………………………………………407
  - 6　普通方式における各方式の比較 ……………………………………408

目次

  7 一般危急時遺言 …………………………………………408
  8 伝染病隔離者遺言 ………………………………………410
  9 在船者の遺言 ……………………………………………411
  10 難船危急時遺言 …………………………………………411
 Ⅷ 実務上の留意点（主張・立証責任） ……………………………412
 Ⅸ 事例について ………………………………………………………412
 〔演習問題〕………………………………………………………………413

第22章　遺言の効力

 Ⅰ 事　例 …………………………………………………………………414
 Ⅱ 設　問 …………………………………………………………………414
 Ⅲ 効力の発生時期 ………………………………………………………415
  1 一般財団法人の設立 ……………………………………415
  2 遺言認知 …………………………………………………415
  3 未成年後見人・後見監督人の指定 ……………………415
  4 推定相続人の廃除・廃除の取消し ……………………416
  5 相続分の指定 ……………………………………………416
  6 遺産分割方法の指定 ……………………………………416
  7 遺産分割の禁止 …………………………………………416
  8 遺　贈 ……………………………………………………417
  9 遺言執行者の指定 ………………………………………417
  10 遺言の取消し ……………………………………………417
  11 遺言信託 …………………………………………………417
  12 祭祀主宰者の指定 ………………………………………417
  13 持戻免除 …………………………………………………418
 Ⅳ 相続分指定 ……………………………………………………………418

1　共同相続人の一部の相続分指定 …………………………………418
　　2　相続分指定の趣旨不分明 …………………………………………418
Ⅴ　遺　　贈 ……………………………………………………………………419
　1　受遺者 ………………………………………………………………419
　　(1)　適格者 …………………………………………………………419
　　(2)　受遺者に関する特殊の遺言 …………………………………420
　2　遺贈義務者 …………………………………………………………420
　3　遺贈の放棄 …………………………………………………………421
　4　条件付き遺贈、期限付き遺贈 ……………………………………422
　5　負担付き遺贈 ………………………………………………………422
　6　特定遺贈の効力 ……………………………………………………423
　7　包括遺贈の効力 ……………………………………………………425
Ⅵ　遺産分割方法の指定 ………………………………………………………429
　1　最判平成3・4・19の見解 …………………………………………430
　2　最判平成3・4・19の問題の本質 …………………………………431
　3　具体的問題点 ………………………………………………………434
　　(1)　登記の要否 ……………………………………………………434
　　(2)　放棄の方法 ……………………………………………………435
　　(3)　取得者が遺言者死亡前に死亡した場合の措置 ……………435
　　(4)　遺留分減殺の対象 ……………………………………………435
　4　相続させる旨の遺言の類型的考察 ………………………………435
　　(1)　一部の特定相続 ………………………………………………435
　　(2)　全部の特定相続 ………………………………………………436
　　(3)　全部包括相続 …………………………………………………436
　　(4)　割合的包括相続 ………………………………………………437
Ⅶ　遺言の解釈 …………………………………………………………………438
Ⅷ　事例について ………………………………………………………………440
〔演習問題〕 ………………………………………………………………………441

第23章　遺言の執行・撤回・取消し

- I　事　例 …………………………………………………………442
- II　設　問 …………………………………………………………442
- III　遺言の執行 ……………………………………………………442
  - 1　遺言書の検認 ………………………………………………443
  - 2　遺言執行者の就任と離任 …………………………………443
  - 3　遺言執行者の地位、職務 …………………………………444
    - (1)　寄附行為 ………………………………………………445
    - (2)　認　知 …………………………………………………445
    - (3)　相続人廃除 ……………………………………………445
    - (4)　遺　贈 …………………………………………………446
    - (5)　相続分指定または遺産分割方法の指定 ……………448
    - (6)　遺言執行の費用 ………………………………………451
- IV　遺言の撤回・取消し …………………………………………451
- V　事例について …………………………………………………453
- 〔演習問題〕 ………………………………………………………454

第24章　遺留分

- I　事　例 …………………………………………………………455
- II　設　問 …………………………………………………………456
- III　遺留分制度 ……………………………………………………456
- IV　抽象的遺留分 …………………………………………………457
  - 1　配偶者等がいる場合 ………………………………………458
  - 2　相続人が直系尊属のみの場合 ……………………………458

	3	兄弟姉妹 ……………………………………………………	458
V	遺留分侵害額 ………………………………………………………	458
	1	相続分指定が遺留分を侵害するとき ……………………………	458
	2	遺贈が遺留分を侵害するとき ……………………………………	459
	(1)	「一郎に対し全財産を遺贈する」との遺言がある場合 ………	460
	(2)	「一郎に土地建物および株式全部を遺贈する」との遺言がある場合 …………………………………………………………	461
	(3)	遺産分割すべき財産が残っている場合の問題 ………………	464
	3	相続させる旨の遺言が遺留分を侵害するとき …………………	465
	4	遺留分侵害額の算定方法 …………………………………………	467
VI	遺留分減殺請求権の行使 …………………………………………	468
	1	遺留分減殺請求権の性質 …………………………………………	468
	2	減殺請求権者 ………………………………………………………	469
	3	相手方 ………………………………………………………………	469
	4	減殺請求権の行使方法 ……………………………………………	469
	5	減殺の順序 …………………………………………………………	470
VII	遺留分減殺請求権行使の効果 ……………………………………	473
	1	現物返還 ……………………………………………………………	473
	2	価額弁償 ……………………………………………………………	475
VIII	消滅時効 ……………………………………………………………	477
IX	遺留分の放棄 ………………………………………………………	478
X	事例について ………………………………………………………	479
〔演習問題〕……………………………………………………………	481

●年月日順判例索引………………………………………………………482
●事項索引…………………………………………………………………498
●著者略歴…………………………………………………………………504

第 1 部

総論編

第1章　家族法総則

I　親族法・相続法の性質

1　親族法の性質

　親族法（民法第4編　725条〜881条）は、夫婦や親子などの身分関係の発生・消滅・変更の要件と効果について規定したもので、まさに身分法または家族法と呼ぶにふさわしいものである。

　現在の民法第4編は、第2章に婚姻、第3章に親子、第4章に親権を置き、夫婦と親子の要件と効果を中心に規定している。つまり、主として親族一般について規定しているわけではない。昭和22年改正前の民法（以下「明治民法」という）では、**家制度**を採用していたので、親族の編には、第2章として戸主および家族の章を置いて、親族について規定するのだという姿勢を示している。戦後、家制度が廃止されて内容が変わったが表題が残ったのである。

2　相続法の性質

　相続法（民法第5編　882条〜1044条）は、人の死亡によって生ずる財産の移転について、要件と効果を規定したもので、基本的には財産に関する定めであり、家族法の一部と考えてよいかどうかについて対立がある（鈴木・改訂337頁以下）。しかし、日本がかつて**家制度**を採用し、家督相続が家制度を支えていたという沿革にもみられるように、身分関係のあり方が相続法に色濃く現れ、一方、身分関係のあり方を経済的に支えるのが相続法なのである。また、相続の問題解決には家族のあり方という視点が欠かせないのであり、

財産法の論理だけで押し進めることはできない。ともに学ぶ意義はここにある。しかし、家族法という場合、上記親族法のみを指すとする有力な考え方もあり（大村・15頁）、家族法という概念自体がいまだ流動的である。

II 親族法・相続法の特徴

1 画一性・絶対性

　夫婦や親子などの身分関係に関する定めは、人の生活の基本となる事柄であるから、誰に対してもいつでも一律に適用され、はっきり決定できるものでなければならない。親子であるかどうかは意思に関係なく、客観的に定められるべき事柄である。親子・夫婦が、現代の社会生活の基本となる関係であり、秩序の最小単位でもあるからである。これに伴って訴訟手続も財産関係とは異なる手続が採用されている。たとえば身分関係に関する**人事訴訟**は、弁論主義ではなく**職権探知主義**が採用されて（人訴20条）、判決には対世効が認められており（人訴24条1項）、民事調停の効力が裁判上の和解と同一の効力を有するのに対して（民調16条）、家事調停の効力は確定判決と同一の効力を有する（家審21条、家事268条1項参照）。

　また、このような身分関係に関する事柄は、老若男女誰もが関係するものであり、しかも、習俗や習慣・道徳などと密着している。国民の関心も高く、成文法の中ではしばしば、大きな改正が行われている分野である。戦後の主なものだけでも、昭和51年に離婚後の婚氏続称制度の導入（民767条2項）、昭和55年に配偶者の相続分について子とともに相続する場合には3分の1から2分の1にするなどの配偶者相続分の全般的な引上げ（民900条）と、寄与分制度の導入（民904条の2）、昭和62年には特別養子制度の導入（民817条の2以下）などがあり、平成11年には成年後見に関する改正が行われ、平成23年には親権・監護権に関する改正が行われた。なお、平成8年2月には法制審議会が民法の一部を改正する法律案要綱（以下「改正要綱」という）を発

表した。この改正要綱に基づいて作成された「民法の一部を改正する法律案」は、第159回国会で提出された。国会提出時の法律案および法律案要綱は、衆議院のホームページ（http://www.shugiin.go.jp/）でみることができる。この法律案の概要は、夫婦別姓制度を導入し、非嫡出子の相続分を嫡出子と同一にすることを骨子とし、男女平等および子の平等を推し進めるものであるが、家族制度・子についての相続分制度のあり方についての考え方を大きく変更するものであり、国会議員のみならず国民の間にも相当割合の根強い反対意見もあるため、現時点ではいまだ、国会における優先的な審議課題とはなっていない。

民法の一部を改正する法律案要綱
第一　婚姻の成立
　一　婚姻適齢（第731条関係）
　　　18歳に達しない者は、婚姻をすることができないものとする。
　二　再婚禁止期間（第733条関係）
　　1　女は、前婚の解消又は取消しの日から起算して百日を経過した後でなければ、再婚をすることができないものとする。
　　2　女が前婚の解消又は取消しの日以後に出産したときは、その出産の日から、1を適用しないものとする。
第二　再婚禁止期間内の婚姻の取消権の消滅（第746条関係）
　　　第一、二に違反した婚姻は、前婚の解消若しくは取消しの日から起算して百日を経過し、又は女が再婚後に懐胎したときは、その取消しを請求することができないものとする。
第三　夫婦の氏（第750条関係）
　　　夫婦は、婚姻の際に定めるところに従い、夫若しくは妻の氏を称し、又は各自の婚姻前の氏を称するものとする。
第四　子の氏
　一　嫡出である子の氏（第790条関係）
　　1　嫡出である子は、父母の氏（子の出生前に父母が離婚をしたときは、離婚の際における父母の氏）又はその出生時における父母の協議で定

められた父若しくは母の氏（父母の一方が死亡したとき、又はその意思を表示することができないときは、他の一方が定めた父又は母の氏）を称するものとする。
  2 1の協議が調わないとき、又は協議をすることができないとき（父母の一方が死亡した場合又はその意思を表示することができない場合において、他の一方がその意思を表示することができるときを除く。）は、家庭裁判所が、父又は母の氏を子が称する氏として定めるものとする。
二 養子の氏（第810条関係）
  1 養子は、養親の氏（氏を異にする夫婦がともに養子をする場合において、養子が未成年者であるときは、養親の協議で定められた養親のいずれかの氏、養子が成年者であるときは、当事者の協議で定めた養親のいずれかの氏）を称するものとする。
  2 氏を異にする夫婦の一方が配偶者の嫡出である子を養子とする場合において、養子は、1にかかわらず、養子が未成年者であるときは、養親とその配偶者の協議で定められた養親又はその配偶者の氏（配偶者がその意思を表示することができないときは、養親が定めた養親又はその配偶者の氏）、養子が成年者であるときは、当事者の協議で定めた養親又はその配偶者の氏（配偶者がその意思を表示することができないときは、養親と養子の協議で定めた養親又はその配偶者の氏）を称するものとする。
  3 養子が婚姻によって氏を改めた者であるときは、婚姻の際に定めた氏を称すべき間は、1、2を適用しないものとする。
三 子の氏の変更（第791条関係）
  1 子が父又は母と氏を異にする場合には、子は、家庭裁判所の許可を得て、戸籍法の定めるところにより届け出ることによって、その父又は母の氏を称することができるものとする。ただし、子の父母が氏を異にする夫婦であって子が未成年者であるときは、父母の婚姻中は、特別の事情があるときでなければ、これをすることができないものとする。
  2 父又は母が氏を改めたことにより子が父母の双方と氏を異にする場合には、子は、父母の婚姻中に限り、1にかかわらず、戸籍法の定めるところにより届け出ることによって、その父母の氏又はその父若し

くは母の氏を称することができるものとする。
　　3　子の出生後に婚姻をした父母が氏を異にする夫婦である場合には、子は、父母の婚姻中に限り、1にかかわらず、戸籍法の定めるところにより届け出ることによって、その父又は母の氏を称することができるものとする。ただし、父母の婚姻後に子がその氏を改めたときは、この限りでないものとする。
　　4　子が15歳未満であるときは、その法定代理人が、これに代わって、1から3までの行為をすることができるものとする。
　　5　1から4までによって氏を改めた未成年の子は、成年に達した時から1年以内に戸籍法の定めるところにより届け出ることによって、従前の氏に復することができるものとする。
　第五　相続の効力（第900条関係）
　　嫡出でない子の相続分は、嫡出である子の相続分と同一とするものとする。
　第六　施行期日等（附則関係）
　　一　施行期日
　　　この法律は、公布の日から起算して1年を超えない範囲内において政令で定める日から施行するものとする。
　　二　経過措置の原則
　　　改正後の民法の規定は、五の場合を除き、改正法の施行前に生じた事項にも適用する。ただし、改正前の民法の規定によって生じた効力を妨げないものとする。
　　三　婚姻適齢に関する経過措置
　　　改正法の施行の際16歳に達している女は、第一、一にかかわらず、婚姻をすることができるものとする。
　　四　夫婦の氏に関する経過措置
　　1　改正法の施行前に婚姻によって氏を改めた夫又は妻は、婚姻中に限り、配偶者との合意に基づき、改正法の施行の日から2年以内に別に法律で定めるところにより届け出ることによって、婚姻前の氏に復することができるものとする。
　　2　1により父又は母が婚姻前の氏に復した場合には、子は、父母の婚姻中に限り、父母が1の届出をした日から3月以内に、別に法律で定めるところにより届け出ることによって、婚姻前の氏に復した父又は

> 母の氏を称することができるものとする。この場合においては、第四、三4及び5を準用するものとする。
> 五　相続の効力に関する経過措置
> 　改正法の施行前に開始した相続に関しては、なお、改正前の民法の規定を適用するものとする。

2　歴史的事実

　もう1つの特徴は、特に我が国の民法に関する歴史的な事実である。日本の民法は明治31年に公布されたが、これは、戸主と家族という区別を設け、家族は戸主の支配と保護の下にあり、相続は基本的に戸主権の相続を伴う家督である、という**家制度**を採用していた。

　男女は不平等であり、戸主となることができるのは原則として長男子（明治民法970条、986条）である。妻は、無能力であり（明治民法14条）、夫が妻の財産を管理することができる（明治民法801条）。なお、英米法では、coverture という表現があり、夫婦一体の法理などと訳したりすることもあるようであるが、実はこれ、もともとは夫の保護というか庇護（protection and cover）のもとにある妻の地位のことを意味しているのであって、つまり、女性は婚姻すると無能力になることを示しているのである。そこでは、妻は、独立の法人格ではなく、夫の法人格に吸収されてしまっているのである。

　子の親権も父親が有するのが原則であった（明治民法877条）。

　個人の自由も縛られ、婚姻には戸主の同意が必要であった（明治民法750条）。

〔表1〕 家族関係の変化―新旧民法比較表（元松山大学法学部長田村譲氏作成）

1898（明治31）年民法	項　　目	1947（昭和22）年現行民法
1　家父長的な家族制度（「家」制度）で、家族は戸主（こしゅ＝一家の統率者で、戸主権を有し、家族を統轄し扶養する義務を負った）の強い統制下に置かれた（戸主権）。 1　戸主が死亡・隠居などをした際、1人の相続人が戸主の身分・財産を相続する制度である家督相続権（一般的には、嫡出〔ちゃくしゅつ〕男子の年長者〔長男〕が相続した）を中核とした「家」中心の封建的上下関係。	特　色	1　「家」制度の廃止。家族は平等で自由な個人の集まり。 1　1条の2において「本法ハ個人ノ尊厳（そんげん）ト両性ノ本質的平等トヲ旨トシテ之ヲ解釈スヘシ」と規定し、民事法規解釈の原則を明らかにした。
1　男は30歳、女は25歳まで父母の同意が必要。	婚　姻	1　男女とも20歳以上は父母の同意必要なし。 1　未成年者の場合は父母いずれか一方の同意が必要。
1　妻は夫の家に入る（夫の姓を名のる）。 1　妻は夫と同居する義務がある。 1　妻の財産は夫が管理。 1　妻の法律行為（取引）には夫の同意が必要（妻は行為無能力者）。	夫婦関係	1　夫婦は夫又は妻のいずれかの姓を名のる。 1　夫婦は同居し、互いに協力する義務を有する。 1　夫婦の財産は、それぞれ「特有財産」を認め、不明確な場合は夫婦「共有財産」とする。
1　妻の姦通（かんつう＝男女が道徳や法にそむいた交わりを結ぶこと。特に、既婚者が、配偶者以外の異性と肉体関係をもつこと。不義・密通）は離婚原因となるが、夫のそれは犯罪となる場合のみ。	離　婚	1　夫婦の一方は、以下の場合に限り、離婚の訴を提起することができる。 1　配偶者に不貞な行為があったとき。 1　配偶者から悪意で遺棄されたとき。 1　配偶者の生死が3年以上明

			かでないとき。 1　配偶者が強度の精神病にかかり、回復の見込がないとき。 1　その他婚姻を継続し難い重大な事由があるとき。
1　親権は父親にあった。	親　　権		1　夫婦共同で行う
1　跡取（あと）りをつくるための養子とか、いわゆる婿（むこ）養子、家業の手伝い、人身売買的養子、働きをさせる養子、芸者のためにする養子等々、家のための養子。	養　　子		1　不幸にして子のない親に子を得させて親としての喜び与え、親のない子に親を得さしめて子の幸せをはかろうとする個人の利益＝子の利益のための養子。 1　人身売買的養子を未然に防止するため、「未成年者を養子とするには、家庭裁判所の許可を得なければならない」とした。
・長子単独相続。 ・妻には事実上相続権なし。	相　　続		・配偶者は常に相続権を有する。 ・配偶者以外は均分。

http://tamutamu2011.kuronowish.com/kazokukannkeihikakuhyou.htm より
〔accessed on Feb 20, 2012〕

　ポツダム宣言の受諾により、男女が不平等で個人の尊厳より家の存続を優先する家制度は維持できなくなった。憲法が改正され、特に憲法24条では男女の平等が謳われ、婚姻に対する制限が排除された。こうして、民法第4編第5編は昭和22年に改正され、昭和23年1月1日から施行された。当時の民法1条の2（＝現行の民法2条）には、男女平等に基づいて解釈しなければならないという原則が明示され、さらに、男女雇用均等法や、男女共同参画法なども続々と制定されている。

　現行民法には戸主権はなく、諸子均分相続であり、夫婦別産・別管理制も採用され、父母共同親権となった。婚姻には原則として何らの制約はなく、夫婦の義務は等しく、財産分与も認められた。この改正により家庭のあり方

は法律上は全く異なったものになった。しかし、民法自体に家制度の時代の考え方に沿った条文が残っているし、現実の社会には未だに家制度に則った考え方が残っている。親族法・相続法の分野では、様々な問題につき、常にこのような歴史的な経過に鑑みて解釈の態度を定めていかなければならないのである。

III 現在の親族法・相続法の課題

　現在の家庭をめぐる社会の状況はどのようになっているか。実体としての家制度はすでに戦前から少なくなっていて、戦後はほぼ核家族となった。今は一人世帯が増加中である。超スピードで進行する高齢化、そして少子化。女性の社会進出が進み、結婚しない男女が増え、性に関するモラルも変化した。昨今の少年犯罪が報道される度に家庭の崩壊が叫ばれている。一方では家制度を支持する考え方があり、他方では婚姻制度を否定しかねない考え方もある。同棲は社会に受け入れられたが、非嫡出子はどうか。諸子均分相続は定着したが相続争いは激化している。保護を要する老人も増えている。加熱する教育、子に対する虐待の増加、などなど。このような流動的で幅広い社会状況にあって、親族法・相続法はどのような任務を負っているのか。

　一言でいえば、懐古的でなく、観念的でなく、今後家庭が実体としてどのような姿になっていくかを見通したうえで、あるべき家庭像を提供することではないかと思われる。これは、まことに困難なことである。しかし、我々は、懐疑的にならず、少しずつでもこの任務を果たしていかなければならない。

第2章　家族法各則

I　親族法総則

1　親族とは

　親族の種類には、血族・姻族、直系・傍系、尊属・卑属という区別があり、親等という単位を用いてその親疎を表す。

　血族とは、血縁のあるもの（自然血族のほか、法定血族を含む）であり、**姻族**とは血族の配偶者または配偶者の血族である。

　直系とは、一方が他方の子孫である関係であり、**傍系**とは双方が共同の始祖を持つ関係である。

　尊属は自分より世代が上の者、**卑属**は自分より世代が下の者である。なお、尊属殺がそれ以外の殺人よりも重罰を科されていた時代もあった（削除された刑200条）。本来は直系に関する概念であるが民法は傍系にも用いている（民793条）ので、傍系の尊属もある。兄弟姉妹は尊属でも卑属でもない。

　親等は親子を1親等として勘定する。傍系は共通の始祖に遡り、また下って勘定する（民726条）。

　自己からみて父、母は直系血族1親等そして尊属である。子は、直系血族1親等卑属である。兄は、自分の祖先でもなく自分の子孫でもなく父母が共通の始祖であるから、傍系になる。自分から共通の始祖である父母までの親等1と父母から兄までの親等1を足し、したがって、傍系血族2親等となる。

　父の弟である叔父さんは、自分と叔父さんの共通の祖先は祖父母であるから、まず、自分から祖父母まで遡る。ここで2親等、次に祖父母から叔父さんに下って1親等、足して3親等、傍系血族3親等尊属となる。

11

妻の父母は、配偶者の血族であるから姻族である。姻族の場合、親等と直系・傍系の区別は血族の部分で判断する。妻と妻の父母は、親子１つであるから１親等直系であり、自己の配偶者の血族であるから１親等直系姻族となる。父の後妻は血族の配偶者として、妻の連れ子は配偶者の血族として、同様に１親等直系姻族である。明治民法下には継父母と継子、嫡母と庶子間に親子関係を生じた（明治民法728条）が、現在そのような特別な規定はなく、すべて一親等姻族である。

　夫の弟は、配偶者の血族であって姻族である。姻族は、血族部分で判断するから、夫と弟は２親等傍系血族で、その姻族であるから２親等傍系姻族となる。

　夫の弟の妻は、配偶者の血族の配偶者である。配偶者の血族の配偶者は姻族ではなく、もちろん血族でもないから、親族ではない。妹の夫の兄は、血族の配偶者の血族であって姻族ではなく、もちろん血族ではないので親族ではない。

【図1】 親族関係図

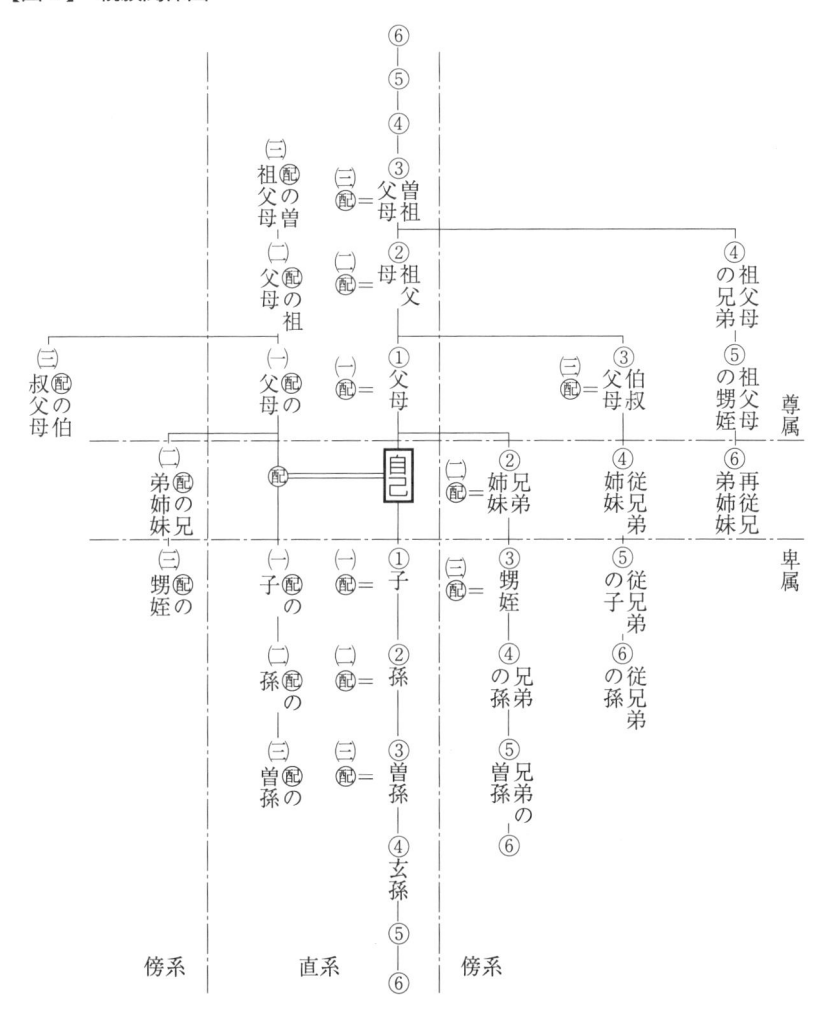

```
                        ⑥
                        ⑤
                        ④
      ㈢祖父母の曽    ㈢=父曽
                    ㈢祖
      ㈡父母の祖    ㈡=母祖                      ④祖父母
                    ㈡父                        の兄弟
      ㈢叔父母の伯  ㈠父母の㈠  ㈠=父母  ㈢=伯叔父母  ⑤祖父母  尊属
                                                  の甥姪
      ㈡弟姉妹の兄㈡ ㈠ ㈠自己 ㈡=兄弟姉妹 ③従兄弟姉妹 ⑥再従兄弟姉妹
                                                              卑属
      ㈡甥姪の㈡    ㈠子の㈠  ㈠=子    ③甥姪    ⑤従兄弟の子
                    ㈠孫の㈠  ㈡孫              ④の兄弟の孫  ⑥従兄弟の孫
                    ㈢曽孫の㈢ ㈢=曽孫          ⑤曽兄弟の孫
                              ④玄孫            ⑤曽兄弟の
                              ⑤                ⑥
                              ⑥
      傍系          直系              傍系
```

(注) 1 算用数字は血族親等を、漢数字は姻族親等を示す。
　　　　〔例〕 ④　4親等血族　　㈢　3親等姻族
　　　2 ㈠は配偶者を示す。
　　　3 「兄弟」とある部分は兄弟姉妹を示す。
　　　4 1親等姻族である父母の配偶者は、血のつながりのない父母の配偶者である。祖父母の配偶者、曽祖父母の配偶者、また同じ。
　　　5 親等の数え方は、自己から、自己と他方との共通の祖先までの世代数と、その共通の祖先から他方までの世代の数との合計数である。
　　　　〔例〕 従兄弟　共通の祖先は祖父母なので、自己から祖父母まで、①父母、②祖父母と溯り、次に、③伯叔父母、④従兄弟と下る。
　　　6 ㈠の子の意味は自己と㈠の間の子ではない㈠のみの子の意

2　親族の範囲

　民法によって、親族の範囲が決められている（民725条）。6親等内の血族、配偶者および3親等内の姻族である。明治民法下では、戸主の親族であってその家に在る者を家族としたから、親族の範囲を定める意義があったが、現在では法律関係ごとに個別に規定すればよいことで、このように親族の範囲を一般的に定めることについては、疑問が提起されている（我妻396頁、鈴木215頁）。たとえば、後見開始の審判の請求権者は、「……配偶者、4親等内の親族……」（民7条）と規定されている。また、訴訟の場面では、裁判の適正さを確保するため、裁判官と当事者との間に親族関係（4親等内の血族、3親等内の姻族もしくは同居の親族）があれば、裁判官の除斥事由となり、その裁判官は、当該事件の職務執行ができなくなる（民訴23条1項2号）。

3　扶け合いの義務

　民法730条は、「直系血族及び同居の親族は、互いに扶け合わなければならない」と規定している。この条文は、戦後の民法改正の経過において、家制度存続を主張する勢力との妥協の産物であったことが指摘されている（我妻・経過79頁以下）。法律上の扶養義務を認めたものではなく、扶け合いの内容も不確定で法律的には意味がないといわれている。扶養義務者については別に定められている（民877条）。また、夫婦間では、同じく内容が不確定であるが、同居・扶助義務が認められている（民752条）。

　近年、民法730条も老親扶養を考えるにあたって無意味ではない、老親と嫁との間の契約を推認する根拠になりうるとの主張もある（佐藤編・現代8頁）。しかし、この条文制定の経過からすると、契約という発想とは遠く、契約を推認する根拠になりにくいのではないかと思われる。

II 相続法総則

　相続は、祭祀から身分そして財産へと変化してきたとの指摘がある（穂積陳重「相続法三変」法協50号102頁）。しかし、相続の本来的対象は財産であるという（中川＝泉・4版2頁）指摘もある。親族集団の長が死亡したとき、その地位をしかるべき者が承継する、という制度であるならば、その地位は、集団の財産のみならず親族集団の祭祀主宰者としての地位も含まれ、時代が下り社会的地位も加わって身分が承継されるようになり、そして近代になって、財産のみが承継されるようになった（中川＝泉・4版3頁）とみる。明治民法下では戸主たる地位を戸主の財産とともに相続する家督相続が中心であったが、現行民法は、家制度の廃止とともにこれを廃し、純粋な財産相続となった。

　人は生まれてから死亡するまで権利能力がある（民3条1項）。ある人が大いに稼ぎ、マンションを買い、別荘を取得し、株や債券もたくさん持つお金持ちになったとしよう。しかし、死んだ後にはそのような財産を持ち続けることはできない。権利能力つまり権利・義務の帰属主体となることのできる資格は、死亡により失われるからである。では、有していた財産はどうなるのであろうか。民法は、死亡した人の財産は、原則として、ある一定の親族関係のある人に受け継がれるという制度を採用している。つまり、現在の日本では、相続の効果は財産の移転として存在しているのである。

1　相続の意義

　現在では、相続は財産の承継ということになったから、現行法上の相続は、被相続人の死亡を要素とする法律要件である。法律効果は被相続人の権利義務の承継である。死亡によって相続される者を被相続人と、相続する者を相続人という。そして、相続人を定めるについては、法律上ある一定の身分関係ある者が当然に相続人となるという法定相続と、被相続人が相続人を定め

15

ることができるという遺言相続とが存在する。相続とは、その両者を含む概念であり、これが広義の相続ともいえるであろう。

　狭義では、広義の相続のうち法定相続をいう。「死者と一定の親族関係に立つ者がその財産上の法律関係を法律上当然に承継すること」（有泉・新補正2版125頁）といわれるものである。

　法定相続と遺言相続との関係については、「私所有というものが、次第に集団所有の拘束を払い落とし、完全な自由所有権へ近づくに従って、相続法は単純化され、遺言の自由が大きくなり、法定相続は、漸く遺言相続に相続法上の主役を譲り、自らは、無遺言相続として補足的役割を演ずるところにまで退き下がるのである」（中川＝泉・4版6頁）と指摘されるのが常である（有泉・新補正2版126頁等）。一方、現代においては法定相続主義が強まるとの指摘（深谷・4版204頁）や、遺言自由主義に対する疑問が提示される（伊藤5頁）などしている。

2　相続の根拠

　相続の根拠については様々に論じられている。代表的な説は、血縁説と意思説である。私有財産の承継が何ゆえに妥当性を有するのか、現在、多くの説は、遺族の生活保障と潜在的持分の清算を挙げる（中川＝泉・4版9頁、深谷・4版205頁等）。しかし、批判も多く、まだ、一致を見ない状況である（伊藤昌司「相続の根拠」民法講座(7)341頁、遠藤浩「相続の根拠」現代家族大系(4)1頁、鈴木・改訂341頁等）。

3　現行民法における法定相続と遺言相続

　現行民法が法定相続と遺言相続とのどちらを原則と考えているのか、論者によって異なる。法典構造上は遺言相続が原則であるというのが多数説といわれているが（民法(9)14頁、高木・口述3頁など）、民法が遺言による相続人の指定を認めていないことが遺言相続の重要な要素を欠くものとの指摘（石田ほか編153頁）や、「法典上に法定相続主義の牙城がなお不落を誇っている

点で、わが民法ほど中世的色調の強い立法例は珍しい」(中川＝泉・4版16頁)ともいわれる。相続人指定遺言が認められていないこと、遺言による財産処分は、相続分指定、遺産分割方法の指定、遺贈だけしかないこと、遺言による財産処分の後にも遺産分割がなされる場合があること、また遺留分減殺とそれによる具体的相続分による分割もあり得、その場合は法定相続の考え方で分割がなされることを考慮すれば、民法は法定相続を原則とし、遺言相続は法定相続の画一性を補完するという形でこの両者を位置づけるという説に賛成したい（深谷・4版204頁）。

　さらに、最近の遺言の普及をどのように位置づけていくかという新たな問題に直面していることを付け加えたいと思う。

第3章　家庭関係事件の手続―人事事件と家庭裁判所

　親族法・相続法の分野では、手続に対する配慮が欠かせない。財産法の分野は権利義務の存否によって紛争が解決されていくが、親族法・相続法の分野では権利義務の存否のみで解決するわけではない。上述したように、現代において家族の基本形は夫婦と未成熟子という関係になっていて、その間において子の健全な発達ということは親族法の重要な目的となったのであり、そのためには、権利義務の存否のみならず、具体的事情の下においてどのように対処することが妥当なのか、どのような権利関係を形成することが子の健全な発達のために必要なのかという考慮が欠かせないのである。また、そのような配慮は夫婦間においても、その他親族関係においても必要なことである。高齢化社会となって高齢者の保護という要請も強いものがある。そこで、多くの紛争が非訟事件として処理される必要が生じるのである。
　では、親族法・相続法分野における手続がどのような構成になっているかを、大まかにまとめておこう。

I　人事訴訟事件

　身分関係も、1つの法律関係として構成し、かつ、基本的で重要な法律関係と位置づけている。したがって、権利義務の存否という問題として、原則として訴訟事件として位置づけられている。しかも、前述のように、統一性・画一性が要請されるところから、特別な訴訟手続によることとされている。これを規定するのが人事訴訟法である。「夫婦や親子の基本的な身分関係の形成・確認は、公益に重大な関係があり、高度の真実発見の要請があることから、人事訴訟においては通常の民事訴訟（財産関係事件）において採

られる**処分権主義**および**弁論主義**には一定の制限を加えることが必要とされる。また、通常の民事訴訟事件は、当事者間で個別的・相対的に解決されるのが原則であるが、人事訴訟においては、特定の身分関係を一般的・対世的に確定し、同一身分関係が種々の形で争われることがないようにして、その全面的な解決を図ることが要請される」ためである（梶村＝徳田編・家事・2版129頁）。

　人事訴訟法は平成15年に公布され、平成16年4月1日から施行された。従前は人事訴訟手続法がこれを規定していた。人事訴訟手続法は、明治31年に制定され、明治民法と同時に施行されたのであるが、当時は家庭裁判所は存在せず、当然に地方裁判所が一審裁判所として人事訴訟事件を管轄していた。昭和22年に家庭裁判所が創設され、その際人事訴訟事件も家庭裁判所の管轄にすべきだとの意見も有力であったが、家庭裁判所に訴訟の対立構造を持ち込むことに消極意見が多く、引き続き地方裁判所の管轄するところとなった。しかし、家庭裁判所設置から60年近くを経て、家庭裁判所が家庭に関する事件を担当することが望ましいこと、司法改革の一環として国民に利用しやすい制度を構築する必要があることなどから、人事訴訟法の制定と同時に家庭裁判所が人事訴訟を管轄することとなった（野田＝安倍監・概説1頁以下参照）。

　人事訴訟手続の特徴は、**弁論主義**の制限（自白法則の不適用（人訴19条）、離婚・離縁を除く請求の認諾・放棄・訴訟上の和解の不許（人訴19条）、職権探知主義（人訴20条））、判決の対世効（人訴24条）、訴訟の集中（人訴17条、18条）などであり、人事訴訟法施行により新設された制度としては、人事訴訟への参与員制度の導入（人訴9条）、離婚訴訟等における子の監護に関する処分などについての家庭裁判所調査官の活用（人訴33条、34条）、家庭裁判所調査官作成の調査報告書のうち事実調査部分の当事者に対する原則的公開（人訴35条）、当事者尋問等の公開停止の要件・手続の明確化（人訴22条）、離婚・離縁訴訟における訴訟上の和解等の許容（人訴37条）、などが重要である。実務上重要な改正点の1つは土地管轄である（人訴4条）。また、従前判

例・学説上認められてきたところも整理されて規定された（人訴第1章第3節等）。各論において触れることにしよう。

II　家事審判事件

　家庭裁判所が設置される以前は、家庭に関する事件は、人事訴訟手続法によって地方裁判所が管轄する事件と、非訟事件手続法によって区裁判所が管轄する事件とが存在した。家庭裁判所の設置に際し、人事訴訟手続法が規定していた事件のうち身分関係の存否など基本的身分関係に関する事件を訴訟事件として残し、他を家庭裁判所の管轄とした。非訟事件手続法によって区裁判所が管轄していた事件は原則として家庭裁判所の管轄とされた。また、親族会の廃止によって、親族会の権限とされていた事項は家庭裁判所が担うこととなった。こうして、家庭裁判所は、従前は訴訟事件であった事件（夫婦同居、相続人廃除、遺産分割など）、従前から非訟事件であったもの（禁治産宣告＝後見開始の審判）および新たに家庭裁判所の管轄とされた事件を取り扱うこととなった。

　家庭裁判所の管轄する事件は非訟事件であると認識されており、その手続は、職権主義、非公開主義を採っている。しかし、もともとは訴訟手続でなされていた事件もあり、職権主義や非公開主義の手続は違法なのではないかという疑問を生じることになる。後に述べるが、各種の事件において違憲であるとの主張がなされるのにはこのような歴史的な背景もあるのである。

　家庭裁判所における手続の基本は、昭和23年1月1日から現在まで、家事審判法が規律している。しかし、平成23年5月25日、家事事件手続法（平成23年法律第52号）が公布され、公布の日から起算して2年を超えない範囲内において政令で定める日から施行されることとなっている。

　家事審判法は、わずか31条であるのに対し、家事事件手続法は、その約10倍弱の293条もある。しかし、家事事件手続法の内容は、新たな制度設計による部分もあるが、その主な内容は、従前の手続の内容を具体化し、解釈上

の疑義を少なくするなどわかりやすくしたことにある。

そこで、本書では、現行の家事審判法およびこの付属法令を記載するとともに、まもなく施行される家事事件手続法の条文をも、併記することとした。

1　夫婦・親子の効果に関する事件

民法上夫婦関係・親子関係は、権利・義務の関係であって、その有無は権利・義務の有無であるから訴訟によって判断されるべき事柄である。しかし、夫婦関係や親子関係は、長期間継続し、その間様々に状況は変化する。権利があるとしても、その具体的な内容は、その具体的な状況に応じて変化せざるを得ない。そしてその内容は、夫婦関係の円満な維持や、親子関係の調整あるいは子の福祉・保護という観点から家庭裁判所が形成することが望ましいのである。即ち、家庭裁判所の後見的機能といわれるところの役割である。たとえば夫婦であれば婚姻費用分担義務は存在するのであるけれども、いつ、いくらをどのように負担すべきかということになれば、夫や妻の収入の状況、経費の額、子の数や状況等によって異なるのである。家庭裁判所はこのような状況を斟酌して、分担の額や方法を定めることとされている。

2　制限行為能力者の保護に関する事件

後見的機能の最も発揮されるべき分野であって、非訟・職権主義によって家庭裁判所が各種の法律状態を形成すべきものとされている。

3　遺産分割に関する事件

相続法は、基本的には、財産の移転に関する規定であるから、通常の民事訴訟によって解決されるものとされている。相続法分野で審判事件であるものは、相続人廃除、遺産分割、相続放棄・限定承認の受理、相続財産の管理に関する処分、遺言書の検認、遺言執行者の選任というある程度限られた事項である。中でも、遺産分割は重要である。明治民法下では家督相続が主要な相続であって、遺産相続は例外的な事象であり、したがって、また遺産分

割も、数が少なかった。しかし、現行諸子均分相続の下で、多くの相続において遺産分割が行われることになり、かつ、諸子均分相続が定着し、経済が発展することにより、遺産分割事件は複雑化、困難化していった。現在でもその状況は変わっていない。

III 通常民事事件

　相続関係の事件は、上記のとおり、原則として通常訴訟事件である。相続人の資格の存否については、それが身分関係の存否にかかることであれば人事訴訟となり、相続人廃除の可否であれば家事審判事項となり、相続欠格事由の存否であれば、訴訟事項となる。
　相続財産に該当するか否か、の問題は、当該財産に対する権利の有無であるから訴訟事項である。共同相続における共有の持分が法定相続分による持分であるとするなら、法定相続分に関する争いは、権利の有無の問題であるから訴訟事項である。
　遺言の有効、無効の問題も訴訟事項とされる。遺留分減殺請求訴訟も、遺留分減殺によって、共有持分を取得し、そうでないときは支払請求権が発生するから、すべて訴訟事項である。
　上記のとおり、遺産関係の終局的解決である遺産分割が審判事項であるのに、その前提問題である多くの相続関係紛争が訴訟事項であって訴訟で解決しなければならないことは、相続関係紛争の解決を困難ならしめている所以であって、今後解決しなければならない問題である。
　また、この問題を解決しようと、生前に遺言をする人が増加し、それに伴って遺言関係の訴訟および遺留分減殺請求訴訟が急増している。最高裁は多数の判決を出して精力的にこの問題に取り組んでいるが、制度的な矛盾や理論的な問題も多く、まだまだ今後の課題として多くの問題が残されている状況といえる。後に個別に検討する。

Ⅳ　家事調停

　家庭関係事件については家事調停が重要な役割を果たしている。日本では家庭裁判所が設置される以前に人事調停法が施行されて家事調停が実施され、女性調停委員も選任されて家庭関係事件の解決のみならず女性の地位向上に大きな役割を果たしたという歴史がある。家事審判法施行と同時に人事調停法は廃止されて家庭裁判所が家事調停を行うこととなったのである。

　家庭に関する事件については**調停前置主義**が採用されている（家審17条、家事257条）。訴訟事件はすべて調停前置である。家事審判事件のうち、争訟性が低く主に後見的見地から甲類審判（家審9条1項甲類の審判、おおむね家事別表第1の審判に対応する。以下、家事審判法では「甲類審判」と略称することがある）とされる事項を除く事件、つまり乙類事件（家審9条1項乙類の事件、おおむね家事別表第2の事件に対応する。以下、家事審判法では「乙類事件」と略称することがある）も調停前置である。その趣旨は、家庭事件についてはできるだけ話し合いにより円満かつ全体的解決を図ることが望ましいからである。

　家事調停の果たした、また、現在果たしている役割は強調してもしすぎることはないが、様々な批判があることもまた事実である（梶村＝徳田編・家事2版53頁以下参照）。調停委員の採用に関する透明さと、調停のプロとしての組織的な研修が必要であろう。

第 2 部

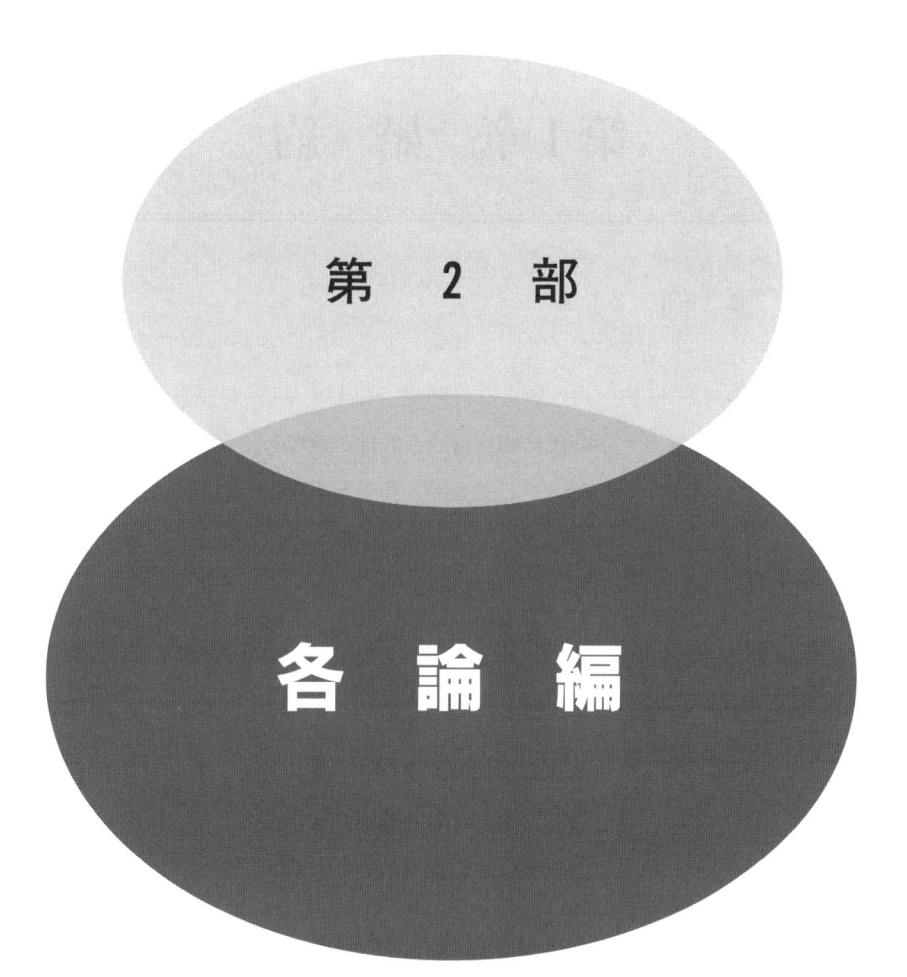

各 論 編

第1章　婚　約

Ⅰ　事　例

●事例●

　太郎は、花子と大学時代に知り合い、太郎が就職して落ち着いたら結婚するという約束をした。そして太郎、花子とも卒業、就職して1年がたったので結納の儀を執り行い、婚約が相整った。太郎からは結納金100万円が、花子から時計が渡された。

1　ところが、太郎は、就職後松子と知り合って恋愛感情を抱くようになり、花子から気持が離れた。太郎は、このままでは花子とは結婚できないと考え、花子に結婚できないと伝えた。

2　太郎と花子は一緒に結婚式の準備などしていたが、ある日意見が対立してけんかとなり、激高した太郎は花子を殴った。これで、気持が冷えた花子は太郎との婚約を解消した。

3　太郎と花子は一緒に結婚式の準備などしていたが、事務的な問題を解決するについて双方の性格が違うことがだんだんわかってきた。太郎はおおざっぱで行き当たりばったり、花子は几帳面で1つひとつ詰めていくタイプであった。花子は徐々に太郎に嫌気がさしてきて、婚約を解消した。

4　太郎の両親はこの婚約にもともと反対であった。太郎がどうしてもというので仕方なく結納は認めた。しかし、結婚が近づくと、花子は性格が悪い、金目当てだ、結婚しても幸せにならないなど、太郎を説得するようになった。太郎は必ずしも納得したわけではなかったが、こんなに反対されても結婚するほどのことはないような気

> がしてきたことと、このような状況で結婚することは花子のために
> もならないと考えるに至り、婚約を解消した。
>   上記各事例において、太郎または花子はどのような請求をすることが
> できるか。また、どのような損害を賠償請求できるか。

II　設　問

1　債務不履行に基づく損害賠償請求と不法行為に基づく損害賠償請求の相違について述べよ。
2　結納の法的性質について述べよ。
3　婚約解消の正当事由について述べよ。

III　婚約とは何か

　婚約というのは、将来婚姻することを約する契約である。法律的な性質は婚姻の予約である。現代では、婚約または婚姻の予約という言葉は、通常、同居を伴わない意味で使用され、内縁という言葉は、同居を伴う事実状態を意味するものとして使用される。しかし、大審院時代の判例にあっては（たとえば、大民聯判大正4・1・26民録21輯49頁など）、**婚姻の予約**または婚姻予約というのは**内縁**も意味する用語となっているので注意が必要である。本書では、婚約というときには、将来婚姻することを約する契約を意味している。
　婚約については、民法は何も規定していない。無効説もあったが、上記の婚姻予約理論とともに有効性は確立された。双方の相対立する意思表示の合致を内容とするので、通常の契約の法理に従うことになる。意思表示の内容は、法律上の夫婦関係の成立という身分法上の効果を欲するものであるから、身分行為である。したがって、身分行為としての特質を有する。身分行為の特質は、簡単にいえば、意思能力が要求され、かつそれで足り、また、代理

27

になじまないことである。

Ⅳ　婚約の成立はどのような場合に認められるか

　婚約の成立には、方式や儀式は不要である。当事者の意思の合致のみで成立する。

　たとえば、このような判例がある（大判昭和6・2・20新聞3240号4頁）。男15歳、女20歳の時に肉体関係を結び、2年後に子をもうけた。女性は10年ぐらい男性を待ったが、男性が婚姻に応じない。そこで女性が慰謝料を請求した。大審院は、「所謂婚姻ノ予約ナルモノハ結納ノ取交セ其ノ他慣習上ノ儀式ヲ挙ケ因テ以テ男女間ニ将来婚姻ヲ為サンコトヲ約シタル場合ニ限定セラルヘキモノニ非スシテ男女カ誠心誠意ヲ以テ将来ニ夫婦タルヘキ予期ノ下ニ此ノ契約ヲ為シ全然此ノ契約ナキ自由ナル男女ト一種ノ身分上ノ差異ヲ生スルニ至リタルトキハ尚婚姻ノ予約アリト為スニ妨ケナキモノトス」と述べて、婚約の成立を認めた。

　最高裁も、「被上告人が上告人の求婚に対し、真実夫婦として共同生活を営む意思でこれに応じて婚姻を約した上、長期間にわたり肉体関係を継続したものであり、当事者双方の婚姻の意思は明確であつて、単なる野合私通の関係でないことを認定しているのであつて、その認定は首肯し得ないことはない。右認定のもとにおいては、たとえ、その間、当事者がその関係を両親兄弟に打ち明けず、世上の習慣に従つて結納を取かわし或は同棲しなかつたとしても、婚姻予約の成立を認めた原判決の判断は肯認しうる」（最判昭和38・9・5民集17巻8号942頁）と判示している。さらに、たとえ当時男は高等学校卒業直後であり、なお学業を継続しなければならない状態にあり、かつ、当事者間において結納の取交し、仮祝言の挙行等の事実がなくても、当事者が当初肉体関係を結ぶにあたって、真面目に婚姻に至るべきことを約していたと認めることができれば、婚約の成立を認めるべきであるとする判例もある（最判昭和38・12・20民集17巻12号1708頁）。

しかし、常に婚約が認められるわけではない。たとえば、前橋地裁の事件がそうである。17歳の男が6回ほど夜半密かに21歳の女の家を訪れて肉体関係を結び、女の方も5回ほど夜半密かに男の家を訪ねて肉体関係を結びその結果妊娠した。女が結婚を迫ったところ、男の母が反対し男も関係を絶った。肉体関係を結ぶ8カ月ほど前に男は「将来夫婦となることを心より希求する」という手紙を出している。裁判所は、2人の夫婦約束は「恋愛関係にある男女の睦言であり、2人の関係は性的享楽を旨としたかりそめの結合である」といって、婚約の成立を認めなかった（前橋地判昭和25・8・24下民集1巻8号1328頁）。

もちろん、婚姻年齢に達していなくても、婚約は成立するし、両親の同意は必要でない。婚姻そのものではないからである（民737条参照）。

なお、配偶者があることを知って将来その婚姻が解消した場合に、互いに婚姻すべき旨の予約は、無効であるとする判例もある（大判大正9・5・28民録26輯773頁）。

V　婚約するとどのような効果が生じるか

1　婚姻履行請求権の実現方法は

　婚約は、将来婚姻することを約する契約である、ということは、前述したとおりである。

　その契約であるが、2個の意思表示が合致して成立する法律行為である。法律行為とは、意思表示を要素とする私法上の法律要件である。法律行為の効果は、意思表示の内容どおりに発生する。欲するところに効果を与える、これが意思表示である。

　婚約の効果も、同じである。婚姻しようと約束したのであるから、相手方は婚姻せよと求める権利を取得するのである。約束なのであるから、それは守らなければならない。婚約だから気楽に考えてもよいということはないの

である。原則は、婚約したら婚姻しなければならないのである。通常は、権利だとか義務だとか意識するまでもなく婚姻するに至るであろう。しかし、どちらかが婚姻する気がなくなり、婚姻を断ることがある。これを**婚約破棄**というが、その場合に、他方は婚姻履行を訴訟で請求できるであろうか。

　婚約を破棄されたときは、まず、婚約の履行を求めることができる。婚約履行請求権があるからである。実際に、家事調停では婚約履行請求申立調停という事件がある。しかし、これを訴訟として裁判所に訴えることはできないのである。なぜなら、婚姻は当事者の任意の意思のみによってなされるべきで強制できないからである（憲法24条1項。大判大正8・5・12民録25輯760頁）。婚約履行債務は、代替執行はもちろん、間接強制の対象となる債務であるとも認められていない（三谷編・常識第1話）。そこで、一方の婚姻しない意思がはっきりすると、婚約は履行不能となる。

2　債務不履行に基づく損害賠償請求権が存在しうる

(1)　その要件は

　契約の履行不能が債務不履行となる要件は、履行不能・債務者の責に帰すべき事由・違法性・損害の4つである。このうち、履行不能であることは間違いなく、履行（婚姻）しないことは本人が知っているのであるから、故意によるものであるし、損害も生じている。問題は違法性である。つまり、諸般の事情から、婚約を破棄することもやむを得ないという場合であれば、婚姻を履行しなくても違法とはいえないであろう。すなわち、正当事由ある婚約破棄は違法性を欠くことになる。そして、婚約違反による損害賠償請求をするには、婚約の解除を要するものではない（大判大正8・3・21民録25輯494頁）。

　では、正当事由の有無はどのように判断すべきであろうか。正当事由としては、相手方の有責行為、たとえば、相手方が他の異性と肉体関係を結んだとき、暴力を振るったとき、重大な侮辱行為、理由のない挙式の延期など、次に、精神病、経済的破綻、莫大な借金の存在などの婚姻生活を維持できな

い事情の存在などがあげられる。正当事由といえないものは、家風が合わない、方位が悪い、血統が悪い、家族の反対などである。

よく問題となるのは性格の不一致である。相手方男性が「原告には常識が欠け、家庭的なしつけができておらず、ルーズで、責任感に乏しいことが婚約後に判明したのみならず、その体形があまりにも細く劣等であって」次第に愛情を喪失した、と主張したのに対し、「相手方の性格一般をあげつらったり、いわんやその容姿に関する不満をことあげしても、これをもって婚約破棄の正当事由となしうるものとは到底解し得られない」と判示する判例がある（徳島地判昭和57・6・21判時1065号170頁。三谷編・常識第7話）。一方、原告（男）が「結婚式場及び……披露宴の席上において、着衣は締まらず、一挙手一投足の態度は鈍重であり、花嫁方親戚に対する挨拶等花婿として弁えるべき最小限の礼儀についても全くこれを意に介せず、新婚旅行の車中においても花嫁に対し優しい笑顔をみせることはもちろん労いの言葉をかけることも更に無く、旅行先の旅館においては独り入浴食事し、翌朝始めて同被告の失踪に気付くという……原告の言動は……主に原告の性格ないし物の考え方に基因するものであった」という事案では、「このような場合被告には婚約を破棄すべき正当な事由があり、違法性は存しないと認めるのが相当である」と判示している（福岡地小倉支判昭和48・2・26判時713号108頁）。

一般的には、性格等が婚姻生活を維持できないと認められるときには正当事由ありといえるであろうが、婚約したということはそれを知って覚悟のうえともいえるから、それほど簡単に認められるものではない。

(2) 損害の範囲は

婚約破棄と相当因果関係ある財産的・精神的損害である。

財産的損害としては婚約式等の費用、挙式準備費用、キャンセル料、挙式案内状や中止の費用、仲人への謝礼などである。ときどき、婚約中におごったコーヒー代などを請求する当事者もいるが、贈与した金品は本人の意思による出捐なので因果関係がなく損害に含まれないのが原則である。勤め先を辞めたことによる得べかりし利益も婚姻のために退職したことがはっきりし

ていれば、ある程度の期間認められる。嫁入り道具については、道具が残っているので認められる場合と認められない場合とがある。前述の徳島地判昭和57・6・21は、嫁入り道具については7割を損害と認めている。

精神的損害として、苦痛に対する慰謝料が認められる。期間・肉体関係の有無・中絶の有無・公表の有無などが考慮される要素である。

(3) 不法行為による損害賠償も可能である

婚約を契約と考えれば、その義務違反は債務不履行として損害賠償請求の原因となるが、他方において、不法行為による損害賠償を認める考え方もある。婚約の履行請求ができないのでは債務不履行としての意味がないし、相手方が有責行為をしたことを理由として婚約を破棄した者にも、有責行為をした相手方に対する損害賠償を認めるのは、不法行為に基づくので統一的な検討ができるからである。

不法行為に基づく損害賠償責任は、婚約破棄の責任ではなく、有責行為によって婚約を破棄しまたは破棄されるに至らせたことに対する責任である。一般の不法行為と同じ要件のもとで責任が認められ、第三者が故意・過失により婚約履行不能の原因をつくったときは、その第三者は不法行為責任を負う(大判大正8・5・12民録25輯760頁)。前述の徳島地判昭和57・6・21は、婚約を破棄した男の母親にも責任がある事例で、共同不法行為を肯定している。男の請求については、いわゆる請求権競合の問題である。そして、徳島地裁は、「婚約については、その不履行(破棄)自体が、通常、相手方によつて取得した生活上の利益に対する不法行為を構成する」と解している。

VI 結納の性質とは

婚約したとき、一方から一方へ結納金が渡されることがある。これは、婚約の成立を証明し、婚姻が成立したときには当事者や当事者の親族間の情誼を厚くするために授受されるものであるから、婚姻が不成立となったときは、目的不到達による不当利得として返還されることになる(大判大正6・2・28

民録23輯292頁。解除条件構成をとるものとして、加藤雅信『事務管理・不当利得・不法行為』新民法大系Ⅴ91頁、2004年、有斐閣)。ただ、婚姻不成立の有責者は、信義則上結納の返還を請求できないものと解されている(東京高判昭和57・4・27判時1047号84頁)。また、挙式後8カ月余も夫婦生活を続け、その間に婚姻届も完了した場合には、たとえ結納の受領者からの離婚申出による協議離婚が成立しても、すでに結納授受の目的を達しているので、結納返還義務はない、とする判例も出ている(最判昭和39・9・4民集18巻7号1394頁)。

　婚約に関する以上のような考え方に対して、疑問を投げかける考え方が唱えられている(植木とみ子「婚約」講座現代家族法第2巻39頁、日本評論社、1992年)。相手のことを知ってから婚約するのではなく、まず婚約してから相手のことをよく知り合うために交際するという配偶者選択過程の逆転現象なるものが存在し、そのような形式的な結納の授受があるだけで婚約が成立したといえるのか、というのである。しかし、やはり、約束は守られるべし、安易な約束はするなかれ、といいたい。

Ⅶ　実務上の留意点

　婚約破棄に基づく損害賠償請求は、「親族に準ずる者の間の紛争」として、調停前置の対象となる。しかる後、訴訟となる。債務不履行、不法行為いずれも通常訴訟事件である。簡易裁判所または地方裁判所に申し立てる。

　上述のとおり、真摯な合意さえあれば婚約は成立するが、公然になっていないときはその立証は必ずしも容易ではない。婚約の成立は、損害賠償を求めるものが主張立証すべき事柄であるから、十分な注意が必要である。婚約破棄に正当事由があるという主張立証責任は、婚約破棄をした者にある。不法行為では、婚約破棄に至った原因となる有責行為は損害賠償請求をする者が主張立証しなければならない。

Ⅷ 事例について

　本件では、結納を執り行っているので、婚約の成否という問題はない。1から4までは、婚約破棄の正当事由の存否を問うものである。
　1では、太郎が自ら心変わりをして婚約を破棄しているので、婚約破棄に正当事由がない。よって、花子は、太郎に対して、債務不履行、不法行為のいずれをも理由として損害賠償を求めることができる。多くは慰謝料であるが、結納式代などの支出があればその金額も請求できる。太郎は、自ら有責行為をして婚約を破棄したのであるから、結納金の返還を請求することはできない。一方、花子は渡した時計は、結納同様、婚姻成立を条件とする贈与と考えられるから、その返還を請求できる。
　2では、婚約を破棄したのは花子であって花子自ら債務不履行をしているので、花子から債務不履行に基づく損害賠償請求をすることはできない。しかし、婚約破棄の責任は太郎にあるので、太郎に対する不法行為に基づく損害賠償請求はできる。太郎が結納金返還を求められず、花子が時計の返還を求められるのは前同様である。花子に婚約破棄されたことに基づいて太郎が債務不履行に基づく損害賠償請求をすることはできない。なぜなら、花子には、婚約破棄をすることが正当と認められる事由があるからである。
　3はいわゆる性格の不一致という類型である。微妙であるが、性格の偏りが相当ひどければ正当事由ありということになる。正当事由があれば、花子は債務不履行に基づく損害賠償責任を負わず、かえって太郎が不法行為に基づく損害賠償責任を負うことになる。正当事由がなければ、花子は債務不履行に基づく損害賠償責任を負い、結納金を返還しなければならない。しかし、花子に有責事由があるわけではないから、時計の返還は請求できるであろう。
　4は、実務では多い類型である。親その他親族の反対は正当事由とならない。よって、花子は太郎に対し、損害賠償を求めることができる。場合によって、両親に対しても共同不法行為として損害賠償を求めることもありうる

が、主張立証責任が花子にあり、かつ、基本的には債権侵害であるから、両親の行為によって婚約破棄に至っていることなどが必要であるので、注意を要する。太郎が結納金の返還を請求することはできない。

> **コラム　婚姻外男女関係**
>
> 　法が保護する男女関係は婚姻のみである。婚姻外の男女関係のうち、「**内縁**」または「**準婚**」と呼ばれる関係は、婚姻意思と事実としての夫婦共同生活を要件として生じ、効果としては、婚姻届提出によって法律上の婚姻となることによる効果（氏の同一、子の嫡出性、相続が主なものである）以外の共同生活から生ずる効果（婚姻費用分担、財産分与が主なものである）は生ずると解されている。婚約は、本項に述べたとおり、合意による効果を生ずる。その余の男女関係は自由であって、相互に他を束縛しないし、保護もされない。最判平成16・11・18判時1881号83頁は、16年間続き子を2人もうけた（もっとも、女性の徹底した養育拒否という事情がある）男女関係であっても、意図的に婚姻を回避し、関係存続に関する合意のない関係の一方的解消につき、法的に保護される利益がないとして不法行為責任を否定している。近年は、自主的に婚姻を拒否した男女関係を「事実婚」と呼称して、その法的保護のあり方や根拠を論ずるようになっている（二宮周平『事実婚の現代的課題』（1990年、日本評論社）、水野紀子「事実婚の法的保護」家族法改正への課題（1993年、日本加除出版）83頁）。

〔演習問題〕

　太郎と花子はインターネットを通じて知り合い、肉体関係を結ぶようになった。太郎は、肉体関係を結ぶたびに「結婚しようね、結婚しようね」といい、花子も「きっとよ」と答えていた。花子は本気だったが、太郎はその気はなかった。花子は、太郎に損害の賠償を求めることができるか。

第2章　婚姻の成立

I　事　例

●事例●

　太郎と花子は大学時代に知り合い、将来は婚姻することを約束していた。5年目に肉体関係を結んで妊娠したので、花子は太郎に婚姻してほしいといったところ太郎もこれを承諾した。ところが、太郎は会社の上司の娘松子と婚姻することになったので、花子に別れてほしいという。花子は納得せず、話し合いの末に、生まれる子を嫡出子とするために婚姻届を提出し、子の出生届を提出したら離婚する旨の協議が成立し、協議のとおり婚姻届を提出した。太郎は婚姻届出の日に結婚式を挙げて松子と同居している。花子が出産して、子一郎を嫡出子として届け出たので、太郎は離婚を求めたが、花子は応じない。
　太郎の求めうる方法如何。

II　設　問

1　太郎と松子の婚姻は有効か。
2　離婚請求は認められるか。
3　損害賠償請求は認められるか。

III　婚姻とはどういうことか

　婚姻を社会的に見るならば、唯一の社会的に正当と認められた男女関係である。夫は夫として、妻は妻として保護され、また、拘束され、子には父が与えられ、扶養される。このような男女関係は、集団にとっては存亡にかかわる重大問題である。そこで、何らかの形で集団の長が決めたり、許可したり、同意するなどの拘束があった。明治民法は、家族の婚姻について戸主が同意することを必要としている（明治民法750条1項）。しかし、実態として親族集団の解体、思想的には近代になって個人の自由と平等が唱えられるようになって、婚姻も婚姻しようとする者の自由で平等な結びつきであるという考え方が一般的となった。

　一方、社会は、どの男女関係が正当として認められるものであるのかを決め、認識しなければならない。初期は、事実として共同生活をしていることで足りる事実婚であったが、公開の儀式を必要とする儀式婚、宗教上の儀式を必要とする宗教婚などがみられるようになった。現代では、国家が婚姻の成立に関与する法律婚がほとんどである。日本の民法も国家に対する届出をもって婚姻の形式的成立要件としていて、法律婚を採用している（民739条）。ただ、当事者の合意を確認する手続を欠いている点が特殊であるといわれる（有地・補訂75頁等）。

　婚姻の法律的な性質については、相手方と法律上の夫婦関係を設定する契約であるということができる。夫婦関係というのは、相手方を自己の配偶者とし、精神的・肉体的に結合して共同生活関係を営む関係である。近年は夫婦関係にも様々な態様が現れてきている。子をもうけない夫婦、同居しない夫婦、精神的結合のみの夫婦など。いずれも、当事者間に何らかの形で共同生活関係を築く意思の合致があれば婚姻は成立すると解してよいであろう。しかし、一方が同居を希望し、他方が当初から同居する気がなく、同居を拒否するような場合は、婚姻が無効となることがあり得る。

Ⅳ　婚姻が成立する要件としては何があるか

1　実質的要件とは何か

(1)　婚姻意思の存在が必要である

(ｱ)　婚姻意思とは何か

　婚姻は、婚姻意思の合致および届出によって成立する。

　婚姻意思というものを分析してみると、まず、夫婦という現実の共同生活関係を結ぼうという意思（これを実質意思と呼ぶことがある）と、法律上の夫婦となろうという意思（これを形式意思と呼ぶことがある）とに分けられる。たとえば、ある男女が、婚姻していると会社で有利な貸付が受けられるという理由で、実際には全く夫婦共同生活を営むという意思がないのに婚姻届を提出した場合には、形式意思はあるが実質意思はないということになる。また、ある男女が結婚式も挙げ共同生活を始めたが夫婦別姓が認められるまで婚姻届を出さずにおこうと決めたとき、実質意思はあるが形式意思はないということになる。このうち、形式意思がないとき婚姻が不成立であることは全く疑いがない。なぜなら、婚姻とは法律上の夫婦となることなのだからである。

　では、形式意思はあるが実質意思がない場合はどうか。最高裁に次のような判例がある。

　甲男と乙子が結婚を約したうえ7年間くらいの間同棲したり勤務の都合上別居したりしながら生活をし、乙子は3回の中絶の後に一女を出産した。ところが甲男は他の女性と結婚することを決め、乙子に別れ話を切り出した。当然ながら乙子は承諾せず、話合いの末、乙子の強い希望によりいったん婚姻届を出して子供を入籍し、子を嫡出子としたうえで離婚することとなった。そこで、甲男と乙子は婚姻届を提出し、甲男はその翌日他の女性との結婚式を挙げて共同生活を始めた。その後、甲男は離婚を求めたが、乙子が承諾し

ないので婚姻無効確認を求めて本訴を提起した。一審は「被告から……に嫡出子としての地位を得させてほしいとの懇請を受け、その処置に窮した原告が、一時的なその場の収拾策として被告側の要請に応じたまでのことであるから、もとより被告との間で婚姻をなす意思は毛頭なかった」旨述べ、二審は、一審と同じ上記叙述に続け、「被控訴人には控訴人と夫婦生活を営む意思はなかったものであって、……婚姻届出に当り……に嫡出子としての地位を得させるための便法として両名間に婚姻届出については意思の合致があったが、被控訴人には控訴人と真に前記の如き夫婦関係の設定を欲する効果意思を有しなかった」と認定した。最高裁は「『当事者間に婚姻する意思がないとき』とは、当事者間に真に社会観念上夫婦であると認められる関係の設定を欲する効果意思を有しない場合を指すものと解すべき」と述べ、原審認定の事実によれば婚姻は効力を生じないとした判断は正当であるとした（最判昭和44・10・31民集23巻10号1894頁）。

　つまり、実質意思を欠く婚姻は無効であるということである。原則としてこの考え方は支持できる。なぜなら、婚姻が効力を生ずるということは、その意思が是認されて法律によって効果が与えられるということである。男女の結合が法律上一定の保護を受けるのは、男女が共同生活を営み、法の期待する役割を担っているからにほかならないのである。であるから、そのような実体のある意思があるときにのみ保護されるのは、当然のことなのである。

　しかし、この判例についてはいろいろ考えさせられることがある。まず第1に、7年間も婚姻を約してほぼ共同生活をおくり一子をもうけながら婚姻しないというのは、けしからんのではないか。婚姻したのであれば共同生活をする意思がなくても婚約を履行したのであるから無効にすることはないのではなかろうか。第2に、子が嫡出子となることは婚姻の重要な結果であるから、子を嫡出子とするために婚姻届を提出することは実質意思の1つとみてもよいのではないか。婚姻が子を嫡出子とする「便法」といえるのであろうか。住宅を借りるためとか、配偶者ビザを取得するためとか、婚姻とは関係のない他の目的のために利用する場合とは根本的に異なるのではなかろう

か。甲男にとっても、乙子にとっても、その間の子供にとっても、嫡出子とするための婚姻程度は認めてもよいのではないか。第3に、甲男、乙子が婚姻届を提出しその後に離婚すると約束したのであるから、そのとおりの効果を認めて差し支えないのではないか。乙子が離婚しなかったのは、けしからんのでこれさえ認めればよかったのではないであろうか。このように、次から次へと疑問が生じてくる。そしてその疑問の1つひとつが非常に重要なもので、切り捨ててしまうことはできない。婚姻の自由、婚姻の秩序、子の福祉という利益が対立している。そして、婚姻の本質とは何かという問題が絡んでいる。理論的に可能な構成はどのような考え方なのか、検討課題は多い。ただ、婚姻の本質的要素が夫婦としての同居にあるという考え方は、現在の社会では一般的であろうから、判決の結論は支持されているのである。

　(イ)　**婚姻意思が不存在の場合にも、婚姻は成立するか**

　意思表示に関する法律行為の有効要件は、意思の欠缺のないことと、意思表示に瑕疵がないことである。意思の欠缺には、錯誤・心裡留保・虚偽表示があり、これらは意思がないため無効となる。瑕疵ある意思表示は詐欺・強迫に基づく意思表示であり、これは、意思はあるが瑕疵があるものなので取消しができるということになっている。

　これを婚姻意思に当てはめてみると、婚姻する意思がないのに婚姻するという表示をしてしまった場合はまさに(ア)において述べたことで、完全に無効である（民742条1号）。これに例外はない。このような意味で心裡留保（民93条）や虚偽表示（民94条）に関する民法総則の規定の適用はないということになる。錯誤があるときも無効である（民95条）。たとえば、甲男と婚姻する意思で乙男との婚姻届けを提出してしまったという場合は、乙男との婚姻意思はなかったので乙男との婚姻は無効である。動機の錯誤は問題になる余地がない。いい人だと思って婚姻したあるいはお金持ちだと思って婚姻したがそうではなかった、としても、婚姻意思はあるのであるから有効である。婚姻は、その人自体と婚姻する意思あれば十分であるから当然の結果である。

　そして、婚姻無効の訴えにおいては、婚姻意思の不存在は、原告が証明し

なければならない（大判明治37・10・8民録10輯1319頁）。

　　㈦　瑕疵ある意思表示による婚姻はどうなるのか

　次に、詐欺や強迫に基づいて婚姻した場合はどうか。民法は、基本的には総則と同様に取消しができるものとしている。ただ、取消しを請求できる者と期間が特に定められ（民747条）、効果も異なっている。

　　㈣　婚姻意思はいつ存在しなければならないか

　婚姻の意思は届出の当時に存在していなければならない（名古屋控判明治41・5・5最近判例集2巻137頁。なお、後述「2　形式的要件とは何か」参照）。

　⑵　**婚姻能力とは何か**

　民法の総則で能力というと、3種類ある。権利能力・意思能力・行為能力である。このうち自然人はすべて権利能力を有するから問題はない。

　次に、近代市民社会では、自己の意思に基づく行為のみ責任を持つから、その前提となる能力である**意思能力**は必ず必要である。

　行為能力は、意思能力の十分でない者を定型的に定め、本人を保護すると同時に取引の安全を図ったものである。身分行為については、本人の意思を最大限尊重しなければならないという要請がある一方、取引の安全という側面は非常に弱く、あっても本人意思の尊重という要請には後れる。したがって、身分行為については原則として行為能力は必要がない。結局、意思能力のみが必要であるということになる。ゆえに、意思能力さえあれば未成年者も成年被後見人も婚姻することができ、意思能力がなければ後見開始の審判を受けていなくても婚姻は無効である。また、意思能力さえあれば、人事訴訟では、訴訟能力も認められ、法定代理人によらずに単独で訴訟当事者として訴訟上の行為をすることもできる（人訴13条参照）。

　民法は、婚姻適齢を定めて未成年者も婚姻できることを明らかにしている（民731条）。しかし、慎重に婚姻がされるよう父母の同意を要求している（民737条）。成年被後見人についても成年後見人の同意なく婚姻できることが明記され（民738条）、成年被後見人本人がその届出をすることが要求されている（戸籍32条）。

以上のような意思表示に関する有効要件、能力に関する有効要件について、民法総則の規定の適用があるかないかという議論がある。しかし、民法自身、身分行為について総則に定める意思表示や能力の体系を崩しているわけではなく、その特質に応じて修正を加えている。ことばの問題かもしれないが、原則として適用されるが、修正されている部分は特別規定として親族法が適用されるということで足りるのではないかと思われる。そして民法総則の適用が原則としてあると考えるほうが、各種の問題に対して一応の基準を見いだすことができてよいのではなかろうか。

(3) **婚姻障碍は不存在でなければならない**

婚姻は社会の基礎となる身分関係であり、社会に与える影響が大きいことから、婚姻のための要件が特に定められている。そして、これらの要件については、違反していると婚姻の届出が受理されない（民740条）。

(ア) 婚姻には適齢がある

婚姻すると、肉体的・精神的・経済的に独立して生活することが原則である。そうであれば、婚姻するためには、ある程度の成熟が必要である。これが婚姻適齢の根拠である。男は満18歳、女は満16歳が法律上の婚姻適齢である（民731条）。なぜ男が18歳で女が16歳なのか。男性は社会的成熟年齢、女性は肉体的成熟年齢と説明されている。しかし、夫婦共同生活における男女平等は、妻が夫に従うのではなく、ともに家庭を維持するのでなければならないと考えると、肉体的な成熟だけでよいかは問題で、男女ともに肉体的・精神的・経済的な成熟が必要であるということになる。そこで、改正要綱では、婚姻適齢を男女とも18歳としている。

婚姻適齢を18歳とすると、若年婚をどうするかという問題が残る。15歳と16歳の男女が同棲して子を産んでも婚姻できず、子も非嫡出子である。法の保護の埒外に置かれてしまうので、家庭裁判所の許可を得て婚姻できるという制度も検討されたが、基準が不明であるなどの理由により採用される予定はない。低年齢での婚姻が必ずしも本人および子の福祉に合致するものではない、という考えに基づくものである。

(イ) 重婚は禁止される

重婚の禁止は、一夫一婦制をとる以上当然である（民732条）。重婚罪として、刑事罰の対象にもなっている（刑184条）。この場合、婚姻届が同時に二重にされている状態になくても、妻との協議離婚届を偽造して市町村役場に提出し、戸籍簿原本にその旨の不実の記載をさせたうえ、甲女との婚姻届を提出し、その旨を戸籍簿原本に記載させたときでも、重婚罪は成立する（名古屋高判昭和36・11・8高刑集14巻8号563頁。三谷編・常識第2話）。

婚姻している者について二重に婚姻届が提出されても、コンピュータ処理される現代では、受理されることは通常は考えられない。重婚禁止違反が現実的な問題となるのは、次のような場合である。

第1は、無断で離婚届が提出され、別の婚姻届が提出されて受理されたが、その後に離婚無効の裁判が確定したという場合である。後婚が重婚に該当するから、取消事由となる（民744条）。重婚が無効とならずに取消事由にすぎない理由は、子を嫡出子とするためである。なお、離婚無効確認請求と離婚が無効であることにより生ずる重婚を理由とする婚姻取消請求とは、法律上それぞれ独立の請求であって、固有必要的共同訴訟にも類似必要的共同訴訟にも当たらないと解する判例がある（最判昭和61・9・4判時1217号57頁）。

第2は、失踪宣告により死亡とみなされ（民31条）、婚姻関係消滅となってその後別の婚姻をしたが、失踪者の生存が判明して失踪宣告が取り消された場合である。このような場合、前婚の効力が復活するか否か、後婚が取り消し得べき婚姻となるかについて民法32条但書に関連して各種の説がある。しかし、民法32条但書は財産法に適用されるもので婚姻については重婚となって取り消し得べき婚姻となると解するのが判例であり、多数説である。しかし、そのような結果は、妥当ではない。そこで、改正要綱では、失踪宣告後に再婚し、その後失踪宣告が取り消されても前婚は復活しないものとしている。

(ウ) 女性には再婚禁止期間がある

女は、離婚後一定期間再婚ができない（民733条）。子の父親を確定できる

43

ようにするためである（民772条、773条参照）。憲法違反説もあるが、嫡出推定の重複を避けるという合理的理由があるので、憲法違反とはいえないと解される。判例も、「合理的な根拠に基づいて各人の法的取扱いに区別を設けることは憲法14条1項に違反するものではなく、民法733条の元来の立法趣旨が、父性の推定の重複を回避し、父子関係をめぐる紛争の発生を未然に防ぐことにある」と判示している（最判平成7・12・5判時1563号81頁）。しかし、婚姻解消後300日以内、婚姻成立後200日経過前において、推定が重複するのは100日間である。6カ月は長すぎる。したがって、改正要綱は再婚禁止期間を100日としている。

　　(エ)　近親婚も禁止されている

血族間の婚姻禁止は主に遺伝的な問題を回避するためであり、直系姻族間および養直系卑属・その配偶者と養直系尊属・その配偶者間の婚姻は禁止されている（民734条、735条、736条）のは道徳的な要請である。

　　(オ)　未成年者の婚姻には父母の同意が必要である

明治民法772条1項によれば、男30歳未満、女25歳未満の場合、婚姻するには、家にある父母の同意が必要であった。しかし、これは婚姻の自由に反するので改正され、未成年者が軽率な婚姻をすることを防ぐために、父母の同意を要することにした（民737条）。未成年者の婚姻届には、父母の同意書の添付が要請されてはいるが（戸籍38条1項）、父母の同意書のないまま未成年者の婚姻届が受理されれば、婚姻取消事由とされていないので取り消すことができず、完全に有効である。

2　形式的要件とは何か

(1)　届　出

婚姻が成立するためには婚姻の届出が必要である。事実上の共同生活の開始のみでは婚姻は成立せず、国家の関与を要することを、**法律婚主義**という。

これに対し、事実上の共同生活の存在で婚姻の成立を認める**事実婚主義**がある。しかし、婚姻が社会の最小の共同体であり、子を産み育てるという重

要な機能を果たしていることを考えると、国家は、どの男女関係を保護する必要があるか、明確に把握する必要がある。一夫一婦制を採用すれば、保護し拘束すべき男女関係はどの関係かをこれまた明確に把握する必要がある。そのような点で法律婚がすぐれているので、現在は多くの国が法律婚主義を採用している。そして、届出主義を採用しているのは、成立時期がはっきりするという大変大きな長所を持っている制度だからである。ただ、日本の制度は、届出のみで婚姻が成立するので、実質意思のない無効な婚姻が生じる場合が多いこと、届出のない夫婦が保護されないという二重の問題点を抱えている。婚姻の届出をしないときは無効と明記されているが（民742条2号）、届出は成立要件であることにほぼ争いない（このように行為の成立要件となっている届出を創設的届出、成立要件ではなく国家に対する報告である届出を報告的届出という）。届出によって婚姻は成立するので、以上の実質的要件は届出時に存在しなければならないことになる。

(2) 婚姻届書作成後に翻意したにもかかわらず受理された婚姻届は有効か

届出時に婚姻意思が存在しなければならない、とすれば、婚姻届を作成した時点では婚姻する意思があっても、その後に翻意した場合は、届出は無効である（民742条1号。婚姻の届出の依頼を撤回した後にされた婚姻届につき、大阪地判昭和29・10・5下民集5巻10号1675頁）。

(3) 婚姻届出時に意識不明になった場合はどうか

では、甲野太郎は乙野花子と長く共同生活をしていたところ、病を得て命の短いことを知り、花子との婚姻届を提出することとし、婚姻届に所定事項を記載してその提出を知人に依頼したが、届出時点では昏睡状態に陥っていた、という場合はどうか。また、太郎と花子は婚姻届に所定事項を記載してその提出を親族に任せて新婚旅行に出かけたところ、交通事故に遭って、提出の時点では太郎の意識はまったくなかった、という場合はどうか。

届出を成立要件とすると、届出時に意思がないのであるから、無効となりそうである。しかし、そのような解決はおそらく本人の意思に反するであろ

う。16年以上同居していた事案で、最高裁は、
> 「本件婚姻届が○○○の意思に基づいて作成され、同人がその作成当時婚姻意思を有していて、同人と上告人との間に事実上の夫婦共同生活関係が存続していたとすれば、その届書が当該係官に受理されるまでの間に同人が完全に昏睡状態に陥り、意識を失つたとしても、届書受理前に死亡した場合と異なり、届出書受理以前に翻意するなど婚姻の意思を失う特段の事情のないかぎり、右届書の受理によつて、本件婚姻は、有効に成立したものと解すべきである。もしこれに反する見解を採るときは、届書作成当時婚姻意思があり、何等この意思を失つたことがなく、事実上夫婦共同生活関係が存続しているにもかかわらず、その届書受理の瞬間に当り、たまたま一時的に意識不明に陥つたことがある以上、その後再び意識を回復した場合においてすらも、右届書の受理によつては婚姻は有効に成立しないものと解することとなり、きわめて不合理となるからである」

と判示している（最判昭和44・4・3民集23巻4号709頁）。この見解は、届出を成立要件と解しつつ、事実上の夫婦関係が存続しているときは、その後に当事者が翻意したものと認められないかぎり、婚姻意思を持ち続けているものと推定し、意識を失っていても同様に解するのが相当であるとするものである。したがって、婚姻届書の作成を成立要件とするものではない。

(4) **届出時に死亡していた場合はどうか**

届出時に死亡している場合には、当該婚姻は無効である。ただし、郵送による届出は発送主義が採用されており、発送時に生存していれば、到着時に死亡していても受理すべきであり、届出人の死亡の時に届出があったものとみなしている（戸籍47条）。

届出は、戸籍法の定めるところに従って行う（戸籍74条）。どちらの氏を称する婚姻かを決めること、新戸籍の本籍を決め、婚姻届に署名押印して市町村長に届け出る。これが受理されると、届が市町村長に到達したときに婚姻は成立する（例外は、戸籍47条）。

Ⅳ 婚姻が成立する要件としては何があるか

―― **コラム** 宿直が飲酒、婚姻届受理でトラブル 兵庫・伊丹 ――

　兵庫県伊丹市役所で1日未明、宿直中の嘱託職員（65）と庁舎管理委託先の警備会社の社員（56）が酒を飲んでいたため、婚姻届を出しに訪れたカップルとトラブルになり、計3組のカップルが長時間待たされたり婚姻届を出せなかったりしていたことがわかった。

　嘱託職員と警備会社員は大みそかの12月31日午後10時ごろから、「年末の打ち上げ」として、350ミリリットル入りの缶ビールと日本酒1合をそれぞれ飲んでいたという。（21：08）

2003年1月4日付朝日新聞より

【書式1】　婚姻届

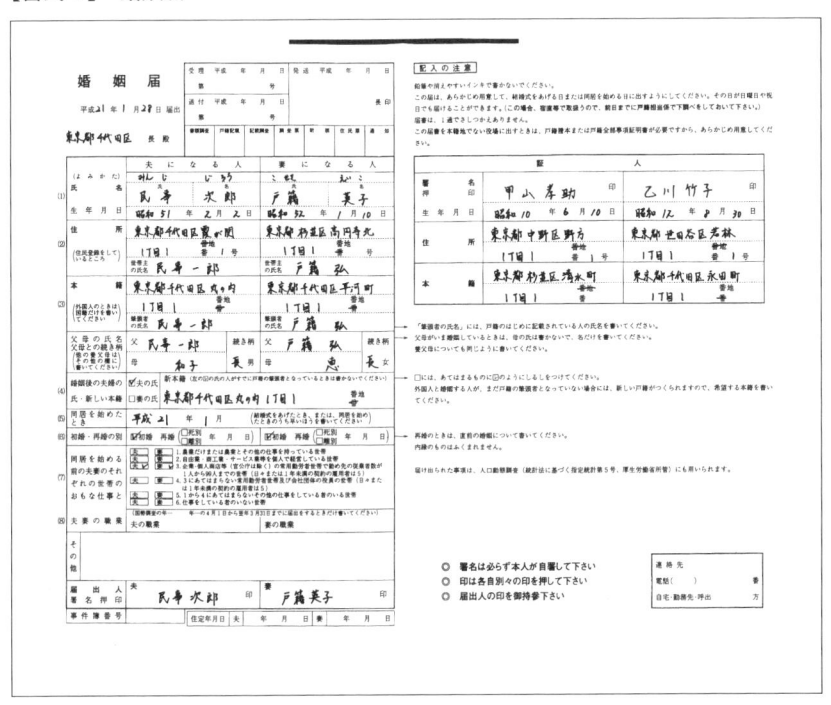

法務省のホームページ（http://www.moj.go.jp/）の中の「行政手続の案内」「戸籍関係手続」「婚姻届」より

〔accessed on May 1, 2012〕

47

V　婚姻の無効および取消し

1　婚姻の無効はどのようなときに生じるか

　婚姻は、婚姻届があっても、人違いその他の事由によって当事者間に婚姻意思がないとき（民742条1号）、**意思能力**のないとき、無効である。

　たとえば、太郎と花子は実質的な夫婦共同生活を始めたが、花子が夫婦別姓を希望して婚姻届を出さなかった。ところが、しばらくして太郎が勝手に婚姻届を出してしまったという場合、その婚姻は無効である。しかし、婚姻届が出されたことを花子が知った後、もう婚姻届を出してもかまわない、と考えたときはどうか。本来は、無効の婚姻を婚姻無効確認判決によって抹消した後、新たに婚姻届を提出するのが正しい扱いであるが、場合によっては、なされた無効な婚姻自体の追認を認めてもよいと考えられている。理由として、「追認により婚姻届出の意思の欠缺は補完され、また、追認に右の効力を認めることは当事者の意思にそい、実質的生活関係を重視する身分関係の本質に適合するばかりでなく、第三者は、右生活関係の存在と戸籍の記載に照らし、婚姻の有効を前提として行動するのが通常であるので、追認に右の効力を認めることによつて、その利益を害されるおそれが乏しい」、ということが挙げられている（最判昭和47・7・25民集26巻6号1263頁）。当事者の意思に沿っていてその不利益にならないことが必要であろう。その意味では、無効行為の追認の規定（民119条）の適用はないことになる。

2　取消しが可能な婚姻はどのような場合に生じるか

(1)　**取消事由と取消請求期間**

　取り消すことができるのは以下のとおりである（民743条）。家庭裁判所に取消しを求める必要がある。これらの請求権者は、法定されている（民744条）。

(ア) 婚姻適齢違反

婚姻適齢違反の婚姻は、その親族または検察官から婚姻適齢に達するまでの間に取消請求をしなければならず（民744条1項本文、745条1項）、検察官は、当事者の一方が死亡した後は、取消請求できない（民744条1項但書）。なお、検察官が取消請求をしても、判決前に協議離婚が成立したときは、検察官の取消請求権は消滅する（大判明治33・11・17民録6輯10巻82頁）。

ただし、不適齢者は、適齢に達してから追認をしていないかぎり、適齢に達した後でも3カ月間は、取消請求できる（民745条2項）。

(イ) 重婚禁止違反

重婚禁止に違反する婚姻も、前婚が重婚者の相手方当事者の死亡または離婚などによって解消されその後も後婚が存続した場合には、前婚解消の時から将来に向かって後婚の違法性は治癒され、もはや後婚を取り消すことはできなくなる（東京地判昭和36・12・20下民集12巻12号3067頁、新潟地判昭和62・9・2判タ658号205頁）。また、「後婚が離婚によつて解消されたときは、特段の事情のないかぎり、後婚が重婚にあたることを理由としてその取消を請求することは許されないものと解するのが相当である。けだし、婚姻取消の効果は離婚の効果に準ずるのであるから（民法748条、749条）、離婚後、なお婚姻の取消を請求することは、特段の事情がある場合のほか、法律上その利益がないものというべきだからである」（最判昭和57・9・28民集36巻8号1642頁）。

(ウ) 再婚禁止期間違反

女は離婚後一定期間再婚ができない（民733条）。しかし、これに違反した婚姻は、前婚の解消もしくは取消しの日から6カ月を経過または女が再婚して懐胎したときは、取消請求できなくなる（民746条）。

(エ) 近親婚禁止

三親等の傍系血族間の婚姻を「取消しうるものとしたのは、優生学的配慮と倫理上の要請とに基づくものである。そして、その要請は、時の経過等により消滅するものではないから、不適齢の婚姻（同法731条違反）や再婚禁止

期間内の婚姻（同法733条違反）につき、一定期間の経過等により取消権が消滅するのと異なり、近親婚においては、取消権が消滅することはなく、それは、当事者の一方が死亡した場合においても同様である（同法744条1項但書参照）」とする裁判例がある（東京高判平成3・4・16判時1392号85頁）。

(オ) **詐欺または強迫による婚姻取消し**

詐欺または強迫によって婚姻をした者は、追認をしないかぎり、詐欺を発見しまたは強迫を免れてから3カ月以内に取消請求しなければならない（民747条）。

(2) **婚姻取消しの効果は遡及するか**

取消しの効果は遡及しない（民748条1項）。したがって、取り消されるべき婚姻によって子が産まれたときは、たとえその婚姻が取り消されたとしてもその子は嫡出子としての地位を失わない（東京地判平成9・10・31判タ1008号230頁）。

そして、婚姻取消しの裁判が確定した時から、その婚姻は効力を失う。この点は離婚と同じなので、離婚の効果の規定が準用されている（民749条）。

婚姻の当時その取消しの原因があることを知らなかった当事者が、婚姻によって財産を得たときは、現に利益を受ける限度において、その返還をしなければならない（民748条2項）。

婚姻の当時その取消しの原因があることを知っていた当事者は、婚姻によって得た利益の全部を返還しなければならず、相手方が善意であったときは、この相手方に対して損害の賠償責任を負う（民748条3項）。

VI 手続

実務上婚姻の取消しが問題となるのは、虚偽の離婚届がなされ、その後婚姻届が出されたが、離婚無効が確定した、という場合である。事案を設定して実務上の問題点を述べておこう。

夫甲野太郎は乙山松子と親しくなって、妻花子に離婚を求めたが拒否され

た。そこで、花子の署名押印を偽造して離婚届を提出し、間もなく松子との婚姻届を提出した。しばらくして、花子は必要があって住民票を取ると所帯主となっているし、戸籍謄本を取ると離婚したことになっているので、驚愕し、夫が勝手に届け出たものと判断した。花子は婚姻中から居住する東京に居住し続けている。太郎は松子とともに松子の郷里である福岡市に居住している。

1 調　停

　人事訴訟事件は調停前置主義である（家審18条、家事257条）。調停の管轄は、相手方住所地である（家審規129条、家事245条1項）。したがって、本件では、相手方である太郎および松子の住所地を管轄する福岡家庭裁判所に調停を申し立てなければならない。ただし、本件では、申立人である花子の住所地を管轄する東京家庭裁判所またはそれ以外の家庭裁判所に調停を申し立てた場合にも、相手方と合意したとき（家審規129条、家事245条1項）には管轄があり、管轄がなくても事件処理のために必要があるときには自庁処理することがある（家審規4条1項但書、家事9条1項）。

2 合意に相当する審判

　離婚無効や婚姻取消しについて、当事者に離婚無効や婚姻取消しの審判を受けることについて合意が成立し、無効取消しの原因の有無について争いがない場合は、家庭裁判所は事実調査をして、その原因が事実であるとの心証を得たときには、合意に相当する審判をする（家審23条、家事277条）。虚偽の事実を述べ、合意をする場合もあるので、事実調査することとされている。事実に全く争いがなくても、審判を受けることに合意がなければ、合意に相当する審判（家事審判法の下においては、23条審判といわれている）をすることはできない。合意に相当する審判がされたときは、2週間以内に異議の申立てがなければ確定し、確定判決と同一の効力を有することとなる（家審25条、家事281条）。事実調査としては、このような事件では、各届出書の取調べと

通常当事者の審問が行われる。

3 追認は認められる

離婚無効請求の調停中に条件が整うなどして当該離婚は本当は自己の意思に基づかないものではあるが、もう離婚を認めてもよいということがある。民法119条では無効行為の追認を認めていないが、身分行為については認めるのが通説・判例である（最判昭和27・10・3民集6巻9号753頁、最判昭和42・12・8家月20巻3号55頁、最判昭和47・7・25民集26巻6号1263頁）。具体的妥当性と民法116条本文の類推によることが根拠とされる。この場合は、調停条項中に追認する旨を表示すれば足りると解されている。

4 職分管轄

合意が成立しない場合は、訴えを提起するほかはない。ともに人事訴訟（人訴2条）なので、家庭裁判所が管轄する。

5 離婚無効の訴えと婚姻取消しの訴えの併合

人事訴訟手続の客観的併合の制約はない（人訴7条に相当する条項の不存在）。主観的併合の特則もない。民事訴訟法38条の制約があるのみである。本件離婚無効の訴えと婚姻取消しの訴えは、同一の事実上および法律上の原因に基づくときに該当し、併合が可能である。

6 土地管轄

土地管轄は人事訴訟法4条の定めるところである。当該訴えにかかる身分関係の当事者が普通裁判籍を有する地を管轄する家庭裁判所の専属管轄である。

離婚無効確認の訴えについては、原告の普通裁判籍は東京、被告の普通裁判籍は福岡であるから、双方の家庭裁判所に専属管轄がある。したがって、どちらにも訴えを提起しうる。花子が、婚姻取消しの訴えを提起するときは、

太郎と松子両名を共同被告としなければならない、**固有必要的共同訴訟**である。太郎と松子との婚姻取消しを求める訴えは、取消しの訴えに係る身分関係の当事者、すなわち、太郎と松子、その普通裁判籍となり、ともに福岡であるから、福岡家庭裁判所が専属管轄を有する。

2において述べたように、離婚無効の請求と婚姻取消しの請求を併合できる。そうすると、離婚無効と婚姻取消しの請求を併合するときは、人事訴訟法5条によって、同法4条の規定により管轄を有する家庭裁判所に訴えを提起することができる。すなわち、東京にも福岡にも訴えを提起することができるのである。ただし、原告が自己の居住する東京家庭裁判所に訴えを提起したところ、被告から同法7条に基づいて、福岡家庭裁判所への移送申立てがされることがありえ、かつ、事情によっては移送決定がされることがありうる。

7 関連請求

離婚無効の原因となった事実によって生じた損害の賠償を求める請求は、本来通常訴訟で行うべき事項であるが、人事訴訟法17条により離婚無効の請求に併合することができる。

8 訴訟の集中

被告は**反訴**を提起することができ（人訴18条）、判決確定後は反訴を提起することにより主張することができた事実に基づいて同一の身分関係についての人事訴訟を提起できなくなる（人訴25条）。したがって、提起すべき人事訴訟があれば提起しておかなければならない。この場合、被告から離婚の反訴を提起することが考えられる。しかし、離婚請求は、有責配偶者からの離婚請求として認められない場合もあり、また、失権効が及ぶ範囲もある程度限られるので、反訴を提起しなければならないとはいえない。

9 立証責任

　職権探知主義の下でも客観的証明責任が存在する（松本＝上野『民事訴訟法〔第3版〕』331頁）。婚姻が成立しているが、意思がないため無効であるという場合の無効であることの主張立証責任は総則規定と同様、無効を主張する者にある。しかし、原告の届出行為が存在しない本件のごとき偽造による離婚の届出の場合、被告に、原告と被告による届出があることの主張立証責任があると解する（伊藤＝長編・要件事実(2)86頁）。すなわち、婚姻届出の存在は原告が主張立証し、届出当時における原告と被告による婚姻意思の存在は被告が主張立証する。

10 請求の認諾・放棄、訴訟上の和解

　認められない（人訴19条）。当事者の自由処分を許さない事項だからである。可能なのは、前記無効な離婚の追認のみということになる。

11 判　決

　対世効がある（人訴24条。三谷・民訴講義3版242頁）。ただし人事訴訟法24条2項の規定がある。確定すれば、市町村役場に裁判の謄本を添付して届け出て（戸籍75条、63条、116条）、戸籍上の離婚の記載、婚姻の記載が朱抹される。敗訴した原告、被告らが控訴・上告できるのは、民事訴訟と同様である。

Ⅶ　事例について

　本文Ⅳ1参照。婚姻を無効と解するのが判例・多数説である。太郎の離婚請求については、有責配偶者からの離婚請求として認められない可能性がある。
　花子からは婚約破棄による損害賠償請求が可能である。実際の前掲最判昭

和44・10・31によっても認められている。

〔演習問題〕
1 太郎と花子は、結婚式を挙げて同居し、夫婦として生活をしている。しかし、花子は夫婦別姓制度が定められるまで婚姻届を出したくないといい、太郎もこれを了承していた。しかし、太郎は周りからいろいろいわれるので、仕方なく、花子に無断で、夫の氏を称する婚姻届を提出した。花子は婚姻無効を主張できるか。
2 太郎と花子は、長年同居し、夫婦として生活をしているが、事情があって婚姻届は出していなかった。しかし、太郎は病気が進行し余命いくばくもなくなったので、死亡前に婚姻届を提出しようと考え、花子とともに婚姻届を作成し、郵送した。しかし、これが届いた時点では
  ① 太郎は意識不明であった。
  ② 太郎は死亡していた。
婚姻は有効か。
3 太郎と花子は、婚姻届を提出した夫婦である。ところが、太郎が借金取りに追われるようになったので、夫婦生活を続けながら、離婚届を出すこととした。このような離婚は有効か。

第3章　婚姻の効果

I　事例

● 事例 ●

　太郎と花子は婚姻し、子をもうけた。10年ほどたったころからいさかいが多くなり、そのうち寝室を別にするようになった。そのころ太郎は松子と知り合い、悩みを打ち明けるうちに情交関係を結ぶようになった。その後太郎は家を出て松子と同棲するようになった。
　花子は誰にどのような請求をすることができるか。

II　設問

1　花子の夫に対する請求はいかなる性質の権利か。
2　花子の松子に対する請求はいかなる性質の権利か。
3　不貞の相手方に対する損害賠償請求を認めるべきか。
4　子の松子に対する請求はいかなる性質の権利か。その請求は認められるか。

III　夫婦はなぜ同氏でなければならないか

　夫婦は、婚姻の際に定めるところに従い、夫または妻の氏を称する（民750条）。夫婦同氏といっても、新しい氏を創設したり合意によって他人の氏を称することができるわけではない。必ずどちらかの氏を称するのであり、

田中太郎さんと田中花子さんと婚姻するときも、同じ田中でもどちらの氏を称するかを決めなければならず、どちらの氏を称するかを定めないと婚姻届は受理されない。

　戦前は**家制度**をとっており、この「家」は、氏を同じくしていたので（明治民法746条）、一家＝同一氏＝同一戸籍という関係が成り立っていた。そして、妻は婚姻によって夫の家に入ったので（明治民法788条）、当然に夫の氏を称することになっていた。戦後家制度を廃止するにあたり、夫婦の氏をどうするかが議論され、夫の氏を称するとする案も作成されたが、GHQとの交渉の結果、結局現在の条文に落ち着いたという経緯がある（我妻・経過131頁）。

　こうして条文上は、形式的な男女平等が実現されたが、現実は婚姻の97％が夫の氏を称する婚姻である。これでは、妻が氏を変えたくないと思っても変えざるを得ない実情にあるといえるであろう。一方、女性の社会進出は増え、社会活動をする女性には氏を変えたくないと望む者も増加してきた。そこで**夫婦別氏**を希望する場合には別氏を選択できるという選択的夫婦別氏を認めるかどうかが検討されるようになったのである。改正要綱は選択的夫婦別氏を認めたが、反対が強くこれが原因で改正されるに至っていない。

　別氏論者の根拠は、①条文の体裁は男女平等だが現実は圧倒的に夫の氏を称する婚姻だから平等とはいえない、②氏を変えたくないのに婚姻するために氏を変えざるを得ないのは人格権を侵害し個人の尊厳を害する、③社会活動を続けるうえで不便である、④家庭の一体性を害するという反対があるが家庭の一体性は氏によって保たれるものではない、⑤子の氏については別途決定の仕方がある、などである。

　他方、反対論は、①夫婦同氏は明治以来国民生活に定着し夫婦親子の一体感を確保するうえで重要な役割を有する、②氏を変えるのは婚姻によって合意によって行うものだから人格権侵害とは関係がない、③社会活動の不便は通称使用によって補うことができる、④親子が異なる氏となることは子の福祉に反する、⑤子の氏の決定方法に困難を生じる、などである。

夫婦が別氏であるとき、子の氏の決定方法も大きな問題となる。夫婦の協議に委ねた場合、協議ができないときどうするかという問題がある。いろいろな考え方があり、①家庭裁判所が決める、②抽選とする、③母の氏とする、などである。しかし、①については基準がないので裁判のしようがない、②はあまりに不謹慎、③は男女平等に反するという批判があり、いずれも難がある。このような問題が起きることを防止するため、改正要綱ではあらかじめ婚姻届提出時に子の氏を決定して届け出ることとしている。また、兄弟姉妹の氏が異なることを認めることは時期尚早との理由により、子の氏は統一することになった。改正要綱の決定方法に対しては、婚姻に条件を設けることになり憲法に反するとか、子を持つ可能性のないものにまで子の氏の決定を強制することは妥当でないという批判がある。

さて、夫婦別氏を認めるかどうかという問題の本質はどこにあるのか。夫婦同氏の積極的側面として次のことが指摘できる。現代社会の家庭は、ほぼ夫婦と未成熟子という構成を1つのモデルとしている。この1つのまとまりが氏を同じくするという共通項をもつことにより、1つの団体を構成する一員であることを、構成員に対しては自覚させ、外部に対しては公示するという機能を果たしている。そして、この範囲が同時に1通の戸籍に記載されることにより、なおその機構が強化されているということができる。夫婦同氏が、現実の家庭生活を反映し、これを維持、公示する機能を有するものであるかぎり、合理的な制度であるといえる。しかし、現在の夫婦同氏には別の側面がある。国民のほとんどが夫の氏を称する婚姻をし、したがって、夫が戸籍筆頭者となり、実際の家庭生活では夫に経済力がある結果、家庭において夫優位であるかのような外観を呈し、そのような感じ方や実体が醸成されるという点である。この点は改められなければならない問題である。実は、このような戸籍筆頭者（世帯主）の実態が、女性の間接差別の原因ともなっていることに注意する必要がある。

また、多くの夫婦が夫婦同氏を希望したとしても、それを希望しない者に対して同氏を強制することが認められるべきかどうかは別の問題である。夫

婦別氏の要望は、女性の社会進出に伴って、女性が、婚姻や出産によってではなく、個人の属性、才能や努力によって評価される時代になってきたことを示している。いわば、婚姻によっても氏を変更しないことは、女性が1個の個人として生き続けることを象徴している。選択的夫婦別氏だから問題なかろうという意見もあるが、選択しうるということに主体的な生き方が認められているのであって、選択的夫婦別氏制は思想的には別氏と同一である。こうして、選択的夫婦別氏の採否は価値判断の問題となり、政治問題となる。

Ⅳ 貞操義務（守操義務）

1 夫婦間に貞操義務はあるか

　夫婦に貞操義務のあることは婚姻の本質であって当然のことであるので、民法も明文にしていない。離婚原因の1番に不貞を挙げるということにより示している（民770条1項1号）。

　現在でこそ夫にも貞操義務のあることは疑われていないが、明治民法下では必ずしもそうではなかった。離婚原因として、妻については「姦通」が挙げられていたのに対し、夫については「姦淫罪で刑に処せられたとき」とされていたのである（明治民法813条3号、昭和22年削除前の刑法183条）。そのうえ、公娼制度があったゆえに、明治民法が夫に貞操義務を認めていたかどうかは大いに議論の余地があった。しかし、大審院（大判大正15・7・20刑集5巻318頁）は、

　「婚姻ハ夫婦ノ共同生活ヲ目的トスルモノナレハ配偶者ハ互ニ協力シテ其ノ協同生活ノ平和安全及幸福ヲ保持セサルヘカラス然リ而シテ夫婦カ相互ニ誠実ヲ守ルコトハ其ノ協同生活ノ平和安全及幸福ヲ保ツノ必要条件ナルヲ以テ配偶者ハ婚姻契約ニ因リ互ニ誠実ヲ守ル義務ヲ負フモノト云フ可ク配偶者ノ一方カ不誠実ナル行動ヲ為シ共同生活ノ平和安全及幸福ヲ害スルハ即チ婚姻契約ニ因リテ負担シタル義務ニ違背スルモノニシ

> テ他方ノ権利ヲ侵害スルモノト謂ハサルヘカラス換言スレハ婦ハ夫ニ対シ貞操ヲ守ル義務アルハ勿論夫モ亦婦ニ対シ其ノ義務ヲ有セサルヘカラス民法第813条第3号ハ夫ノ姦通ヲ以テ婦ニ対スル離婚ノ原因ト為サス刑法第183条モ亦男子ノ姦通ヲ処罰セスト雖是主トシテ古来ノ因襲ニ胚胎スル特殊ノ立法政策ニ属スル規定ニシテ之レアルカ為メニ婦カ民法上夫ニ対シ貞操義務ヲ要求スルノ妨トナラサルナリ」

と判示して、夫の貞操義務を認め、最高裁もずっとこれを維持している。

2 貞操義務違反の効果は

ところで、貞操義務については、その違反が離婚原因となることのほかに、損害賠償請求権を生じさせるかどうかという問題がある。夫は妻に対し、妻は夫に対し貞操義務があることから、不貞行為をしたら妻が夫に対しまたは夫が妻に対し損害賠償請求権を取得するのは当然である。では、不貞の相手方に対してはどうか。

夫が他の女性と不貞に及んだとき、妻はその女性に損害賠償を求められるであろうか、子は求められるであろうか。判例を紹介しよう。妻および妻との間に3人の子を持つ夫が他の女性と同棲し、その間に1人の子をもうけた。妻と3人の子がその女性を相手に慰謝料支払請求をした。地裁は妻子それぞれについて慰謝料を認めた。高裁は全員の請求を認めなかった。理由は、

> 「訴外一郎と控訴人とは、訴外人のさそいかけから自然の愛情によつて情交関係が生じたものであり、控訴人が子供を生んだのは母親として当然のことであつて、訴外人に妻子があるとの一事でこれらのことが違法であるとみることは相当ではなく、また、訴外人と被控訴人花子との婚姻生活は、右被控訴人が訴外一郎と控訴人との関係を知り、訴外一郎が別居した昭和39年6月に破綻するに至つたものと認めるのが相当である。そして、この別居は訴外人が被控訴人花子に責められ愛情を全く喪失したため敢行されたものであつて、控訴人が訴外人に同棲を求めたものではなく、控訴人に直接の責任があるということはできない。そして訴外

人と控訴人が同棲生活に入つたのは、……訴外人と被控訴人花子との婚姻生活が既に破綻した後であつて、しかも訴外人の方から控訴人のもとに赴いたものであつて、これをもつて控訴人に違法があるとすることはできない。また、訴外人が控訴人と同棲して以来子供である被控訴人花子らは訴外人の愛ぶ養育を受けられなくなつたわけであるが、これは一に訴外人の不徳に帰することであつて、控訴人に直接責任があるとすることはできない」

というのである（東京高判昭和50・12・22判時810号38頁）。それに対して、最高裁は、妻の請求については、

「夫婦の一方の配偶者と肉体関係を持つた第三者は、故意又は過失がある限り、右配偶者を誘惑するなどして肉体関係を持つに至らせたかどうか、両名の関係が自然の愛情によつて生じたかどうかにかかわらず、他方の配偶者の夫又は妻としての権利を侵害し、その行為は違法性を帯び、右他方の配偶者の被つた精神上の苦痛を慰謝すべき義務があるというべきである」

と判示して認めたのに対し、子の請求については、

「妻及び未成年の子のある男性と肉体関係を持つた女性が妻子のもとを去つた右男性と同棲するに至つた結果、その子が日常生活において父親から愛情を注がれ、その監護、教育を受けることができなくなつたとしても、その女性が害意をもつて父親の子に対する監護等を積極的に阻止するなど特段の事情のない限り、右女性の行為は未成年の子に対して不法行為を構成するものではないと解するのが相当である。けだし、父親がその未成年の子に対し愛情を注ぎ、監護、教育を行うことは、他の女性と同棲するかどうかにかかわりなく、父親自らの意思によつて行うことができるのであるから、他の女性との同棲の結果、未成年の子が事実上父親の愛情、監護、教育を受けることができず、そのため不利益を被つたとしても、そのことと右女性の行為との間には相当因果関係がないものといわなければならないからである」

旨判示してこれを否定した（最判昭和54・3・30民集33巻2号303頁。三谷編・常識第2話）。もっとも、子の請求を否定した点については反対意見があり、「なる程、父親が未成年の子に対して行う監護及び教育は、父子が日常起居を共にしなければできないものではなく、他の女性と同棲していたとしても、父親が強靱な意思をもつて行えば行えなくはないものであろう。しかし、私は、未成年の子を持つ男性と肉体関係を持ち、その者の子供を出産し、妻子のもとを去つた右男性と同棲するに至つた女性がたとえ、自らその同棲を望んだものでもなく、同棲後も、男性が妻子のもとに戻ることに敢えて反対しないのであつても、同棲の結果、男性がその未成年の子に対して全く、監護、教育を行わなくなつたのであれば、それによつて被る子の不利益は、その女性の男性との同棲という行為によつて生じたものというべきであり、その間には相当因果関係があるとするのが相当であると考えるのである。けだし、不法行為における行為とその結果との間に相当因果関係があるかどうかの判断は、そのような行為があれば、通常はそのような結果が生ずるであろうと認められるかどうかの基準によつてされるべきところ、妻子のもとを去つて他の女性と同棲した男性が後に残して来た未成年の子に対して事実上監護及び教育を行うことをしなくなり、そのため子が不利益を被ることは、通常のことであると考えられ、したがつて、その女性が同棲を拒まない限り、その同棲行為と子の被る右不利益との間には相当因果関係があるというべきだからである。更に、日常の父子の共同生活の上で子が父親から日々、享受することのできる愛情は、父親が他の女性と同棲すれば、必ず奪われることになることはいうまでもないのであり、右女性の同棲行為と子が父親の愛情を享受することができなくなつたことによつて被る不利益との間には、相当因果関係があるということができるのである。したがつて、私は、本件において、被上告人の同棲行為と上告人花子らが日常生活上、父親からの愛情を享受することができなくなり、監護、教育を受けられなくなつたことによつて被つた不利益との間には、相当

Ⅳ　貞操義務（守操義務）

因果関係があるものと考えるのであり、この点において多数意見に同調することができないものである。

　このように、被上告人の行為と上告人花子らが被つた不利益との間に相当因果関係が認められるとすれば、次に検討されなければならないのは、被上告人の行為によつて上告人花子らが被つた不利益は、はたして不法行為法によつて保護されるべき法益となり得るかの問題である（この問題については、多数意見は、論理的帰結として当然ながら論及していないのである。）。民法820条は、親権を行う者は、子の監護及び教育をする権利を有し、義務を負うと規定する。右監護及び教育の義務が国家、社会に対する義務なのか、子に対する私法上の義務なのか、又はその両方の性質を有するものかは、にわかに決し難いものがあるが、いずれにしても、少なくとも親が故意又は過失によつて右義務を懈怠し、その結果、子が不利益を被つたとすれば、親は、子に対して不法行為上の損害賠償義務を負うものというべきであるから、右不利益は、不法行為法によつて保護されるべき法益となり得ると考えられるのである。また、未成年の子が両親とともに共同生活をおくることによつて享受することのできる父親からの愛情、父子の共同生活が生み出すところの家庭的生活利益等は、未成年の子の人格形成に強く影響を与えずにはいられないものであり、かつ、人間性の本質に深くかかわり合うものであることを考えると、法律は、それらへの侵害に対しては厚い保護の手を差し延べなければならない、換言すれば、右利益等は、十分に法律の保護に価する法益であるというべきである。

　このように考えると、ある女性が未成年の子を家に残して来た男性と同棲することによつて、右子が父親からの愛情、監護、教育を享受し得なくなるような結果が生じた場合には、右女性は、故意又は過失がある限り、未成年の子に対し、不法行為責任を負うものといわざるを得ないわけである」
と述べている。

配偶者の、不貞の相手方に対する慰謝料請求権を認めるかどうかというのは、配偶者の貞操を求める権利をどのような性質の権利ととらえるかという問題に関係する。婚姻制度が一夫一婦制を基礎として法的に保護される性的結合であるところから、夫婦はそれぞれに世の中一般に対し貞操義務を有し、かつ相手方に貞操を求める権利が世の中の誰もが侵してはならないものとして成立する、すなわち、貞操を求める権利が人格権的な対世的な権利として成立する、と考えれば、その配偶者あることを知って情交関係を結べば権利侵害となる。一方、婚姻は合意によって成立する、したがって、成立する権利も合意に基づくもので、合意をした配偶者間にのみ請求しうるものである、いわば債権的な対人的な権利として成立する、と考えれば、この権利を侵害しうるのは権利の相手方である配偶者のみであり、第三者が権利侵害者となるのは積極的に義務違反をさせた場合である、ということになる。考えてみれば、双方の合意によって相互に貞操義務を負う場合は婚姻に限らない。婚約や内縁も同様である。しかし、婚姻は、これが氏や戸籍によって公示され、生まれた子には嫡出性が推定されるという特別の効果が付与されている。これは、婚姻したからには世の中に対して配偶者の貞操を求めることができるという制度として婚姻が存在していることを示していると解される。貞操を求める権利は人格権的権利という考え方に賛成である。

ここで、最近の注目すべき最高裁の判例をあげなければならない（最判平成8・3・26民集50巻4号993頁）。これは、夫婦仲が悪く、夫が離婚を求めて調停を申し立てたが、妻が欠席のため調停の申立てを取り下げ、夫は入院後別居、その後女性と知り合って同棲したという事案で、妻の請求に対し、

「二　甲の配偶者乙と第三者丙が肉体関係を持った場合において、甲と乙との婚姻関係がその当時既に破綻していたときは、特段の事情のない限り、丙は、甲に対して不法行為責任を負わないものと解するのが相当である。けだし、丙が乙と肉体関係を持つことが甲に対する不法行為となる（後記判例参照）のは、それが甲の婚姻共同生活の平和の維持という権利又は法的保護に値する利益を侵害する行為ということができるか

らであって、甲と乙との婚姻関係が既に破綻していた場合には、原則として、甲にこのような権利又は法的保護に値する利益があるとはいえないからである。

三　そうすると、……被上告人が○男と肉体関係を持った当時、○男と上告人との婚姻関係が既に破綻しており、被上告人が上告人の権利を違法に侵害したとはいえないとした原審の認定判断は、正当として是認することができ、原判決に所論の違法はない。所論引用の判例（最高裁昭和51年(オ)第328号同54年3月30日第二小法廷判決・民集33巻2号303頁）は、婚姻関係破綻前のものであって事案を異にし、本件に適切でない」と判示して、これを否定した。

平成8年判決は、昭和54年判決の「夫又は妻としての権利」と表現した不法行為の被侵害利益の中身を、夫婦としての実体を有する「婚姻共同生活の平和の維持」ととらえており、被侵害利益は人格的利益をとらえているのであって、昭和54年判決と矛盾するものではない（田中豊・判解平成8年度〔上〕233頁）という。つまり、対世的権利であるから世の中の人は婚姻が破綻していないかぎり、婚姻生活の平和の維持を侵害することはできないと解することができるとするのである。

V　同居・協力・扶助義務

夫婦は、同居し、相互に協力し扶助しなければならない（民752条）。夫が保証債務履行請求訴訟の被告とされたが、所在不明のため公示送達がなされ、応訴、防御方法の提出その他の行為をなしえない場合には、この夫婦の協力扶助義務を根拠に、妻が**補助参加**をすることができると解する裁判例（名古屋高決昭和43・9・30高民集21巻4号460頁。三谷・民訴講義3版291頁）もある。

1　同居義務

婚姻が夫婦共同生活をすることを本質とするものである以上、同居するこ

とは義務である。同居には、性交渉をすることを含む。正当の理由なく同居しないときは義務違反となり、離婚原因となる。また、同居を求めて家庭裁判所に審判を求めることができる（家審9条1項乙類1号、家事別表第2の1項。東京高決平成9・9・29判時1633号90頁、東京高決平成12・5・22判時1730号30頁など）。この裁判は、非公開で行っても憲法に反しないという最高裁判所の裁判がある（最大決昭和40・6・30民集19巻4号1089頁）。理由は、

　「家事審判法の審判は夫婦同居の義務を確定する趣旨のものではなく、同居義務の存することを前提として、その同居の時期、場所、態様等について具体的内容を定める処分である。民法は同居の時期、場所、態様について一定の基準を規定していないのであるから、家庭裁判所が後見的立場から、合目的の見地に立って裁量権を行使してその具体的内容を形成することが必要であり、かかる裁判こそは、本質的に非訟事件の裁判であって、公開の法廷における対審及び判決によって為すことを要しないものである」

というものである。この論理には反対意見もあるが、その他の審判事件が違憲ではない理由として繰り返し述べられている（最大決昭和40・6・30民集19巻4号1114頁、最決昭和41・3・2民集20巻3号360頁、最決昭和59・3・22家月36巻10号79頁。三谷・民訴講義3版2頁）。

　夫婦であれば原則として同居義務があるのであるから、どのような場合に同居義務を形成しないのかが問題である。まず、同居しないことに正当事由がある場合には同居義務を形成することはできない。配偶者の暴力や侮辱、生活費を渡さないなどの事由は正当事由に該当する（大阪高決昭和34・9・5家月11巻11号109頁、東京高決昭和40・7・16家月17巻12号121頁、東京家審昭和48・8・23家月26巻3号47頁等）。問題は夫婦間の不和あるいは破綻である。夫婦間に、諍いがあってもそのことによって同居しなくてもよいということにはならない。しかし、不和があっても常に同居義務を形成すべきというのも現実的ではない。裁判例は分かれているが、同居することが紛争を激化させ、夫婦間の破綻をより強化するような場合には同居を命じるべきでない（大阪

高決昭和35・1・14家月12巻4号95頁、大阪高決昭和49・6・28家月27巻4号56頁等）というのが、多数のようである。

たとえば、夫が浮気をして妻の下に帰ってこないとき、妻は夫に対し同居を求めて審判申立てをする。裁判所は夫の別居に正当理由がないかどうかを調べ、なければ夫に対し同居を命ずる審判をする。それでも夫が帰ってこないとき、どうすればよいか。ふつうは裁判の実現を図るため強制執行が認められている。強制執行の方法が直接強制か間接強制かの違いはあるが、裁判の結果を強制できるのである。しかし、同居というのは夫婦としての同居を意味する。人格の自由のまさに中心にあるもので、強制されるべきことではない。したがって、いかなる態様によっても強制執行を求めることができないと解されている（大決昭和5・9・30民集9巻11号926頁。三谷・民執講義2版15頁以下）。慰謝料支払いを求めるとか、離婚を求めるとか、生活費に困るときには婚姻費用分担を求めるしかない。

調停においてよく行われている別居調停は同居義務の免除と解することができる（沼辺ほか編・新読本2版239頁）。

2 協力義務

夫婦が協力して家庭生活を維持すべきは当然である。協力義務は、昭和22年の民法改正によって挿入されたものである。「協力し扶助するというのは、……経済的にも、精神的にも、協同一体となって生活することを意味し」ている（我妻・改正62頁）。相手方配偶者が家庭生活の維持に全く協力しないときにはやはり家庭裁判所に審判申立てをすることができる。しかし、協力の内容は定かではなく、同居しつつ、このような審判を求めることはあまり現実的ではない。

3 扶助義務

夫婦間にも扶養義務がある。夫婦が共同生活を本質とするところから認められるものである。扶養義務の性質は**生活保持義務**と解されている。生活保

持義務は、自己と同一の生活程度を保証すべき扶養義務である。また、婚姻費用分担義務との関係も問題であるが、これについては婚姻費用分担義務の項で述べる。

Ⅵ 成年擬制とは

未成年者が婚姻したときは、成年に達したものとみなされる（民754条）。つまり、行為能力者となるという意味である。婚姻するということは夫婦協力して生活を維持するのであるから、親の保護と監護を脱するのは当然である。したがって、親は法定代理人でなくなる。そして、この点をとらえて、成年擬制された少年の母親から委任を受けた付添人弁護士がした上訴は認められないとするのが判例であったが（最決昭和44・9・4刑集23巻9号1085頁、最決昭和54・10・19刑集33巻6号651頁など）、この判例は変更されている（最大決昭和63・2・17刑集42巻2号299頁）。成年擬制された後、未成年の間に離婚しても、成年擬制の効果に変わりはない。

Ⅶ 夫婦間の契約取消権はいつでも行使可能か

たとえば、妻が家を持って婚姻したところ、夫がその家を欲しがるので妻は事実上の圧力に負けて贈与する書面を作成してしまったが、後に思い直して贈与をしたくないと思ったという場合に、契約取消権が威力を発揮する（民754条）。ところが、現実には、夫婦仲が悪くなって夫が妻の要望によって夫から妻に財産を贈与することにしたところが夫が後に契約取消権を行使した、という例が問題になってきた。最高裁は、婚姻が破綻しているときは契約取消権はない旨判示している（大判昭和19・10・5民集23巻579頁、最判昭和33・3・6民集12巻3号414頁、最判昭和42・2・2民集21巻1号88頁）。

自らの意思で締結した契約を、夫婦であるからという理由でいつでも取り消すことができるという合理性はないので、改正要綱では削除が予定されて

いる。

Ⅷ　実務上の留意点

　夫や妻が家を出て行ってしまったときや、家に入れてくれないなどによって心ならずも別居しているとき、その解決のためにはどのような方法があるだろうか。

　まずは、当事者同士の話合いがある。親戚や仲人を通じて行うこともあるが、紛争が激化することもあるので注意を要する。次に弁護士が関与した話合い、弁護士会の行う仲裁制度を利用してもよい。さらに、夫婦関係調整の調停を申し立てる方法がある。夫婦関係調整調停は、円満調整と離婚を求める場合があるので、区別がつかない不便はあるが、円満調停を求める旨を明記して申し立てる。家庭裁判所では、場合によっては、調査官が関与したり、カウンセリングを実施することもある。ただ、相手が納得しなければ同居できない。家庭裁判所に対する同居請求申立ては最終的な方法といえる。調停前置であるが、調停ができなければ審判となる。審判がされても執行できないことは前記のとおりである。

　以上、どの段階でも、別居を認めて、一定の条件で折り合うこともありうる。その場合はいわゆる別居調停を行うことになる。

Ⅸ　事例について

　若干コメントしておくと、設問1、2、4は前記Ⅳ参照。3については、価値判断であるが、マイナス面として主張されるのは、①本来最も非難されるべき配偶者に対しては請求せず、不貞の相手方のみに請求することは許されない、②いわゆる美人局(つつもたせ)などを許す結果となる、③認知請求の対抗手段として使われる、などであり、プラス面としては、不倫を許さないという婚姻秩序維持に合致する点があげられている。

69

〔演習問題〕
　太郎と花子は婚姻し、子をもうけた。10年ほどたったころからいさかいが多くなり、太郎は花子や子に暴力を振るうようになった。花子は二郎に悩みを打ち明けるうちに情交関係を結ぶようになり、家を出て二郎と同棲するようになった。
　太郎は誰にどのような請求をすることができるか。
　花子は誰にどのような請求をすることができるか。

第4章　夫婦財産制

I　事　例

● 事例1 ●

　太郎と花子は婚姻し、子をもうけた。花子は主婦としてよく働いていたので、自宅を新築した際、太郎と花子はこれを持分2分の1ずつの共有名義とした。ところがそれから10年経ったときには、すっかり仲が悪くなり、家庭内別居の状況となった。そこで、太郎は、持分2分の1ずつの共有名義を花子にしたのを後悔し、取り戻したいと思うようになった。

　太郎のこの目的は達せられるか。

II　設　問

1　夫婦財産契約の存否について述べよ。
2　法定夫婦財産制の内容について述べよ。
3　花子の救済方法について述べよ。

III　夫婦財産契約は婚姻前に

　夫婦は、婚姻届前に夫婦の財産関係をどのように定めるかを契約することができる（民755条）。夫婦が婚姻前または婚姻後取得する財産をどのように帰属させるか、財産をどのように管理するか、婚姻解消時にどのように分け

るかなどである。しかし、婚姻前に契約し、法定財産制と異なるときは婚姻前に登記しなければ第三者に対抗することができず（民756条）、婚姻届後は変更できず（民758条１項）、はなはだ使いにくいものとなっている。そのせいか、日本では夫婦財産契約が締結されることはほとんどなく、裁判例もわずかである（数少ない裁判例として、東京地判昭和63・5・16判時1281号87頁）。民法改正要綱が検討されている段階ではこれを使いやすく改正することも検討されたが、結局見送られた。最近は、もっと使いやすくするため契約類型を明示したらどうかという提案もなされている（佐藤・夫婦財産18頁）。

　婚姻届出後には夫婦財産契約による関係の変更ができないため、管理上の問題が発生することがあり、夫婦の一方が他方の財産を管理する場合に、管理が失当であったことによってその財産を危うくしたときは、財産管理を任せた者は、自ら管理することを家庭裁判所に請求し（民758条２項）、共有財産については分割の請求を同時にすることができる（民758条３項）。家庭裁判所への管理・分割の請求は（家審９条１項乙類２号、家事別表第１の58項）、夫婦財産契約の存在を前提とするもので、夫婦財産契約のない場合を想定していない（福岡高決昭和39・9・17家月17巻１号79頁）。これらの変更・分割についても、登記が対抗要件である（民759条）。

　夫婦財産契約が存在しなければ、**法定財産制**によることになる（民755条）。前述のように日本ではそのような契約はほとんどなく、したがって、夫婦のほとんどは法定財産制に従っていることになる。

Ⅳ 財産は夫婦のいずれに帰属するか

1 夫婦別産制と共同財産制の違いは

　夫婦の財産は、次のように帰属する。まず、婚姻前から有するそれぞれの財産は、それぞれに帰属し、婚姻中それぞれが自己の名で得た財産は、その名義者に帰属する（民762条1項）。これを**特有財産**という。以上の基準では所有がはっきりしないときは、共有に属する（民762条2項）。このように、婚姻が夫婦の財産関係に直接の影響をもたない制度を夫婦別産制という。

　これに対し、婚姻すると双方の財産が婚姻共同体の財産となる制度を共同財産制（共有財産制、共通財産制）という。共同財産となる範囲は様々であるが、婚姻によって人格が一体化するので財産も一体化するという考えによる。フランス北方慣習法とキリスト教の夫婦一体の思想とが合致したといわれている。実際には、夫婦共同財産の代表者を夫とすることで、夫権的要素が強いが、財産分与にあたっては共有財産の分割が認められた。しかし、妻の固有財産を確保しようとする衡平法の努力などにより、夫婦別産制が確立していったのである。共同財産制は、第三者に対する影響が大きく、現在のような取引社会においては、そのまま維持することはかなり困難となっているといわれ、据置共同制といった折衷的な制度が現れている（島津・転換期46頁など）。

2 夫婦別産制の内容は

　明治民法下では、夫婦別産制が採用されていたが、妻の無能力（明治民法14条）と夫管理制（明治民法801条）により、妻の財産的独立が阻害されていた。

　そこで、現行の民法は、妻の無能力と夫管理制を廃止し、夫婦別産制・別管理制を採用したのである。この制度の下では、夫婦の財産は以下のように

なる。夫や妻が婚姻前にしていた預貯金その他の財産は、婚姻した後もそれぞれのものである。婚姻中、夫（妻）がそれぞれ相続や贈与で得た財産は夫（妻）の名で得た財産であるから、夫（妻）に帰属する。それぞれの財産は各自が管理する。

夫婦が協力して得た財産については次のようになる。

婚姻後、夫が会社で働いて得た給料は夫の労務提供の報酬として夫が得たものであって、夫の名で得た財産であるから夫のものである。妻がパートで得た給料も妻のものである。その給料を貯めてつくった預貯金もその給料の取得者のものである。その預貯金で買ったマンションも預貯金所有者のものである。夫が給料を得るについて妻の協力があったとしても、それは、給料の取得者に反映されない。なぜなら、給料は夫が会社との雇用契約に基づいて取得する夫の労働に対する対価だからである。また、給料を預貯金するのに妻の才覚が働いたとしても、もともとが夫の所有物なのであるから、所有権移転原因がないかぎり妻の所有になる理由はない。したがって、夫が働いて給料を得て妻が主婦をしているという事例では、取得した財産はどうしても夫のものになるのである。単に共有名義にしても共有になるわけではない。実際に妻に贈与して妻の名義にするときは、妻は所有権を取得するが、妻は、贈与を受けているので、贈与税を課せられるということになる。

逆に、夫と妻が同じように働いて同じように収入を得、両方の収入によって財産を得たときは、夫と妻の共有になるのであって、夫（妻）のみの名義にしても夫（妻）の単独所有になるわけではない（最判昭和34・7・14民集13巻7号1023頁）。これは、所有権のありかはその資金の出所によって決まると考えられているからである。前記事例については、所有権はあくまで夫のものであるので、夫の請求は認容されることになる。

このように、資金の所有者が財産の所有者であるということになると、収入を得ない妻は、独自に財産を得る途はないということになる。つまり、財産法的に考えてくると、主婦の無償労働は財産の帰属に全く無関係であるということにならざるをえない。この矛盾は夫婦関係が解消されるときに、つ

まり死亡による解消のときは相続によって、離婚による解消のときは財産分与によって、解決されることになる。

　以上のような財産法的論理に従った結論に対し、妻の無償の家事労働を財産の帰属に反映させようとする解釈がある。妻は家事労働により不当利得返還請求権等の債権を有する（沼「『内助の功』の法的把握」法セ68号70頁）、夫婦の協力によって得た財産は民法762条2項の共有推定財産に該当する（我妻103頁）、対外的な規律は民法762条で、対内的な規律は財産分与の規定に従って行う（新注民㉑466頁）、婚姻費用分担金として拠出された金員は民法762条2項に該当し夫婦の共有と推定される（深谷・4版65頁）などである。その方向はまことに正しいものがあるが、「実質的」ということの意味、対内的にのみ共有とすることの意味などまだまだ解決しなければならないことが多くある。以上の見解のうち、婚姻費用分担金について共有となるという深谷教授の考え方は示唆に富むものである。日常の婚姻生活は共同して婚姻生活を維持する点で共同事業ともいえ、組合にも似ている。組合そのものではないから、その考え方を借りて、夫は生活費を出資し妻は家事労働をもって出資する、組合財産類似の婚姻費用は共有となるとも考えられよう。しかし、貯蓄が全部共有になるのか、それを原資として購入した財産が共有かというと躊躇せざるをえない。たとえば、夫がその給料全額を妻に渡しこれを婚姻費用としたとしても、日常の消費生活に当てられる部分のみが共有となるのであって、他は（貯蓄に回される部分など）は管理を委託されただけで所有関係に変動はきたさないものといわざるをえないであろう。その意味では、婚姻費用共有の範囲は民法762条2項の共有推定および日常家事債務の範囲に一致し、その根拠を示すことができるといえると考えられるが、その範囲にとどまるものということになるのではないか。

V　婚姻費用の分担はどうなるのか

1　婚姻費用の分担とは

　夫婦はともに婚姻から生ずる費用を分担しなければならず、その分担方法は、「その資産、収入その他一切の事情を考慮して」定めることとされている（民760条）。生活費は夫婦双方が負担するわけである。明治民法下では、夫が妻の財産を管理し使用収益することになっていたので、婚姻費用は夫が負担することとされていた（明治民法798条）。現在は、前に述べたとおり夫婦別産制・別管理制をとり、夫婦が各自の収入（固有財産）から婚姻費用を拠出することになるのである。

2　婚姻費用分担義務と扶助義務との関係はどのような関係にあるのか

　さて、民法752条の扶助義務とこの婚姻費用分担義務との関係をどのように考えるべきであろうか。多くの考え方があるが、大きく分けると、両者の間に本質的な相違はないという説（中川・上230頁、我妻85頁）と両者を区別する説とがある。区別の仕方は、①婚姻費用の分担は夫婦円満時、相争うときは扶助審判との説（伊藤・研究439頁）、②婚姻費用の分担義務は夫婦が一体的な共同生活関係を維持する可能性があるとき、扶助義務は夫婦に共同生活関係が失われてその回復が期待できないという説（注民⑳384頁）、③扶助義務は扶養義務の存否・限界を問題とするとき、婚姻費用分担義務は婚姻生活費分担の割合や方法などに争いがあるときという説（深谷松男「夫婦扶養の法的構造」金沢大学法文学部論集法経編13号105頁、新注民㉑429頁）などである。裁判実務は、婚姻費用分担の本質は夫婦親子の生活保持義務でありその経済的側面が費用分担義務であるとの考え方に基づき、婚姻中の扶養請求および費用請求はすべて婚姻費用分担請求に一本化して行われている。

3 婚姻費用分担額はどのような算定方法により決定するか

 裁判実務の婚姻費用分担額算出式を示しておこう。たとえば、計算の便宜のため、夫（45歳）は月50万円の収入、妻（42歳）は月20万円の収入があり、両者間に子が2人（10歳・8歳）いるものとする。それぞれ税金、社会保険料、職業費、特別経費（家賃、医療費など）を差し引いて生活費にまわせる基礎収入を算出する。これが夫35万円、妻12万円とする。同居していたらこの金額の中いくらを妻と子の生活費に使うことができるかを計算する。

 妻と子の必要生活費は以下のように計算する。生活保護基準方式（生活保護費算出の基準となる生活費を各人の最低必要費とし、これによって基礎収入を案分して、それぞれの必要生活費を算出する方法）によれば、夫の最低生活費は8万2,380円、妻と子の最低生活費は16万880円となるので、その割合で基礎収入の合計を分ける。すると、次のとおり妻と子の必要生活費は31万834円となる。

$$\frac{(350{,}000+120{,}000)\times 160{,}880}{160{,}880+82{,}380}=310{,}834$$

 労研方式（労働科学研究所が研究の結果発表した年齢・性別・作業別に定めた消費比率である総合消費単位によって基礎収入を等分して、それぞれの必要生活費を算定する方法）による割合によれば、30万3692円となる。

$$\frac{(350{,}000+120{,}000)\times 210}{(95+60+55)+115}=303{,}692$$

 夫の分担額は、31万834円－12万円＝19万834円となる（なお、簡易算定表に関しては後記250頁IX）。

4 婚姻費用の分担の本質は何か

 この計算式は、夫と妻がその収入のほぼ全部を生活費として拠出しているような一般的な夫婦の場合はよく実態に合致している。かつ、自己と同程度

の生活を保障すべしという**生活保持義務**としての性質にもよく合致している。

　しかし、婚姻から生ずる費用をどのように負担するかは本来は夫婦の合意によって定められるものである。様々な事情により夫が全部負担する約束もありうるし、双方の収入割合によるという負担方法もあるであろう。合意がない場合は資産収入など一切の事情を考慮して定められる。このように考えてみると、婚姻費用分担の本質が夫婦の協力義務にあるというのは正しい指摘であるといえる（深谷・4版56頁）。扶養が生活保持義務である限り、扶養の計算方法と一致するということだけなのである。前に夫婦財産制の項で述べたが、妻が専業主婦としての婚姻であっても一方は婚姻費用を分担し一方は家事を負担するという分業をしているのであって（であるから、そこに組合的な関係が生じていると解するのである）、生活力のある者が生活力のない者を扶養しているわけではない。夫婦のどちらかが病気等によって扶養を要する事態になったときは扶助義務が働くが、それまでは本質的に協力義務である婚姻費用分担となると考える。その意味で、前述の深谷教授の説に与したい。

　このような考え方に立っても、算出方法は前記のとおりでよいと思う。なぜなら、大まかにいえば、収入の比によって婚姻費用を分担するのであるから合理的といえるからである。なお、最近多額の収入ある夫に対する婚姻費用分担請求について生活保持義務によって前記の計算式を適用するとあまりに分担額が高額となって不相当になるという問題が生じているが、婚姻費用が協力義務に基づくとすれば、あまり婚姻費用総額をどのように分担するかという考え方で拠出すべき金額を算出できるのではないであろうか。また、有責配偶者の婚姻費用分担請求は、自ら協力義務を放棄しながら相手方配偶者に協力義務を求めるのは信義誠実に反するから、認められないと考えられる。この場合は、**生活扶助義務**である扶養義務のみ残ることになる。

VI 日常家事債務

1 事 例

● 事例 ●

　太郎と花子は婚姻し、子をもうけた。太郎の収入が少なく、生活費として手渡される金額が少なかったので、花子は月1万円、2万円と消費者金融から借り入れるようになった。そのうち、その返済に当てるため、カードで電気製品を購入、これを売却してその売却代金を返済資金とするということを行うようになり、とうとう破産してしまった。
　借金の明細は以下のとおりである。

	〔元本〕	〔残高〕	〔借入理由〕	〔使途〕	〔名義〕
ア社	10万円	18万円	生活費	生活費	花子
イ社	20万円	25万円	教育費	教育費	花子
ウ社	15万円	30万円	医療費	借金返済	花子
エ社	30万円	50万円	教育費	生活費・返済	太郎
オ信販会社	80万円	100万円	家電製品	借金返済	花子
カ信販会社	100万円	120万円	パソコン等	遊興費	太郎
キ信販会社	100万円	150万円	キャッシング	返済・生活費	太郎

　太郎は以上の事情を全く知らず、破産する事態になって初めて聞かされた。アからキ社は、いっせいに太郎に対して、上記残高の支払いを求めてきた。太郎は10万円程度なら払えるが、今後子供を育てていくことなど考えると、それ以上は無理だ、全くあずかり知らないことなので拒否したいと言っている。
　業者からどのような請求があると考えられるか。

また、太郎としてはどのような方策があるか。

2 設問

1 花子の行為は日常家事債務に該当するか。
2 日常家事債務に該当するとき、太郎は責任を負わなければならないか。
3 日常家事債務に該当しないとき、ア社等が主張しうる法律構成について考えよ。
4 日常家事債務の連帯責任の根拠について述べよ。

3 日常家事債務について責任が認められる根拠は何か

　夫婦の一方が日常の家事に関して第三者と法律行為をしたときは、他の一方は、これによって生じた債務について、連帯してその責に任ずる（民761条）ことになる。日常の家事とは、「夫婦の共同生活に通常必要とされる一切の事項」（我妻106頁）で、この事項によって生じた債務を日常家事債務という。たとえば、子供の衣服を購入したのが妻であっても、洋服屋は夫に洋服代を請求できるのである。

　その根拠について、夫婦は相互に代理権を有するといわれている（最判昭和44・12・18民集23巻12号2476頁、我妻108頁など）。相互に代理権を有することが連帯債務の根拠となりうるのかどうかは別にして、日常家事に関し相互に代理権があること自体は認めるべきことと思われる。夫婦平等であるから双方とも日常家事執行権があるし、そのとき自己の名で行っても他の配偶者の代理人として行ってもよいはずである。たとえば、妻が電気店で蛍光灯を1本買ったことを考えてみると、妻は妻としてつまり自己の名で契約したことになる。このとき妻が債務を負担するのは法律上当然で、夫が連帯債務を負担するのはそのような管理権があるからだと説明される（我妻111頁）。

4 表見代理は認められるか

次に代理権の存在を認めると、この代理権を基本代理権として表見代理が認められるかどうかという問題が生じてくる。前掲最判昭和44・12・18は、
「夫婦の一方が右のような日常の家事に関する代理権の範囲を越えて第三者と法律行為をした場合においては、その代理権の存在を基礎として広く一般的に民法110条所定の表見代理の成立を肯定することは、夫婦の財産的独立をそこなうおそれがあつて、相当でないから、夫婦の一方が他の一方に対しその他の何らかの代理権を授与していない以上、当該越権行為の相手方である第三者においてその行為が当該夫婦の日常の家事に関する法律行為の範囲内に属すると信ずるにつき正当の理由のあるときにかぎり、民法110条の趣旨を類推適用して、その第三者の保護をはかれば足りるものと解するのが相当である」
と判示した。日常家事代理権は、日常の家事に関する法律行為の範囲内に属すると信ずるにつき正当の理由のあるときには、基本代理権として認められるということになるであろう。

この判例の考え方は、夫婦別産制の維持と取引の安全を調和させた非常に優れたものと評価されている。

なお、借財は行為類型としては日常家事に含まれないものと考える（東京地判昭和31・4・12下民集7巻4号958頁）。しかし、この点は必ずしも一致しているわけではない。使用目的が日常家事に関するものであれば、そのための借入も日常家事であるとするもの（右近健男「金銭借用と日常家事債務」金法1051号6頁）や、現実に生活費に費消した部分についての借入は日常家事であるという判例もある（高松高判昭和56・12・22金法997号42頁等）。その考え方によれば、外見上生活費に費消されるための借入については、表見代理が成立する可能性があるということになる。また、いずれにせよ代理行為なので、妻が自分名義で行う借入は表見日常家事代理行為による表見代理、妻が夫名義で行う行為は妻の無権代理行為であるが、民法110条によりあるい

は表見日常家事代理行為による表見代理が成立しうるということになるのであろう。

　割賦販売、立替払いによる商品購入等の与信契約については判例は一定していない。真実の商品購入であれば、借財と異なり、購入する商品によって、日常家事に該当する行為といえよう（札幌地判昭和58・12・5判タ523号181頁）が、消費者契約法・特定商取引に関する法律の施行された現在、消費者保護の観点も十分留意されなければならない。

　前記事例においては、ア社、イ社について連帯責任が認められる可能性があるということになろうか（三谷編・常識第12話）。

Ⅶ　実務上の留意点

　婚姻中の夫婦が別居し、妻が子を養育していて、生活費に事欠くようなとき（夫でも同じことだが、便宜上妻の場合を想定する）、どのような方法があるか。本章に定める婚姻費用の分担請求、他に、子の養育費請求、妻および子からの扶養料請求、などが考えられる。婚姻費用は、妻が夫に対して婚姻費用の分担金の支払いを求めるもので、民法760条、家審9条1項乙類3号、家事別表第2の2項に基づく。婚姻費用中には夫婦の生活費とその間の未成熟子の養育費用を含んでいる。養育費は養育親が非養育親に対して子の養育費用の分担金の支払いを求めるもので、民法766条、家審9条1項乙類4号、家事別表第2の3項に基づく。妻の扶養料は、妻から夫に対して扶養料の支払いを求めるもので民法752条、家審9条1項乙類1号、家事別表第2の1項に、子の扶養料は子自身からその扶養料の支払いを求めるもので、民法879条、家審9条1項乙類8号、家事別表第2の10項に基づくものである。それぞれにはそれぞれの要件があり、効果がある。ただ、夫婦間の扶養義務および親の未成熟子の扶養義務の性質を生活保持義務とするのが実務であるから、婚姻費用や養育費と扶養料は請求する主体は異なるがその額が同一となるのがほとんどである。そこで、どのような場合にどの請求をするかを整

理しておく必要がある。

　細かく計算式を書けばはっきりするのであるが、夫婦と未成熟子の生活費分担額算出にあたっては、婚姻中は夫婦の収入と支出とを両方とも算入することがその本来あるべき同居生活の姿であるから、すべて婚姻費用によって規律されるべきである。婚姻中は、独自の子の扶養料請求、養育費請求はない。妻の扶養料請求も通説では原則としてはないことになろう。養育料は離婚後、子の扶養料も離婚後の請求となる。

Ⅷ　事例について

1　法定財産制の事例については、2分の1を花子名義にしたことによって贈与契約の存在が認められれば所有権が花子に存在することになるが、これが認められなければ、別産制のもとでは所有権は太郎のものである。贈与契約の存否は具体的な事情によるが、簡単に認められるものではない。よって、太郎の目的が達せられる可能性は相当ある。

　花子の救済は、離婚による財産分与を求めることになる。

2　日常家事債務の事例は困難である。

　債務負担という行為一般が、日常家事に含まれるという考え方に立てば、借入行為は日常家事にも該当せず、かつ、表見代理も成立しないことになろう。しかし、電気製品などの一部は日常家事表見代理が成立する可能性があるが、多額すぎるように思われる。使途が生活費であれば日常家事の範囲内と考えると、ア、イは日常家事債務となり、ウ、エは日常家事表見代理が成立する可能性がある。オ、カ、キも日常家事表見代理が成立する可能性があるが、高額にすぎよう。名義について、花子名義については厳密には表見代理が成立しないようにもみえるが、区別していないようであるし、効果が連帯責任であるところからすると、民法110条は類推適用されるであろう（新注民(21)455頁）。

〔演習問題〕

　太郎と花子は婚姻し、子をもうけた。共働きで、双方の収入から預金をし、土地と建物（自宅）を購入した。花子は、夫を立てて、これを太郎名義とした。ところが、太郎は事業に失敗して債務が膨らみ、自宅を差し押さえられてしまった。花子は、土地・建物には自分の預金も含まれているのだから、全部夫の債権者に差し押さえられるのは納得いかないという。救済方法はあるか。

第5章　離　婚

Ⅰ　事　例

● 事例 ●

　太郎と花子は昭和45年に婚姻した夫婦である。長女松子、長男一郎を育て上げ、すでに結婚して2人だけの生活となっている。太郎はそろそろ定年を迎えようとしている。しかし、花子は今後の長い人生を太郎と2人で生活することは耐えられないので離婚したいと太郎に申し出た。太郎は突然のことで、全く何がどうなっているのかわからず、離婚される理由もなく、もちろん離婚など全くする気はない。

〔花子の主張〕

　私は太郎と楽しい結婚生活を送りたいと思って結婚しました。ところが、夫は、妻がとにかく自分に逆らわずに家事育児をしてくれたらいいという態度で、会話もあまりなかった。家族旅行なども行ったことがない。長女を出産したとき、ねぎらいのことばもなく、「しっかり教育しろよ」と命じただけで、そのときは、本当に離婚を考えましたが、子供のことを思ってやめました。私の母が病気になって、私が手伝いに行ったときも、いやな顔をするので、とてもつらい思いをしました。そのとき、夫にお願いして母の家に転居しました。それまで借家だったので、家賃がなくなり助かったのですが、夫は来てやったという態度で横柄になりました。母が亡くなったときも、「これでやっと家のことに専念できるな」といっただけでした。もうすぐ定年です。定年後はたぶん家にいると思います。今のところ私は夫に食事をつくり、洗濯をするなど面倒をみていますが、夫といつも一緒にいることを考えるだけでも気分が

悪くなります。離婚させてください。財産は、私が倹約して一所懸命ためた預金2000万円と、支払われるであろう退職金だけです。今の家は母名義で母名義の土地上に建っています。母の相続人は私と妹・弟の3人です。妹・弟は私が住むことは了承してくれていますが、持分は確保したいといっています。夫には、年金が出ます。家から出て行ってほしいと思います。

〔太郎の主張〕

私は、妻子を大事にしてきた。浮気も暴力も浪費もせず、給料はすべて花子に渡し、花子の母が病気とあれば母宅へ転居し、経済的な苦労もさせず、子の教育について花子に任せていたとはいえ、協力はしてきた。いったい何が悪いというのか。今まで会社でどんなに苦労してきたことか。そんなときも妻子のためを思って我慢して退職金を得られるようになったのだ。やっと定年を迎え、穏やかな定年後の生活を夢見ていたら突然離婚というのだ。花子は自分がつらい思いをしているというが、つらいということがわかっていない。自分が主婦としてどんなに恵まれていたかわかっていないのだ。まったく、納得できない。離婚する気は一分たりともない。家も出ない。

それぞれの代理人として、いかなる対処をすべきか。

II 設 問

1 破綻主義と有責主義について述べよ。
2 離婚ではない解決方法について述べよ。
3 離婚時、将来の退職金は財産分与の対象となるか。
4 年金分割の方法について述べよ。
5 その他の財産の清算はどうするか。
6 太郎、花子それぞれの居住をどう確保するか。

III　婚姻の破綻状態では婚姻の効果はどうなるか

　婚姻が破綻すると、**婚姻の効果**が失われることがある。条文があるわけでも、統一的な理論があるわけでもない。ここで破綻とは、①夫婦共同生活の実態が失われていること、②夫婦に共同生活回復の意思がないこと、その結果、③円満な共同生活の回復の見込みがないことという要件を満たしている場合をいうものとして、検討しておきたい。

　夫婦同氏は、破綻の有無にかかわらず離婚まで継続する。

　貞操義務はどうか。破綻後の不貞は有責配偶者とはいえないこと（最判昭和46・5・21民集25巻3号408頁）、破綻後の不貞の相手方に対しては損害賠償請求できないこと（最判平成8・3・26民集50巻4号993頁）、破綻後に妻の出産した子については夫の子との推定が働かないこと（いわゆる推定されない嫡出子。最判昭和44・5・29民集23巻6号1064頁）などを総合すると、はたして貞操義務が存続しているかどうか疑問もあるが、いずれの場面も貞操義務の存在を前提に特に例外的にこれを要求できない事態に対応したものと解していると思われる。したがって、原則として離婚まで存続すると考えられる。

　同居協力扶助義務についても、離婚まで存続する。これは、訴訟事件か非訟事件かという問題とからんで若干複雑であるが、夫婦であるかぎり、抽象的な権利としての同居協力扶助を求める権利は存続している。ただ、その具体的な内容は審判によって形成されるから、破綻が具体的権利の形成に影響を与えることは十分ありうる。特に同居審判については、破綻して回復の見込みがないときは却下されており、具体的権利は形成されていない。そして、同居協力扶助義務違反は、裁判離婚の原因となりうる（民770条1項2号）。成年擬制は破綻の有無に関係ない。夫婦間の契約取消権は、前に述べたように、破綻により消滅すると解されている。

　法定財産制も破綻まで継続する。ただ、破綻しているから、事実上協力によって財産を得ることが少ないため固有財産の固有性が強くなるとはいえよ

う。

　破綻後の**婚姻費用分担義務**については、離婚まで原則として存続するものと解されている（浦和地判昭和57・2・19判時1051号125頁など）。具体的事情により、情婦と同棲中の夫に対し婚姻費用分担の増額を命じたもの（大阪家審昭和38・9・2家月15巻12号154頁）、分担の申立てを認めなかったもの（福島家審昭和50・9・16家月28巻8号52頁）、生活保持義務ではなく生活扶助義務としての性質を有するとしたもの（大阪高決昭和36・3・1家月13巻7号104頁）などがある。破綻に至る経緯や、それまでの経済的負担などが考慮されているようである。また、婚姻費用の内容が実質的に扶養料の性質を有することにかんがみると、婚姻費用分担の具体的義務は、特段の事由のないかぎり、分担請求のあったときから発生するものと解する審判例もある（大阪家審昭和49・3・26家月27巻3号70頁）。破綻した場合には婚姻費用分担ではなく、扶助申立てによるべきであるとの説もあり、別居時あるいは破綻時の協力義務のあり方については、別途統一的に考察する必要がありそうである。

　日常家事債務の連帯責任は、破綻状態では認められないのが原則である（我妻106頁。大阪高判昭和49・10・29判時776号52頁、東京高決昭和56・4・28判タ446号97頁）。

　抽象的にまとめれば、婚姻の効果は離婚しないかぎり継続するが、夫婦共同生活をしていることと密接に結びついている効果は消滅するということになろう。

Ⅳ　離婚の成立

1　離婚とは何か

世間では**離縁**ともいっているが、これは養子縁組解消のことであり、婚姻関係の解消を意味するときは、法的には離婚という。

ただし、婚姻関係の解消には、死亡による解消と離婚による解消とがあるが、配偶者の死亡による解消については主に相続の問題となる。

かつて社会的に大変なマイナスイメージであった離婚も、最近はバツイチなどと呼ばれ市民権を得たかのようである。しかし、離婚によって生ずる本人の不利益、子の不利益、社会の不利益は現に存在するし、離婚に至る経過も多くは深刻で、離婚後の生活に大きな影響を及ぼす。利害対立も激しいので、その調節が大きな問題となる。離婚においては基本的に、できるだけ不利益が大きくならぬよう、特に子にとっての不利益が最小限ですむように、そして当事者の利益が公平に調整されるよう努めなければならない。

2　離婚するための方式は

離婚届の前提として、離婚するためには6つの方式がある。①協議離婚、②調停離婚、③審判離婚、④裁判上の和解による離婚、⑤判決離婚、⑥認諾離婚である。④および⑥は、平成16年から施行された人事訴訟法によって新たに設けられた離婚の方法である。昭和23年～平成22年の種類別離婚件数は、次のようになっている（政府統計の総合窓口（e-Stat）より。〔表2〕参照）。

日本では、全離婚の約90％が協議離婚で、約9％が調停離婚、約1％が審判離婚、和解離婚、判決離婚および認諾離婚である。

(1)　協議離婚

夫婦は、協議によって離婚することができる（民763条）。全く制限がない。外国では協議離婚を認めなかったり、離婚意思の確認のために裁判所等への

〔表2〕 年次別離婚件数と種類

年次	総数	協議離婚	調停離婚	審判離婚	和解離婚	認諾離婚	判決離婚
1948	79,032	77,573	1,220	92			147
1950	83,689	79,955	3,276	25			433
1960	69,410	63,302	5,413	43			652
1970	95,937	85,920	8,960	64			993
1980	119,135	127,379	12,732	46			1,532
1990	141,689	142,623	13,317	44			1,624
1995	166,640	179,844	17,302	66			1,804
2000	157,608	241,703	20,230	85			2,228
2003	283,854	257,361	23,856	61			2,576
2004	270,804	242,680	23,609	152	1,341	14	3,008
2005	261,917	233,086	22,906	185	2,476	19	3,245
2006	257,475	228,802	22,683	121	2,805	17	3,047
2007	254,832	225,215	23,476	97	3,243	15	2,786
2008	251,136	220,487	24,432	84	3,486	11	2,636
2009	253,353	220,662	24,654	89	3,414	22	2,512
2010	251,378	220,116	24,977	84	3,648	30	2,473

(**注**) 2004年の「和解離婚」と「承諾離婚」は、4月からの数値である。
(http://www.e-stat.go.jp/SG1/estat/eStatTopPortal.do）の「主要な統計から探す」「人口動態調査」「平成22年人口動態統計」「第10-4表 離婚の種類別にみた年次別離婚件数及び百分率」より抜粋）。

出頭を要したり、養育費の取り決めを求めたりしているが、日本は届出を要するだけである（民764条、739条）。

　㋐ **実質的要件には何があるか**

　(A) 離婚意思の存在

　離婚意思が存在しなければならない。離婚する意思がないのに離婚届を提出してしまった場合は、完全に無効である。

　では、離婚意思とは何か。

協議離婚における離婚意思を、婚姻意思について論じたと同様に分析してみると、現実の共同生活関係を解消しようという意思（実質意思）と、法律上の夫婦関係を解消する意思（形式意思）とに分けられる。実際の夫婦共同生活を解消し、かつ、法律上の夫婦でもなくなろうというのが通常である。ところが、ある男女が何らかの婚姻している不便を避けるため現実の夫婦共同生活を解消しないで、法律上の夫婦を解消するためだけに離婚届を提出する場合がありうる。離婚の実質意思がない場合である。このとき離婚は有効であろうか。この点に関して、最高裁にこのような判例がある。婚姻していた夫婦の夫が生活保護を受けていたところ、妻が収入を得ていたため、離婚しないかぎり妻の収入を減額しなければならないことを指摘され、夫婦共同生活を継続する意思で離婚届を提出した。ところが、夫の死亡後、妻から、離婚は実質意思がなく無効であるといって離婚無効の訴えが提起された。最高裁は、「原審の適法に確定した事実関係のもとにおいて、本件離婚の届出が、法律上の婚姻関係を解消する意思の合致に基づいてされたものであって、本件離婚を無効とすることはできないとした原審の判断は、その説示に徴し、正当として是認することができ、その過程に所論の違法はない」と述べて離婚は有効であると判断した（最判昭和57・3・26判時1041号66頁）。

さて、婚姻には実質意思および形式意思を必要としたが、なぜ、離婚については実質意思は不要なのであろうか。これについてはいくつかの考え方がある。第1は、判例の結論に反対し離婚にも実質意思が必要であるとする説（中川淳・法時36巻7号104頁）、第2は、判例の結論に賛成し離婚の形式意思には内縁関係設定の実質意思があるという説（深谷・4版72頁）、第3は、具体的な意思内容によって異なるという説（山畠正男「身分行為の届出と意思」民法の争点Ⅰ196頁）である。

この問題について、婚姻に実質意思を要する理由を、男女が共同生活を営み、法の期待する役割を担っているから法律がその意思に効果を与えるのだと解した。婚姻関係を解消するとき、法律上の夫婦でないだけで事実上夫婦生活を続けることは法律で禁止されているわけではないから、法律上の夫婦

でなくなって婚姻による保護を受けないことにするという意思はそのまま効果を与えられてよいのではないであろうか。別氏夫婦となるため、あるいは重婚状態を解消するためなどの形式意思のみの離婚は、有効と考えて何ら差し支えないのである。婚姻、離婚、養子縁組、離縁それぞれについて、意思の有無を考慮すべきであると考えるから、いわゆる一元説はとらない（泉久雄「身分行為」民法講座(7)1頁以下参照）。

　しかし、前述の最判昭和57・3・26の事例のように、生活保護の支払いを受けるためとか、強制執行を免れるためという目的で離婚する、ということを有効と認めてよいのかどうか若干の疑問が残る。いわば法律上の夫婦でなくなるということを他の目的のためにするわけであるから、濫用気味である。それでも有効であるというのは、このような離婚届をしておいて後に無効であるというのはクリーンハンドの原則に反するという価値判断があるようにも思える。しかし一方、生活保護費の受給や強制執行を免れるというのは離婚の悪用というよりは、生活保護や強制執行の分野において調整すべきことともいえるのであって、無効とすることにも躊躇がある。判例を支持したい。

　離婚する意思がないのに離婚届を出すという事例は、次のような例である。夫と妻が仲が悪く、夫は妻に離婚を申し入れたが妻は応じない。思いあまった夫は、妻の署名押印を偽造して離婚届を提出してしまった。この場合、離婚は無効である。妻に離婚意思がないからである。このような離婚届が勝手に出されてしまうという弊害をなくすため、離婚時に離婚意思の確認をする手続を必要とする制度が望ましいという議論もある。しかし、実現は困難などの理由で改正要綱には盛り込まれていない。後に述べる**不受理申出制度**などの活用によるのがよいであろう。

　無断で離婚届を出されてしまった場合は、離婚無効確認を求める調停を家庭裁判所に申し立てる。無効確認審判を受けることを合意し事実に争いないときは、離婚無効確認審判を得ることができる（家審23条、家事277条）。家庭裁判所で審判を受けられなかった場合は、離婚無効確認の訴えを提起し離婚無効確認判決を得たら、離婚は無効であったことが確認され、戸籍にその

旨記載されて離婚事項が抹消される（戸籍116条、手続については第2章Ⅵ参照）。無効が確認されるまで結構手間がかかるものである。たとえば、妻が離婚無効確認調停・審判を求めたところ、話し合っているうちに妻が条件が合えば離婚してもよいと思うようになり、慰謝料をもらって離婚することにした、というとき、前の離婚を無効にして新たに離婚することが理論的であるが、前の離婚をそのまま有効と認めることも行われている。これを無効な離婚の追認といい、最高裁も認めるところである（最判昭和42・12・8家月20巻3号55頁）。

また、詐欺や強迫のような瑕疵ある意思表示に基づいて離婚した場合にも、婚姻と同様に取消しができる（民764条、747条）。

(B) 意思能力の存在

意思能力さえあれば成年被後見人も自己の意思で離婚でき、意思能力がなければ成年被後見人等でなくても婚姻は無効である（民764条、738条、戸籍32条）。

(C) 親権者の指定

夫婦間に未成年者がいるときは、親権者を定めないと離婚届は受理されない（民765条1項、819条1項）。そのような意味で、離婚を成立させるためには親権者を定めなければならない。ただし、受理されれば、離婚の効力は妨げられない（民765条2項）。

(イ) 形式的要件とは何か

離婚が成立するためには、離婚の届出が必要である。創設的届出である。届出は、戸籍法の定めるところに従って行う。

ところで、前述のように、離婚を求める夫や妻が、相手方に無断で離婚届を提出してしまうことがときどきあるが、これは立派な刑法犯罪である（刑157条）。そして勝手に提出された離婚届もそれに基づいて離婚の記載がなされてしまうと、元に戻すためには前述のように離婚無効の裁判を得なければならない。そこで、このような勝手な離婚届を防ぐために、離婚届の「**不受理申出制度**」というものがある。これは、市町村役場に行って離婚届を受理

しないでほしいという申出をすると、離婚届が提出されても受理されないというものであり（戸籍法27条の2第3項・4項・5項）、重要な役割を果たしている。理論的には、届出時に離婚意思が必要であるところ、不受理申出が出ているということは離婚意思がないことが明らかである、というのがその根拠である。他の創設的届出すべてに適用されている。

(2) 調停離婚

家庭裁判所で行う調停による離婚である。離婚については**調停前置主義**があり、訴訟の前に必ず調停を経なければならない（家審18条、家事257条）。できるだけ円満な話し合いを進める趣旨である。調停は、裁判官のみで行うこともできるが、原則として、調停委員会で行い（家審3条2、3項、1項ただし書、家事247条）、調停委員2名、家事審判官（裁判官）1名で構成する調

【書式2】 離婚届

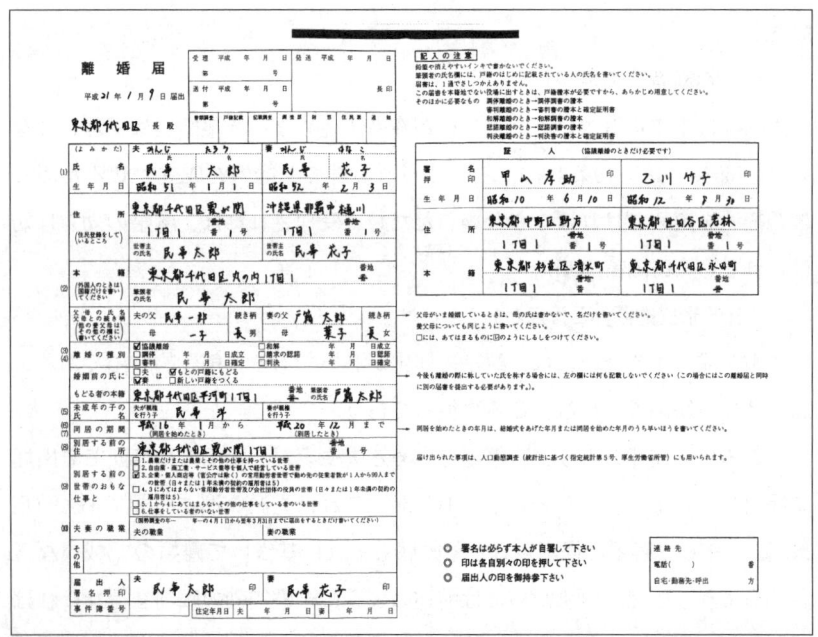

法務省のホームページ（http://www.moj.go.jp/）の中の「行政手続の案内」「戸籍関係手続」「離婚届」より

停委員会(家審22条、家事248条)が合意を斡旋し、当事者が合意したら調停調書を作成して調停成立となる(家審21条、家事268条)。裁判所が関与するので、合意を斡旋するばかりでなく不合理な合意を排除することができる。離婚は調停成立のときに成立するのであり、届出は報告的届出である。

(3) **審判離婚**

調停が成立しない場合、家庭裁判所は調停に代わる審判をすることができる(家審24条、家事284条)。2週間以内に異議の申立てがあると失効してしまうので(家審25条、家事286条)、前述のように審判離婚の数は非常に少ない。

(4) **裁判上の和解離婚**

人事訴訟法37条により認められるに至った。和解成立時に離婚が成立する。

(5) **判決離婚**

判決離婚は、全離婚の中1％にすぎないが、どのような場合に離婚でき、どのような財産分与を得ることができるかということを示す非常に大きな役割を担っている。

(6) **認諾離婚**

人事訴訟法37条により認められることになった。ただし、認諾離婚は、財産分与の申立てまたは子の監護に関する処分の申立てがなく、かつ、子の親権者の指定の裁判の必要がない場合にのみ、許容される。認諾時に離婚が成立する。

3 離婚原因にはどのようなものがあるか

(1) **不　貞**

婚姻の効果として発生する**貞操義務**の違反である。配偶者のある者が、自由な意思に基づいて、配偶者以外の者と性的関係を結ぶことを意味する(最判昭和48・11・15民集27巻10号1323頁)。この事案は、夫が婦女を強姦して刑に処せられたことを理由に妻が不貞行為に該当するとして離婚を求めたところ、夫が、その肉体関係について自由意思を欠くときは不貞行為とはいえな

いと主張したのに対して、最高裁が上記のとおり述べたうえ、相手方の自由意思に基づくかどうかは問わないと判示したものである。したがって、強姦された場合は自由意思がないので不貞行為とはいえず、心身喪失中の行為も不貞とはいえない。

「性的関係」は、肉体関係に限るのかそれ以外の関係を含むのかは、争いのあるところである。「不貞行為は、夫婦間の貞操義務に忠実でない一切の行為を含み、姦通より広い概念である」（泉149頁）、とする非限定説の立場と、「離婚請求の最低線を維持するために、姦通（性交関係）に限ると解したい。いいかえれば、姦通の事実がある場合にも離婚の請求を認めないのは、2項の適用に限る。また、姦通まで至らない行為によって離婚を認めるのは、5号の適用によるべきである」（我妻171頁）との限定説の立場がある。具体的には、配偶者が異性と限度を超えて親しくつきあうなどしているが姦通はない（実際の訴訟では立証できない場合も含まれる）とき、不貞行為という離婚原因となるかどうかという問題である。沿革的には非限定説が正しく（我妻176頁）、通説である。判例は不貞には峻厳で、ほとんどが姦通であるので限定説のようだが不明である。

実際の裁判では、姦通行為の立証は意外と難しいといわれている。同棲していたり、他男の子を妊娠したり、他女の子を認知したり、ともに旅行して同宿したり、という場合は証明できるが、そうでない場合、現場を目撃するとか、ホテルで同宿したことが何らかの証拠で明らかにできるという程度に及ばないとなかなか難しいところである。ある特定の異性といつも買い物をしているとか、会社の異性の同僚と飲み歩いているということでは、女の直感や男の勘で姦通を確信しても、認められない場合が少なくない。この場合は5号の離婚原因の成否という問題になる。

なお、性的関係が一時的か継続的か、同棲を伴うか否か、売春的行為か否か、買春的行為か否かは問わない。

(2) 悪意の遺棄

悪意の遺棄とは、同居・協力・扶助義務（民752条）違反行為である（民

770条1項2号)。悪意とは、事実を知っていることのみならず、夫婦関係の断絶を企図しもしくは容認することを必要とすると解されている(泉149頁)。蒸発してしまったり、借金取りに追われて逃げ回ってるとか、わざと生活費を渡さないなどである。

　妻(上告人)が夫(被上告人)の意思に反して妻の兄らを同居させ、その同居後において兄と親密の度を加えて、夫をないがしろにし、かつ、兄などのため密かに夫の財産より多額の支出をしたため、これらが根本原因となって夫はついに妻に対し同居を拒み、扶助義務を履行しなくなったという事案において、「上告人が被上告人との婚姻関係破綻について主たる責を負うべきであり、被上告人より扶助を受けざるに至つたのも、上告人自らが招いたものと認むべき以上、上告人はもはや被上告人に対して扶助請求権を主張し得ざるに至つたものというべく、従つて、被上告人が上告人を扶助しないことは、悪意の遺棄に該当しないものと解すべきである」という判例がある(最判昭和39・9・17民集18巻7号1461頁)。また、半身不随の身体障害者である妻を置き去りにし、長期間生活費を送金しなかった夫の行為が悪意の遺棄に当たるとされた事例もある(浦和地判昭和60・11・29判タ596号70頁)。

(3)　3年以上の生死不明

　3年以上の生死不明も離婚原因となる(民770条1項3号)。生死不明とは、事故、自殺などの可能性があるが証明できないときや、蒸発して以来連絡がないときなどである。生死不明と行方不明とは必ずしも一致しないが、特に生存が推定される事情があれば格別、行方不明は生死不明と推認できるであろう(仙台地大河原支判昭和38・8・29下民集14巻8号1672頁)。終戦当時満州にあってソ連邦または中国に抑留された未帰還者に対する離婚請求事件で、離婚原因としての生死不明(4年以上)を認めた裁判例がある(大津地判昭和25・7・27下民集1巻7号1150頁)。生死不明に至った理由は問わない。それが長期にわたれば、悪意の遺棄の離婚原因に該当することもあろうが、生死不明が当然に悪意の遺棄と断定することはできない(新潟地判昭和36・4・24下民集12巻4号857頁)。

配偶者が長期にわたって音信不通の場合の婚姻関係解消方法には2種類ある。1つは、3年以上の生死不明を離婚原因とする離婚であり、もう1つは失踪宣告（民30条）による方法である。たとえば、平成元年12月31日「あなたには申し訳ないことをしました」という書き置きを残して配偶者が家出し、以後全く音信がないので、平成10年に再婚のため婚姻を解消しようというとき、3年以上生死不明の離婚原因によって離婚して再婚すれば、元の配偶者の生死にかかわらず離婚はそのまま効力を有する。失踪宣告を得ると、失踪した配偶者は7年の期間満了時に死亡したものとみなされ（民31条）、その時点で死亡による婚姻解消となる。ところが、ずいぶん長い間を経て、施設入所の必要などから失踪者が現れることがある。そして失踪宣告が取り消されると、死んだことになっていた配偶者が生きていたわけであるから、前婚は解消していなかったことになる余地がある。失踪宣告後その取消し前に善意でした行為の効力に影響及ぼさない旨を明記する規定（民32条1項）との関係で、前婚が復活するかどうか、後婚が失効するかどうかなど学説は多岐にわたっている。通説・判例は、前婚は死亡による解消がなかったのであるから、後婚は重婚となり、取り消しうる婚姻となる、と解している。しかし、前婚は実体がなく、後婚が保護されるべきであることに争いはない。そこで、この点について、改正要綱は、前婚は復活しないと明文化してこの問題を解決しようとしている。

(4) 強度の精神病

夫婦というものは肉体的・精神的結合であるので、強度の精神病のため精神的なつながりを保つことができないときに離婚することはやむをえないので、強度の精神病も離婚原因とされている（民770条1項4号）。統合失調症や躁鬱病などの場合が多いようである。精神病離婚の大きな問題は、離婚後の病者の生活である。自活能力がないのであるから、離婚前の配偶者、実方の親族（父母兄弟姉妹など）、社会保障のいずれかあるいはその組合せに頼るほかない。離婚の自由を認めるためには社会保障の充実が必要なのであるが、社会保障の間隙にある場合や十分でない場合もある。そのようなとき、精神

病になった者の保護と離婚の自由とを秤にかけなければならなくなる。

最高裁は、

「民法770条は、あらたに『配偶者が強度の精神病にかかり回復の見込がないとき』を裁判上離婚請求の一事由としたけれども、同条2項は、右の事由があるときでも裁判所は一切の事情を考慮して婚姻の継続を相当と認めるときは離婚の請求を棄却することができる旨を規定しているのであって、民法は単に夫婦の一方が不治の精神病にかかつた一事をもつて直ちに離婚の訴訟を理由ありとするものと解すべきでなく、たとえかかる場合においても、諸般の事情を考慮し、病者の今後の療養、生活等についてできるかぎりの具体的方途を講じ、ある程度において、前途に、その方途の見込のついた上でなければ、ただちに婚姻関係を廃絶することは不相当と認めて、離婚の請求は許さない法意であると解すべきである」

と判示して、精神病者の保護に厚い判決を言い渡している（最判昭和33・7・25民集12巻12号1823頁、最判昭和45・3・12判時593号41頁）。この具体的方途判決は、強度の精神病によって離婚請求権は発生するが、民法770条2項によって請求を棄却しうるとするもので、民法770条2項によって裁量棄却が判例上認められる唯一の例である。

その後昭和45年11月24日には、

「民法770条1項4号と同条2項は、単に夫婦の一方が不治の精神病にかかつた一事をもつて直ちに離婚の請求を理由ありとするものと解すべきでなく、たとえかかる場合においても、諸般の事情を考慮し、病者の今後の療養、生活等についてできるかぎりの具体的方途を講じ、ある程度において、前途に、その方途の見込みのついた上でなければ、ただちに婚姻関係を廃絶することは不相当と認めて、離婚の請求は許さない法意であると解すべきであることは、当裁判所の判例とするところである（最高裁判所昭和28年(オ)第1389号、同33年7月25日第二小法廷判決、民集12巻12号1823頁）。ところで、…は、婚姻当初から性格が変つていて

異常の行動をし、人嫌いで近所の人ともつきあわず、被上告人の店の従業員とも打ちとけず、店の仕事に無関心で全く協力しなかつたのであり、そして、昭和32年12月21日頃から上告人である実家の許に別居し、そこから入院したが、…の実家は、被上告人が支出をしなければ…の療養費に事欠くような資産状態ではなく、他方、被上告人は、…のため十分な療養費を支出できる程に生活に余裕はないにもかかわらず、…の過去の療養費については、昭和40年4月5日上告人との間で、…が発病した昭和33年4月6日以降の入院料、治療費および雑費として金30万円を上告人に分割して支払う旨の示談をし、即日15万円を支払い、残額をも昭和41年1月末日までの間に約定どおり全額支払い、上告人においても異議なくこれを受領しており、その将来の療養費については、本訴が第二審に係属してから後裁判所の試みた和解において、自己の資力で可能な範囲の支払をなす意思のあることを表明しており、被上告人と…の間の長女は被上告人が出生当時から引き続き養育していることは、原審の適法に確定したところである。そして、これら諸般の事情は、前記判例にいう婚姻関係の廃絶を不相当として離婚の請求を許すべきでないとの離婚障害事由の不存在を意味し、右諸般の事情その他原審の認定した一切の事情を斟酌考慮しても、前示…の病状にかかわらず、被上告人と…の婚姻の継続を相当と認める場合にはあたらないものというべきであるから、被上告人の民法770条1項4号に基づく離婚の請求を認容した原判決は正当として是認することができる。」

と判示している（最判昭和45・11・24民集24巻12号1943頁）。この判決は最高裁として初めて精神病離婚を認めたもので、実質的に従来の判例を緩和したもの（犬伏「離婚原因としての精神病」『家族法判例百選〔第5版〕』（別冊ジュリ132号）31頁）と受け止められている。

その後の実際の裁判では、離婚を求める配偶者が現状でできるかぎりの誠意を示して離婚前離婚後の療養について配慮していれば認められるようになっているといえるようである（東京高判昭和58・1・18判タ497号170頁、横浜地

横須賀支判平成 5・12・21判時1501号129頁など参照)。

　ところで、精神病が離婚原因とされているのはなぜであろうか。夫婦は、相手が精神病になっても生涯面倒を見るべきではないのか。夫婦共同生活が精神病によって破壊されることが、他の疾病と異なって直ちに離婚原因となる理由は何であろうか。それはひとえに精神病により、家庭が壊滅的に打撃を受け、健康な配偶者の生活を病気の配偶者の看病に尽くさせる結果となり、子の生育にも十分対処できなくなるという事態から健康な配偶者を解放するということである。他方配偶者の面倒を見て一生暮らすことは、道徳的には立派でも法律的に強制することはできないと考えたのである。そうすると、ここに**破綻主義**の考え方が現れているということができよう。

　こうして基本的には健康な配偶者を精神病配偶者との婚姻から解放するという視点に立つとしても、経済力のない無責配偶者の生活保障という破綻主義の問題点が残る。精神病の場合は、無責の度合いが強いうえ、生活力が全くないことから、この問題が最も先鋭的に現れるのである。実際の訴訟では配偶者側と実家側の争いとなる。病気の原因はどちらにあるのか、ということから、どちらが今後の面倒を見るのか、ということについて対立する。社会保障が充実していれば、離婚後の生活をさほど心配しないで判決することができる。判例が徐々に「具体的方途」を緩和してきた背景には、考え方の変化とともに社会保障の充実という面があるように思われる。しかし、社会保障の間隙にあるような事例では、今も深刻な問題である。

　離婚原因として認められるのは、強度の精神病で回復の見込みがないことが必要であるが、強度とは、協力義務（民752条）を十分果たすことができない程度の精神障がいを意味し、精神的死亡に達していることまでは要しないと解されている（泉久雄「精神病離婚」大系(3)166頁、長崎地判昭和42・9・5判時504号81頁）が、不治の病であることが必要である。

　裁判例が、強度の精神病を認めた事例をみてみると、20年にわたる精神分裂病で入院中（東京地判昭和54・10・26判タ404号136頁）、基底に精神薄弱がありてんかん発作を繰り返したことによる脳組織障がいのための痴呆（東京高

判昭和58・1・18判タ497号170頁)、脳腫瘍によるほぼ植物状態と同一の状態(横浜地横須賀支判平成5・12・21判時1501号129頁)などである。

認めなかったものをみてみると、妄想型の軽度の精神分裂病で通院、服薬により社会生活に適応できる場合(名古屋地判昭和54・9・26判タ401号147頁)、破瓜型精神分裂病欠陥治癒状態で日常生活の単純で機械的な作業は可能であり、夫や子供に対する豊かな人間関係は困難を伴うが、家人の援助、庇護、指導下では社会生活が可能であるというもの(東京地判昭和59・2・24判時1135号61頁)などである。このような4号に該当しない精神病については、5号に該当するかどうかが次に問題となる。

ところで、この規定は、明治民法の有責主義離婚から、今日の破綻主義離婚に移行するについて大きな意義をもっていたが、今なおこのような規定を存続させることは、精神障がい者に対する差別感情を助長させるおそれもあり、また、「その他婚姻を継続し難い重大な事由」の1つとして考えることができるので、改正要綱では削除することにしている。

4 その他婚姻を継続し難い重大な事由とは

離婚原因とされている婚姻を継続し難い重大な事由とは、婚姻関係が破綻して回復の見込みがないことである(民770条1項5号)。破綻の原因は、1号から4号までに示されているような重大な事由によることが必要である。具体的には以下のような事由が問題となっている。

(1) 不貞類似の行為

妻が家出し、かねて夫が妻との関係を疑っていた男性と同居したという場合に、離婚が認められている(最判昭和31・12・11民集10巻12号1537頁)。これは、「元来婚姻生活破綻の経緯は概ね極めて微妙複雑であり、故意過失その他責任の所在を当事者の一方のみに断定し得ない場合等の存することは何人もこれを否定し得ないところであつて、……所謂『重大な事由』もこれを必ずしも当事者双方又は一方の有責事由に限ると解する必要はない」とも判示している。

(2) 暴行・虐待

　これは、妻の提起する離婚請求の理由として、かなりの頻度で主張されている（最判昭和33・2・25家月10巻2号39頁、東京高判昭和51・10・29判タ350号309頁など）。

　最近、妻に対する夫の暴力が社会問題となっている。かつては、妻に対する暴力が悪いことであるという観念は、そう強くなかったと思われる。しかし、裁判では、暴力は許されることではないという態度はほぼ確立されていて、暴行・虐待による離婚請求が認められ、原則として慰謝料も認められている（認めなかった事例として、東京高判昭和53・3・29判時893号38頁）。

　平成13年4月6日、いわゆるDV防止法が成立し、10月13日から施行されている（三谷編・常識第9話）。配偶者からの暴力に対して、被害者が裁判所に申し立てれば、接近禁止命令・退去命令といった**保護命令**を得ることができる。保護命令に違反した場合には、刑事罰もある。同法は、その後、平成16年に第1回目の改正、平成19年に第2回目の改正が行われ、被害者の保護の充実のために、裁判所の発令する保護命令の内容が多様化されたとともに、被害者のみならず、被害者の子や親族を保護するための保護命令の発令もできるようになった。

　このように、同法によって配偶者間の暴力が違法であることが立法上明確になり、従前は動きの鈍かったと思われる警察が介入しやすくなったことが大きなメリットであるが、現実の保護施設の拡充など、まだまだ不十分な点がある。

　裁判所のホームページ（http//:www.courts.go.jp/）の中の「裁判手続の案内」「民事事件」「保護命令手続について」から保護命令について紹介しておこう〔accessed on May 1, 2012〕。

配偶者暴力に関する保護命令の流れ

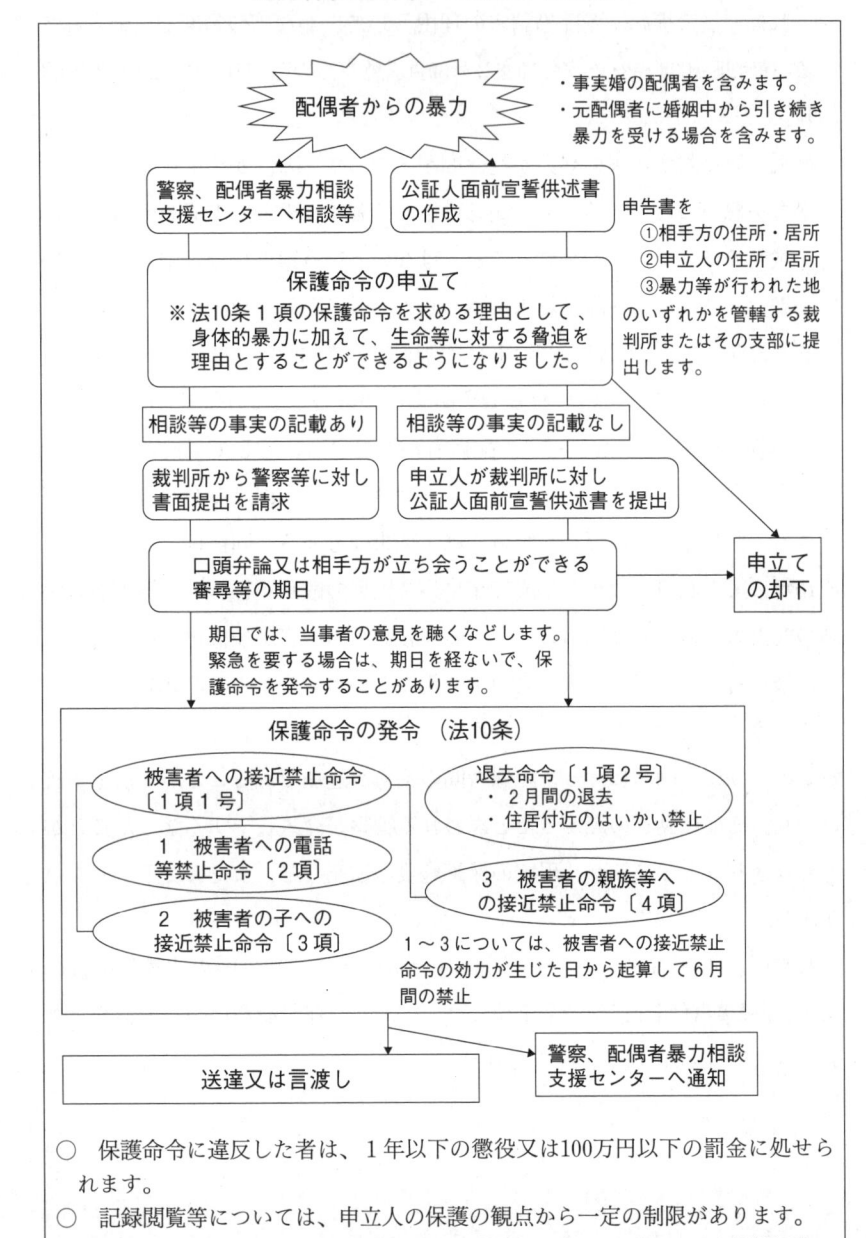

```
        配偶者からの暴力
                              ・事実婚の配偶者を含みます。
                              ・元配偶者に婚姻中から引き続き
                                暴力を受ける場合を含みます。
```

- 警察、配偶者暴力相談支援センターへ相談等
- 公証人面前宣誓供述書の作成

申告書を
　①相手方の住所・居所
　②申立人の住所・居所
　③暴力等が行われた地
のいずれかを管轄する裁判所またはその支部に提出します。

保護命令の申立て
※法10条1項の保護命令を求める理由として、身体的暴力に加えて、<u>生命等に対する脅迫</u>を理由とすることができるようになりました。

相談等の事実の記載あり	相談等の事実の記載なし
裁判所から警察等に対し書面提出を請求	申立人が裁判所に対し公証人面前宣誓供述書を提出

→ 申立ての却下

口頭弁論又は相手方が立ち会うことができる審尋等の期日

期日では、当事者の意見を聴くなどします。緊急を要する場合は、期日を経ないで、保護命令を発令することがあります。

保護命令の発令（法10条）

- 被害者への接近禁止命令〔1項1号〕
- 1　被害者への電話等禁止命令〔2項〕
- 2　被害者の子への接近禁止命令〔3項〕
- 退去命令〔1項2号〕
　・2月間の退去
　・住居付近のはいかい禁止
- 3　被害者の親族等への接近禁止命令〔4項〕

1～3については、被害者への接近禁止命令の効力が生じた日から起算して6月間の禁止

→ 送達又は言渡し
→ 警察、配偶者暴力相談支援センターへ通知

- 保護命令に違反した者は、1年以下の懲役又は100万円以下の罰金に処せられます。
- 記録閲覧等については、申立人の保護の観点から一定の制限があります。
- 法律に特別の定めがある場合を除き、性質に反しない限り、民事訴訟法の

○ 申立てに対する決定に不服がある当事者は、1週間以内に即時抗告を申し立てることができます。
○ 保護命令が発令された後、一定の要件を満たした場合は、保護命令の取消しを申し立てることができます。

(3) 重大な侮辱

妻を、婚姻前に関係のあった妻の妹と比較し、侮辱を与えたという例（東京高判昭和37・2・26下民集13巻2号288頁）、そのほか、相手の人格を蔑ろにするようないわゆる言葉の暴力というものが含まれるであろうが、これによって婚姻が破綻して回復の見込みがないことが必要である。前述のDV防止法では、「心身に有害な影響を及ぼす言動」も「暴力」に含まれるようになった。

(4) 性交不能、性的異常

性交不能であり長年性交渉がない事例で、5号該当を認めたものがある（京都地判昭和62・5・12判時1259号92頁）。その他、不能後の性生活を嫌悪した妻からの離婚請求を認めたもの（最判昭和37・2・6民集16巻2号206頁）、同性愛（名古屋地判昭和47・2・29判時615号63頁）、ポルノ雑誌等への耽溺（浦和地判昭和60・9・10判タ614号104頁、福岡高判平成5・3・18判タ827号270頁）、相手方のいやがる性生活（大阪地判昭和35・6・23判時237号27頁）などがある。

(5) 勤労意欲の欠如、浪費

勤労意欲の欠如や浪費は、遺棄には至らないが、協力扶助義務違反といえるのであり、1つの大きい離婚原因の類型で、裁判でも割合と多い類型である。不貞、アルコール中毒、賭博などと絡むことが多いが、純粋の浪費というのもある。このような離婚は、離婚そのものもさることながら、財産分与の争いが激しくなる傾向がある（福島家郡山支審昭和48・10・18家月26巻4号88頁、名古屋地判昭和49・10・1判時786号69頁、浦和地判昭和59・11・27判タ548号260頁、浦和地判昭和61・8・4判タ639号208頁など）。

(6) 精神障がい

前述したとおり、強度でかつ不治でなければ 4 号の離婚原因に該当しないのであるが、その他の精神障がいによって婚姻が破綻して回復の見込みがなければ離婚が認められるものと解されている。アルコール中毒、薬物中毒、重度でない精神分裂病などがある。婚姻後 7、8 年して精神分裂病になった妻に対する離婚請求を委曲を尽くして認めた裁判例（大阪高判昭和52・12・28判タ362号328頁）、夫（42歳）が従前よく妻の面倒を見たことや今後もみていくことなどの事情を考慮してアルツハイマー型老人性痴呆に罹った妻に対する離婚請求を認めた裁判例（長野地判平成 2・9・17判時1366号111頁）がある。

(7) 病　気

精神障がいではない病気は、原則として離婚原因とならない。たとえば、妻が脊髄小脳変性症という難病（知的障害はない）に罹患し家事を負担する能力がなくなったとの理由による離婚請求は認められない（名古屋高判平成 3・5・30家月44巻11号70頁）。

交通事故によって身体障がい者（身体障害者等級表 1 級認定）となった夫に対する妻からの離婚請求についても、夫がたびたび不貞を行い、上記交通事故も婚外子の許に赴く途中であったこと、妻は 9 カ月以上にわたり献身的に看病したにもかかわらず夫が非難がましい態度をとったため疲労困憊して別居したことなどの事情を認定して肯定した裁判例もある（大阪地判昭和62・11・16判時1273号82頁。三谷編・常識第 2 話）。

(8) 配偶者の親族との不和

親族との不和もそれのみでは離婚原因とはならないが、配偶者の傍観的・同調的態度などが相まって離婚が認められることがある。いわゆる婿入り婚において、妻およびその親族の不当な扱いを理由とする離婚を認めたものもあれば（山形地判昭和45・11・10判時615号63頁）、夫の母と妻との不和を原因とする夫からの離婚請求を棄却したものもある（東京高判昭和56・12・17判時1036号78頁、東京高判平成元・5・11判タ739号197頁）。

(9) 宗教活動

　信仰を理由とする離婚請求は認められない。ただし、信仰に基づく宗教活動が度を超して夫婦の協力義務を履行できない状況になったときは離婚が認められる。離婚を認めたもの（広島地判平成5・6・28判タ873号240頁、大阪高判平成2・12・14判時1384号55頁、東京高判平成2・4・25判時1351号61頁、名古屋地判昭和63・4・18判タ682号212頁、大分地判昭和62・1・29判時1242号107頁、東京高判昭和57・10・21判タ485号169頁、東京高判昭和55・7・10判タ423号137頁、仙台地判昭和49・10・8判時770号77頁）、棄却したもの（東京地判平成5・9・17判タ872号273頁、名古屋高判平成3・11・27判タ789号219頁、大阪地判平成2・5・14判タ729号202頁〔上記大阪高判平成2・12・14の原審〕）など多くの裁判例がある。宗教活動によって日常の家事育児などが疎かになっているか、それに対する他方配偶者があまりにも信仰に非寛容な態度をとったが故の紛争の激化かどうか、などが考慮されている。

(10) 性格の不一致

　性格の不一致は、双方の努力によっても解消できない程度であることが必要である。なぜなら性格の不一致というのは、どの夫婦にもあるのであって、これが離婚原因になるには、双方の努力によっても如何ともしがたい場合でなければ回復の見込みがないとはいえないからである（横浜地判昭和59・7・30判時1141号114頁、東京高判昭和54・6・21判時937号39頁、東京地判昭和59・10・17判時1154号107頁、東京地判昭和59・12・26判タ554号229頁など）。後に述べるように、有責配偶者からの離婚請求であっても、離婚が認められるような事例では、その離婚原因の大方は性格の不一致または愛情の喪失による回復しがたい婚姻破綻ということになる。

　ところで、実務上の経験によれば、性格の不一致を理由とする離婚請求にはいくつかの類型がある。たとえば、夫婦の価値観の相違が不和の決定的な原因になっているもの、大きくない性格の不一致または価値観の相違であるにもかかわらず努力を怠って安易に離婚に走るもの（たとえば事務処理能力がないとか、料理が下手であるなど）、真の離婚理由を隠しているもの（たとえ

ば本当は自己の不倫を成就させたいためなど)などである。破綻して回復の見込みがあるかどうかというのは、このような事情であれば、通常は回復の見込みがないと評価できるという場合であると解釈すべきである。

(11) その他

実際には、上記の類型に収まりきれない離婚原因もあるが、上述のような1号から4号に匹敵するような重大な事由といえるかどうか問題になるであろう。おそらく、将来的には、さほど重大な事由でない理由による長期の別居などが問題になっていくものと思われる。

5 民法770条1項1号から4号までと5号との関係

通説は1号から4号までの事由を5号の例示と考えて、離婚原因は5号のみと解する。立法者もそのような考え方であった。つまり、破綻していることのみによって離婚請求権が発生するという構造を採っていると解するのである。この考え方は、1号の不貞行為によって婚姻が破綻したときに離婚請求権が発生するということになる。これによれば、民法770条2項は注意的に記載したものということになる(泉143頁)。これに対し、各号ごとに離婚請求権が発生するという考え方もある。判例(最判昭和36・4・25民集15巻4号891頁)は、各号ごとに1個の離婚請求権が発生するという考え方であると解されているが、必ずしもそのように解さなければならないということはない(この場合は攻撃方法となる)との考え方もある(川添利起・最高裁判所判例解説昭和36年度135頁、林ほか編51頁)。いわゆる**訴訟物**論争であるが、既判力の関係では、判決確定後の訴えの提起が禁止されているので(人訴25条)、訴訟物論による差異はない。

6 民法770条2項の問題点

民法770条2項は、1項1号から4号までの事由がある場合でも、婚姻の継続を相当と認めるときは離婚の請求を棄却することができるとしている。離婚の最低限の保証を崩しかねないということと裁判官の裁量を広く認める

もので、立法論として問題であると指摘されている（注民(21)300頁）。裁判例では、上記に挙げた4号に該当する場合でも、民法770条2項により離婚後の生活についての具体的方途が講じられないかぎり離婚を認めないという限度で適用をみているだけのようである（ただし、不貞行為があるにかかわらず2項により離婚請求を棄却した東京地判昭和30・5・6下民集6巻5号896頁もある。中川善之助「ある離婚判決への疑問」法時28巻4号52頁以下〔民法断想15〕参照）。上記のように、1号から4号までは5号の例示と考えると2項の存在意義も少ないといえるであろう。また、平成15年の人事訴訟手続法から人事訴訟法への改正でいわゆる片面的職権探知主義（人事訴訟手続法（明治31年法律第13号）14条本文。三谷・民訴講義3版75頁参照）が廃止された現在では、ますますその存在意義に疑問がある。

7　有責配偶者の離婚請求

　民法の規定は、前述のとおり、立法の経緯（我妻123頁、170頁）からしても、婚姻が破綻することが離婚原因であるという破綻主義離婚を採用しているといえる。これに対し、明治民法は相手方配偶者が婚姻義務に反するなどの有責行為をしたときのみ離婚を認めるという有責主義であった。

　民法の条文上破綻主義に制限はないが、しかし、最高裁は、自ら不貞行為をして妻に離婚を求めた夫に対し、「上告人が勝手に情婦を持ち、その為め最早被上告人とは同棲出来ないから、これを追い出すということに帰着するのであつて、もしかかる請求が是認されるならば、被上告人は全く俗にいう踏んだり蹴たりである。法はかくの如き不徳義勝手気儘を許すものではない」と判示して、いわゆる有責配偶者の離婚請求を認めない立場を示していた（最判昭和27・2・19民集6巻2号110頁、最判昭和29・11・5民集8巻11号2023頁、最判昭和29・12・14民集8巻12号2143頁）。

　有責配偶者の離婚請求を認めないという理論は、婚姻関係破綻について責任ある配偶者からの離婚請求は信義誠実の原則に反するので許されないというもので、**消極的破綻主義**といわれる。その背景は、倫理観と妻の経済的地

位の低さにあったものと考えられる。この理論は、長い間実務を支配した。しかし、すでに婚姻関係が破綻しているのに離婚を認めず婚姻の形骸だけを残しておくことに徐々に疑問が呈されるようになった。消極的破綻主義に対する修正は、有責性の大きい場合にのみ適用する（最判昭和30・11・24民集9巻12号1837頁）、有責行為と破綻との間に因果関係を要求する（最判昭和46・5・21民集25巻3号408頁）という方向で行われるようになった。その後も、形骸化した婚姻を形式のみ維持することの無意味さが指摘されたり、有責性の立証のために法廷が非難の応酬の場になるといった弊害が指摘されるようになった。そして、昭和62年に最高裁は、有責配偶者の離婚請求を認めない前述の判例を変更し、有責配偶者からの離婚請求を条件付きで認める画期的な判決を言い渡した（最大判昭和62・9・2民集41巻6号1423頁）。すなわち、夫の不貞によって36年間別居している夫婦の夫からの離婚請求について、有責配偶者からの離婚請求が原則として認められないことを承認した後、信義

〔表3〕 有責配偶者からの離婚請求の判例

判例番号・結論	正妻との同居期間	正妻との別居期間	他の異性との同棲生活	子供の有無
①離婚肯定	4年	30年	29年	24歳
②離婚肯定・破棄差戻し	17年・妻自殺未遂2回	22年	22年	38歳と32歳
③離婚肯定・破棄差戻し	20年・頻繁な外泊11年	16年	16年	38、37、36、34歳
④離婚肯定	1年3ヵ月	10年3ヵ月	3年11ヵ月	なし
⑤離婚否定	17年	8年	6年	32、29、23、21歳
⑥離婚肯定・破棄差戻し	23年	8年	一時期同棲	32歳と24歳
⑦離婚肯定	17年2ヵ月	8年8ヵ月	別居前から2年	26歳と24歳
⑧離婚肯定	15年	13年11月	10年	28、26、23、18歳

則上有責配偶者からの離婚請求であっても許されるのは、次の3つの条件をすべて満たすときである、と判示したのである。①夫婦の別居が両当事者の年齢および同居期間との対比において相当の長期間に及び、②その間に未成熟の子が存在しない場合には、③相手方配偶者が離婚により精神的・社会的・経済的にきわめて過酷な状態に置かれるなど離婚請求を容認することが著しく社会正義に反するといえるような特段の事情の認められないとき、というものである。この判決は戦後の最高裁判決の中でも特に注目されたもので国民生活にも大きな影響を与え、その後最高裁は、次々に有責配偶者からの離婚請求に関する判決を出した。それらを、表にしてみると、以下のようになる（①最判昭和62・11・24判時1256号28頁、②最判昭和63・2・12判時1268号33頁、③最判昭和63・4・7判時1293号94頁、④最判昭和63・12・8家月41巻3号145頁、⑤最判平成元・3・28判時1315号61頁、⑥最判平成2・11・8判時1370号55頁、⑦最判平成5・11・2家月46巻9号40頁、⑧最判平成6・2・8判時1505号59頁。三谷編・常識第17話[5]）。

　全体を通してみると、徐々に離婚請求が認められるようになっているといえるであろう。最近、別居期間2年4カ月、未成熟子ある事例で、最高裁は夫からの離婚請求を棄却した（最判平成16・11・18判時1881号90頁）。

8　破綻主義立法

　改正要綱によれば、裁判離婚原因は以下のとおりとされている。①配偶者に不貞な行為があったとき、②配偶者から悪意で遺棄されたとき、③配偶者の生死が3年以上明らかでないとき、④夫婦が5年以上継続して婚姻の本旨に反する別居をしているとき、⑤上記の③、④のほか、婚姻関係が破綻して回復の見込みがないとき。ただし、離婚が配偶者・子に著しい生活の困窮または耐え難い苦痛をもたらすとき、④、⑤の場合に協力扶助を著しく怠っていることにより請求が信義に反するときは棄却できるとしている。

　これによれば、夫婦が5年以上別居していれば原則として離婚できることになるから、有責配偶者の離婚請求も許されることになる。このように有責

配偶者からの離婚請求であるかどうかを問わず、婚姻が破綻した場合には離婚を認めることを**積極的破綻主義**という。このような積極的破綻主義を採用すべきかどうかが議論されている。

　賛成する説は、破綻した婚姻を継続させることは望ましくない、有責性を問題にすることは紛争を激化させることになる、財産分与の充実によって非有責配偶者の保護を図るべきである、と主張する。現行法を維持する説は、非有責配偶者が離婚されることによってその経済的地位が不利になると主張する。ここで注意しなければならないのは、前述したように日本の離婚制度は何ら制約のない協議離婚を持っており、離婚の9割がこの協議離婚によっているということである。つまり、協議離婚はいわば完全破綻主義なのであって、すでに破綻主義は十分実行されているということができるといえるのである（泉132頁）。そのうえに裁判離婚原因も**積極的破綻主義**を採用すべきかどうかは、十分に検討する必要がある。今後、婚姻関係は、有責かどうかに無関係に愛情の喪失によって終了するようになっていくと思われる。破綻主義の正当性は、男女の経済的格差の解消によって確保される（泉132頁）。積極的破綻主義を採用するときは、財産分与の充実、養育費の履行確保など経済的な保障を十分にする必要がある。現在は、すでに積極的破綻主義的な運用がされているとの指摘がある（西岡清一郎「最近の地方裁判所における離婚訴訟の実情と家庭裁判所への移管について」判タ1031号4頁）。

9　裁判離婚手続

　離婚をするためには、まず家庭裁判所に調停を申し立て（**調停前置主義**）、不成立のときに家庭裁判所に離婚の訴えを提起することになる。人事訴訟法に従って裁判がされ、裁判が確定したとき離婚が成立する。

V　手　続

　離婚訴訟の手続について述べておく。人事訴訟法施行とともに、家庭裁判

所の管轄となったことは前述した。

1　土地管轄

　当事者の普通裁判籍であるから、夫または妻の住所地を管轄する家庭裁判所に土地専属管轄がある（人訴4条）。人事訴訟手続法では、第1順位から第3順位までの専属管轄が決められ、第2順位の夫婦の共通の住所地であった土地の管轄地域に一方が居住しているときにはその住所地を管轄する裁判所、という定めに批判があったところ、これが採用されなかったことは特筆すべきである。原告は、自己の住所地に訴えを提起することができる。しかし、調停は相手方の住所地を管轄する家庭裁判所であり（家審規129条1項、家事245条1項では、合意管轄裁判所も可能）、訴訟についても相手方住所地への移送がありうるし（人訴7条）、その判断にあたっては子の住所または居所を考慮しなければならない（人訴31条）。

2　関連請求の併合

　離婚請求の原因である事実によって生じた損害賠償請求については、併合を条件に職分管轄が認められる（人訴17条）。いわゆる離婚慰謝料も個別慰謝料も、認められる。客観的併合のみならず、主観的併合も認められる。また、損害賠償請求のみでなく、損害賠償債務不存在確認請求も認められる。原始的併合だけでなく、異時併合もありうる。そこで、具体的には、以下のとおりとなる。固有資産の引渡請求は併合できないというのが現在の解釈である（野田＝安倍監・概説127頁）。
① 　離婚請求＋相手方配偶者に対する離婚慰謝料＋不貞の相手方に対する損害賠償を同時に提起しうる。土地管轄は、上記人事訴訟の専属管轄家庭裁判所である。
② 　離婚請求の訴えが提起された後に、相手方配偶者に対する離婚慰謝料や不貞の相手方に対する損害賠償を離婚訴訟係属中の家庭裁判所に提起することができる（人訴17条）。この場合、家庭裁判所は弁論を併合し

なければならない。関連請求でない場合は管轄地方裁判所または簡易裁判所に移送する。後に弁論を分離しても管轄は家庭裁判所にある。

③　離婚請求の訴えが提起された後に、被告が関連損害賠償請求の反訴を提起することができる（人訴18条）。原告の同意は不要であり、控訴審でも可能である。原告以外の者を反訴の相手方とすることはできないものと解されている（野田＝安倍監・概説改訂116頁）。

④　離婚請求の訴えが提起された後に、原告または相手方配偶者からその配偶者や不貞の相手方に対して損害賠償請求の訴えを地方裁判所に提起することは当然可能である。そのとき、第一審係属中であれば、相当と認めるときは、申立てにより損害賠償請求の訴えを離婚訴訟の係属する家庭裁判所に移送することができる（人訴8条）。この場合、家庭裁判所は事件を併合しなければならない。後の分離はありうる。

⑤　妻（夫）が、不貞の相手方に対して損害賠償を求める訴えを提起していたところ、夫（妻）から離婚の訴えが提起された場合、損害賠償請求事件を担当する第一審裁判所は申立てにより相当と認めるとき、当該訴訟を家庭裁判所に移送することができる（人訴8条1項）。たとえば、妻が東京に居住し、東京地方裁判所に不貞の相手方を被告として損害賠償を求めたとき、福岡に居住する夫が福岡家庭裁判所に離婚の訴えを提起して、損害賠償請求訴訟を福岡に移送することを求める、という事態がありうる。相当性の判断は、訴訟の遅延が生じないか、管轄の利益を侵害しないか等の要素を考慮して決めるものと解されている。

移送された場合には、家庭裁判所は弁論を併合しなければならない（人訴8条2項）。

⑥　関連請求は通常訴訟事件であるから、訴訟手続は民事訴訟手続による。

3　当事者

意思能力があれば、離婚訴訟の**訴訟能力**は存在する（人訴13条）。しかし、成年被後見人は、通常意思能力がない場合が多い。そこで、成年後見人が成

年被後見人のために原告または被告となることができ、成年後見人が訴訟の相手方となる場合には後見監督人が成年後見人のために相手方となるものとされた（人訴14条）。この地位が法定代理人か、訴訟担当であるかは立法上明らかにされていないが、最高裁判所の立場は**法定訴訟担当**説である（最判昭和33・7・25民集12巻12号1823頁）。

そこで、意思能力があれば、原告または被告となることができ、その場合、裁判所は弁護士を訴訟代理人として選任することができる（人訴13条）。意思能力がない場合は、後見開始の審判申立てをして、配偶者以外の者を後見人または後見監督人に選任してもらい、後見人または後見監督人を原告または被告として離婚訴訟を提起することになる（人訴14条）。特別代理人の選任はできない（前掲最判昭和33・7・25）。意思能力がない場合は、調停能力もないものと解されている。しかし、能力が不明の場合は調停を申し立て、医師である技官に能力を判断してもらうことも1つの方法である。

4　審　理

自白法則の適用がなく（人訴19条1項）、**職権探知主義**による（人訴20条）ことは、他の人事訴訟と同様である。請求の放棄・認諾・訴訟上の和解ができることは明記された（人訴37条。ただし、認諾については附帯処分および親権者指定についての裁判を必要としない場合に限る）。

5　公開停止可能

以下の要件を満たす場合に公開停止する制度が新設された（人訴22条）。
① 人事訴訟であること
② 当事者、法定代理人、証人の尋問のみ
③ 当該人事訴訟の目的である身分関係の形成または存否の確認の基礎となる事項であって自己の私生活上の重大な秘密に係るものについての尋問であること
④ 裁判官の全員一致による決定

⑤　公開の法廷で当該事項について陳述することにより社会生活を営むのに著しい支障を生ずることが明らかであることから、当該事項につき十分な陳述をすることができないこと、かつ、当該陳述を欠くことにより他の証拠のみによっては当該身分関係の形成または存否の確認のための適正な裁判をすることができないと認めるとき

当事者等の意見を聞く必要があり、公衆を退廷させる前に、その旨を理由とともに言い渡し、尋問終了後公衆を入廷させる。

特に不服申立ての手続は認められていないので、結局判決に対する上訴で争うものと解されている（梶村＝徳田編・家事2版173頁）。

公開停止の根拠は、公開することにより誤った身分関係の形成または存否の確認につながるおそれがある場合には憲法82条2項の「公の秩序……を害する虞がある」場合に該当するということである（梶村＝徳田編・家事2版177頁）。したがって、その要件は上記のごとく厳しいもので、解釈上簡単に緩められるものではない。

6　訴訟物

前述のように、民法770条1項1号から5号までの解釈について、各号ごとに別個の離婚請求権が生じるとの説に立つ場合には、各号ごとに別個の訴訟物となる。不貞、悪意の遺棄、その他婚姻を継続しがたい重大な事由を主張するときは、訴訟物が3個あることになる。一個説では、離婚訴訟の訴訟物は常に破綻1個ということになる。

7　主張立証責任

離婚原因事実の主張立証責任は、離婚を求めるものにある。

8　附帯処分

離婚の訴えに、子の監護に関する処分、財産分与に関する処分または標準報酬等の按分割合に関する処分（これらを附帯処分という）を申し立てること

ができ、その場合、裁判所は離婚の訴えを認容する判決において同時に附帯処分についての裁判をしなければならない（人訴32条）。同時解決の要請に応えるものである。附帯処分の申立ては、口頭弁論終結時まで可能である。職権による親権者の指定と附帯処分事項はもともと審判事項であるから、事実調査をすることができることとされた（人訴33条）。審問、調査嘱託、家庭裁判所調査官による調査（人訴34条）が主なものである。事実調査の手続は公開しないが裁判所は相当と認める者の傍聴を許すことができる（人訴33条5項）。審問期日には当事者の原則的立会いが認められた（人訴33条4項）。その他、書記官による事実調査の結果要旨の記録化（人訴規23条）、事実調査結果の当事者への告知（人訴規24条）が定められた。しかし、人事訴訟は訴訟手続であるから、基本的には訴訟手続が存在し、実質的に家事審判事項に該当する審理対象については、それに最もふさわしい資料収集手続として事実の調査方法を認めたにとどまると解する立場が主流のようである（野田＝安倍監・概説199頁）。この立場では原則として証拠調べが行われることになろう。

　事実調査の中で最も期待されているのが、調査官による調査である。特に子の監護に関する処分については、家庭裁判所調査官の活躍が期待される。その他の附帯処分についても条文上可能であるが、裁判所は消極的なようである（石田・新254頁）。

　訴訟記録中事実調査に係る部分については、当事者に対しては原則的に公開される（人訴35条）。①当事者間に成年に達しない子がある場合におけるその子の利益を害するおそれ、②当事者または第三者の私生活または業務の平穏を害するおそれ、③当事者または第三者の私生活についての重大な秘密が明らかにされることにより、その者が社会生活を営むのに著しい支障を生じ、またはその者の名誉を著しく害するおそれがあると認められる部分については、閲覧謄写の許可の申立てを却下することができる。却下決定に対しては即時抗告することができる。家庭裁判所調査官作成にかかる調査報告書も事実調査部分は同様に公開される。

離婚の訴えが裁判によらずに終了した場合にも、附帯処分はそのまま当該裁判所に継続し、審理および裁判をすべきものとされている（人訴36条）。手続は判決手続と解されている（野田＝安倍監・概説改訂249頁）。判決がされ、親権者指定または附帯処分に関する部分に不満がある場合は控訴する。その場合、離婚部分の確定も遮断され、移審する。附帯処分については、不利益変更禁止の原則の適用はない。

財産分与については、立証責任が問題となりうるところである。夫婦が協力して取得した資産かどうかという争いになることがある。個人資産である（夫婦が協力して得た財産ではない）と主張する方が、個人資産であることの立証責任を負うと解するべきではなかろうか。

9　保全処分

人事訴訟を本案とする保全処分は、本案を管轄する家庭裁判所または仮に差し押さえるべき物もしくは係争物の所在地を管轄する家庭裁判所が管轄する（人訴30条2項）。関連損害賠償に関する請求を本案とする保全処分の申立ては仮に差し押さえるべき物または係争物の所在地を管轄する家庭裁判所にもすることができる（人訴30条3項）。慰謝料・財産分与請求に基づく仮差押え、および財産分与請求権に基づく処分禁止仮処分がほとんどである。そのほか、ありうる保全処分としては、子の監護に関する処分の一態様である子の引渡しに基づく子の引渡し仮処分がある。養育費の仮払いは、婚姻中であって離婚訴訟中でも婚姻費用分担請求は認められているから婚姻費用分担請求を行うべきであろう。面接交渉も子の監護に関する処分として独立の審判申立てとして行うことになろう。

VI　実務上の留意点

1　家庭裁判所で離婚判決および財産分与について判決を得たところ、財産分与のみに不満であるので控訴すると、離婚部分の確定も遮断されて移審

する。また、財産分与には不利益変更禁止の原則は働かない（最判平成2・7・20民集44巻5号975頁）。したがって、財産分与の額が多すぎると不満を持って控訴したら、もっと多くの分与が命ぜられるという事態がありうるのである。

2　DVを原因とする離婚訴訟では、被害者が新たな被害に遭わないように、住所の秘匿その他、慎重な訴訟運営が必要となる。住所は、通常、本人特定と送達のために必要とされるが、必ずしも必須ではないので、住所に変わるべきものがあれば足りるであろう。

Ⅶ　事例について

　本事例は、いわゆる熟年離婚といわれる類型であって、離婚原因は、5号である。別居もなく、離婚が認められるかどうかは微妙なところであろう。また、住居からの明渡請求は、固有資産の引渡しであるから、離婚訴訟と併合できないので、別途訴えを提起する必要がある。

〔演習問題〕
　太郎と花子は昭和40年婚姻、長女松子、次女竹子をもうけ、今は独立して2人で生活するようになった。ところが、平成5年ころから花子に痴呆の症状が現れ始め、診断の結果若年性パーキンソン病ということがわかった。平成10年には夫のことも娘のこともわからなくなった。それでも、太郎は6年間介護を続けたが、限界を感じ、離婚を望むようになった。60歳であり、定年後のすべてを妻の介護に費やす人生は送りたくない。今まで我慢してきたことなど、やってみたいという気がある。離婚できるならば、経済的援助はできるかぎり行うつもりである。
　手続的、実体的問題点を指摘せよ。

第6章　離婚の効果

I　事　例

● 事例 ●

　太郎と花子は昭和60年2月婚姻、長女松子、長男一郎をもうけた。平成15年太郎は家を出て梅子と同棲している。太郎と花子は離婚および親権者について合意しているが、財産給付で対立している。資産は現在花子と子が居住しているマンション1戸であるが、時価2500万円であるのに対し、バブル崩壊前に購入したため、5000万円のローンを組み残額は4000万円である。太郎の収入は年額500万円であるが、ローン支払いに費やされ、預金はまったくない。長女は大学生、長男は高校生であり、まだまだ、養育費が必要である。どのように解決するのが適当か。

II　設　問

1　財産分与の3要素について述べよ。
2　清算的財産分与の基準について述べよ。
3　ローン過多の場合の財産分与方法について述べよ。
4　養育費の額について述べよ。

III　子の監護に関する定めをしなければならない

　離婚する夫婦の間に未成熟の子がある場合には、その子の処遇を定めるこ

とが、最も重要である。法律も、離婚する父母は子の監護について必要な事項を定めなければならない、と規定している（民776条1項）。監護について必要な事項とは、①監護権者、②子の引渡し、③面会交流（平成23年法律第61号による改正後の条文に沿った文言であって、その改正前は、明文規定がなく、一般に、「面接交渉」といわれていた。以下においては、その改正前の裁判書などを引用する場合には「面接交渉」といい、それ以外の場合には、「面会交流」という）および、④養育費が主なものである。

このうち、**面会交流権**は、解釈上争いがあったが、現在では認められるに至っている。これが子の監護に関する問題であるということは、

> 「父母の婚姻中は、父母が共同して親権を行い、親権者は、子の監護及び教育をする権利を有し、義務を負うものであり（民法818条3項、820条）、婚姻関係が破綻して父母が別居状態にある場合であっても、子と同居していない親が子と面接交渉することは、子の監護の一内容であるということができる。そして、別居状態にある父母の間で右面接交渉につき協議が調わないとき、又は協議をすることができないときは、家庭裁判所は、民法766条を類推適用し、家事審判法9条1項乙類4号により、右面接交渉について相当な処分を命ずることができると解するのが相当である。そうすると、原審の判断は、右と同旨をいうものとして是認することができる」

と判示する最高裁判例によって認められている（最判平成12・5・1民集54巻5号1607頁）。

改正要綱は、明文化して面会交流を認めているが、同時に子の福祉を優先させる旨の規定を置き、この点も考慮している。これらの子の監護に関する事項のうち、監護権者、子の引渡し、面会交流は、離婚する夫婦のみならず、婚姻中の夫婦でも問題となりうることである。婚姻中の夫婦についての明文規定はないが、検討すべきことは離婚時と同じなので、民法766条が婚姻中の夫婦間にも準用されると解されている（後述200頁以下参照）。

Ⅳ　親権者を定めなければならない

　子に関しては、父母は親権者を定めなければならない（民819条1項）。親権について定めなければ、離婚届は受理されない（民765条）。親権には監護権が含まれるので、通常は親権者の定めによって親権者が監護権を有することになる。そして、親権者が同時に監護権者であることが望ましいが、一致することは必ずしも必要ではない。また、未成年者でない未成熟子もいるであろうから、親権者とは別個に監護権者を定めよとする意味が存在する。

Ⅴ　もとの氏に復する

　婚姻の項で述べたとおり、婚姻すると夫婦は夫または妻の氏を称する。甲野花子さんが乙山太郎さんと夫の氏を称する婚姻をすると、甲野花子さんは乙山花子さんとなる。花子さんの氏は甲野から乙山に変動する。乙山花子さんが離婚すると、花子さんの氏は甲野に戻る（民767条1項）。これを**復氏**という。ところが、乙山花子さんが甲野花子さんに変わることは、2つの不都合がある。まず、乙山で職業に就くなどの社会生活をしていたところが、甲野に変わると同一性の認識等において不都合が生じる。次に、花子さんが子を引き取ったとき、子の氏を変えないかぎり子の氏と母の氏が異なることになり、不都合が生じる。この不都合は是正すべきであるという世論が強まり、昭和51年に離婚によっても氏を変えなくてもよいという立法がされた（民767条2項）。離婚後3カ月以内に市町村役場に届け出ることによって、離婚の際に称していた氏を称することができる。**婚氏続称制度**という。

　その理屈はこうである。人は出生によって氏を取得する。これを**民法上の氏**という。その後、子の氏の変更や養子縁組によって民法上の氏の変動する人もいるが、とにかく婚姻前には、花子さんは民法上の氏が「甲野」であったわけである。同様に、太郎さんも民法上の氏は「乙山」であった。ここで

夫の氏を称する婚姻をしたから、花子さんの民法上の氏は「甲野」から「乙山」に変動する。そして離婚すると、「乙山」から婚姻前の氏「甲野」に変動する。この離婚による氏の変動は必ず生じる。しかし、離婚の際に称していた氏を称する届出により、民法上の氏「甲野」の呼称が「乙山」に変更されることになる。この場合の「乙山」を、**呼称上の氏**という。

さて、このように、氏に「民法上の氏」と「呼称上の氏」という概念を認めざるを得ないのは、氏が戸籍と結びついているからなのである（なお、戸籍については後記XIで詳述する）。なぜ結びついているかといえば、氏の変動が身分の変動と結びついていたためであり、戸籍が身分を公示・公証するものであるからである。その戸籍は、同一氏同一籍（戸籍6条）であるため、同一呼称の者の戸籍を別にあるいは同一にするために「民法上の氏」という概念を持ち出して、「民法上の氏」を同一にする者を同一戸籍にするのだ、といわざるをえない。現状では、この概念は必要で合理的な作用をしている。戸籍制度は実務的にも非常に有用で核家族の意識にも合致していると思うので、現在の夫婦と未成熟子単位の戸籍は原則として維持すべきであると考える。しかし、氏はすでに必ずしも身分変動と一致せず、しかも、身分変動と氏が結びつくこと自身が合理的かどうかが問題とされている。氏を同一とする者が同一戸籍に記載される、氏の変動が戸籍の変動と結びつくという制度が合理的なものかどうか再考を要するであろう。

VI　財産分与の請求ができる

離婚をした者の一方は、相手方に対して財産の分与を請求することができる（民768条）。あらかじめ財産分与の話し合いをして離婚と同時に協議を成立させることもできるし、離婚の後に財産分与だけ請求することもできる。離婚請求と同時にでも離婚後でも、財産分与の申立てをすることができる。

離婚請求と同時にした財産分与の申立てについては、**処分権主義**の例外であり、**不利益変更禁止**の原則の適用もないことを最高裁は表明しており、

「裁判所は申立人の主張に拘束されることなく自らその正当と認めるところに従って分与の有無、その額及び方法を定めるべきものであって、裁判所が申立人の主張を超えて有利に分与の額等を認定しても民訴法186条〔＝現行の民訴246条〕の規定に違反するものではない。したがって、第一審判決が一定の分与の額等を定めたのに対し、申立人の相手方のみが控訴の申立をした場合においても、控訴裁判所が第一審の定めた分与の額等が正当でないと認めたときは、第一審判決を変更して、控訴裁判所の正当とする額等を定めるべきものであり、この場合には、いわゆる不利益変更禁止の原則の適用はないものと解するのが相当である」

と判示している（最判平成2・7・20民集44巻5号975頁）。そして、当初から財産分与の申立てをしていなかったとしても、離婚請求について全部認容判決を受けた当事者も、附帯控訴の方式により財産分与の申立てをすることができる（最判昭和58・3・10判時1075号113頁。三谷・民訴講義3版325頁）。

なお、**内縁**の場合の婚姻関係解消について、

「内縁の夫婦について、離別による内縁解消の場合に民法の財産分与の規定を類推適用することは、準婚的法律関係の保護に適するものとしてその合理性を承認し得るとしても、死亡による内縁解消のときに、相続の開始した遺産につき財産分与の法理による遺産清算の道を開くことは、相続による財産承継の構造の中に異質の契機を持ち込むもので、法の予定しないところである。また、死亡した内縁配偶者の扶養義務が遺産の負担となってその相続人に承継されると解する余地もない」

と判示する判例がある（最判平成12・3・10民集54巻3号1040頁）。

1 財産分与の内容は何か

財産分与を「離婚後の経済的不利益を補償するための制度」と一元的に理解する説（水野紀子「離婚給付の系譜的考察」法協100巻12号）と、清算・離婚後扶養・慰謝料の3要素を内容とする（判例・通説）という説とがある。戦後の改正の経緯は「我妻・経過」に詳しく、その経緯からしても、また、3

要素に分析することで財産分与の方法と数額をある程度計数的に算出できるという有用性の見地からも、3要素説を支持したい。

(1) **清算の意味は**

(ｱ) **清算の根拠は何で、その割合は**

　法定財産制の部分で説明したとおり、夫または妻が労働して得た給料はその夫または妻固有の財産であり、これによって得た財産もその夫または妻固有の財産である。その財産が夫と妻双方の収入から支出して得られたものであれば共有になるが、夫婦が協力して得た財産も、一方の収入により支払いがされたときは、その一方の所有となる。これは、財産法の原則に従えばやむをえないところである。しかし、これでは無償労働やいわゆる内助の功というは全く評価されない。そこで、離婚にあたっては、この協力分を清算するのである。このような考え方によれば、清算の割合は協力の多寡、つまり財産形成に対する寄与率によることになる。これが判例の考え方である。

　しかし、この考え方にはいくつかの欠点がある。寄与率認定の基準がはっきりしないこと、どうしても専業主婦、収入の少ない妻に不利益となることである。このような点を是正すべく、いくつかの考え方が提案されている。①婚姻中に役割分担によって得られた経済的利得の不均衡を是正するために平等の割合にて清算する（鈴木・基準245頁）、②婚姻共同生活の所得活動・家族のための経済的活動・家族のための肉体的・精神的活動は法的には平等であり、内部分担のいかんにかかわらず離婚時には平等に分かち合うべきである（本沢・研究237頁）、③婚姻費用共有説により原則平等となる（注民(21)464頁）などである。

　この点については、夫婦といえども財産法秩序の中で生産し、消費しているのであるから、財産関係は財産法秩序に従わざるを得ないので、別産制に賛成し、かつ財産分与については寄与説に立ち、寄与の割合は原則として平等であると考えたい。なお、前に述べたとおり、改正要綱は、積極的破綻主義を採用し、その経済的保障を財産分与の充実に求め、「離婚後の当事者間の財産上の衡平を図るため当事者双方がその協力により財産を取得し、又は

維持するについての各当事者の寄与の程度は、その異なることが明らかでないときは、相等しいものとする」となっており、寄与の割合を平等とし、離婚後の衡平を図ることも明示されている。

　(イ)　清算の基礎に算入しうる財産は何か

　清算の基礎に算入しうる財産は、夫婦の協力によって維持または取得した財産である。

　①夫または妻名義で取得した財産であっても同居中有償で取得した財産、②相続または贈与など無償で取得した財産であってもその維持に寄与した場合は維持に寄与した分、③第三者名義の財産（配偶者が経営する会社その他の法人、配偶者の親族またはその経営する会社その他の法人などの名義）であっても、その財産の維持増加に寄与した財産（水戸地判昭和51・7・19判タ347号276頁）は、清算の基礎となる財産として算入することができる。①は常に算入され、原則2分の1であるが、②、③は事情により認められない場合もあるし、また割合も2分の1とはいえないであろう。

　②や③あるいは夫婦に協力して得た財産がない場合に、妻の労力を夫が不当利得的に得たことを清算の基礎に算入していると思われる裁判例がいくつかある。たとえば、妻の労働を女子平均賃金で算定するなどである（東京高判昭和50・6・26判時790号60頁、名古屋地一宮支判昭和53・5・26判時937号64頁）。①は夫婦財産制における潜在的共有、②、③は不当利得構成になじむものといえよう。

　また、過去に婚姻費用を負担しなかったことをやはり清算の対象とすることができることは、最高裁の判例の認めるところである（最判昭和53・11・14民集32巻8号1529頁）。

　将来取得の可能性が高い財産も、それが夫婦の協力で得られるのであればその限度で清算の基礎に算入することが可能である。近い将来取得が確実な退職金・年金などである（二宮周平「財産分与として将来の退職金の清算と、年金額を考慮して離婚後扶養を認めた事例」判タ973号89頁参照。将来の相続財産について肯定したのは、熊本地八代支判昭和52・7・5判時890号109頁）。離婚後

の収益は、原則として清算の対象とならない。

　(ウ)　清算の基準時はいつか

　協議の場合は離婚時、裁判の場合は口頭弁論終結時が、清算の基準時である。ただし、夫婦の協力が要件であるから、通常は別居時が基準となるであろう。

(2)　離婚後扶養の意味もある

　離婚後扶養は、財産分与の沿革に忠実である。キリスト教では婚姻は原則として終生の結合と考えられているから、離婚した場合はその余後効として扶養を要するというのである。まさに離婚後扶養（アリモニー）として認められてきたものである。日本では、戦後の民法改正時の経過等から財産分与の中心は清算であると考えられ、離婚後扶養は補充的・限定的と考えられてきた。しかし、裁判例を子細に検討すると、離婚後扶養は大きな役割を果たしてきているし（岡部喜代子「財産分与」現代裁判大系(10)110頁）、最近は扶養から補償へという主張もなされている（本沢・研究265頁）。結論を述べれば、離婚後扶養の本質は離婚による経済的格差の是正であって、補償というのがより本質に合致しており、そうであれば、補充性の原則も認められず、清算とともに補償を考慮すべき事情があれば認めるということになり、それが望ましいと考えられる。本沢教授の説に従い、そのような事情を、①婚姻中の役割分担のために離婚後すぐに適切な所得活動ができない場合（足立文美恵「財産分与とアリモニー――アメリカにおけるRehabilitative Alimonyについて」比較法39号335頁）、②離婚した夫婦間に生まれた子を監護養育するために適切な所得活動ができない場合、③婚姻中に発病ないし悪化した疾病または婚姻中の加齢のために所得活動ができない場合（本沢・研究274頁）とし、その他に離婚後の収益力に著しい差があるときを加えるべきであろう。

(3)　慰謝料も含みうる

　慰謝料は、法律的には不法行為に基づく損害賠償請求権であるから、相手方配偶者に不法行為があれば当然認められるものである。相手方配偶者の不貞や暴行のように個別的不法行為に基づく慰謝料請求（個別慰謝料）と同時

に、相手方配偶者の有責行為によって離婚のやむなきに至ったことによる慰謝料も認められている（最判昭和46・7・23民集25巻5号805頁）。これを一般に「**離婚慰謝料**」といっている。後者は慰謝料ではなく、補償の一内容であるとの指摘（本沢・研究226頁）もあるが、少なくとも有責行為によって婚姻関係を破綻に陥れたことは債務不履行であろうし、そのことによって相手方配偶者を離婚せざるを得ない状況にさせたということであれば、不法行為の責任を問うことができるであろう。

　慰謝料を財産分与の内容として考慮できるかどうかは争いがあるが、最高裁は考慮できると判示し（最判昭和46・7・23民集25巻5号805頁）、実務もそのように処理している。一切の事情の中に慰謝料を考慮してはいけないという理由を見いだすことはできないし（最判昭和31・2・21民集10巻2号124頁参照）、紛争の1回解決という意味でも、また慰謝料を加味して現物を分与することができる（最判昭和41・7・15民集20巻6号1197頁）点でも優れているということができる（慰謝料は金銭のみしか認められない）。

　しかし、財産分与が認められたからといって、事後の慰謝料請求が否定されるわけではなく、

「財産分与がなされても、それが損害賠償の要素を含めた趣旨とは解せられないか、そうでないとしても、その額および方法において、請求者の精神的苦痛を慰藉するには足りないと認められるものであるときには、すでに財産分与を得たという一事によって慰藉料請求権がすべて消滅するものではなく、別個に不法行為を理由として離婚による慰藉料を請求することを妨げられないものと解するのが相当である。所論引用の判例（最高裁昭和26年(オ)469号同31年2月21日第三小法廷判決、民集10巻2号124頁）は、財産分与を請求しうる立場にあることは離婚による慰藉料の請求を妨げるものではないとの趣旨を示したにすぎないものと解されるから、前記の見解は右判例に牴触しない」

と判示する判例もある（最判昭和46・7・23民集25巻5号805頁。離婚給付の諸問題については後記Ⅶ2参照）。

2 財産分与の方法は何か

財産分与は、現物または金銭による分与となる。

金銭による支払いは一括が多いが、扶養的要素のみを考慮するときは定期金によることができる（横浜地横須賀支判平成5・12・21判時1501号129頁）。

現物による分与は、不動産の場合が多いようである。妻子の居住する建物・土地を妻に分与するなどである。そのことにより多く分与しすぎるときは、代償金の支払いを命ずることもできると解されている（東京高判平成10・2・26家月50巻7号84頁）。

所有権の移転だけではなく、賃借権の設定や使用借権の設定、抵当権の設定も可能と解されている（借家権の設定とその登記手続を命じたのは、浦和地判昭和59・11・27判タ548号260頁）。居住用資産などでは、場合によって使用借権の設定が考慮されてもよいであろう。

3 財産分与請求権保全のための債権者代位権の行使は許されるか

具体的内容が形成される前の財産分与請求権を保全するために**債権者代位権**を否定した最高裁は、「協議あるいは審判等によって具体的内容が形成されるまでは、その範囲及び内容が不確定・不明確である」ことを理由としている（最判昭和55・7・11民集34巻4号628頁。同旨は仙台高判昭和35・7・4高民集13巻9号799頁、岐阜地判昭和57・11・29判時1075号144頁）。

なお、離婚における財産分与として具体的に金銭の支払いを命ずる裁判が確定すれば、その後に分与者が破産した場合には、当該財産分与金の支払いを目的とする債権は破産債権である（最判平成2・9・27判時1363号89頁。三谷・民倒講義70頁、336頁）。

4 財産分与は詐害行為取消権の対象となるか

判例によれば、離婚に伴う財産分与は、「民法768条3項の規定の趣旨に反

して不相当に過大であり、財産分与に仮託してされた財産処分であると認めるに足りるような特段の事情のない限り、詐害行為として、債権者による取消の対象となりえない」と解しており（最判昭和58・12・19民集37巻10号1532頁）、その特段の事情があるときは、不相当に過大な部分の限度において詐害行為として取り消すことができる（最判平成12・3・9民集54巻3号1013頁）。

5 財産分与と税金との関係はどうなっているか

現物で財産分与すると、分与した方に譲渡所得税が課税されるのが税務当局の確定先例である（所得税基本通達33―1の4）。最高裁もこれを認めている（最判昭和50・5・27民集29巻5号641頁）。しかし、夫婦別産制のもとで夫1人の収入として所得税を支払いそれによって得た財産を財産分与として妻の寄与に相当する分を譲渡しても、実質的には夫が利益を得るということはないはずである。財産法秩序に従っていたところが、さて家族法秩序に従って清算しようとすると、そこにまた財産法秩序に従った税金が課されるとは矛盾がある。これは、現物分与を妨げる原因になっている。なお、離婚に伴う財産分与として土地・建物を譲渡する場合に、分与者が自己に課税されることはないという動機を黙示的に表示していたと認定し、原判決を破棄して事件を差し戻した救済判例が報告されている（最判平成元・9・14判時1336号93頁）。

VII 祭祀財産の承継者を定める必要性

婚姻によって氏を改めた者がお墓や位牌など祭祀財産を承継した後に離婚したときは、協議または家庭裁判所の裁判で祭祀財産の承継者を定めなければならない（民769条）。氏と実質的な権利変動が結びついたもので、問題があると指摘されている（我妻78頁）。

Ⅷ　姻族関係の当然終了

離婚によって、配偶者の血族との姻族関係は当然終了する（民728条1項）。

Ⅸ　死亡による解消

本来離婚とは別個の婚姻解消事由であるが、便宜上この項にて述べることとする。

配偶者が死亡すると、当該配偶者との配偶関係がなくなるのであるから、婚姻は解消する。婚姻は解消されるが、配偶者の血族との姻族関係は終了しない。また、当然には復氏しない。**姻族**関係は、姻族関係終了の意思表示をすることによって終了する（民728条2項）。姻族関係終了の意思表示をしようとするときは届け出なければならない（戸籍96条）。生存配偶者は、婚姻前の氏に復することができる（民751条1項）。復氏と姻族関係終了の意思表示は連動していないので、姻族関係は継続しつつ復氏することも可能であるし、婚姻中の氏を継続しつつ姻族関係を終了させることも可能である。

さらに、いずれの場合も、生存配偶者が祭祀に関する権利を承継した後に、姻族関係終了の意思表示をした場合または復氏した場合には、その権利を承継すべき者を新たに定めなければならない（民751条2項。東京高判昭和62・10・8判時1254号70頁参照）。

財産関係は相続により清算される。

Ⅹ　実務上の留意点

1　氏と戸籍

現在の戸籍法では、戸籍と氏が結びついている。まず、嫡出子は生まれる

と、父母の氏を称し（民790条1項）、同時に父母の戸籍に入る（戸籍18条1項）。甲野花子が乙山太郎と婚姻時に、夫の氏を称すると甲野氏は乙山氏に変動する。そのとき、乙山太郎は、父母の戸籍（父母が夫の氏を称する婚姻しているときは父を筆頭者とする戸籍）を出て乙山太郎を筆頭者とする新戸籍が編製され、甲野花子は父母の戸籍を出て、乙山太郎を筆頭者とする戸籍に婚姻により入籍する（戸籍16条）。太郎と花子に子が生まれると嫡出子として乙山氏を称し、太郎を筆頭者とする戸籍に入籍する（戸籍18条）。

太郎と花子が離婚すると民法767条1項によって、花子は、乙山氏から甲野氏に復する。氏と戸籍は連動しているので、復氏するということは、復籍することと考えられているから、原則として、婚姻前の戸籍に復する（戸籍19条）。しかし、婚姻前の戸籍が閉鎖されているときには、花子につき新戸籍を編製して花子の単独戸籍となる。また、本籍を婚姻前の戸籍と異なる場所にすれば、やはり、新戸籍を編製して単独戸籍となる。このような事情がなくとも、新戸籍編製の申出をしたときは、新戸籍が編製される。離婚と同時に婚氏続称の届出をすると、離婚と同時に婚氏である乙山花子を筆頭者とする新戸籍が編製される（戸籍19条3項）。

婚姻前の戸籍に復した後に**婚氏続称**の申出をすると、乙山花子を筆頭者とする戸籍が編製される。甲野花子の新戸籍が編製されて花子の単独戸籍になっているときに、婚氏続称の届出があると、当該戸籍の氏が、甲野から乙山に変更される。

さて、花子が子を引き取る場合、子の氏を花子と同一とするためには、子の氏の変更の手続を要する（民791条1項）。そして、子の氏の変更をすることによって、子は太郎の戸籍を出て、花子の戸籍に入籍する（戸籍18条2項）。花子が婚姻前の戸籍に復していて、子の氏が母の氏に変更された場合には、花子を筆頭者とする新戸籍が編製されて、そこに子が入籍する（戸籍17条）。花子が婚氏続称の届出をしたことによって単独戸籍である場合、子の氏の変更をすることによって、花子の戸籍に子が入籍することができる（戸籍18条2項）。子が15歳未満である場合、以上の手続を行うのは法定代理人である

134

（民791条3項）。本来は、花子が子を引き取る場合には、花子が親権者となり、花子が子の法定代理人親権者母として子の氏の変更を申し立て、花子の氏への変更許可を得て、花子の戸籍に入籍するのがあるべき方法である。ただ、各種事情により、母が子を引き取るが、親権者は父となり、かつ、子の氏は母の氏とする場合もないとはいえない。その場合は、父が子の法定代理人親権者父として母の氏への子の氏の変更を申し立てることになる。

　花子が婚姻前の氏へ復し、子が離婚時における両親の氏（この場合の乙山）を称し続けるときは、子の氏の変更を行わないことになるので、子の戸籍は引き続き父の戸籍にあることになり、花子と同一の戸籍になることはできない。

　乙山花子が離婚しつつ婚氏続称の届出をしたが、後に甲野氏に戻りたいときは、戸籍法107条の氏の変更の手続を経る必要がある。しかし、原則に戻るのであるから、「やむを得ない事情」は、通常よりある程度緩和されて解釈されている。逆に乙山花子が離婚により復氏して甲野にもどって3カ月経過後に、やはり婚姻中の氏である乙山を使用したいというときは、「やむを得ない事情」は通常どおりかなり厳しい事情を必要とすると解される。乙山花子が離婚して婚氏続称の届出をし、乙山花子で生活していたところ、丙川二郎と夫の氏を称する婚姻をし、丙川二郎と離婚して婚姻前の氏に復氏するという場合の氏は乙山である。しかし、花子は実方の氏である甲野に戻るつもりであろうから、その場合は同様に戸籍法107条の氏の変更手続を必要とする。原則に戻るので、要件が緩和されることは、前記乙山から甲野に変更する場合と同様である。氏の変更の届出がなされ、その戸籍に在る者が他にあるときは届け出た者（甲野花子）について新戸籍が編製される（戸籍20条の2）。

2 離婚給付の諸問題

(1) 財産分与の対象
(ア) 第三者所有物件
(A) 法人所有物件

本来は、配偶者が所有する法人の持分相当額が財産分与の対象となる。株式会社であれば、配偶者の有する株式そのものである。これを評価して、寄与割合によって分与額を決定する。

しかし、そのような方法が必ずしも実体を反映しないこともあり、判例・学説は、法人と個人に同一性が認められる場合には、法人が取得した財産を財産分与の対象財産として算入できるものとしている。しかし、判例を見てみると、その同一性判断基準は、法人格否認の法理におけるほど厳密なものではなく、法人の財産取得にあたって、配偶者に寄与が認められる場合には、それだけ、法人と個人が密接であるから、財産分与の対象として算入することが許される、ということに尽きるようである。ただし、法人所有物件そのものの現物分与を認めた事例はなく、すべて、算入したうえで、金銭を分与している（長野地判昭和38・7・5下民集14巻7号1329頁、福岡高判昭和44・12・24判時595号69頁）。理論的にはその物自体ではなく、その相当価額が分与の対象となっているというべきなのであろう。たとえば、妻子が社宅として法人所有物件に居住しているとき、必要性が高くても法人を利害関係人として参加させて法人から妻に分与することはできまい。なぜなら、財産分与は配偶者間の財産の清算だからである。

清算の方法は、脱退時における組合財産の清算的な考え方、無償労働による夫の不当利得的な考え方と両方がありうるが、事案によって異なるであろう（札幌高決昭和44・1・10家月21巻7号80頁）。

(B) 配偶者の親の所有物件

基本的には、財産分与の対象にならない。しかし、たとえば、夫の父名義の田畑を耕作してきたとか、夫の父名義の土地・建物で夫の父名義の営業で

ある八百屋等に従事してきたなどの事情があるときは、妻の労働によって夫の父の財産が維持され、それが、夫の財産になる可能性があること、妻の労働に対する対価を支払わないことによる利得が父または夫に留保され、これが夫のものとなる可能性があることから、当該財産の維持相当分を財産分与の対象とすることができるであろう（熊本地八代支判昭和52・7・5判時890号109頁）。また、この場合、農業あるいは八百屋という事業について、夫の父は財産を提供し、夫と妻は労働力を提供したので、脱退にあたり清算されるという組合的な考え方も可能であろう。

　(イ)　協力して得た財産ではない場合

　たとえば、夫婦が夫名義で5000万円の土地・建物を購入した、うち、1000万円は、夫がその父から相続した株式を売却して得た財産である、300万円は妻がその母から出してもらったものである、200万円は妻が婚姻前から有する預金を取り崩したものである、というとき、夫婦が協力して得た財産は土地・建物のうち、5000分の3500に相当する部分であることになる。5000分の1000は夫の固有の部分で、5000分の500は妻の固有部分で財産分与の対象にならない。つまり、原則としては財産分与の対象ではない。

　たとえば、夫婦が、夫の父から相続した土地・建物で、夫の父当時から営業している旅館経営に携わってきたという場合、不動産は、夫婦が協力して得た財産ではないが、夫婦が協力して維持した財産として財産分与の対象となりうる（東京高判昭和55・12・16判タ437号151頁、東京高判平成5・9・28家月46巻12号58頁。否定例は東京高判平成7・3・13家月48巻8号72頁）。この点は改正要綱では明示されている。夫婦が、夫の父から相続した財産に居住し、夫はサラリーマンである場合も考え方は同様である。

　いずれも、現物分与もありうるが、寄与割合は、原則2分の1というわけにもいかないのであって事案によって様々となる。

　いずれに該当するか不明の場合に「特有財産の換価代金と婚姻中に蓄えられた預金等を合わせて取得した財産も夫婦の共有財産にあた」り、「ただ、財産分与の判断をするにあたってその財産形成に特有財産が寄与したことを斟

酌すれば足りる」とする判例がある（東京高判平成7・4・27家月48巻4号27頁）。
　㋾　債　務
　債務もまた、消極財産として財産分与の対象となる。夫婦が協力して得た積極財産が分与の対象となると同様、債務も夫婦が協力して負担した債務が分与の対象となる。婚姻生活維持のための債務（教育費、医療費等）、財産取得のための債務（住宅ローン、株式購入資金等）が主要なものである（東京家審昭和61・6・13家月38巻10号33頁、東京地判平成11・9・3判時1700号78頁等）。事業の運転資金は、当該事業が個人企業であって積極財産も財産分与の対象となる場合（法人であっても積極財産を対象に含めるべき場合も同じ）には、これも含まれる。これに対し、遊興費、賭け事による借財、相続債務などは、共同して負担した債務とはいえない。投資の失敗、先物取引による損失もこれらが夫婦が財産形成を目的として行ったものであれば対象になるが、配偶者に隠れて自己の財産形成のみのために行ったものであれば、対象とならないということになろう。

　債務が存在する場合は、最も原則的な方法としては、（積極財産－消極財産）÷2を金銭で分与する（名古屋家審平成10・6・26判タ1009号241頁等）。住宅ローンの場合も夫名義の不動産、夫名義の債務をいずれも夫に取得させて、妻に現金を分与する場合は、上記のとおりである。これを妻に取得させる場合には問題が生じる。

　たとえば、5000万円の不動産を、夫婦が協力して得た預金1000万円を頭金として4000万円のローンを組み、離婚時の残債が2000万円、不動産の時価3000万円のとき、夫婦が取得すべき財産を上記計算式によって算定すると、(3000万円－2000万円)÷2＝500万円となる。夫が不動産を取得するときには妻に500万円を分与することになる。妻が不動産を取得するとき、残債2000万円を妻が負担するのであれば、夫に500万円を支払えば足りる。しかし、このとき、債権者に対する債務者はあくまで夫であるので、妻が支払いを怠ったときに債権者に対して責任を負うのはあくまでも夫である。そうすると夫は、将来2000万円弱の債務を負担する危険を有し（夫は妻に求償でき

るが実効性がないであろう）、このままの定めをすることは問題なしとしない。そこで、2000万円を夫の債務としたまま、妻から夫に2500万円を支払わせることも考えられるが、夫がローンの支払いを怠った場合には妻が不動産を失うという危険がある。基本的には、不動産の取得者がローンを負担すべきである。そうすると、夫の求償権を確保する手段を講じるか（保証人、物上保証等。調停しか難しかろう）、妻の支払いに不安のない場合しかこのような方法をとることは困難ということになろう。

　たとえば、5000万円の不動産を、夫婦が協力して得た預金1000万円を頭金として4000万円のローンを組み、離婚時の残債が4000万円、不動産の時価3000万円のとき、夫婦が取得すべき財産を上記計算式によって算定すると、(3000万円－4000万円)÷2＝－500万円となる。夫が不動産を取得するときに妻に500万円を支払わせているかというと、そうはしていない。この結果は、債務を財産分与の対象とするという理屈と合わないのではないか、しかり。妻に500万円を支払わせるとの結果の不当性は、妻に支払能力がないところからきているのであって、理論的には、この500万円分は、夫から妻に扶養的要素として分与していると解するべきものではなかろうか。妻に支払能力がある場合や、妻が不動産を取得して残債4000万円を負担する場合に、夫に500万円を支払わせることはありうるわけである。妻が引き続き居住を希望し、それが、子の監護にとって必要なときは、所有権および債務の負担は夫としておきながら、不動産に利用権を設定することが考えられる。若干の疑問はあるものの、清算の一態様として認めることができる（大津・研究194頁）。この場合において、妻に無償で居住することを認めたならば、使用借権の付与ということになる。対価を要する賃借権の設定も、可能であろう（浦和地判昭和59・11・27判タ548号260頁、東京高判昭和63・12・22判時1301号97頁）。清算にあたっては、利用権の付与をも考慮に入れることは当然である。

　上記の例で、離婚時までに利息相当額合計1000万円を支払っているとき、500万円は分与してもらいたいとの要望がされることがある。この500万円は不動産を取得するための負担であるから、不動産があれば、不動産の清算と

ともに行う必要があり、支払った分のみ分離することはできない（東京高決平成10・3・13家月50巻11号81頁）。であるから、相続債務の支払いに協力したような場合は、500万円の分与もありうるところである。

　(エ)　協力して取得しもしくは維持または負担した財産がない場合

普通に生活して財産が形成できなかった場合（上記(ア)から(ウ)までに該当する場合を除く）は、財産分与の対象財産がないのであるから、清算的財産分与は認められない。ただ、通常の生活をしていれば財産が形成できたはずであるのに一方の浪費によって財産が形成できなかった場合は、形成できたはずの財産額を対象とする判例がある。ただ、これは、扶養的財産分与として、または慰謝料として考慮できる場合もあろう。

　(オ)　将来取得すべき財産

　(A)　退職金

既払いの退職金が清算の対象となることは問題がない（福岡家小倉支審昭和46・8・25家月25巻1号48頁、横浜家審平成13・12・26家月54巻7号64頁。否定例は東京家八王子支審平成11・5・18家月51巻11号109頁）。かつては、将来の取得が確実でないことや、現に存在しない財産であることなどから消極的な意見もあったが（東京高判昭和61・1・29家月38巻9号83頁）、今日では判例も認めるところである。問題は、その取得が確定的でなく、昨今の情勢では得られなくなることもあり、また、金額も変化することがありうることである。いくつかのやり方がある。

何年後かに現実に退職金が出たときに支払いを命じるもの（東京地判平成11・9・3判時1700号78頁）、離婚時に退職したものとして算出した退職金を対象として、退職金が出たときの支払いを命じるもの（水戸家龍ヶ崎支審平成9・10・7家月50巻11号86頁、東京高決平成10・3・13家月50巻11号81頁、名古屋高判平成12・12・20判タ1095号233頁）、将来出るべき退職金を対象とし、退職金支払い時点の支払いを命じるもの（横浜地判平成9・1・22判時1618号109頁、東京高判平成10・3・18判時1690号66頁）などである。金額は、退職金総額×（婚姻期間／退職金基準期間）÷2が原則であり（4割とするもの、各種事情考

慮して2分の1とは限らないものなどがある）、おおむね確定額となっている。現時点で支払いを命じるときは中間利息を控除する。将来の支給に不安がある場合に現実の支払いを命じることに躊躇があることは当然である。しかし、過去の婚姻費用の清算のように、必ずしも現存しない財産を清算の対象とする場合があるのであって、現存しないことのみが支払いを命じられない理由とはならない。離婚時点において退職金制度があり、その時点で将来取得できる蓋然性があるとき、退職金中の賃金の後払い部分については、会社に積み立てているものと考えて支払いを命じてもよいとの考え方もありうるであろう。

退職金を年金の形式で受領することとしても、実態が変わるわけではないから、財産分与の対象とすることができるといわねばならない。ただ、支払方法として、一括または定期金ということになる。

(B) 年　金

現行制度は、いわゆる2階建てとなっていて、1階部分は国民皆年金、2階部分が被用者年金である。この被用者年金部分は、被扶養者部分を含んだ世帯単位となっているので、通常妻は離婚しなければ夫の年金で生活することになる。しかるに離婚すると、妻は国民年金のみとなり、夫は被用者年金を受け続けることができるので、そこに大きな差が生じる。被用者年金部分は、夫の給料から支払ってきた保険料等が世代間で扶助し合うことによって得られているもので、その点において拠出との関連があり、かつ、妻の生活費の分も被用者年金分に含まれるので、年金を清算の対象とすることは理論的には説明のつく事柄である。しかし、一方、年金は、支給原資の一部が拠出保険料であるというだけで、保険料の対価として支払われるものではなく、また、その目的は老後の生活保障である。しかも、死亡や再婚など事情の変更によって支給の要否・額が変化する。そうすると、それをそのまま清算の対象とすることも問題なしとしない。これを清算の対象とした判例は1つであって（仙台地判平成13・3・22判時1829号119頁）、他は、扶養的財産分与の一事情として考慮している（東京高判昭和58・9・8判時1095号106頁、横浜地判平成9・1・22判時1618号109頁）。この場合は定期金の支払いとすることもある

(横浜地相模原支判平成11・7・30判時1708号142頁)。

ところで、新たに年金分割制度が制定され、平成19年4月1日からは、被保険者について、また、平成20年4月1日からは3号被保険者（専業主婦）について年金分割制度が実施された。この年金分割制度が施行された後は、年金分割を求めることができる部分については財産分与として年金分の分与を求めることは認められないと解する。

 (カ) 寄与の割合

清算的財産分与は、その根拠が別産制の矛盾の解消、つまり、配偶者の財産形成に対する寄与を清算するものであるから、寄与割合が清算の割合となる。改正要綱は2分の1条項を掲げて原則2分の1であることを明示している。現行法下でも、その協力は原則として2分の1と解すべきことは、大方の認めるところであり、判例も多い。ただ、医者や公認会計士など特別な資格能力によって財産形成が可能であった場合には、その寄与は資格者に多く認められている（福岡高判昭和44・12・24判時595号69頁）。

 (2) 慰謝料

慰謝料には、いわゆる**個別慰謝料**と**離婚慰謝料**がある。いずれも**不法行為に基づく損害賠償請求権**の性質を有するものであるから、民事訴訟により請求でき、人事訴訟と併合請求できることは言うまでもない。また、最高裁判決によって、離婚慰謝料を財産分与の一要素としてこれに含めて請求できることも認められている（最判昭和46・7・23民集25巻5号805頁）。個別慰謝料を財産分与の一要素として含めることができるかは見解によって異なるところであろう。実際には、離婚と同時に求める慰謝料はほとんどが離婚慰謝料であるから問題はない。また、離婚慰謝料の事実中には個別慰謝料の要件となる加害行為も含まれているはずであるから、両方を求めることはできないと解される（大阪高判平成12・3・8判時1744号91頁は、個別慰謝料と離婚慰謝料を認めるが、その場合離婚慰謝料から当該個別慰謝料にかかる事実を除外している）。

離婚と財産分与と慰謝料は、以下のような求め方があることになる。

① 人事訴訟で離婚＋財産分与＋離婚慰謝料
② 人事訴訟で離婚＋財産分与（慰謝料含む）
③ 人事訴訟で離婚＋離婚慰謝料、家事審判で財産分与（離婚慰謝料を含まない）
④ 人事訴訟で離婚、家事審判で財産分与（離婚慰謝料を含む）
⑤ 協議離婚、民事訴訟で離婚慰謝料、家事審判で財産分与（離婚慰謝料を含まない）
⑥ 協議離婚、家事審判で財産分与（離婚慰謝料を含む）

離婚給付の額がやり方によって変わることはないはずである（もっとも人によって変わることはありうる）が、財産分与の額決定に裁量の要素が多いことが問題を残しうる。しかし、財産分与の一要素として慰謝料を請求するときは、財産分与の手数料のみでよいこと、現物分与あるいは代償金の支払額に影響が出うるという点において有利といえる。

3 年金法の改正

ところで、前述のように、年金分割制度が導入され、平成19年4月1日からは、配偶者の少なくとも一方が2号被保険者でありまたはあったとき、合意または裁判による按分に基づいた年金分割が施行されることになった。この年金分割は平成19年4月1日以降の離婚が対象となる。この按分割合は、$\frac{\text{分割前の第2号改定者の対象期間標準報酬総額}}{\text{分割前の双方の対象期間標準報酬総額の合計額}}$を超え、2分の1の範囲内であり（厚生年金保険法78条の3）、合意ができないときは、家事審判法の乙類事件（家事別表第2の15項）となり、あるいは、人事訴訟法の離婚請求に附帯処分として申立てをすることができる。

また、平成20年4月1日からは3号被保険者（専業主婦）について標準報酬月額の2分の1を乗じて得た額とする改定等とする年金分割が実施される。この分割制度は平成20年4月1日以降に3号被保険者であった期間のみ計上される。そのうえで、前述の厚生年金保険法78条の2による年金分割が行わ

れる。この分割は2分の1と決められているので、合意や裁判の必要がない。当事者間に争いがあるとすれば、基準の報酬額と期間であろう。その争いは社会保険庁長官の処分に対する取消訴訟ということになろう。いずれも、保険料は夫婦が共同して負担してきたものであるという基本認識によって、認められたものである（山下正直・高原地明「国民年金法の一部で改正する法律における厚生年金保険の標準報酬の改定の特例（離婚時年金分割制度）の創設及びこれに伴う人事訴訟法の一部改正の概要」家月57巻3号45頁）。

4 保全処分

保全処分は、従前と基本的に変わりがない。人事訴訟を本案とする保全処分の管轄が家庭裁判所となったことが異なる点である（人訴30条）。したがって、人事訴訟としての離婚に附帯して財産分与および慰謝料を求めるとき、その保全処分は民事保全であり、その管轄は家庭裁判所である。土地管轄は、本案の管轄裁判所または仮に差し押さえるべき物もしくは係争物の所在地を管轄する家庭裁判所である。財産分与の審判を本案とする保全処分は審判前の保全処分であって、管轄は家庭裁判所であること、審判の申立てを要件とすること従前と同様であり、したがって土地管轄は、夫または妻であった者の住所地を管轄する家庭裁判所である（家審規56条、45条、家事150条5号）。慰謝料請求を本案とする保全処分は民事保全として地方裁判所であることも従前同様である。

慰謝料請求を本案とする保全処分は、仮差押えである。財産分与を本案とする場合には、現物分与の蓋然性がある場合には処分禁止仮処分が可能である。原則は2分の1となろう。金銭の支払いの場合は仮差押えとなる。処分禁止仮処分をかけて判決で金銭の支払いになることもあり、その場合には目的を達しないこともありうるので、蓋然性を見て申請することが必要である。

5 破　産

財産分与義務を負う者が破産手続開始の決定を受け、免責許可決定を受け

たとき、財産分与義務は免責債権ではある（ただし扶養的要素部分については非免責債権と解する余地がある。破産253条1項4号参照）。慰謝料支払義務は、離婚慰謝料は「悪意」要件（破産253条1項2号）が欠けるので免責されるであろう。個別慰謝料で生命身体に対する損害賠償の場合には免責されないことがありうる（破産253条1項3号）。

6　証明の方法

　離婚訴訟の**附帯処分**として申し立てられた財産分与は、民事訴訟法上の証拠調べの方法によっても、家事審判と同じ事実の調査によっても行うことができる。当事者が調査した結果を書証として提出し、人証で補うのが通常の方法である。そもそも、夫（妻）名義の財産がどこにどれだけあるのか不明であることがある。その場合にはまず、弁護士会照会を行う（弁護士法23条の2）。弁護士会照会に応じないときは、裁判所の調査嘱託によることができる（民訴186条）。この調査嘱託は、証拠調べとしての調査嘱託と事実の調査としての調査嘱託があるが、どちらが有効ということはない。家庭裁判所調査官による事実の調査は、法律上は可能であるが、おそらく裁判所は消極であろう。夫名義の財産が不明であるからという理由で、その調査を一括して裁判所に任せるというような方法は、困難であろう。しかし、法律上事実の調査が可能であるから、何らかの事情があって必要性が認められれば、家庭裁判所調査官による調査も不可能ではないはずである。

　ある程度の財産の所在がわかったとしても、それが、夫婦が協力して得た財産であるか否かという問題も生じる。この点については、ある程度事実上の推定によって処理せざるを得ないのではなかろうか。婚姻期間中に配偶者の一方の名義で取得した財産は事実上夫婦で協力して得た財産と推定され、一方の固有資産（無償取得）であることを主張する方が立証しなければならないと考えることができると解する。もちろんこの点の立証方法も、財産の有無と同様である。

　関連請求である慰謝料の立証は、民事訴訟法の証拠調べの方法による。弁

論主義に従う。

家事審判による財産分与申立てにおいては、事実の調査による。内容は上記と同じである。

XI　事例について

前記財産分与および実務上の留意点参照。この場合、積極財産がないのでマンションを妻に分与して、ローンの一部を妻が支払うことにするか、名義変更は行わずに事実上妻子がマンションに居住することを認めるにとどめ、ローンは夫が支払い続けるか（多くの場合夫が同意しないだろうが）あるいはローンを妻が払い、夫から養育費を受けとるか、いずれかしかなかろうが、困難な事例である。

〔演習問題〕

1　太郎と花子は平成13年婚姻、まもなく長男一郎をもうけた。ところが、太郎は、1週間に1回ほど些細なこと（たとえばおかずの品数が少ないなど）で激怒し、花子を殴る・ける・髪をつかんで引きずる、という暴力を振るうことがわかった。花子は恐怖から体調が悪くなり、それが原因でますます、太郎の暴力も頻繁になった。花子は離婚したいが、離婚などといったら、殺されかねない。必要時に必要分のみの生活費しか渡されないので、逃げるお金もない。

　　あなたが花子から電話相談を受けた場合の助言および具体的解決方法を検討せよ。

2　乙山花子は、平成元年甲野太郎と夫の氏を称する婚姻をし、同年長男一郎をもうけた。しかし、紛争が続き、平成13年離婚した。太郎が親権者となることにこだわったので、親権者は太郎としたが、花子が引き取った。一郎が氏を変えないことを望んだので花子は離婚後も甲野氏を称した。平成15年花子は、一郎を連れて、丙川三郎と夫の氏を称する婚姻をした。一

郎の氏を丙川としたいがどうしたらよいか。平成16年に丙川三郎と離婚したとき、花子が実方の氏を称したいときどうするか。

第7章　嫡出子

I　事　例

● 事例 ●

　太郎は花子と平成10年5月5日婚姻し、花子は同年11月20日一郎を出産した。太郎は、一郎は自分の子ではないかもしれないとの疑念を持ちつつも、結婚生活がうまくいくのであればそのままにするつもりで育ててきたが、平成14年11月10日、花子は一郎を連れて家を出て二郎と同棲した。平成15年3月5日、花子は松子を出産した。

　平成16年6月、太郎は、花子との離婚並びに一郎および松子との親子関係を否認する訴えを起こしてはっきりさせたいと考えるようになった。

　太郎のなしうる方法如何。

II　設　問

1　嫡出親子関係の成立要件について述べよ。
2　いわゆる推定されない嫡出子または推定の及ばない嫡出子について述べよ。
3　嫡出親子関係否認の方法について述べよ。
4　非嫡出親子関係否認の方法について述べよ。
5　離婚の訴えとの併合の可否について述べよ。

III 嫡出子とは何か

　嫡出子とは、婚姻関係から生まれた実子である。それに対して、婚姻関係外から生まれた実子は非嫡出子である。この2種類には、婚姻関係があるかないかにより、誰の子であるかが法律上推定できるかできないかという違いがある。

1 嫡出親子関係が成立する要件は

(1) 妻の生んだ子であること

　婚姻関係にある妻の出産した子ではない場合は、嫡出親子関係は生じない。妻以外の生んだ子を嫡出子として届け出ることがあるが、その子を育てる場合（後に述べるいわゆる**藁の上からの養子**）でも全く戸籍上の便宜のみの場合（いわゆる戸籍を借りるとき）でも親子関係は生じない。

(2) 嫡出が推定される場合

　婚姻すると、双方に**貞操義務**が生じる。法律上、妻は夫以外の男性と肉体関係を結んではいけないのであり、夫以外の男性と肉体関係を結んでいないはずである。であるから、妻が生んだ子は夫の子であるはずである。こうして婚姻関係ある男女から生まれた子は、夫の子と推定されることになる（民772条）。

　まず、妻が婚姻中に懐胎した子は夫の子と推定される。どのような場合に婚姻中に懐胎したものと推定するかというと、婚姻後200日を経過した後または婚姻解消もしくは取消しの日から300日以内に生まれた場合である。

　たとえば、夫婦は平成15年5月5日に婚姻届を提出し、子どもが平成16年2月5日に生まれたとすると、子どもは婚姻成立後276日で生まれているから夫の子と推定される。また、夫が事故で平成15年5月5日に死亡し、子どもが平成16年2月5日に生まれたとすると、婚姻解消後300日以内に生まれているから夫の子と推定される。

149

この期間内に出生した子の出生届を提出すると、当然に子の父は母の夫となる（仮に異なる氏名を記載しても無視される）。

(3) 推定されない嫡出子もある

(ア) 婚姻成立後200日以内の場合

たとえば、ある男女が妊娠したので平成15年5月5日に婚姻届を出して、平成15年10月5日に子供が生まれた場合、婚姻成立後200日以内なので夫の子と推定されない。この場合、婚姻関係外から生まれた子となるから、本来は非嫡出子なのであるが、夫が認知すると**準正**によって嫡出子の身分を取得する（民789条2項）。ただ、婚姻前に内縁関係が継続しているときは、内縁成立から200日経過後に生まれた子については民法772条を類推して夫の子と推定するのが判例（大判昭和15・1・23民集19巻54頁）である。しかし、戸籍吏は形式的審査権しかなく、内縁関係が存在するか否か不明であるため、200日経過前であっても、婚姻成立後に生まれた子については嫡出子である身分を取得するものと取り扱っている。しかし、上記推定はあくまでも**事実上の推定**であって、法律上嫡出性の推定が働かないので、推定されない嫡出子となるわけである。

(イ) 婚姻解消後301日以後の場合

たとえば、夫婦が平成15年5月5日に離婚したが、妻は平成16年2月5日に子を出産した。法律上この子が夫の子と推定されることは前に説明したが、この推定は実情と合致するであろうか。通常は、夫婦仲が悪くなり、家庭内別居、本格別居、妻は他の男性と仲よくなり、そして出産に至るということになるであろう。すると、離婚後300日以内に生まれた子は夫の子ではない場合が相当あるということになる。その場合、子の出生を知った日から1年以内に夫が嫡出否認の調停を申し立てまたは**嫡出否認の訴え**を起こして否認が認められれば、夫の子でないことになる。しかし、夫が何らかの事情で訴えを起こさないときには、妻も子も真実の父もどうしようもないのである。この問題については、法律上推定が及ぶ子であっても、推定を及ぼす根拠のないような状況にあったときは推定が及ばないという「推定されない嫡出

子」（最近は「推定の及ばない嫡出子」ということが多い）という嫡出子が判例で認められるようになった（最判昭和44・5・29民集23巻6号1064頁）。

　嫡出子が夫の子と推定されるのは、妻が夫としか肉体関係を結ばないという法律上の義務に基づいた推定があるからであるゆえに、夫と肉体関係を結ぶことが不可能または著しく困難な事情のある場合には、子が夫の子であるという嫡出の推定は働かない、というのが嫡出推定が働かない根拠となっている。その事情は、当初は服役中であるとか長期出張中、事実上の離婚など客観的に明らかな事情に限られていたが、徐々に拡大され、夫の不能（無精子につき、津家四日市支審昭和59・7・18家月37巻5号63頁）、血液型の背馳（東京高判平成6・3・28高民集47巻1号97頁）などにまで認めるべきだとの主張もある。そこには、真実の血縁上の父を法律上の父とすることが子の福祉にとって望ましいという価値判断がある。

　それでは、このように嫡出の推定を排除できる場合に限界はないのか。法律上の親子関係を真実の親子関係に合致させることこそ子の福祉にかなう、と考え、夫の不能や血液型の背馳の場合にも推定が及ばないとする考え方を血縁説という。しかし、このような考え方は、嫡出推定の制度を無意味とするに等しいものである。嫡出推定制度は、その親子関係を否認するためには嫡出否認の訴えを要し、嫡出否認の訴えは夫のみが子の出生から1年以内にできる、という制度と相まって、嫡出子の身分の安定を図ったものである。沿革的には、夫の名誉を守ることが中心であったが、現在は、第三者が家庭の平和を破壊することを防ぎ、父子関係の早期安定を図ることであると解されている。そうすると、血縁説のように、鑑定してみないとわからない事実によって推定を破ることは、嫡出否認の訴えによらず親子関係不存在確認訴訟によって父子関係を否認することができるから、いつでも、だれでも確認の利益さえあれば**親子関係不存在確認の訴え**が認められることになり、嫡出推定の制度の趣旨に反することになろう。

　これに対し、嫡出推定の制度が家庭の平和を破壊させるということを防ぐことにあるのであれば、家庭がすでに破綻している場合には、血縁に従って

真実の親子関係によって嫡出の推定が破られてもよいという家庭破壊説の立場が有力に主張されている（松倉・論163頁。東京高判平成6・3・28高民集47巻1号97頁参照）。

しかし、それでは、父子関係の早期安定という目的はどうなるのか。やはり、外観から夫と肉体関係を結ぶことが著しく困難であることがわかることが、理論的に嫡出推定を覆す根拠になるし、そのような状況にあるからこそ父子関係を早期に安定させなくてもよいということになるとして、外観上明白である場合に限る説（外観説）も有力である。法律上の父子関係を早期に確定させて子に安定した地位を与えることも重要である。

別居後9カ月余りで妻が出産した子について、

> 「上告人は、被上告人の出生する9箇月余り前に夏子と別居し、その以前から同人との間には性交渉がなかったものの、別居後被上告人の出生までの間に、夏子と性交渉の機会を有したほか、同人となお婚姻関係にあることに基づいて婚姻費用の分担金や出産費用の支払に応ずる調停を成立させたというのであって、上告人と夏子との間に婚姻の実態が存しないことが明らかであったとまではいい難いから、被上告人は実質的に民法772条の推定を受けない嫡出子に当たるとはいえない」

旨判示して、親子関係不存在確認の訴え却下を是認した判例がある（最判平成10・8・31判時1655号112頁）。そして、婚姻成立後212日目に出生した子について、懐胎時は婚姻前であるが同棲していたという事案で、「夫と妻との婚姻関係が終了してその家庭が崩壊しているとの事情があっても、子の身分関係の法的安定を保持する必要が当然になくなるものではないから、右の事情が存在することの一事をもって、嫡出否認の訴えを提起し得る期間の経過後に、親子関係不存在確認の訴えをもって夫と子との間の父子関係の存否を争うことはできない」と判示して、外観説の立場の判例も現れた（最判平成12・3・14判時1708号106頁）。また、婚姻成立後200日経過後に出生した子であっても、懐胎時に夫が出征していて夫の子として懐胎することが不可能であったときは嫡出推定は及ばない、という判例もでている（最判平成10・8・

31判時1655号128頁）。このようにして、判例上は外観説が支持されたものということができる。最後の判例では、「親子関係不存在確認の訴えについては、一般に、提訴権者や出訴期間に制限はなく、訴えの利益が存する限り、だれからでもいつでも提起することができるものと解されている。これが、訴訟法理論からの帰結であるといわれる。しかしながら、私は、いわゆる『推定を受けない嫡出子』ないし『嫡出推定の及ばない子』について、一般の親子関係不存在確認の訴えの提訴権者についての考え方をそのまま及ぼすことには反対である」との福田博裁判官の意見もあり、まったく制約なしに外観説を適用するべきかどうか検討の余地はある。外観説の立場では、出征、服役中のほか、別居も推定を覆す事情に含まれる。

(4) 人工生殖子の問題が生じている

　特別規定がないので上記の原則に従うことになる。**人工授精**で妻が生んだ子については、配偶者間人工授精では推定される嫡出子となり、非配偶者間人工授精では実質説によれば推定されない嫡出子となるであろう。体外受精で妻以外の女性が生んだ子（代理母）については、遺伝子上父が夫であれば出生届を認知と解して夫との非嫡出父子関係が成立するであろうが、それ以外では親子関係を生ずる途がない。代理母契約を養子縁組と解する余地が全くないとはいえないが、困難がある。しかし、夫婦同意のうえで人工的に子をもうけたのであるから、後に親子ではないという主張をすることは許されないであろう（泉203頁、鈴木120頁以下）。そもそも血縁とは何かという新しい問題が提起されているのである。

　その後、夫の死後の体外受精（凍結精子）による死後認知・父子関係を認めない判決が出された（最判平成18・9・4民集60巻7号2563頁）。

Ⅳ 親子関係存否はどのようにして争うのか

1 嫡出推定のある場合

　本来、妻は夫以外の男性と肉体関係を結んではならないのであるが、現実にはそのようなことがありうる。夫の子と推定される子について、夫はその子が自己の子ではないと否認することができる（民774条）。これは、夫が子の出生を知ってから1年以内に子または親権を行う母に対する訴え（嫡出否認の訴え）によって行うことができ、これによって行うしかない（民775条～778条）。かなり厳しい制限といえるであろう。嫡出性の推定をできるだけ維持しようという法律の態度と理解できる。嫡出否認を認める裁判を得て、子は父と親子関係がなくなる。

　この制度趣旨については、夫の名誉の維持、家の維持、家庭の平和、子の地位の早期安定といういくつかの指摘があるが、現在は、家庭の平和の維持と子の地位の早期安定であるといわれている。しかし、妻にも訴えの提起の権利を与えてもよいのでないか、1年の起算点を夫が自己の子でないことを知った時から1年としてもよいのではないか、などの提案がなされているが、法律上の親子関係を真実の親子関係に合致させることが、必ずしも子の福祉になるわけではないとの指摘もなされている（水野紀子「わが国における嫡出推定制度の空洞化とその問題性」民事研修480号13頁）。

2 嫡出推定のない場合

　嫡出の推定が働かない場合は、真実の親子関係があれば親子であるし、真実の親子関係がなければ親子ではない（客観主義）。親子でないのに戸籍上親子となっているだけである場合は、親子関係不存在確認の訴えを提起し、不存在確認判決を得て戸籍を訂正する。嫡出の推定が働くときは、嫡出否認の訴えにより、否認の判決を得ないかぎり嫡出親子関係が続くが、推定のな

い場合は、客観的に親子でないときはあくまでも親子ではないので、その確認を得ればよいのである。

親子関係不存在確認の訴えは、人事訴訟の一種であり、確認の利益さえあれば、だれがいつ提起してもよいものである。離婚後300日以内に生まれた子についても、嫡出の推定が働かないのであれば、子自身、母や真実の父が実親子関係不存在確認の訴えを提起することができ、真実の親子関係と法律上の親子関係を一致させることができることになる。前述の推定されない嫡出子という概念は、嫡出否認の訴えの出訴制限から当事者を解放して、親子関係不存在確認訴訟を提起できるように考えられたといっても過言ではない。

3 妻が出産した子ではない場合

親子関係発生の根拠がないから、親子関係不存在確認の訴えによって親子関係のないことを確認し、戸籍を訂正する。

4 推定の重複する場合

(1) 再婚禁止期間の趣旨は何か

たとえば妻は平成15年5月5日に離婚し、平成15年6月5日に再婚して、平成16年2月5日に子を出産したとする。婚姻成立後245日で出産しているから、後婚の夫の子と推定される。離婚後276日で出産しているから、前婚の夫の子とも推定される（民772条）。法律的にはどちらが父であるか不明である。そのときは父を定める訴えを提起し、裁判所が父を定めることになる（民773条）。

このように嫡出推定が重複することがないよう、女性は離婚後6カ月は再婚できないことになっている（民733条）。これが再婚禁止期間の意味である。しかし、上述したように、推定が重複するのは離婚後の100日間だけであるので、改正要綱は、100日間を再婚禁止期間とする改正案としている。

(2) 父を定める訴えの特徴は

父を定める訴えは形式的形成訴訟であり、**形式的形成訴訟**とは、形成要件

を定めた規定が存在せず、その裁判が裁判所の処分的性質を有するものであり、**処分権主義**の適用はない。したがって、当事者の主張に拘束されることなく、裁判所は、前婚の男性でも後婚の男性でもない別の男性を被告としたりしている場合を除いて、要件事実が規定されていないために立証責任はなく、真偽不明による請求棄却判決を言い渡すことなく、必ず、いずれかを父と定めなければならないのである。

Ⅴ　事例について

　一郎は婚姻成立後200日を経過しないうちに生まれているので、いわゆる推定されない嫡出子である。したがって、親子関係不存在確認の訴えを提起することができる。太郎が、自己の子として育ててきたからといって、民法776条の嫡出の承認があったとは認められない（そもそも認められたことがない）。

　松子は別居から300日以内で生まれているから、推定の及ばない嫡出子とはいえず、つまり、太郎の子と推定される。したがって、嫡出否認の訴えによることになる。訴え提起時平成16年6月の何日かが、太郎が松子の出生を知ってから1年以内であれば適法であるが、1年過ぎていれば不適法である。この場合、太郎が松子との親子関係を否認する方法はない。この不都合を避けるため、子の出生を知ってから1年以内というのを、子が自分の子でないことを知ってから1年と解すべきであるとの考え方も示されている（東京家審昭和42・2・18家月19巻9号76頁、内田・民法Ⅳ補訂173頁）。しかしながら、通説は、前記のような考え方に対し、①子の出生後10年を経過しても「自分の子でないことを知ってから1年」であるとする嫡出否認の訴えを是認することになり、嫡出子の保護を著しく損なうこと、②その解釈は立法をするに等しいこと、③その解釈は文言解釈としては無理であることなどを指摘している（新注民(23)238頁）。文言に忠実な解釈をする通説が妥当である。

　手続は人事訴訟法の定めるところによる。一郎について親子関係不存在確認、松子について嫡出否認の訴えとなる。まずは調停を申し立て、合意があれば合意に相当する審判（家審23条、家事277条）を得られるが、得られないときは訴えを提起する。離婚訴訟との併合も可能であることは離婚の章参照。

第 7 章　嫡出子

〔演習問題〕
1　太郎は花子と昭和17年婚姻、子がなかったので、親類の夫婦間に生まれた一郎をもらい受け、嫡出子として届け出て大切に育てた。太郎と花子が死亡して、一郎はその財産を相続するつもりでいたところ、太郎の弟三男が一郎を相手に太郎と一郎との間の親子関係不存在確認の訴えを提起した。一郎ができうる方法は何か。
2　太郎と花子は昭和17年婚姻、長男一郎をもうけた。昭和19年から23年まで太郎は出征と抑留で不在であったが、その間の昭和21年花子は二郎を出産した。二郎は他に養子となった。平成6年太郎が死亡し、相続の問題となった。一郎は、二郎相手に親子関係不存在確認の訴えを提起した。認められるか。
3　太郎と花子には子がなかったので、配偶者外の精子を用いて体外受精したうえ、花子に移殖して妊娠、一郎を出産した。しかし、仲が悪くなって離婚するに至った。太郎は、一郎との親子関係を否認したい。可能か。

第8章　非嫡出子

I　事　例

> ● 事例 ●
>
> 　太郎は、婚姻していたが、婚姻外で花子と肉体関係を結び、一郎をもうけた。しかし、太郎は一郎を認知しないまま死亡した。それを知った花子は、まだ未成年の一郎のため、法定相続分は取得したいと考えている。どうしたらよいか。

II　設　問

1　非嫡出親子関係の成立要件は何か。
2　死亡後に認知する方法はあるか。
3　認知の訴えの性質はどのようなものか。
4　親子であることの証明方法を説明せよ。
5　不貞の抗弁を説明せよ。
6　認知の効力は何か。

III　非嫡出親子関係はいつ成立するか

1　非嫡出母子関係の場合

婚姻関係外では誰がどのように肉体関係を結ぼうと法律上は自由であるか

ら、子の出生によって法律上の親子関係が当然に発生することはない、ということになる。民法も、嫡出でない子はその父または母が認知することができる旨の規定（民779条）を置いて、認知という手続によって初めて親子関係を生ずるものとしている。

しかし、母について考えてみると、分娩をしたことは客観的にはっきりしているわけであるから、だれでも母でありうるということはない。そこで、非嫡出母子関係は分娩の事実によって発生し認知を要しないと解されている（最判昭和37・4・27民集16巻7号1247頁）。したがって、非嫡出母子関係を否認する場合は、**親子関係不存在確認の訴え**を提起することになる。

密かに出産して捨て子にしたというような場合には、母の認知が必要となるとの説もある。その立場では、子、その直系卑属またはこれらの者の法定代理人は、母に対し**認知の訴え**を提起することができる（民787条）。母の死亡後3年以内であれば、検察官を相手に認知の訴えを提起することができる。しかし、区別に合理性がないので少数である。

2 非嫡出父子関係の場合

非嫡出父子関係については、そうはいかない。父は法律上推定しえないから、認知という手続が必要となる。認知には任意認知と強制認知がある。

(1) 任意認知とは

任意認知とは、自己の自由意思で自分の子であることを認めて認知届を提出してする意思表示である。

父の子に対する自己の子であることを認める認知の意思表示が必要である。一方的意思表示であるから、法律行為の種類としては単独行為である。認知は遺言でもできる（民781条2項）。もちろん遺言の方式を履践することが必要である。原則として相手方の同意もいらない（例外は、民782条および783条）。

(ア) 認知の意思

認知が詐欺・強迫によってなされた場合については、取消しを認める説

（民法96条による取消しの可能性を認めるのは、金沢地判昭和26・1・31下民集2巻1号105頁）と認めない説とがある。民法785条の読み方であるが、撤回できない趣旨で取消しはできるのか、真実の親子関係があるときは詐欺・強迫による意思表示も取り消すことができないという趣旨か。真実に合致しているからといって、詐欺や強迫に基づく意思表示の取消しを認めないということに若干の躊躇を感じつつ、真実の父であれば詐欺や強迫を受ける前に認知しておけばよかったのであるから、さほどの保護を要しないと考え、真実の親子関係ある場合は取消しができない説に従いたい。ただ、いくら真実に合致するからといって、意思のない認知は無効といわざるをえない。

(イ) **関係者の承諾を要する場合はどのような場合か**

成年の子を認知する場合には、その子の承諾が必要である（民782条）。胎児を認知する場合には母の承諾が、死亡した子を認知する場合には、子に直系卑属がいるときにかぎり、かつ直系卑属が成年であるときはその承諾あるときに認知できる（民783条）。認知による親子関係は、子にとって利益ばかりではなく扶養義務等の不利益もあるので、利益保護のために承諾を必要としているのである。

承諾なく認知が届け出られたときに取消しができるとの規定はないが、取消しができるとする説が有力に唱えられている。

(ウ) **意思能力は必要である**

行為能力がなくても意思能力さえあれば認知できる。法定代理人の同意も要しない（民780条）。意思能力のない者のした認知は、無効である。

(エ) **真実の父子関係が存在していなければならない**

真実の父子関係がないのにされた認知は、無効である（民786条）。認知無効の訴えを提起することができる。認知した本人も提起できると考える（反対・大判大正11・3・27民集1巻4号137頁）。真実の親子関係に合致することが子の利益につながるからである（血縁上の親子関係を法律上の親子関係たらしめる認知制度の本旨を理由とするのは、大阪地判昭和63・7・18判タ683号178頁）。
実際には妻子の手前認知を憚った真実の父に頼まれた知人や雇人が認知届

を出したが、相続に備えて真実に合致させたいというのが実務で経験する例である。

　(オ)　**認知届が必要である**

　認知は届け出ることによって成立する（民781条）。創設的届出である。ただし、遺言認知は遺言者の死亡と同時に成立し、遺言執行者が報告的届出をする。

　父が自己の非嫡出子を妻との間の嫡出子として届け出たとき、嫡出子出生届に認知の効力を認めるのが判例（最判昭和53・2・24民集32巻1号110頁）・通説である。嫡出子出生届にも自己の子であることを認める意思表示が含まれるからである。

　父が自己の非嫡出子を他人の子として届け出て後にこれを養子としたとき、本人が代諾養子縁組を追認すれば（なお、この場合の追認には、民法116条但書の規定は適用されない。最判昭和39・9・8民集18巻7号1423頁）、養子縁組が有効になるからあまり問題にならないが、養子縁組が無効確認されると戸籍上の父母とはもともと親子関係がないから非嫡出子には父がないことになる。養子縁組届に認知の効力を認められないかが議論されている（消極説・大判昭和4・7・4民集8巻686頁）。

　(2)　**裁判による認知（強制認知）**

　子、その直系卑属またはこれらの者の法定代理人は、父に対し**認知の訴え**を提起することができる（民787条本文）。父死亡後3年以内であれば、検察官を相手に認知の訴えを提起することができる（民787条但書、人訴12条3項）。但書の死後認知は、実は、婚姻届を提出する前に、出征した軍人が戦地で死亡した場合の、結果的には婚外子になってしまう子について嫡出子の地位を与えること（恩給が給付される）を動機として、昭和17年法律第7号により認められたものである（3年の出訴期間は憲法13条、14条に違反しない。最大決昭和30・7・20民集9巻9号1122頁。三谷編・常識第3話）。

　子に意思能力があるときは、単独で訴えを提起することができる。子が未成年者であるときに子に意思能力がある場合でも法定代理人が子を代理して

III 非嫡出親子関係はいつ成立するか

【書式3】 認知届

認 知 届

札幌市ホームページ（http://www3.city.sapporo.jp/）の「申請書・届出書ダウンロードサービス」より〔accessed on May 1, 2012〕

163

認知の訴えを提起することができる（最判昭和43・8・27民集22巻8号1733頁）。

認知請求権の放棄は認められない（最判昭和37・4・10民集16巻4号693頁）。僅かの金銭給付で認知の途が閉ざされることを防ぐためである。

戦前は、子が父に対して認知の訴えを提起したとき父の側から母には他の男性と肉体関係があったという主張（**不貞の抗弁、多数関係者の抗弁**）がされると、子の側で母には父以外の男性と肉体関係がなかったことを証明しなければならなかった。非常に困難な証明で認知の訴えがなかなか成功しなかったのである。しかし、最高裁は、「認知請求の訴において、原告は自己が被告の子であるとの事実につき挙証責任を負うべきこと勿論であるが、本件において原審の確定した前示事実関係によれば、被上告人の母が被上告人を懐胎したと認められる期間中上告人と継続的に情交を結んだ事実があり、且つ上告人以外の男と情交関係のあつた事実が認められず、血液型の検査の結果によつても、上告人と被上告人との間には血液型の上の背馳がないのであるから、被上告人は上告人の子たることを推認するに難くないのであつて、況んやこの推認を妨ぐべき別段の事情は存しないのであるから、被上告人が上告人の子であるとの事実は証明されたものと認めても、経験則に違反するところがないといわなければならない」と判示して、父の側で母が他の男性と情交関係を結んだことを立証しなければ不貞の抗弁が成り立たない旨を明らかにした（最判昭和32・6・21民集11巻6号1125頁、最判昭和32・12・3民集11巻13号2009頁。三谷・民訴講義3版164頁以下）。

かつて、親子間関係の存否を客観的に証明することは難しく、間接事実の積み上げが主な立証法であった。しかし、近年医学・生物学などの進歩とともに親子関係の存否が科学的にかなり明らかにできるようになった。様々な血液型の組合せにより、また、遺伝子型により、客観的にかなりの精度で可能となってきたのである。今後の問題は鑑定ができない場合、鑑定を拒否する場合の取り扱いということになる。

(3) 認知の効力は遡及する

　任意認知の場合は、認知の時から非嫡出親子関係が発生する。強制認知の場合は、認知の裁判が確定すると認知の効力が発生する。その効力は出生の時に遡り、出生当初より父であったことになるが、第三者が何らかの権利を取得しているときはこれを覆すことはできない（民784条）。遺産分割については特別の規定がある（民910条）。

IV　非嫡出親子関係の存否の争い方

　母については、前記のとおり分娩によって母子関係が発生するから、通常は親子関係があるかないかという問題なので、**親子関係不存在確認の訴え**によることになる。

　父については認知が必要なので、認知がないかぎり父ではなく、認知があればその効力を争うことによって親子関係の存否を確認することになる。認知無効確認の訴え、認知取消しの訴えである。前述のように、認知した本人も提起できると考える（反対・大判大正11・3・27民集1巻4号137頁）が、認知者の親族である妹も原告適格を有すると解する判例もある（大判大正15・12・20民集5巻12号869頁）。被告は、認知した親とその子である（大判大正11・7・22民集1巻10号474頁、大判大正14・9・18民集4巻12号635頁）。被告となるべき双方が死亡した場合には、検察官が被告となり（最判平成元・4・6民集43巻4号193頁）、一方が死亡したときは、生存者のみでよい（大判大正11・3・27民集1巻4号137頁）。

　認知の裁判の場合は、確定すると既判力を生じ、また、第三者に判決の効力が及ぶので（人訴24条1項）、この認知の効力を否定するためには再審の訴えによるほかない（最判昭和28・6・26民集7巻6号787頁）。相続権を侵害されるおそれのある者は、検察官側に**補助参加**できる。補助参加の機会を得なかった者は、確定判決があっても、補助参加の申出とともに再審の訴えを提起することができる（民訴45条1項。三谷・民訴講義3版242頁、294頁）。

V　準　正

　準正とは非嫡出子が父母の婚姻によって嫡出子の身分を取得することである。父が認知した子は、その父母の婚姻によって嫡出子たる身分を取得する（民789条1項）。婚姻中に父が認知した子は、認知の時から嫡出子の身分を取得する（民789条2項）。準正は、嫡出子の身分を取得するだけであって、民法772条の推定が及ぶわけではないから、親子関係を否認するためには、親子関係存否確認の訴えでよい。

VI　実務上の留意点

1　子が出生し、その子が母の夫の子と法律上推定される場合（民772条）、子の出生届を提出すると、父は母の夫となる。したがって、母の夫の戸籍に記載される。非嫡出子出生届を提出しても受理されない（昭和59・6・26民二第3070号民事局第二課長回答）。真実の父が別にある場合、母の夫の子ではないという審判または判決を得て、それとともに子の出生届を提出すれば、出生届に適応した戸籍が記載される（昭和40・9・22民二第2834号回答、昭和48・10・17民二第7884号回答）。

2　子が婚姻成立後200日以内に出生し、それが夫の子として届け出られているときに、夫と子との親子関係を否認するためには、親子関係不存在確認の訴えを提起すればよい。

3　推定の及ぶ嫡出子については、出生から母の夫のとの法律上の親子関係が発生している。したがって、これを法律上親子関係がないということにするには、そのための手続が必要である。これが、嫡出否認の訴えである。だから、嫡出否認の裁判を得るまでは、親子関係は存続し続ける。

4　婚姻関係にない男女の間に生まれた子は非嫡出子である。非嫡出母子関係は、分娩の事実によって生じる。分娩の事実があれば母子関係が生じる

し、分娩の事実がなければ母子関係が生じないので、法律関係としては、分娩の有無による親子関係の存否のみである。したがって、非嫡出母子関係は、親子関係存否確認の裁判によって確定しうる。その観念は、親子関係が、客観的に存在するかどうかであって、親子関係を生じさせたり、消滅させたりするものではない。だから、他の訴訟・審判の前提問題として審理することができる。

5 非嫡出父子関係は、認知によって生じる。認知は、現在存在する父子関係を確認するのではなく、それまで存在しなかった父子関係を生じさせる。したがって、真実は親子であっても、認知がなければ法律上の親子関係はないのである。

また、認知がされていれば、原則として非嫡出父子関係が存在するのであって、これを否定するには、認知取消しの裁判を得なければならない。

6 推定される嫡出子の場合は、親子関係不存在確認の訴えを提起することはできないし、真実の父が認知することもできない。

夫の子と推定されない場合には、親子関係不存在確認の訴えを提起することができ、そのような場合には、他の訴訟の前提問題として親子関係の存否を判断することができる。

7 親子関係にかかわる訴えについては、調停を申し立て、合意に相当する審判（家審23条、家事277条）を受けることができる。合意に相当する審判は事実調べが必要であり、当事者が合意して事実関係に争いがなくても、事実調べをして、どうやら言い分と異なるようだという心証を得た場合には、合意に相当する審判はできないし、あるいは、鑑定をして真実の親子関係の有無を確かめてから、審判を行う。

事例については本文参照。

〔演習問題〕

太郎は花子と肉体関係を結び、一郎をもうけた。しかし、認知できない事情があったので、知人の甲野三郎に認知してもらい、経済的援助は太郎が行

って一郎を育てた。太郎は年をとり、死後のことを考え、戸籍を実態に合わせたいと考えるようになった。どのようにしたらよいか。

第9章　養子縁組

Ⅰ　事　例

● 事例 ●

　私（一郎）は、昭和60年、太郎花子夫婦の養子となった。太郎夫婦はレストランを経営しているが子がないため、レストラン経営と老後の扶養をし、その代わり財産相続するということで、養子になったのである。養子になるについては、妻があまり賛成ではなく、子の氏が変わることに抵抗があったが、太郎夫婦が私の人柄を見込んだからといって何度も足を運んで頭を下げるので、情にほだされたのである。私は会社をやめて太郎の経営するレストランの業務に携わるようになった。太郎夫婦はすぐに同居してほしいということだったが、子の学区の関係があったので、2年待ってもらった。最初はそれが気に入らなかったようだ。その後私たち夫婦が一所懸命働いた甲斐あって、レストランは繁盛した。ところが、私たちに対する給料は少ないままで、太郎夫婦が貯め込んでいた。しかし、最終的には自分たちが相続するのだからと考えて我慢してきたのである。

　ところが、平成10年ごろ、太郎の遠縁に当たると称する松子が現れ、松子夫婦がレストランを継いであげる、一郎夫婦よりずっと商売に長けているからその方がよいなどと仕向けたらしく、それ以後、私たちを邪魔にするようになった。松子夫婦を店長として雇い、私たちを一介の店員に格下げして給料を減らした。家から出て行くように要求し、出て行ったら松子夫婦を入れた。そして、レストランにいられないようにして、そのうえで、離縁を求めてきた。離縁の理由は、私たちが太郎夫婦の面

倒も見ず、太郎夫婦をないがしろにしてレストラン経営を独断で行い、かつ、放漫経営していたといっている。そんな事実はない。ただここ3年ほどは、全く交流がなくなっている。

　冗談ではない。今までの人生は何だったのか。絶対離縁しないし、松子との縁組も承服しない。私たちは悪いことをしたのではなく、太郎夫婦のわがままに翻弄され続けたのだ。法が正義ならば私たちの主張が通るはずだ。

　どう対処するか。

II　設　問

1　成年養子の特質を説明せよ。
2　離縁の方法を説明せよ。
3　離縁原因にはどのようなものがあるか。
4　財産分与は可能か。

III　養子とは何か

　養子は、人為的に親子関係を創設する制度である。まず、家族共同体の絶滅を防ぐために、次に親の個人的利益のために、そして家庭に恵まれない子に家庭を与えるためにと発展してきた。「家のための養子」「親のための養子」から「子のための養子」へと変遷したといわれている（新注民(24)77頁以下）。民法も、昭和62年に特別養子制度を設けて、子のための養子制度を完備するに至った。ここに、普通養子と特別養子という2種類の養子制度を有することになったわけである。

Ⅳ　普通養子とは何か

　普通養子というのは、当事者の合意によって成立する養子である。そして、普通養子が成立するためには、以下のように、実質的要件と形式的要件が必要である。

1　実質的要件にはどのようなものがあるか

(1)　縁組意思が存在しなければならない

　普通養子は、縁組意思の合致および届出によって成立する。婚姻意思について検討したように、縁組意思を分析してみると、実質的に親子となろうという意思（実質意思）と、法律上の親子となろうという意思（形式意思）とに分けられる。養子縁組においては、実質意思の有無の判断に難しいところがある。親子というのは様々な態様があり、当然には同居を伴うものではないから、共同生活の意思で区別するわけにもいかない。

　また、未成年養子は、養子の福祉に合致するものを裁判所が許可するが、縁組意思の有無とは判断基準が異なる。

㋐　縁組意思がないとされた事例

　兵役を免れるための養子（大判明治39・11・27刑録12輯1288頁）、抱え主が芸娼妓の身柄を拘束するための養子（大判大正11・9・2民集1巻448頁）、婚姻する女子の家柄を上げるための養子（大判昭和15・12・6民集19巻2182頁）、越境入学のための養子（岡山地判昭和35・3・7判時223号24頁）、母親の面接の余地をなくさせるための養子（名古屋地判昭和60・8・26判時1181号117頁）などが無効とされている。養子制度が何故に保護されるのかといえば、親子関係として法が保護するのに値しているからである。親が子を扶養し、子が親を扶養し、親の財産を子が相続するということが、社会にとって有益だからである。そうすると、親子関係の効果をその養子縁組の目的とした場合は、縁組意思があるものと認めて差し支えないということができる。したがって、

上にあげた判例の事例は、そのいずれにも当てはまらないので縁組意思がないといえる。真に養親子関係を設定するという効果意思がなければならず、それを欠く場合は絶対的な無効であり、民法93条但書の適用の余地もない（最判昭和23・12・23民集2巻14号493頁）。

なお、老齢の養母との養子縁組につき、その運びが甚だ異常で（わざわざデパートの食堂で署名させたなど）、養母に縁組意思ないしその届出意思がなかったとして養子縁組が無効とされた事例がある（東京高判平成2・5・31判時1352号72頁）。

(イ) **縁組意思があるとされた事例**

情交関係があった当事者間の養子縁組につき、「本件養子縁組の届出をした当時は、すでにかなりの高齢に達していたばかりでなく、病を得て、建築請負業をもやめ、療養中であつたものであり、被上告人に永年世話になつたことへの謝意をもこめて、被上告人を養子とすることにより、自己の財産を相続させあわせて死後の供養を託する意思をもつて、本件縁組の届出に及んだものであること、なお、縁組前に〇〇と被上告人との間にあつたと推認される情交関係は、偶発的に生じたものにすぎず、人目をはばかつた秘密の交渉の程度を出なかつたものであつて、事実上の夫婦然たる生活関係を形成したものではなかつたこと」から、縁組意思が認められている（最判昭和46・10・22民集25巻7号985頁）。

(2) **縁組能力がなければならない**

意思能力のみでよい。意思能力さえあれば、未成年者も成年被後見人も縁組することができ（民799条、738条）、意思能力がなければ、成年被後見人等でなくても縁組は無効である。

養子となる者が15歳未満であるときは、その法定代理人が承諾の意思表示をすることになっている（民797条1項）。15歳未満には意思能力がないとみていることになる。

法定代理人による縁組を**代諾縁組**という。法定代理人は、真実の代理人でなければならない。出生した子を他人の嫡出子として届け出て、その他人が

172

代諾してした縁組は、代諾権のない者のした代諾であるから、無権代理行為として無効である（最判昭和27・10・3民集6巻9号753頁）。しかし、子が15歳になって追認したときは有効になる（最判昭和39・9・8民集18巻7号1423頁）。このような身分行為の追認は、黙示のものでもよい（最判昭和27・10・3民集6巻9号753頁、最判昭和47・7・25民集26巻6号1263頁）。

法定代理人でない父または母が養子となる者を監護しているときは、監護する者の同意が必要である（民797条2項）。夫婦が離婚するとき父を親権者とし、母が実際上監護していたところ、母の知らない間に父が養子縁組をして母からの親権者変更の申立てを妨害するという不備があったので、昭和62年に追加されたものである。

(3) **縁組障碍事由は不存在でなければならない**

(ア) **養親適齢がある**

養親は成年でなければならない（民792条）。これは縁組取消事由である（民804条）。

(イ) **尊属養子・年長養子は禁止されている**

養親適齢と合わせると、人為的とはいえ、親子として不自然でないことが求められている（民793条）。これは縁組取消事由である（民805条）。

(ウ) **後見人・被後見人間の縁組には許可がいる**

家庭裁判所の許可を要する（民794条）。後見人の不正隠蔽を防ぐためである。これは縁組取消事由である（民805条）。

(エ) **配偶者のある者との縁組はどうすればよいか**

配偶者のある者が未成年者を養子とするときは、配偶者とともにしなければならない（民795条本文）。**夫婦共同縁組**といわれるが、養父・養母との間に2個の縁組が成立する。未成年者の養育には、夫婦がともに父母となることが望ましいからである。配偶者の嫡出子を養子とする場合または配偶者が意思表示できない場合は、他方の配偶者のみで縁組することができる（民795条但書）。夫婦共同縁組を要する場合について、その要件を欠き、一方の養子縁組が不存在や無効であったのに受理された縁組意思のある他方の養子

縁組の効果に関しては、説が対立している。昭和62年改正前の夫婦共同縁組に関し、最高裁は、「原則として、縁組の意思のある他方の配偶者についても無効である」としつつも、「縁組により他人との間に新たな身分関係を創設することは夫婦相互の利害に影響を及ぼすものであるから、縁組にあたり夫婦の意思の一致を要求することが相当であるばかりでなく、夫婦の共同生活ないし夫婦を含む家庭の平和を維持し、さらには、養子となるべき者の福祉をはかるためにも、夫婦の双方についてひとしく相手方との間に親子関係を成立させることが適当であるとの配慮に基づくものである」という夫婦共同縁組の趣旨から、「夫婦の一方の意思に基づかない縁組の届出がなされた場合でも、その他方と相手方との間に単独でも親子関係を成立させる意思があり、かつ、そのような単独の親子関係を成立させることが、一方の配偶者の意思に反しその利益を害するものでなく、養親の家庭の平和を乱さず、養子の福祉をも害するおそれがないなど、前記規定の趣旨にもとるものでないと認められる特段の事情が存する場合には、夫婦の各縁組の効力を共通に定める必要性は失われるというべきであつて、縁組の意思を欠く当事者の縁組のみを無効とし、縁組の意思を有する他方の配偶者と相手方との間の縁組は有効に成立したものと認めることが妨げない」と判示している（最判昭和48・4・12民集27巻3号500頁、最判昭和56・4・24判時1003号94頁、大阪地判昭和45・2・23家月23巻5号91頁）。改正後は、未成年者を養子とする場合のみ夫婦共同縁組の要件が必要となっていることから、考え方が分かれている。まず、最高裁の考え方を基礎として、縁組意思のある方の縁組が有効であるとしても、配偶者の同意がないから、民法806条の2により、同意しない配偶者から有効な縁組の取消しを認めるというもの（細川・解説159頁）、最高裁の考え方を基本的に維持し、例外的に有効とされる場合には取消しを認めないもの（新注民(24)188頁）である。未成年養子につき裁判所が関与する場合には養親夫婦の縁組意思は確認されるであろうから、自己または配偶者の直系卑属を養子とする場合に、このようなことが発生することになるであろう（民796条参照）。縁組意思のある方の縁組が有効とされる場合はかなり限られる

174

であろうし、有効となった未成年養子縁組を配偶者の意思のみで取り消しうるとするのは疑問である。

　　(オ)　**未成年者を養子とする場合には許可がいる**

　自己または配偶者の直系卑属を養子とする場合を除いて、未成年者を養子とする場合は家庭裁判所の許可が必要である（民798条本文）。明治民法下、養子縁組が親のための養子として濫用された経緯から、子の福祉を守るため新たに設けられた制度である。しかし、未成年者を養子とする縁組の予約をなして事実上養子縁組と同様の事情にある養親子関係（いわゆる内縁の養親子関係）を創設するには必ずしも家庭裁判所の許可を必要としない、とする裁判例がある（福岡高判昭和31・4・13高民集9巻3号206頁）。

　その縁組が養子の福祉に合致するか否か、という観点で許否の判断がされる。氏の変更目的、幼児について事業の後継ぎにするため（生後4カ月の子につき新潟家審昭和57・8・10家月35巻10号79頁）、親を扶養するためのみなど家のための養子、親のための養子と認められるものおよび前述した実質的縁組意思のないものは許可されない。

　自己または配偶者の直系卑属を養子とするときは、家庭裁判所の許可は不要である（民798条但書）。死後離縁の実情などをみていると、この態様が相当数あるものと思われる。税金対策のため孫を養子にすることなどが多いのであろうか。節税養子について、判例では無効としたものは1件しかなく、多くは有効と解しているが、それは、親子としての精神的交流の存在などを理由としている（浦和家熊谷支審平成9・5・7家月49巻10号97頁）。純粋な節税のみという事例があれば、無効であろう。

2　形式的要件にはどのようなものがあるか

　縁組が成立するためには、届出が必要である（民799条、739条）。創設的届出である。届出によって縁組が成立するのであるから、以上の実質的要件は届出時に存在しなければならない（民800条）。ただし、届書作成後に意思能力を失った場合は有効と解されている（最判昭和45・11・24民集24巻12号1931

頁)。

　他人の子を自己の嫡出子として届け出て、以後自分の子として育ててきた場合（いわゆる**藁の上からの養子**）に、後に何らかの紛争が生じて親子関係不存在確認訴訟が提起されることがある。そのような届出があっても養子縁組の効力は認められず、親子関係がないので、嫡出親子関係不存在確認を認めるのがかつての判例である（最判昭和25・12・28民集4巻13号701頁、最判昭和50・4・8民集29巻4号401頁、東京高判昭和55・3・24高民集33巻1号61頁、最判昭和56・6・16民集35巻4号791頁、東京高判昭和61・10・29判時1213号92頁、最判平成9・3・11家月49巻10号54頁、広島高判平成13・1・15判時1757号97頁（ただし相続回復請求権の行使を権利の濫用とした）など多数）。これに対し、嫡出子出生届を養子縁組届に転換して養子縁組として効力を持つ、という説が唱えられていた（我妻280頁、泉238頁。大阪高判平成3・11・8判時1417号74頁）。親子関係不存在確認請求が権利濫用としたものに東京高判平成14・1・16家月54巻11号37頁がある。

　このような場合の子は、実際気の毒である。ずっと子として育てられながら、相続となったときに自分には全く責任のない嫡出子として届けられたということのために、突然子ではないと宣言されてしまうのであるから。理論的には養子縁組への転換は難しいうえ（家裁の許可も潜脱することになる）、特別養子制度もできた現在、未成年養子の万全を期すためには転換を認めるべきではないという考え方と、親子関係についてあまりにも血縁を重視しているのではないか、親子関係の実質があり、かつ、届出もあるのだから、その行動に責任をとるべきだという考え方が対立している。

　また、認知の届出が事実に反するため無効である場合には、認知者が被認知者を自己の養子とすることを意図しその後被認知者の法定代理人と婚姻した事実があるとしても、その認知届をもって養子縁組届とみなすことはできないとする判例もある（最判昭和54・11・2判時955号56頁）。

　このような状況の中で、最高裁は、虚偽の嫡出子出生届出があった後、永年にわたってその事実が争われなかった事案について、次のとおり、親子関

係不存在確認の請求が権利の濫用に該当するとして、虚偽の嫡出子出生届出に係る子の保護を図る判断を示した。

「実親子関係不存在確認訴訟は、実親子関係という基本的親族関係の存否について関係者間に紛争がある場合に対世的効力を有する判決をもって画一的確定を図り、これにより実親子関係を公証する戸籍の記載の正確性を確保する機能を有するものであるから、真実の実親子関係と戸籍の記載が異なる場合には、実親子関係が存在しないことの確認を求めることができるのが原則である。しかしながら、上記戸籍の記載の正確性の要請等が例外を認めないものではないことは、民法が一定の場合に、戸籍の記載を真実の実親子関係と合致させることについて制限を設けていること（776条、777条、782条、783条、785条）などから明らかである。真実の親子関係と異なる出生の届出に基づき戸籍上甲乙夫婦の嫡出子として記載されている丙が、甲乙夫婦との間で長期間にわたり実の親子と同様に生活し、関係者もこれを前提として社会生活上の関係を形成してきた場合において、実親子関係が存在しないことを判決で確定するときは、虚偽の届出について何ら帰責事由のない丙に軽視し得ない精神的苦痛、経済的不利益を強いることになるばかりか、関係者間に形成された社会的秩序が一挙に破壊されることにもなりかねない。そして、甲乙夫婦が既に死亡しているときには、丙は甲乙夫婦と改めて養子縁組の届出をする手続を採って同夫婦の嫡出子の身分を取得することもできない。そこで、戸籍上の両親以外の第三者である丁が甲乙夫婦とその戸籍上の子である丙との間の実親子関係が存在しないことの確認を求めている場合においては、甲乙夫婦と丙との間に実の親子と同様の生活の実体があった期間の長さ、判決をもって実親子関係の不存在を確定することにより丙及びその関係者の被る精神的苦痛、経済的不利益、改めて養子縁組の届出をすることにより丙が甲乙夫婦の嫡出子としての身分を取得する可能性の有無、丁が実親子関係の不存在確認請求をするに至った経緯及び請求をする動機、目的、実親子関係が存在しないことが確定されないとした場合に丁以外に著しい不利益を受ける者の有無等の諸般の事情を考慮し、実親子関係の不存在を確定すること

が著しく不当な結果をもたらすものといえるときには、当該確認請求は権利の濫用に当たり許されないものというべきである」(最判平成18・7・7民集60巻6号2307頁。西希代子「判批」家族法判例百選〔第7版〕㉕)。

そして、最高裁は、その後も、同種事案について、同様の判断を示し(最判平成20・3・18判時2006号77頁)、これにより、親子関係不存在確認請求が権利の濫用に該当しうるとの判例法理が確立したといえる。

3　縁組の無効および取消し

(1)　無効事由とは何か

(ア)　縁組意思のない場合

養子縁組は、縁組意思のないとき(民802条1号)、意思能力のないとき無効である。人違いという錯誤があるときも無効である。

無効は客観的に無効であるが、**養子縁組無効確認の訴え**によって確認することができる。確認の利益ある限り、誰でもいつでも提起することができる。

原告適格に関して、亡養親の子は、養子縁組無効の訴えの利益を有する(大判昭和11・10・23民集15巻1865頁、最判昭和43・12・20判時546号69頁)が、亡養親の財産の管理などを委託された者は、特別縁故者として家庭裁判所の審判により養親の相続財産の分与を受ける可能性があるとしても(民958条の3)、自己の身分関係に関する地位が直接影響を受けるものということはできず、「その権利義務に関する限りでの個別的、相対的解決に利害関係を有するものとして、右権利義務に関する限りで縁組の無効を主張すれば足り、それを超えて他人間の身分関係の存否を対世的に確認することに利害関係を有するものではな」く、養子縁組無効の訴えの利益を有しない(最判昭和63・3・1民集42巻3号157頁)。そして、身分関係に影響がなく、単に財産上の利害関係を有するにすぎない者には、対世的効力を有する養子縁組無効確認の訴えの利益はなく、当該財産上の権利・義務関係の前提問題として養子縁組の無効を主張すればよいとされている(大判昭和15・12・6民集19巻2182頁、最判昭和39・3・17民集18巻3号473頁、東京高判昭和52・6・30下民集28巻5

〜 8 号766頁、大阪高判平成 4・5・27判夕803号251頁)。

被告は、養子縁組関係の解消ということから、第三者の提起する婚姻の無効・取消しの場合(大判明治39・3・30民録12輯486頁)と同じように、養親と養子を共同被告とする**固有必要的共同訴訟**である(人訴12条 2 項)。原告側が複数の場合は、**類似必要的共同訴訟**である(最判昭和43・12・20判時546号69頁。三谷・民訴講義 3 版284頁以下)。

　(イ)　縁組届がない場合

養子縁組の届出がないときも、縁組はもちろん成立しない(民802条 2 号)。前述したように(「2　形式的要件としてどのようなものがあるか」)、虚偽の嫡出子届があっても、養子縁組届としての効力を認めていない判例がほとんどである。

養子縁組届出人の氏名の代書は可能であり、その場合には代書の事由を記載しなければならないが(戸籍法施行規則62条)、その事由が不記載であっても受理されれば、養子縁組は有効に成立する(大判昭和11・6・30民集15巻1290頁、最判昭和31・7・19民集10巻 7 号908頁)。

(2)　**取消事由があるとどうなるか**

　(ア)　取消事由にはどのようなものがあるか

取消事由があるときは、家庭裁判所に請求して取り消すことができる(民803条)。

　(A)　養親が未成年の場合

養親が未成年の場合は、養親またはその法定代理人から、養親が成年に達した後 6 カ月を越えない期間または追認するまでに、家庭裁判所に取消しを請求しなければならない(民804条)。

　(B)　尊属養子・年長養子の場合

これらの場合には、各当事者またはその親族から、縁組が継続しているかぎり、いつでも請求できる(民805条)。つまり、この取消請求権に時効は適用がない(大民聯判大正12・7・7民集 2 巻438頁)。しかし、養親が提起した年長養子の禁止に違反する縁組取消請求訴訟は、この取消請求権が一身専属権

であることから、養親の死亡により当然に終了する（最判昭和51・7・27民集30巻7号724頁）。

養子夫婦の一方が養親夫婦の一方より年長である場合には、全部の養子縁組を取り消す必要はなく、年長養子と年少養親との間の縁組だけを取り消せばよい、というのが判例である（最判昭和53・7・17民集32巻5号980頁）。

(C) 後見人・被後見人間の無許可縁組の場合

後見人・被後見人間の無許可縁組は、養子（被後見人）または実方の親族から、管理の計算を終了した後養子が追認するまで、または6カ月を超えない期間内に取消しを請求しなければならない（民806条1項、794条）。

この追認は、養子が、成年に達しまたは行為能力を回復した後にしなければ、その効力を生じない（民806条2項）。

また、6カ月の期間は、養子が、成年に達せずまたは行為能力を回復しない間に管理の計算が終わった場合には、養子が成年に達しまたは行為能力を回復した時から起算する（民806条3項）。

(D) 配偶者の同意のない縁組などの場合

配偶者の同意のない縁組は、同意をしていない者から、その者が縁組を知ってから6カ月を超えない期間または追認するまでに取消しを請求しなければならない（民806条の2第1項）。

詐欺または強迫により同意をした者は、詐欺を発見しもしくは強迫を免れた後6カ月を超えない期間または追認するまでに取消しを請求しなければならない（民806条の2第2項）。

(E) 監護権者の同意を得ない縁組などの場合

監護権者の同意を得ない縁組は、縁組の同意をしていない者から、その者が追認するまで、または養子が15歳に達した後6カ月を超えない期間もしくは養子が追認するまでに取消しを請求しなければならない（民806条の3第1項）。

詐欺または強迫によって同意した場合は、詐欺を発見しもしくは強迫を免れた後6カ月を超えない期間または追認するまでに取消しを請求しなければ

ならない（民806条の3第2項）。

(F) 養子が未成年の無許可縁組の場合

自己または配偶者の直系卑属でない未成年者を養子とするときの家庭裁判所の許可（民798条）を得ていない場合には、養子が成年に達した後6カ月を経過し、または追認するまでに、養子、その実方の親族または代諾養子の縁組を承諾した者が、取消しを請求しなければならない（民807条）。

(G) 詐欺・強迫による縁組の場合

詐欺や強迫に基づいて縁組をした者は、取消しの請求をすることができる（民808条1項、747条1項）。そして、この取消権は、当事者が、詐欺を発見しまたは強迫を免れてから6カ月を経過しまたは追認したときは、消滅する（民808条1項、747条2項）。

(イ) 取消しが認められた場合の効力は

取消しは、将来に向かってのみその効力を生ずるにすぎないなど、婚姻の取消しの場合と同じである（民808条1項、748条）。

離婚による復氏の際の権利の承継の規定（民769条）および離縁による復氏等の規定（民816条）が、縁組の取消しについて準用される（民808条2項）。

4　養子縁組の効力

(1) 嫡出子の身分の取得の時期はいつか

養子は、縁組の日から養親の嫡出子となり（民809条）、その日から、養子と養親およびその血族との間では、血族間におけるのと同一の親族関係を生ずる（民727条）。縁組の日とは、縁組届の日である（民799条、739条1項）。

しかし、養親と養子の血族との間では親族関係を生じない。つまり、養子は養親の嫡出子であり、養親の父母は養子の祖父母となるが、養子の子は養親の孫とはならず、養子の実父母は養親と他人である。養子縁組後に養子が子をもうけたときは、養子がすでに養親の嫡出子となった後の子であるから、養親の孫となる。

その結果、養親子間には親子関係の効力が、養親の親族との間では親族と

しての効力が発生する。扶養と相続が主な効果である。

養子縁組は、養子の親族関係には全く影響がない。養子は実父母の子であるし、実祖父母の孫である。養子は養父母からも実父母からも相続できる。

(2) **養子の氏はどうなるか**

養子は養親の氏を称するが、婚姻によって氏を改めた者は、婚姻の際に定めた氏を称すべき間は婚姻の際に定めた氏を称するのであって養親の氏を称すのではない（民810条）。夫婦同氏優先である。

5 離縁をする方法は

離縁は、縁組を解消することである。協議離縁、調停離縁、審判離縁、裁判上の和解離縁、判決離縁の方式があることは離婚と同様である。

(1) **協議離縁**

縁組当事者は、協議によって離縁することができる（民811条1項）。その届出によって、離縁が成立する（民812条、739条）。離縁意思（離縁意思の内容は形式意思で足りであろう）が必要であるし、詐欺・強迫による場合は取消しができる（民812条、808条1項但書、747条）。意思能力がなければならないが、意思能力さえあれば十分である。

養子が15歳未満であるときは、意思能力がないものとして、養子と離縁後に養子の法定代理人となるべき者との間で協議することによって離縁する（民811条2項）。養子の実父母が離婚しているときは、どちらか一方を離縁後に親権者となるべき者と定めなければならず（民811条3項）、協議で定められないときは家庭裁判所が審判で定め（民811条4項）、離縁後に法定代理人になるべき者がない場合は、家庭裁判所が未成年後見人となるべき者を選任する（民811条5項）。

養親が夫婦である場合には、未成年者と離縁するには夫婦がともにしなければならない（民811条の2）。

ところで、未成年者離縁の場合に家庭裁判所の関与なく行われてよいものか疑問である。15歳の少年を養父母が離縁するといった事態を想像すると、

182

Ⅳ 普通養子とは何か

【書式4】 家事審判(調停)申立書

	受付印	家事 ㊤審判㊦ 申立書 事件名(死後離縁)
貼用収入印紙	円	この欄に**申立手数料としての収入印紙をはる**(はった印紙に押印しない。)。 印 紙 〔1件について甲類審判 800円分 乙類審判1,200円分 調 停1,200円分〕 **(注意)** 登記手数料としての収入印紙を納付する場合は,**登録手数料としての収入印紙は,はらずにそのまま提出する。**
予納郵便切手	円	
予納収入切手	円	

準口頭		関連事件番号　平成　　年(家　)第　　号

○○家庭裁判所 御中 平成○○年○月○日	申立人(又は法定代理人など)の署名押印又は記名押印	甲 野 一 郎 ㊞

添付書類	※標準的な申立添付書類については,手続の概要と申立ての方法のページ中の「申立てに必要な書類」欄をご覧ください。

申立入	本　籍	○○ 都道府県 ○○市○○町○丁目○番地
	住　所	〒○○○-○○○○　　　　　　　電話○○○(○○○)○○○○ ○○県○○市○○町○丁目○番○号　　　　　　　(　　　方)
	連絡先	〒　-　　　　　　　　　　　　　電話　(　) (　　方)
	フリガナ 氏　名	コウノ イチロウ 甲 野 一 郎	大正 昭和 ○年○月○日生 平成
	職　業	会社員

※	本　籍	○○ 都道府県
	住　所	〒　-　　　　　　　　　　　　　電話　(　) (　　方)
	連絡先	〒　-　　　　　　　　　　　　　電話　(　) (　　方)
	フリガナ 氏　名		大正 昭和　年 月 日生 平成
	職　業	

(注) 太枠の中だけ記入してください。※の部分は,申立人,相手が,法定代理人,事件本人又は利害関係人の区別を記入してください。

183

第9章 養子縁組

申　立　て　の　趣　旨
申立人が，本籍　○○県○○市○○町○丁目○番地　養父　亡甲野太郎と離縁することを許可するとの審判を求めます。

申　立　て　の　実　情
1　申立人は，実父母の代諾によって甲野夫婦と養子縁組しましたが，出生以来実父母に育てられて成人しました。
2　養父太郎は，平成○年○月○日に死亡しました。
3　申立人は，養父との親族関係を解消したいので，申立ての趣旨のとおり審判を求めます。

(注)　太枠の中だけ記入してください。
裁判所のホームページの中の「裁判手続の案内」「家事審判の申立書」「死後離縁許可の申立書」より〔accessed on May 1, 2012〕

はたして子の福祉に反しないのか懸念されるからである（新注民⑳399頁）。

(2)　死後離縁

　民法の考え方は、縁組は当事者の死亡によって解消せず、死後離縁によって解消するというものである（民811条6項）。家庭裁判所の許可を得て届け出ることによって、単独行為としての離縁が成立する。許可は、死後離縁することが適当かどうかという観点で判断される。たとえば、多くの相続財産を得ながら扶養を免れるためや、養子に扶養してもらったのに養子の子の扶養を免れるためなどは許可されないであろう。最近の死後離縁許可申立事件の例で、養子が養父の死亡後に離縁の許可を求めた事案につき、相続税の軽減のためになされた養子縁組であり、社会通念上の養親子関係を欲する効果意思がないから、無効の縁組であるので、申立ての対象を欠き不適法であるとして、申立てを却下したものがある（浦和家熊谷支審平成9・5・7家月49巻10号97頁）。

　学説では、養親または養子が死亡すれば養親または養子に対する権利や義

184

務が消滅するので、死亡によって養親子関係は消滅するというのが多数説である（我妻294頁、泉245頁）。死後離縁は親族関係終了の意思表示ということになるというのである。

(3) **裁判離縁**

(ア) 裁判離縁原因には何があるか

裁判上の離縁原因には、①**悪意の遺棄**、②3年以上の**生死不明**、③その他縁組を継続し難い重大な事由の3つがある（民814条1項）。

原則的な破綻主義を表明しており、養親子関係が破綻して回復の見込みがない場合には離縁が認められる。養親子関係には様々な態様があり、破綻の有無・態様も、それぞれの養子縁組の態様や目的に従って判断されるべきである。特に未成年養子においては、子が非行に走ったり難病に罹患するなどの事情により安易に離縁が許されてはならないであろう。

有責当事者の離縁請求について、これを認めないのが判例である（最判昭和59・11・22家月37巻8号31頁）。破綻につき責任がありながら、親子関係の義務を免れようとしまたは相続等による利益を与えないようにすることは信義則上認めるべきではないから、判例に賛成である。しかし、破綻が長期に及んで、法律的な親子関係を継続することに弊害が生じてきた場合には、財産の分与などの相当程度の義務の履行を条件に離縁を認めることができるものと考える。離婚について条件付きながら有責配偶者からの離婚請求を認めた判例（最大判昭和62・9・2民集41巻6号1423頁）の趣旨を推し及ぼせばこのように考えられるであろう（有責者からの離縁請求を認めた東京高判平成5・8・25判夕863号270頁がある）。

(イ) 裁判離縁の手続はどうすればよいか

調停前置主義がとられており、まず家庭裁判所に調停を申し立て（家審18条）、不成立のときに、同じく家庭裁判所に離縁の訴えを提起する（人訴2条3号）。養親が提起した離縁請求訴訟は、養親の死亡により終了する（最判昭和57・11・26判時1066号56頁。三谷・民訴講義3版258頁）。

養子が15歳未満のときは、協議離縁における養親と協議できる者（民811

条）が当事者となる（民815条）。意思能力を欠く当事者の場合も離婚におけるると同様である。

6　離縁するとどのような効果が生ずるか

(1)　親族関係の終了
養親子関係が終了する。養子およびその配偶者並びに養子の直系卑属およびその配偶者と養親およびその血族との親族関係も消滅する（民729条）。

(2)　氏はどうなるのか
養子の氏は、離縁によって縁組前の氏に復する（民816条1項本文）。夫婦養親の一方と離縁した養子は、復氏しない（民816条1項但書）。

縁組後7年を経過した後の離縁による復氏については、離婚による婚氏続称と同様に、離縁後3カ月以内の届出により離縁の際に称していた氏を称する子とができる（民816条2項）。7年を要することとしたのは、氏を変えるためだけに養子縁組する弊害を排除するためである。

(3)　離縁による復氏の際の権利の承継
離婚による復氏の際の権利の承継の規定が準用される（民817条、769条）。

(4)　財産分与は認められるか
離縁については財産分与の規定がなく、これを否定するのが実務である。しかし、財産分与の大きな要素として清算があるのであり、清算的要素にかぎっていえば、財産分与を離縁に認めない合理的理由はない。相続による清算がありえないのであるから、離縁のときに清算するしかない。また、現実にも日本では家のための養子、親のための養子がまだまだ多いことが指摘されている。家業に従事していたが仲違いした、面倒を見ていたが細かなことから行き違いが生じて破綻に至った、という場合もあるであろう。高齢化社会の到来とともに、離縁紛争は多くなるものと想像される。このような当事者間の離縁紛争を合理的に解決するためには、財産分与が有効であると思われる。

解釈論として財産分与を認める説（中川高男「養子(2)」『叢書民法綜合研究Ⅰ、

II』123頁）もあるが、手続まで考えると、かなり困難と思われる。そこで、第1に、民事訴訟として不当利得返還請求訴訟が考えられないか。これは、財産分与における第三者財産に対する寄与、寄与分における寄与権利者でない者の寄与、若干関係する事実上の監護者の求償などと統一的に検討することが必要と思う。第2に、離縁訴訟において相当額の財産分与金の支払いを離縁の理由の1つとすることが考えられる。破綻の責任が養親にあるときまたは養親にもあるときに、金銭の支払いをもって破綻の責任を免れうると考えられるのではないか。実務上は、和解においてこのような解決を目指すことになるが、何らかの形で理論化できないであろうか。判例は認めない（東京地判平成5・12・24判タ865号257頁）。

V 特別養子とは何か

特別養子は、裁判所の裁判（審判）によって成立する養子で、昭和62年に新しくもうけられたものである（民817条の2以下）。

1 制度目的は何か

普通養子では、未成年養子は家庭裁判所の許可を得て縁組するので、未成年者の福祉に反する縁組を防止することはできたが、未成年者の福祉そのものを目的とする制度ではなかった。特別養子の制度は、保護を要する児童に家庭を与えること自体を目的とする養子制度である。もっとも大きな特徴は、養親となる者の請求により家庭裁判所の審判によって成立し（家審9条1項甲類8号の2）、成立すると実方の親族関係は消滅し（民817条の9）、離縁は原則として認められないということである（民817条の10）。

2 実質的要件には何があるか

(1) 養親の夫婦共同縁組である必要がある

養親となる者は配偶者があり、かつ、原則として夫婦ともに養親とならな

ければならない（民817条の3）。配偶者の嫡出子（普通養子を除く）を特別養子とする場合は、配偶者とともにする必要はない。夫婦が共同で子を養育することが、もっとも子の福祉に合致するからである。

(2) 養親となる者の年齢に制限がある

養親となることができるのは25歳に達した者であり、夫婦の一方が25歳に達していれば、他方は20歳に達していればよいとされている（民817条の4）。養親には監護養育能力があり、社会的にも成熟して、子の養育を間違わずにできるようにとの配慮である。

(3) 養子となる者にも年齢制限がある

養子の年齢は、審判請求時に原則として6歳未満であることである（民817条の5本文）。実子同様に監護養育されることが目的なので、就学以前の年齢が適当と考えられたのである（細川・解説83頁）。しかし、その子が6歳になる前から養親が既に監護している場合には、請求時に8歳未満であれば足りる（民817条の5但書）。

(4) 父母の同意が必要である

養子となる者の実父母の同意が必要である（民817条の6本文）。特別養子は実父母との親子関係を断絶させる効果を有するので、養子となる者にとっても実父母にとっても利害関係が大きく、その意思を尊重する必要があるからである。ただし、父母がその意思を表示することができない場合または父母による虐待、悪意の遺棄その他養子となる者の利益を著しく害する事由がある場合は、同意は不要である（民817条の6但書）。親権の有無にかかわりなく、父母の同意が必要である。認知しない父は父ではないので、その同意は不要である。

同意は真意に基づく無条件のものでなければならない。同意は審判が確定するまで撤回できると解されている（東京高決平成2・1・30家月42巻6号47頁）。

(5) 子の利益のための特別の必要性がなければならない

父母による養子となる者の監護が著しく困難または不適当であることその

他特別の事情があり、子の利益のために必要があると認められることが必要である（民817条の7）。特別養子のもっとも重要な要件である。

　養子となる者の監護が著しく困難とは、子の健全な生育を図るための養育が不可能かこれに近い状態にあることであり、疾病等のために子の監護ができないときのほか、子を養育する意思がないときも含まれるであろう。監護が著しく不適当とは、父母の監護に付することが著しく不適当な場合である。虐待、放任などである。その他の事情が監護困難、不適当に準ずる事情に限るかどうかは対立がある。立法当時の担当者や裁判所実務は準ずる事情に限ると考えていたようであるが、学説は準ずる場合のみならず実親との親子関係を断絶させることが子の利益になる場合であると主張している。最近、準ずる場合に限らず、「特別養子縁組を成立させ、父母及びその血族との間の親族関係を原則として終了させることが子の利益のため特に必要と判断される事情をも含む」旨の決定があった（東京高決平成8・11・20家月49巻5号78頁）。

　問題は、連れ子養子と普通養子を特別養子とする場合である。夫婦が共同して特別養子縁組をする場合と、夫婦がその一方の嫡出子（この場合は夫婦の一方）または非嫡出子を特別養子とする場合とは、夫婦と子供との間の関係が異なる。つまり、夫婦とも養親であるか夫婦のいずれかが実親であるかという違いである。一方が実親であるということは、家族間の力学が複雑になり不安定要素の1つである。したがって、養親としての適格性、養子との適合性を慎重に判断する必要がある。しかし、必ずしも準ずる場合に限る必要はなく、実親との断絶が子の利益に有益であれば認めて差し支えないであろう。

　普通養子を特別養子とするときは、連れ子養子のような特殊な事情がないので、実親との断絶が子の利益になる場合には認めて差し支えない。特別養子縁組制度の施行前に普通養子縁組をしていても、実親による「虐待、悪意の遺棄その他養子となる者の利益を著しく害する事由」があれば、特別養子縁組への転換を認めてよいであろう（東京家八王子支審昭和63・8・12家月41巻

3号177頁、名古屋高決平成元・3・23家月41巻12号112頁など参照)。

　子の利益のために特に必要であるとは、養親に監護養育させた方が子の養育にとって優れていることを意味し、環境、意思など総合して判断されることである。非嫡出子が嫡出子になることは、1つの要素として考えてもよいであろう。

3　形式的要件には何があるか

　職権でされることはなく、養親となろうとする者が、養親となるべき者の住所地の家庭裁判所(家審規64条の3、家事164条1項)に請求しなければならない(民817条の2、家審9条1項甲類8号の2、家事別表第1の63項)。調停ではなく、審判の申立てであり(家審規64条の4、家事244条)、家庭裁判所は請求後6カ月間以上の試験監護を経て(民817条の8)、養親子の適合性を見なければならない。ただし、請求前の監護の状況が明らかなときは、試験監護を要しないことがある(民817条の8第2項但書)。請求前から監護しているとき、特に児童相談所から委託を受けているときなどである。

4　特別養子縁組成立のための方式は

　審判が確定することによって、養子縁組が成立する(民817条の2)。審判は、即時抗告が可能であるから、2週間(家審14条、家事86条)の即時抗告期間経過により、または、即時抗告を却下もしくは棄却する裁判により確定する。

　要件を欠く審判も確定すると有効である。ただし、準再審が可能である(家審7条、非訟25条、民訴349条、家事103条。最判平成7・7・14民集49巻7号2674頁)。裁判が確定すると、10日以内の届出が要求されている(戸籍68条の2)。

5　特別養子縁組の効果は

　普通養子縁組の効果以外に、以下の効果が生ずる。

(1) 実方との親族関係の終了

普通養子縁組と異なり、養子と実方の父母およびその血族との親族関係が終了する（民817条の9本文）。配偶者の嫡出子を特別養子としたときには、実親たる夫婦の一方とその親族との間の親族関係は終了しない（民817条の9但書）。

(2) 戸籍の続柄欄

戸籍は、養父母の戸籍に記載されるときには嫡出子と同様の記載となるように工夫されており（戸籍20条の3）、続柄欄には「長男」「長女」等と記載され、実父母が誰であるかは、当該戸籍のみではわからないことになる。

6 離縁はできるか

特別養子縁組については、離縁は原則としてできない（民817条の10第2項）。養子の地位を安定させるためである。

離縁ができるのは、養親による虐待、悪意の遺棄その他養子の利益を著しく害する事由があり、かつ、実父母が相当の監護をすることができるときで、養子の利益のために特に必要があると認めるときである（民817条の10第1項）。申立権者は、養子、実父母以外に検察官も含まれており、養父母には申立権がない。申立権者の申立てにより、家庭裁判所の審判によって離縁する。

7 離縁の効果は

普通養子の離縁の効果以外に、養子と実方との親族関係が復活する（民817条の11）。

Ⅵ　実務上の留意点

1　認知予定の父親がいる場合

　認知はしていないが子の血縁上の父であると主張する者が提起した戸籍上の父と子との間の親子関係不存在確認を求める訴えの係属中に子を第三者の特別養子とする審判が確定した場合につき、同審判には、虐待、悪意の遺棄その他養子となる者の利益を著しく害する事由がないのに審判をした手続的正義に反するうえ、事件当事者となるべき者に対して手続に関与する機会を与えることなくされたもので、家審7条、非訟25条、民訴349条、338条1項3号の準再審の事由（代理権の欠缺）があると考えられる（最判平成7・7・14民集49巻7号2674頁）。そして、「被控訴人や血縁上の父としての権利や立場を主張する機会を失したことや、その義務を尽くさずに過したこと自体は問わないとしても、その結果として控訴人…が不遇な状況に陥ったのは事実であり、ようやくそこから抜け出し、特別養子縁組の成立前とはいいながらも家族に準じた者の情愛に包まれた安住の場を得ているのに、それに大きな変更と精神的混乱をもたらすことになる」ことは、虐待、悪意の遺棄その他養子となる者の利益を著しく害する明白な事由に該当するとはいえず、訴えの利益を否定することはできない（最判平成10・7・14判時1652号71頁）。

　したがって、家庭裁判所としては、親子関係不存在確認の訴えの結果を待ち、血縁上の父であると主張する者が特別養子許可審判手続に関与する機会を与えるべきことになる。

2　養子縁組の不受理申出制度

　養子縁組にも**不受理申出制度**の適用がある。たとえば勝手に縁組届・離婚届を出されそうだという時には不受理の申出をしておけば受理されない。届出人となるべき者、つまり、養親または養子をなろうとする者が申出するこ

とができる。

　事例について述べておくならば、破綻主義の立場では離縁が認められ、財産分与は認められないということになる。

〔演習問題〕
1　太郎は、一人暮らしであったので、老後の面倒を見る約束で、一郎と養子縁組し、同時に甲土地・乙建物を贈与した。ところが、一郎は全く太郎の面倒を見ないばかりでなく、太郎の金を使って遊び暮らしている。
　　太郎の対処方法を述べよ。
2　花子は一人暮らしであったので、老後の面倒を見てもらう約束で、一郎と養子縁組し、同時に甲土地・乙建物を贈与した。一郎はその家族とともに乙建物に移り住み、花子の面倒を見るようになったが、嫁姑の対立がひどくなり、結局分かれて住むようになった。花子はこうなったからには離縁して甲土地・乙建物を返してほしいという。
　　一郎の対処方法を述べよ。
3　花子は一人暮らしであったので、老後の面倒を見てもらう約束で、一郎と養子縁組し、同時に甲土地・乙建物を贈与した。一郎はその家族とともに乙建物に移り住み、花子の面倒を見るようになり、いろいろあっても我慢して過ごしていた。ところが、花子が少し老人性認知症の症状が出てきて、被害妄想的になり、一郎夫婦が自分の財産を狙っている、財布を盗む、などというようになった。そして、一郎と離縁し、土地・建物を返してもらって二郎に面倒見てもらうと言って離縁を求めてきた。
　　一郎の対処方法を述べよ。

第10章　親権（子の監護）

I　事　例

● 事例 ●

　太郎と花子は平成10年婚姻、太郎方で同居、まもなく長男一郎をもうけた。ところが、嫁姑の対立に、太郎と花子自身の子に対する教育方針の相違、それに、それぞれの両親が干渉するなどの事態が重なって、対立が激しくなった。平成15年6月、花子は一郎を連れて実家に戻り、別居するに至った。ところが、太郎は、その両親や兄弟の助けを借りて、幼稚園からの帰りに一郎を車に乗せて、太郎の家に連れ帰った。以後、太郎は一郎を、幼稚園にも行かせず、太郎宅で過ごさせている。花子は何とかして一郎を取り戻して離婚したい。

　手続法上、実体法上の問題点を指摘し、どのような対処が望ましいか検討せよ。

II　設　問

1　子を取り戻すための法律的な方法について述べよ。
2　子の引渡しを命ずる仮処分の執行方法について述べよ。
3　離婚とともに子の引渡しを求める方法について述べよ。

III　親権の性質は

　明治民法879条は、「親権ヲ行フ父又ハ母ハ未成年ノ子ノ監護及ヒ教育ヲ為ス権利ヲ有シ義務ヲ負フ」と定めていた。これは、現在の民法820条とほぼ同じである。明治民法879条が帝国議会に提出されたとき、大きな議論が巻き起こった。親権は権利であって義務ではないはずだ、もしこれが親が子に対して義務を負うという意味であるならば反対である、というものである（『法典調査会民法議事速記録六』（昭和59年、商事法務）427頁から432頁）。これに対し、起草者の梅謙次郎は、「此処ニ書クハ私法上ノ義務デ此義務アルガ為メニ後ノ親権喪失ノコトガ出テクル……親ト云フモノハ必ズ教育スル義務ガアルソレハ国家ニ対シテデナク子ニ対シテデアロウ」といっている。「義務ヲ負フ」という文字を削除する案に対する賛同者は少数であったので、現行条文になったといういきさつがある。しかし、親権の本質に関するこの争いは、今日まで続いているのである。

　民法は、親権の効力として、居所指定権、懲戒権、職業許可権、財産管理権、代表権というように、権利という面から規定し、権利の濫用があるときに親権を喪失させるという構成をとっている。これは、基本的には親権を親の権利として把握する態度といえる。歴史的には、親権は、親の支配権であり、生命身体に対しても支配を及ぼしていた。しかし、徐々に子の保護という視点が広まり、また、子の権利も認められるようになると、親権が親の支配権であるということは認められ難くなっていく。社会的にも、子の虐待が大きな社会問題となり、親子のあり方に注目が集まっている。これらの問題は、法律的には親権の性質と内容をどのようにとらえるかという問題であって、現在やっと俎上にのってきた重大問題といえる。

第10章　親権（子の監護）

　現在は、親は子の監護教育をする職務を有するのであり、これが親権の本体である。前述の条文に定められた権利は、その義務を遂行するために認められる手段としての権利である、と考えるのが、大方の意見である（二宮207頁、深谷・4版151頁など。内田・民法Ⅳ補訂210頁は、「親の社会的責務」という）。

　親権をこのように解する根拠は、実質的には、子の福祉・子の保護であるが、法理論的には、現代においては、親が自分の意思によって子をもうけ、または子を養子としたという意思責任と考えてよいと思う（二宮・3版207頁）。

Ⅳ　親権者となる者は誰か

未成年者の場合、父母が親権者となる（民818条1項）。養子の場合は養親である（民818条2項）。

1　共同親権が原則である

父母が婚姻中は共同親権であるが、一方が親権を行使できないときは、他の一方が親権を行使する（民818条3項）。行使できないとは、行方不明、心神喪失、受刑中、親権管理権の喪失・辞任などで、事実上の離婚・別居（東京高決昭和58・6・28判夕510号191頁）、相争う関係などは、その行為の重要性、緊急性によって一方のみでよいかどうか判断されるべきである。

2　単独親権者を指定する場合

父母が協議離婚するときは、協議でどちらかを親権者と定めなければならない（民819条1項）。離婚届に親権者の定めを記載しないと受理されない。離婚後の共同親権は認められない。協議が調わないときまたはできないときは、父または母の請求により、家庭裁判所が定める（民819条5項）。夫の同意を得て第三者から精子の提供を受け出生した人工授精子について父母が離婚した後に親権者をめぐって争われ、母親が親権者に指定された事例がある（東京高決平成10・9・16判夕1014号245頁）。

裁判上の離婚のときは、裁判所がどちらかを親権者に指定する（民819条2項）。兄弟がいる場合に、すべて同一人を親権者にする必要はない（東京高判昭和63・4・25判時1275号61頁）。親権者の指定は、離婚判決の付随的裁判であるが、親権者の指定の裁判のみに対する上告も適法である（最判昭和61・1・21判時1184号67頁）。人事訴訟で離婚を求めるとき、親権者指定部分について、事実の調査ができるようになった（人訴31条）。家庭裁判所調査官の調査が期待されている。

子の出生前に父母が離婚した場合には、母が親権者となるが、子の出生後に協議で父を親権者と定めることができる（民819条3項）。この協議が調わないときまたはできないときは、父または母の請求により、家庭裁判所が定める（民819条5項）。

非嫡出子の親権者は母であるが、父が認知した場合には、協議で父と定めたときにのみ父がなる（民819条4項）。この協議が調わないときも、父または母の請求により、審判で親権者を定める（民819条5項）。

子の親族は親権の変更を家庭裁判所に求めることができ、家庭裁判所は、子の利益のために必要なときは親権者変更の審判をする（民819条6項）。

いずれの審判も子の福祉に適うことが判断基準となる。子の福祉に合致するかどうかの判断基準として、従前は、母親優先とか、継続性原則などが説かれた時期があったが、母親優先とする科学的根拠は証明されず、継続性原則も奪取したほうが勝ちという弊があるので、現在は採られず、総合的に判断されるという（中山直子「子の引渡しの判断基準」判タ1100号182頁）。

3　単独親権者が死亡した場合

離婚等により単独親権者となったところ、単独親権者が死亡した場合について、後見が開始するという説と親権者とならなかった父または母の親権が復活するという説がある。この点について、単独親権者とならなかった実親の親権は消滅しているのではないので、単独親権者が死亡した場合には、他の一方に変更することができる（民819条6項によって可能と解する）。しかし、親権者変更審判が確定するまでは、あるいは、申立てが却下されれば、親権を行う者がないので後見が開始し、後見人選任の申立ておよびその審判ができ、また、後見が開始しても親権者が現れれば後見が終了するだけであるから、後見開始後も親権者変更の審判をすることができる（岡垣学「単独親権者死亡による後見人選任後における生存実親への親権者変更の可否」判タ266号90頁）と解する。ただし、離婚により未成年者の親権者となった母が死亡した後、未成年者の父から親権者変更の申立てがされた事案において、申立人に

親権者を変更するよりも亡親権者母の母を後見人に選任することが相当であると認め、申立てを却下した事例がある（福岡家小倉支審平成11・6・8家月51巻12号30頁）。

なお、死亡ではなく、単独親権者が禁治産宣告（現在の後見開始の審判）を受けた場合に、他方の実親への親権者変更を認めた事例もある（岡山家児島支審平成3・6・28家月44巻6号76頁）。

4　単独親権者である養親が死亡した場合

養親夫婦が婚姻中は養親の共同親権となる。養親夫婦が離婚するときは、一方に定めなければならない。養親の一方が死亡しまたは一方と離縁したときは、他方の単独親権となる。共同親権者双方または単独親権者の一方が死亡したときは、実親の親権が回復するのではなく、後見が開始する（東京高決昭和56・9・2判時1021号108頁）。死亡によって養親子関係は消滅しないからと説明されているが、これには、有力な反対説がある（中川淳・判評280号32頁（判時1037号178頁））。養子縁組の場合は、離縁あるまで実親の親権は失われると解すべきであろう。未成年養子が子のための養子であるよう望むのであれば、離縁までは養方における子の監護の全うを優先させるべきだからである。その意味で、3の実親同士の場合とは異なるのであり、判例・実務を支持したい。

5　養親と実親が離婚した後に単独親権者となった者が死亡した場合

養親と実親が婚姻しているときは双方の共同親権、離婚時に実親が親権者となれば実親の単独親権である。離婚時に養親が親権者となれば、養親が単独親権者である。単独親権者である実親が死亡したときまたは単独親権者である養親が死亡したときは、後見が開始するが、3の実親同士の場合と同様、親権者変更の審判を妨げないものと解する。この場合の養子縁組は、実親の親権に影響を及ぼさないからである。単独親権者たる養親と離縁したときは、

実親の親権が復活する。実親の親権は、離縁によって復活するからである（民818条1項）。

V　親権の効力として認められる内容は何か

1　監護権

親権を行う者は、子の利益のために子の監護および教育をする権利を有し義務を負う（民820条）。父親が愛人におぼれて、子を監護・教育しなかったとしても、その女性が害意をもって父親の子に対する監護等を積極的に阻止するなど特段の事情のないかぎり、同女性の行為は未成年の子に対して不法行為を構成するものではないとする判例がある（最判昭和54・3・30民集33巻2号303頁）。

監護権の具体的な内容としては、居所指定権（民821条）、懲戒権（民822条）、職業許可権（民823条）があげられている。身分行為の代理権も有する場合がある（認知の訴えにつき民787条、嫡出否認の被告につき民775条、子の氏の変更につき民791条、代諾養子縁組・代諾離縁につき民797条および民815条、親権代行につき民833条）。

(1)　子の監護をめぐる争いの態様

民法は、子の監護に関する紛争について、協議上の離婚をするときは子の監護について必要な事項は協議で定め、協議が調わないときは家庭裁判所がこれを定める旨（民766条）、婚姻の取消しおよび父が認知した子の監護について同様の規定（民788条）を設けるのみである。しかしながら、子の監護に関する紛争は、婚姻中の夫婦にも離婚後の夫婦にも生ずることで、離婚時に限られるものではない。そのような様々な態様の子の監護に関する紛争をどのような手続で解決するかについては、いろいろな考え方があり、実務も対立してきたが、現在では、夫婦間の子の監護に関する紛争に関するかぎり、民法766条および家事審判法9条1項乙類4号（家事別表第2の3項）の準用

によって全部を処理することに学説・判例ともほぼ固まっている。子の監護をめぐる問題としては、子の監護者の指定、子の引渡し、面会交流（なお、従前は、面接交渉という言葉が用いられていたが、平成23年法律第61号による改正により、民法766条に「面会及びその他の交流」という言葉が用いられたことに伴い、今後は、面接交渉という言葉に代えて面会交流という言葉が使用されることになろう）、養育費などがある。

前提として親権との関係について述べておくと、親権の内容に監護権と財産管理権があることから、原則として親権者が監護権を有する。しかし、民法そのものが監護権と親権とを別に規定しているように、親権と監護権を分けることも可能である（民797条2項参照）。離婚訴訟においても、申立てにより親権の指定と同時に子の監護に関する処分ができることとされている（人訴31条）。

(2) 親権者以外に子の監護者の指定が必要な場合とは

離婚時および離婚後には単独親権となり、親権者が監護することが原則であるから、通常は子の監護者の指定は親権者の指定または変更の問題となって現れることになる。ただ、特に必要がある場合は、監護者の指定・変更をすることも可能である。

では、子の監護者の指定はどのような場合に可能か。離婚、婚姻の取消し、認知のように明文規定があるときはもちろん可能である。親権と監護権の分属は認められているから、単独親権者に対し非親権者から親権者を相手に監護権者の指定または変更を申し立てることができる。親権者が、監護権者に対して監護権者の変更申立てもできる。

もっとも問題があるのは、共同親権者である父母間で監護権者の指定ができるかどうかである。監護権者の指定をするということは、一方の監護権を奪うということになり、奪うには奪う根拠が必要である。夫婦は同居・協力・扶助義務を有し、子に対しては共同親権をもって共に子を監護・養育する権利と義務をもっている。単に別居したから、あるいは紛争が激しいからという理由で、その監護権を奪うことはできない（事実上の離婚状態の場合の

高松高決平成4・8・7判夕807号235頁)。したがって、夫婦間においては、原則として監護者の指定はできないものと考えられる。そのような考え方になじむのではないかと思われる判例もある（最判平成5・10・19民集47巻8号5099頁）。ただし、夫婦関係が完全に破綻して同居請求が却下されるような状況になれば、民法766条を類推適用して監護者の指定をすることができるものと解しうるであろう。すでに、夫婦が同居して子を共同監護することを法律上も期待できない状況に至ったという点で、離婚の場合と同様と考えることができるからである。

　第三者を監護者と指定することもできると解されている（我妻142頁）。第三者が監護者のときは、その第三者に対し監護者の変更を求めることができるし、第三者が監護者の変更を求めて申し立てることができる。

(3) 子の引渡請求が認められる場合

(ア) 婚姻中の父母間の子の引渡請求

　婚姻中の父母は双方とも親権者であり監護権者であるから、子の引渡しを認めることによって一方の監護権の行使を事実上制限することになる。そこで、監護権の行使を事実上制限することを肯定できる事情が必要となる。これはひとえに、いずれに子を監護させることが子の福祉に適するかということしかない。申立人のもとで監護されることが子の福祉に適うと認めるとき、子の引渡請求が形成されるのである。

　夫婦仲が悪く、離婚状態などのような事案では、子の奪い合いが生じることが少なくなく、これを封じるためには子の実質的な幸福と同時に手続的正義という面も無視できない。夫が調停手続係属中に子を連れ去った場合について、現在は良好な養育環境にあっても母に子の引渡しを認める判例も出ている（最判平成11・4・26判時1679号33頁。三谷編・常識第10話）。

(イ) 離婚後の父母間の子の引渡請求

　親権者または監護権者である父母の一方からの子の引渡請求および監護権者でない者からの引渡請求のいずれも、家事審判法9条1項乙類4号（家事別表第2の3項）によって申立ては可能である（最判平成11・5・25家月51巻10

号118頁)。父母は、仮に親権者もしくは監護権者とならない場合でも、全くそれらを失ってしまうのではなく、少なくとも将来親権者もしくは監護権者となりうる地位にある者として、民法766条と同様の法律状況にあるといえるからである。ただ、監護権のない父母の一方からの申立ては、本来は親権者または監護者の指定もしくは変更の申立てがされることが望ましいであろう（泉272頁は居所指定権の変形という。沼辺「親権者でない者からの幼児の引渡し請求」判タ747号326頁、島田「子の奪い合い紛争Ⅰ」講座現代家族(3)184頁参照)。

このような事件の判断基準もやはり、いずれに子を監護させることが子の福祉に適するかということである。

(ウ) **親権者と第三者間の引渡し請求**

親権者は親権の効力としてその行使を妨げる第三者に対し妨害排除を求めることができるので、その手段として引渡しを求めることができるというのが判例である（最判昭和38・9・17民集17巻8号968頁)。このような事案の中、民法766条で第三者が監護権者と指定された場合、その第三者は、民法766条に基づいて審判の申立てができる。しかし、その他の第三者の場合は子を監護できる根拠がないから、親権または監護権に基づく請求権の有無を判断すれば足りることであり、審判ではなく民事訴訟によるべきであろう（「平成7年度家事事件担当裁判官協議会における協議結果の概要―子の引渡事件の処理に関し考慮すべき事項」家月48巻11号15頁)。

(エ) **人身保護法による引渡請求**

人身保護法により子の引渡しを求めることは、早くから判例の認めるところで（最判昭和24・1・18民集3巻1号10頁、最判昭和33・5・28民集12巻8号1224頁、最判昭和43・7・4民集22巻7号1441頁、最判昭和49・2・26家月26巻6号22頁など)、子の引渡しは人身保護法によることの方が多い状況であった。その判断基準は「夫婦のいずれに監護せしめるのが子の幸福に適するかを主眼にする」というものであった（最判昭和43・7・4民集22巻7号1441頁)。かつて家事審判法の仮処分には実効性がなかったところから、これらの判例は

学説にも支持されてきた。しかしその後、最高裁は、実質的には夫婦間の子の引渡しに関し、原則としては適用を認めない方向を打ち出し、「拘束者による幼児に対する監護・拘束が権限なしにされていることが顕著である（人身保護規則4条参照）ということができるためには、右幼児が拘束者の監護の下に置かれるよりも、請求者に監護されることが子の幸福に適することが明白であることを要するもの、言い換えれば、拘束者が右幼児を監護することが子の幸福に反することが明白であることを要するものというべきである（前記判決参照）。けだし、夫婦がその間の子である幼児に対して共同で親権を行使している場合には、夫婦の一方による右幼児に対する監護は、親権に基づくものとして、特段の事情がない限り、適法というべきであるから、右監護・拘束が人身保護規則4条にいう顕著な違法性があるというためには、右監護が子の幸福に反することが明白であることを要するものといわなければならないからである」と判示している（最判平成5・10・19民集47巻8号5099頁）。その後同旨の判例が続けて出され、このような扱いは定着し、かつ、人身保護法によることのできる場合も類型的に整理されるに至った。

夫婦間の子の引渡しについて人身保護法によることができるのは、

① 「拘束者に対し、家事審判規則52条の2又は53条に基づく幼児引渡しを命ずる仮処分又は審判が出され、その親権行使が実質上制限されているのに拘束者が右仮処分等に従わない場合」（最判平成6・4・26民集48巻3号992頁）

② 「幼児にとって、請求者の監護の下では安定した生活を送ることができるのに、拘束者の監護の下においては著しくその健康が損なわれたり、満足な義務教育を受けることができないなど、拘束者の幼児に対する処遇が親権行使という観点からみてもこれを容認することができない」場合（最判平成6・4・26民集48巻3号992頁）

③ 合意に反して監護を継続するなど手続上の正義に反する場合（最判平成6・7・8判時1507号124頁）

であり、その他、

④ 監護権を有する者から法律上監護権を有しない者に対し幼児の引渡しを請求する場合（最判平成6・11・8判時1514号73頁）

ということになる。そして、親権者である母が父に対し人身保護法に基づいて子の引渡しを請求した事案において、請求者の子に対する愛情および監護意欲に欠けるところがなく、監護の客観的態勢も整っているという事情の下においては、拘束者の愛情の下にその監護が長期間続いており、子が現在の生活環境に慣れ安定した生活をしているとしても、子を請求者の監護の下に置くことが子の幸福の観点から著しく不当ということはできないとされた事例もある（最判平成11・5・25家月51巻10号118頁）。

子の引渡し紛争についてあるべき姿であるといえる。

(オ) **強制執行の方法はどれによるか**

強制執行については、子の引渡しが、親権行使を妨害してはならないという不作為請求であるとすれば**間接強制**ということになり、給付請求であるとすれば直接強制ということになる。間接強制であれば、その主文は、たとえば、

「債務者は、債権者に対し、事件本人の引渡しをしないときは、この決定の告知を受けた日の翌日から14日を経過した日から事件本人の引渡しを完了するまで、1日につき金3万円の割合による金員を支払え。」（旭川家決平成元・9・25家月41巻12号129頁）

となる。従前はほぼ間接強制によるべきことで実務も動いていたが、人身保護によるべき場合が限られたことから、より実効性があると思われる直接強制説が有力に説かれるようになった（前掲家月48巻11号47頁、梶村太市他「子の引渡し仮処分事件の処理をめぐる諸問題」家月47巻7号66頁）。別居中の妻が夫に対し、子（5歳と2歳）の引渡しを求めた事案において、申立てを認容したうえ、理由中において、これまでの相手方の対応からすると、直接強制により引渡しを実現するしかない旨付言した事例もでている（東京家審平成8・3・28家月49巻7号80頁）。もっとも、「被拘束者を釈放し、請求者（債権者）に引き渡す」との人身保護命令の場合には、それが「いわゆる形成判決

であることは、同判決の主文自体によって明らかであって、同判決は、そもそも民事執行法の規定による強制執行に親しまないものであるばかりでなく、人身保護規則46条も『法による救済の請求に関しては、法及びこの規則に定めるものの外、その性質に反しない限り、民事訴訟の例による。』と規定するにとどまり、殊更に、民事執行法の規定の適用を排除していることが明らかである。従って、債権者が人身保護法26条所定の罰則の適用を求めることによって、債務者に対する間接強制を図ることはともかくとして、本件の如く、民事執行法の規定による直接ないし間接強制の方法によって、前記判決の内容の実現を図ろうとする申立は、既に、他の点の判断を用いるまでもなく、不適法として却下を免れない」とする裁判例があることに注意する必要がある（千葉地決昭和62・3・18判時1225号109頁）。

　子の引渡しの根拠が何かを考えてみると、第1に親権または監護権であることは間違いはない。相手が親権の妨害をしていることも間違いがない。そのとき、親権または監護権に基づいて、相手方に子の返還をするよう請求できる権能があるかどうかということが問題である。監護権は、支配権ではないが、対世的な権利・義務として認められている。親権は、社会に対し自己が子の監護養育を行うことを正当化しているといえる（泉260頁）。監護者が子の監護養育を十分行うためには、子の身柄が監護権者とともにあることが必要である。監護権者の監護権を奪ってはならないことは、社会一般の人が侵してはならない義務として存在していると思われる。そうとすれば、監護権者は、子を奪うことによって監護権を全面的に妨害している者に対し、子の返還を求めることができてよいはずである。よって直接強制が可能であるとの説に賛成したい。ただ、事情によっては間接強制が有効である場合もあり、また、子の年齢や状況によって間接強制が望ましい場合もあるであろう（審判に従わない場合についての旭川家決平成元・9・25家月41巻12号129頁）。そのときは、子の引取りを妨害してはならない旨の審判によって間接強制も可能と考える。そのような権能も監護権にはあるからである。直接強制の主文による審判を得た後、事情によって間接強制の主文による審判を求めること

も可能と考える。

　若干気になるのは、婚姻中の夫婦の子の引渡しである。相手方にも親権・監護権があるがゆえに、返還請求権があるかどうか問題とはなるが、監護権に基づいているのであるから、返還請求権を否定することはできないであろう。

　このように、強制執行の点を考慮すると、子の引渡しは、親権または監護権に基づいて発生し、あるいは形成されると考えられる。

(4)　面会交流権

(ア)　面会交流権は権利の性質を有するか

　面会交流は、父または母が子と面会し親子としての交流をする権利といわれるが、権利として認められないという有力説がある（梶村「子のための面接交渉」ケース153号88頁）。親であることから当然に面会交流を求めることが権利であるということはできないと考える。親が子に会いたいという欲求は自然的（実務の実感としては、自然的ではなく、多分に意志的・意地的である）だからといって、なぜ権利となるのか不明である。面会交流が権利として認められるためには、一般的にそれが個人の利益として法的に保護されるべきものであることが必要である。

　そこで、法的に保護される根拠を考えてみると、監護親とならなかったとしても親は将来監護親となる可能性のある地位にあるので、そのような地位に基づいて子の監護の実態を把握するために面会交流が認められると解すべきではないか（若林「離婚後の面接交渉権その１」講座現代家族(3)227頁）。このように考えることによって、面会交流権と子の福祉を同次元で比較考量できることになる。

　面会交流については、改正要綱第六、一の「父又は母と子の面会及び交流」という文言により、明示的に認められることになっている。しかし、「この場合においては、子の利益を最も優先して考慮しなければならない」として、制約を加えている。

　そして、平成23年法律第61号による改正後の民法766条１項は、上記の改

正要綱の趣旨を取り入れて、「父母が協議上の離婚をするときは、……子との面会及びその他の交流……その他の子の監護について必要な事項は、その協議で定める。この場合においては、子の利益を最も優先して考慮しなければならない」と規定されることになった。

　(イ)　**判断基準は──考量すべき要素**

　原則としては面会交流権が認められるので、認められない場合を検討する。抽象的には子の福祉に反する場合であるが、具体化が必要である。

　なお、以下の(エ)までは、過去の審判例などに基づくものであるため、審判書などの記載のみならず、説明文中にあっても、「面会」を「面接」と「交流」を「交渉」と表記する。

①　子に対する暴力、奪取、侮辱などのおそれがある場合は、現在の監護状況を害するもので、面接の目的の範囲を超えるから面接は認めるべきではない。この場合には、養育料支払いの有無にかかわらず、面接は認められない（東京家審平成14・10・31家月55巻5号165頁、横浜家審平成14・1・16家月54巻8号48頁、東京家審平成13・6・5家月54巻1号79頁等）。

②　子の精神的不安定という要素は、あまり重視すべきではないであろう。それは、面接を権利として認める以上は前提として甘受せざるを得ない不利益といわざるをえない。監護親の同行とか回数を減らすとか、面接の具体的方法によってできるだけ精神的不安定を少なくするよう工夫することが要請される（名古屋高決平成9・1・29家月49巻6号64頁。認めなかった判例として、福岡高那覇支決平成15・11・28家月56巻8号50頁、岐阜家大垣支審平成8・3・18家月48巻9号57頁）。

③　監護親の再婚、養子縁組があった場合は、新しい家庭にとっては面接はその安定を妨害するものとして認めたくない一方、非監護親としては新しい家庭で子が大切にされているかどうか不安で、実態を見極めたいという要望が強いという事態もある。①、②の要素に加え、まずは新しい家庭の安定、新しい家庭に子がなじむことを優先すべきであろう。

④　紛争の激化を生じるという要素はあまり重視すべきではないだろう。

拒否感が強ければ紛争は激化するはずであるので、面接を拒否すれば面接は認められない、という結果になるからである。ただ、このことが②の要素に結びつくことがありうる。特に離婚紛争中などは奪取のおそれについて慎重に判断されることになるであろう（横浜家審平成8・4・30家月49巻3号75頁）。

⑤　子の意思は、15歳以上では尊重されるべきである。15歳未満であっても拒否の理由が合理的で、それをおして面接させることが子の心情に悪い影響があると認められるとき（たとえば、かつて暴力を振るわれたとか、不倫による家庭の崩壊であったとか）は、面接は否定されるであろう。

　(ウ)　**面接交渉を認める主文はどうなるか**

面接交渉が認められた場合の主文は、たとえば、

「相手方は、毎月1回当裁判所の指定する日時および場所において事件本人を申立人と面接させる。

　申立人および相手方は、前項による面接の実施については、家庭裁判所調査官西田博の指示に従え。」（東京家審昭和39・12・14家月17巻4号55頁）。

「一　事件本人が自由意思に基づいて申立人と面接し、申立人方を訪問しまたは申立人方に宿泊しようとするときは、相手方は、精神的束縛、不利益の告知、その他方法のいかんを問わず、事件本人と申立人との面接、申立人方の訪問または申立人方への宿泊を妨げる行為をしてはならない。

二　相手方は、事件本人に対し、申立人との面接を思い止まるように説得し、教示しまたは暗示を与えてはならない。

三　本件費用は、各自の負担とする。」（仙台家気仙沼支審平成5・10・14判タ832号163頁）

「1　申立人と事件本人との面接交渉について、次のとおり定める。

　　回数　1か月1回。

　　日時　各月の第1土曜日の午後1時から午後5時まで（ただし、

事件本人に差し支えがあるときは、上記に代わる日時を申立人と相手方が協議して定める。）。

　　方法　面接開始時に相手方宅で事件本人を相手方（又はその委任する者。以下同じ）から申立人（又はその委任する者。以下同じ）に引き渡し、面接終了時に相手方宅で事件本人を申立人から相手方に引き渡す。

　　申立人は、上記面接時間中、申立人の住居その他適当な場所において、事件本人と面接する。

2　相手方は、申立人に対し、第1項所定の面接開始時に、相手方宅で事件本人を申立人に引き渡し、事件本人を申立人と面接させよ。

3　申立人は、相手方に対し、第1項所定の面接終了時に、相手方宅で事件本人を相手方に引き渡せ。」（最判平成12・5・1民集54巻5号1607頁の第一審の福岡家久留米支審平成11・7・29）

というようになる。

　(エ)　**強制執行の方法はどれによるか**

面接を認める裁判があったにもかかわらず、それに応じなければ**間接強制**が可能である。この場合の主文は、たとえば、

「1　債務者は、債権者に対し、毎月2回債権者の指定する日時、場所において、両者間の長男○○○○（平成○年○月○日生）と面接交渉させよ。

2　債務者が、審判送達の日以降において、前項の債務を履行しないときは、債務者は、債権者に対し、1回につき金5万円を支払え。」
（高松家決平成14・6・25家月55巻4号69頁）

「1　債務者は、当事者間の神戸家庭裁判所龍野支部平成13年（家イ）第36号子の監護に関する処分調停申立事件において平成13年3月14日に成立した調停調書の執行力ある正本に基づき、別紙同調停調書の3項のとおり、債権者を当事者双方間の長男である未成年者○○○と、毎月少なくとも2回面接させなければならない。

2　債務者が、本決定の告知を受けた日以降、前項の義務を履行しないときは、債務者は債権者に対し、不履行1回につき20万円の割合による金員を支払え。」（神戸家決平成14・8・12家月56巻2号147頁）などとされている。

(5) 養育費

　養育費は、監護費用であるから、子の監護に関する処分の1つである。平成23年法律第61号による改正後の民法766条1項は、「子の監護に必要な事項」の1つとして「子の監護に要する費用の分担」を明記し、これにより非監護親が監護親に対して分担して支払うべき「養育費」を明文で認めた。非監護親が監護親に支払う。そして、離婚請求を認容するに際し、別居後離婚までの間の子の監護費用の支払いを命ずることも可能であるし（最判平成9・4・10民集51巻4号1972頁）、離婚請求を認容するに際し、親権者の指定とは別に子の監護者の指定をしない場合であっても、申立てにより、監護費用の支払いを命ずることができる（最判平成元・12・11民集43巻12号1763頁）。

　主体は扶養と異なるが、実質は扶養料で、計算方法も同じである。

　平成19年10月以降毎年、厚生労働省から「養育費相談支援センター」事業の委託を受けて、公益社団法人家庭問題情報センターは、養育費相談支援センターを展開している〈http://www.youikuhi-soudan.jp〉。

2　財産管理権

　親権者は、子の財産を管理し、代表権を有する（民824条）。管理といっているが、管理行為に限られるわけではなく、処分行為もできる。全面的な代理権があるからである。管理権行使には、自己のためにすると同一の注意義務で足りる点が後見と異なる（民827条、869条、644条）。

　子が成年に達したときは、遅滞なく管理の計算をしなければならないが、養育費および管理の費用は、子の財産の収益と相殺したものとみなされている（民828条）。

　第三者が無償で子に与えた財産の管理については、特別の規定がある（民

830条)。

　管理終了後の応急処分義務、管理終了の対抗要件の通知等が必要である（民831条、654条、655条)。

　管理に関して生じた債権は管理権消滅後、子が成年に達するか後任の法定代理人が就職したときから起算して5年で時効によって消滅する（民832条)。

(1) 父母の一方が共同の名義でした行為の効力は有効か

　共同親権の場合は代理行為も共同して行わなければならない。一方が他方の意思に反して共同名義でした行為は、善意の相手方に対しては有効であり（民825条)、単独名義でした行為については、原則は無効である。権限外の行為の表見代理の問題（民110条）と考える説がある。この民法825条は、訴訟行為には適用されないのであり、最高裁は、「民法825条の規定は、共同して親権を行うべき父母の一方が、他方の意思に反して共同名義で未成年者に代わつて法律行為をし又は未成年者がこれをすることに同意した場合において、その外形を信頼した善意の相手方を保護し、もつて取引の安全を図ることを目的としたものであつて、取引行為とは異なる訴訟行為には適用されないものと解するのが相当である。けだし、訴訟行為においては、一つの行為が他の行為の前提となり、これらが有機的に結合して手続を形成していくのであつて、右行為の効力は一義的に明白であることが必要であり、民法825条が規定するように相手方が善意であるかどうかによつてその効力が左右されるのは妥当でないし、また、訴訟行為が外形上父母の共同名義で行われてさえいれば、他の一方の意思に反した場合でもその効力に影響がないと解することは、民訴法が、親権の共同行使の原則のもとで、未成年者が適法に代理されているかどうかを職権調査事項とし、これを看過した場合を絶対的上告理由（民訴法395条1項4号〔＝現行の民訴312条2項4号〕）及び再審事由（民訴法420条1項3号〔＝現行の民訴338条1項3号〕）として規定していることと相容れないからである」と判示している（最判昭和57・11・26民集36巻11号2296頁)。

(2) 子本人の同意が必要な場合

子の行為を目的とする債務を生ずべき場合には、本人の同意が必要である（民824条但書）。たとえば、子が演劇等に出演する契約締結などである。子に代わって労働契約をすることは、労働基準法によって禁止されている（労基58条1項）。したがって、労働契約の場合には、子が親権者の同意を得て労働契約を締結することになるのであり（労基4条1項本文）、子本人の同意を必要とするものは、子が労働基準法の適用外の家事使用人となる契約などに限られる（鈴木152頁）。

(3) 利益相反行為をするときはどうするか

親権者と子との間で利益が相反する場合、同一親権者の数人の子の間で利益が相反する場合は、親権者の代理権行使が制限される。親権者は、子のための特別代理人の選任を家庭裁判所に申し立て、特別代理人が代理行為を行わなければならない。利益相反であるにもかかわらず特別代理人の選任なく行った行為は、無権代理行為となり、追認のないかぎり無効である（最判昭和46・4・20判時631号53頁）。

利益相反行為の判断基準は、形式説と実質説が対立しているが、形式説が判例である（最判昭和43・10・8民集22巻10号2172頁）。形式説というのは、親権者が利益を得、子が不利益を受けるという関係を当該行為の法律的な帰趨によって考え、行為の目的や意図を考慮に入れないという考え方である。たとえば、親権者が子を代理して多額の借財をすることは、子にとって不利益であるが、それによって法律上親権者が利益を受けるということはない。したがって、この行為は利益相反ではない。親権者はその借入金を自己のために使用しようとしているかもしれないが、その点は判断材料にならないのである。もし行為の意図などによって判断すると、取引の相手方を混乱させるだけである。親権者の借財を担保するため子の不動産に抵当権を設定することは、借入金が支払われないときに子の不動産は抵当権実行によって売却され、それによって親権者の借財が減額されるという利益を得るので、利益相反に当たる（最判昭和37・10・2民集16巻10号2059頁）。親権者の債務について

子に代理して連帯債務者にすることも利益相反に該当する（大判大正3・9・28民録20輯690頁）。

親権者と子全員が相続放棄する場合は利益相反とはいえないが、一部の子のみ放棄する場合は利益相反となる（最判昭和53・2・24民集32巻1号98頁）。遺産分割協議も利益相反である（最判昭和49・7・22家月27巻2号69頁）。親権者の一方と利益が相反する場合は、利益相反関係のない親権者と特別代理人とが共同して子のための代理行為をすべきである（最判昭和35・2・25民集14巻2号279頁）。

(4) **親権濫用とされる場合とは**

行為が利益相反であるときは、親権者に代理権がない。利益相反でないときは、代理権に制限がないから有効である。しかし、親権者が借財をして全部自己の遊興費に費消してしまった場合、無条件に子に効果を及ぼしてよいかは疑問である。このような事態は代理権の濫用であるから、相手方がその事情を知りまたは知りうべき場合には民法93条但書の類推適用により、効力を否認すべきであるというのが判例である。すなわち、任意代理において認められていた理論を、法定代理である親権の場合にも認めたものである（最判平成4・12・10民集46巻9号2727頁）。

この判決は、親権者が日頃世話になっている叔父の経営する会社の債務を担保するため、子を代理して子の不動産に抵当権を設定したというもので、利益相反にならないことを前提に親権者の広範な裁量を認め、

> 「親権者が子を代理してする法律行為は、親権者と子との利益相反行為に当たらない限り、それをするか否かは子のために親権を行使する親権者が子をめぐる諸般の事情を考慮してする広範な裁量にゆだねられているものとみるべきである。そして、親権者が子を代理して子の所有する不動産を第三者の債務の担保に供する行為は、利益相反行為に当たらないものであるから、それが子の利益を無視して自己又は第三者の利益を図ることのみを目的としてされるなど、親権者に子を代理する権限を授与した法の趣旨に著しく反すると認められる特段の事情が存しない限り、

親権者による代理権の濫用に当たると解することはできないものというべきである。したがって、親権者が子を代理して子の所有する不動産を第三者の債務の担保に供する行為について、それが子自身に経済的利益をもたらすものでないことから直ちに第三者の利益のみを図るものとして親権者による代理権の濫用に当たると解するのは相当でない」
と判示して、親権の行使に限り濫用となる場合を狭めている。

VI 親権の喪失

　平成23年法律第61号による改正前の民法は、「第3節　親権の喪失」との表題の節において、834条から837条までの4カ条を規定し、①親権の喪失（その宣告および取消し）、②親権者の管理権の喪失（その宣告および取消し）、③親権または管理権の辞任（およびその回復）について定めていた。
　平成23年法律第61号は、上記の事柄に関しては、ⓐ親権の喪失の要件を明確にすること、ⓑ申立権者に未成年子などを加えること、ⓒ親権の停止という制度を設けることなどの改正をした。

1　親権喪失の審判

　平成23年法律第61号による改正後の民法は、「親権喪失の審判」と題する834条において、次のとおり定めている。
　　「父又は母による虐待又は悪意の遺棄があるときその他父又は母による親権の行使が著しく困難又は不適当であることにより子の利益を著しく害するときは、家庭裁判所は、子、その親族、未成年後見人、未成年後見監督人又は検察官の請求により、その父又は母について、親権喪失の審判をすることができる。ただし、2年以内にその原因が消滅する見込みがあるときは、この限りでない」。
　平成23年法律第61号による改正前の民法834条は、「親権の喪失の宣告」と題して、「父又は母が、親権を濫用し、又は著しく不行跡であるときは、家

庭裁判所は、子の親族又は検察官の請求によって、その親権の喪失を宣告することができる。」と定めていた。

今回の改正後の民法は、第1に、親権喪失の「宣告」を「審判」に代えている。この言葉の違いは、近時の諸法の改正にあたって、破産宣告を破産手続開始の決定（破産法30条）に、禁治産宣告を後見開始の審判（民法7条）に代えたのと同様に、「宣告」という言葉に伴う否定的な評価を価値中立的な「審判」という言葉に代えたということにある。

第2に、親権喪失の要件について、今回の改正前の民法では、父母の「親権の濫用」または「著しい不行跡」とされていたが、今回の改正後の民法では、究極的には父母による親権の行使により「子の利益」を「著しく」「害すること」が親権喪失の要件であり、その例示として、「虐待」または「悪意の遺棄」があげられている。

第3に、親権喪失の要件が、2年以内に消滅する見込みがあるときは、今回の改正で新たに設けられた「親権停止」とすることを考慮し、親権喪失の審判をすることができないとされている。

第4に、親権喪失の審判の申立権者について、今回の改正前の民法では、「子の親族」または「検察官」の2者に限定されていたが、今回の改正後の民法では、「子」が付加され（その理由は、子の保護を優先的に考慮することにある）、「未成年後見人」および「未成年後見監督人」が付加された（その理由は、親権停止の審判があった場合および管理権喪失の審判があった場合に、これらの者にも、親権喪失の審判の申立権を付与することが相当とされたからである。）。

2　親権停止の審判

今回の民法改正によって設けられた制度である。

改正後の民法834条の2の1項は、「父又は母による親権の行使が困難又は不適当であることにより子の利益を害するときは、家庭裁判所は、子、その親族、未成年後見人、未成年後見監督人又は検察官の請求により、その父又

は母について、親権停止の審判をすることができる」と、同2項は、「家庭裁判所は、親権停止の審判をするときは、その原因が消滅するまでに要すると見込まれる期間、子の心身の状態及び生活の状況その他一切の事情を考慮して、2年を超えない範囲内で、親権を停止する期間を定める」と、定めている。

第1に、親権喪失の審判とは異なる親権停止の審判を設けた趣旨は、親権喪失の要件まではないものの、親権の行使を制限した方がよい場合について、子の保護を図ろうとすることにある。子の保護のために、木目の細かい制度を用意したということである。

第2に、親権停止の要件は、究極的には父母による親権の行使により「子の利益」を「害すること」であり、親権喪失の要件が「子の利益」を「著しく」「害すること」であるのと対比すると、この両者の要件の差異がわかる。要するに、親権を喪失させるまでには至らない比較的程度の軽い事案を親権停止の対象事案として想定していることになる。

第3に、親権停止の期間は、2年を超えないものとされている。結局、親権停止の制度は、親権喪失の要件までは充足しないものの、子の保護のために必要がある場合には、家庭裁判所がその裁量により、2年を超えない範囲内で、親権の行使を制限することを可能とし、もって、子の保護を図ったということになる。

3　管理権喪失の審判

管理権喪失の宣告（審判）は、従前からもある制度である。

今回の改正前の民法835条は、「親権を行う父又は母が、管理が失当であったことによってその子の財産を危うくしたときは、家庭裁判所は、子の親族又は検察官の請求によって、その管理権の喪失を宣告することができる」と定めていた。

今回の改正後の同条は、「父又は母による管理権の行使が困難又は不適当であることにより子の利益を害するときは、家庭裁判所は、子、その親族、

未成年後見人、未成年後見監督人又は検察官の請求により、その父又は母について、管理権喪失の審判をすることができる」と定めている。

　この改正は、管理権喪失の要件について、改正前には、管理が失当であることにより「子の財産を危うくしたとき」とされていたが、改正後には、管理権の行使が困難または不適当であることにより「子の利益を害するとき」とされ、後者の方が広いと解される。すなわち、子が第三者と契約をする際に、親が合理的な理由がなくこれに同意しない場合は、改正前の規定では要件に該当しないとされようが、改正後の規定では要件に該当するとされよう。

4　親権喪失、親権停止または管理権喪失の審判の取消し

　親権喪失の宣告（審判）および管理権喪失の宣告（審判）の取消しは、従前からもある制度であり、今回の民法改正で、親権停止の審判が新たに設けられたことから、その取消しについても、規定することになった（今回の改正後の民法836条）。

5　親権または管理権の辞任および回復

　民法837条1項は、「親権を行う父又は母は、やむを得ない事由があるときは、家庭裁判所の許可を得て、親権又は管理権を辞することができる」と、同2項は、「前項の事由が消滅したときは、父又は母は、家庭裁判所の許可を得て、親権又は管理権を回復することができる」とそれぞれ定めている。

　この条文は、今回の改正の対象とはならなかった。

Ⅶ　実務上の留意点

　強制執行が可能であるには、給付を命じていなければならない。そこで、面接交渉についての調停条項に「……面接することを認める」とある場合には、給付条項ではなく、単なる確認条項にすぎないとして間接強制の申立てを却下した裁判例がある（高松高決平成14・11・15家月55巻4号66頁）。したが

って、調停条項の記載方法には注意が必要である。

VIII 事例について

子を取り戻すための考えられる方法は以下のとおり。
① 離婚＋親権者指定＋子の引渡し（本案）
② ①を本案とする子の引渡し仮処分（人事訴訟法上の仮処分）
③ 子の引渡し（乙類4号本案）
④ ③を本案とする仮の処分（家事審判法上の仮処分）
⑤ ③、④を本案とする仮の処分（家事審判上の仮処分）
⑥ 太郎が一郎を奪取し、幼稚園などにも行かせていないので、人身保護法による救済もありうるが、棄却されるとかえって期間をかけるのみであるので、十分な検討が必要である。

執行方法については、本文参照。

〔演習問題〕
　太郎と花子は平成10年婚姻、まもなく長男一郎をもうけた。ところが、太郎がリストラにあったことが原因で、平成15年6月、花子は一郎を連れて実家に戻り、別居するに至った。太郎は、一郎をかわいがっていたので、ときどき会いに来ていたが、一向に養育費を入れない太郎の態度に怒った花子は、一郎との面接を拒否するようになった。するとそれに反発した太郎が、一郎の通う幼稚園に赴いて一郎に面会したり、通園時に手紙を渡したり、お菓子を渡すなどして面接するようになった。これにますます反発した花子は、一郎に付き添い、幼稚園には太郎との面会をさせないよう申し入れ、対立は激化する一方となった。花子は、そんなことをする時間があれば働いて養育費を入れる方が先だというのであるが、太郎にいわせれば、会えなければ働く意欲がわかないという。太郎は、面接を求めて調停を申し立てた。
　審判する立場であったら、どのように考えたらよいか。

第11章 後 見

I 事 例

● 事例 ●

　一郎は、太郎と花子の長男であるところ、一郎15歳のときに太郎の父亀夫と養子縁組した。一郎18歳時に亀夫が死亡し、一郎は亀夫からの相続により、甲土地とその地上乙建物（賃貸マンション）を取得した。その後、太郎が後見人に選任され、一郎を監護養育している。

　さて、太郎は、株式会社Aを経営しその代表取締役であるところ、運転資金として4000万円をB銀行から借り入れることになった。B銀行は、その担保として甲土地と乙建物を要求した。そこで太郎は、一郎の法定代理人である後見人太郎としてA社のB銀行に対する債務の支払いを担保するため、甲土地と乙建物に抵当権を設定した。連帯保証人は花子である。

　一郎は20歳になって上記事情を知り、亀夫の意思に背くことになると太郎に言ったところ、太郎も、A社の経営が思わしくないこともあり、一郎の意思に同意した。一郎はB銀行相手に抵当権設定登記の抹消登記手続を求める訴えを提起した。

　双方の主張を展開せよ。

II 設 問

1 成年後見人の代理権の範囲について述べよ。

2　利益相反行為の判断基準について述べよ。
3　成年後見人が代理権の濫用をした場合の効力について述べよ。
4　親権者が代理権の濫用をした場合の効力について述べよ。

III　後見制度にはどのようなものがあるか

　後見制度は、通常の判断能力を欠く者を支援・保護するために認められた制度であり、未成年後見と法定後見、さらに判断能力のあるうちに契約する任意後見の制度が設けられている。

　未成年者は、精神的にも肉体的にも発達途上にあり、人の話しに迎合したりすることもあり、十分な判断能力を有さないのが通常である。父母がいる場合には、親権者として、未成年者を保護することになるが、未成年のうちに親権者が死亡したりすることがある。その場合に、未成年者を親権者に代わって保護するのが未成年後見人である。

　成年者に対する後見を成年後見制度という。「成年後見制度は、判断能力の不十分な成年者（痴呆性高齢者・知的障害者・精神障害者等）を保護するための制度であり、現行民法は、後見・保佐・補助制度が設けられている。今回の改正においては、高齢社会への対応および知的障害者・精神障害者等の福祉の充実の観点から、自己決定の尊重、残存能力の活用、ノーマライゼーション等の新しい理念と従来の本人の保護の理念との調和を旨として、柔軟かつ弾力的な利用しやすい制度」として構築された（法務省ホームページの「成年後見制度等関連四法の概要（平成11年12月）」より）ものである。

　新しい成年後見制度は、法定後見制度と任意後見制度から成り立っている。そして、法定後見制度新設に際して、従来の禁治産制度に相当する成年後見（判断能力を欠く程度が重度の場合）以外に、従来の準禁治産制度に相当する保佐（判断能力を欠く程度が中程度の場合）、さらに従来の制度にはない補助（判断能力を欠く程度が軽度の場合）の制度を新設した。

Ⅳ 未成年後見とは

1 未成年後見はいつ開始するか

未成年後見は、未成年者に対して親権を行う者がないときまたは親権を行う者が管理権を有してないときに開始する（民838条1号）。

2 未成年後見の機関には何があるか

未成年後見の機関は、未成年後見人と未成年後見監督人である。

(1) **常置機関は何か**

常置機関は、未成年後見人である。

(ア) **未成年後見人はだれが指定・選任するか**

未成年後見人は、未成年者に対して最後に管理権を有する親権者が、遺言で指定することができる（民839条1項）。また、親権を行う父母の一方が管理権を有しないときは、他の一方は、遺言で未成年後見人を指定することができる（民839条2項）。

その他の場合には、請求により家庭裁判所が選任する（民840条、841条、845条、家審9条1項甲類14号、家事別表第1の71項）。

未成年後見人は、平成23年法律第61号による改正前は、その人数が1人であり（改正前の民法842条。改正により、削除された）、かつ、その者は、自然人でなければならないと解されていた。

しかし、平成23年法律第61号による改正によって、未成年後見人は、その人数が1人ではなく、複数人でも差し支えないことになり（今回の改正後の民法840条2項、857条の2）、かつ、その者は、法人でも差し支えないこととなった（今回の改正後の民法840条3項）。

なお、後見人となることができない者は、①未成年者、②家庭裁判所で免ぜられた法定代理人、保佐人または補助人、③破産者、④被後見人に対して

訴訟をし、またはした者並びに、その配偶者および直系血族、⑤行方の知れない者である（民847条）。

　(イ)　**未成年後見人はどのような事務を行うか**

　未成年後見人は、被後見人である未成年者の財産を調査し、財産目録を調整しなければならない（民853条〜855条）。この事務は、未成年後見人が就職した後に、未成年者が包括財産を取得した場合も同様である（民856条）。財産目録を調整して家庭裁判所に提出するときには、支出金額の予定（民861条1項）も報告する。未成年者の財産を管理し代表する権限も親権者と同じである（民859条）。

　さらに未成年後見人は、監護・教育（民820条）、居所の指定（民821条）、懲戒（民822条）および職業の許可（民823条）については、親権者と同一の権利義務を有する（民857条本文）。しかし、親権者が定めた教育方法および居所を変更し、営業を許可・取消し・制限するには、未成年後見監督人があるときは、その同意が必要である（民857条但書）。

　利益相反行為については、未成年後見監督人があるときは未成年後見監督人が代表し、ないときは特別代理人の選任が必要である（民860条、826条、851条4号）。

　また、未成年後見人は、善管注意義務をもって財産を管理しなければならず（民869条、644条）、親権者（民827条）よりも責任が重くなっている。

　以上、後見の事務の監督は、後見監督人または家庭裁判所が行う（民863条）。

　後見の事務に必要な費用は、未成年後見人の判断で、被後見人の財産の中から支弁することができる（民861条2項）。なお、未成年後見人は、家庭裁判所の審判によって、未成年者の財産の中から報酬を得ることができる（民862条、家審9条1項甲類20号、家審規82条、家事別表第1の80項）。

　(ウ)　**未成年後見人は辞任または解任できるか**

　未成年後見人は正当事由あるときは、家庭裁判所の許可を得て辞任することができるが（民844条、家審9条1項甲類15号、家事別表第1の72項）、辞任し

たことによって新たな後見人を選任する必要が生じたときは、辞任した後見人は、遅滞なく新たな後見人の選任を家庭裁判所に請求しなければならない（民845条）。後任者は、就職の日から10日以内にその届出をしなければならない（戸籍82条、120条）。

不正行為をするなど後見人として不適切なときは、職権ででも解任される（民846条）。

　　⑷　後見終了時に行うべき事務は

辞任・解任以外の後見終了事由としては、未成年被後見人本人が成年に達したことまたは死亡、未成年後見人の死亡、未成年後見人選任審判の取消し、そして、資格喪失（民847条）があるが、後見が終了すると、後見人またはその相続人は、2カ月以内（伸長は可能）に後見の計算をしなければならない（民870条、871条）。この後見の計算義務は、間接強制による履行強制が可能である（大決大正10・7・25民録27輯1354頁）。

未成年被後見人が成年に達したのち後見の計算終了前に、その者と未成年後見人またはその相続人との間でした契約も、また、その者が未成年後見人またはその相続人に対してした単独行為も、その者が取り消すことができる（民872条）。

未成年後見人が被後見人に返還すべき金額があれば、後見の計算の終了した時から（民873条1項）、また、後見人が自己のために被後見人の金銭を消費したときは、その消費の時から（民873条2項前段）、年5分の利率による利息（民404条）をつけなければならない。さらに、後見人が自己のために被後見人の金銭を消費して損害を与えたときは、その賠償責任もある（民873条2項後段）。

未成年後見が終了した場合において、急迫の事情があるときは、未成年後見人またはその相続人は、必要な処分をしなければならず（民874条、654条）、後見の終了事由は、これを相手方に通知したときまたは相手方がこれを知っていたときでなければ、これをもってその相手方に対抗することができない（民874条、655条）。

未成年後見が終了すると、10日以内に終了の届出をする必要がある（戸籍84条、120条）。

なお、未成年後見人と未成年被後見人との間において後見に関して生じた債権の消滅時効は、5年である（民875条）。

(2) **任意的設置機関もある**

任意的な機関は、未成年後見監督人である。

(ア) **未成年後見監督人はだれが指定・選任するか**

未成年後見人を指定できる者は、遺言で未成年後見監督人を指定することができ（民848条）、この指定がない場合で、必要があるときは、家庭裁判所は、請求によりまたは職権で未成年後見監督人を選任することができる（民849条、家審9条1項甲類14号、家事別表第1の74項）。

未成年後見監督人は、1人に限られない（民852条、857条の2）。

なお、後見人の欠格事由（民852条、847条）以外に、①後見人の配偶者、②直系血族および③兄弟姉妹も、未成年後見監督人となることができない（民850条）。

(イ) **未成年後見監督人はどのような事務を行うか**

未成年後見監督人は、①未成年後見人の事務の監督、②未成年後見人が欠けた場合の家庭裁判所への選任請求、③急迫の事情がある場合の必要な処分、④未成年後見人またはその代表者と被後見人との利害相反行為についての被後見人代表（民851条）など（民846条、853条2項、857条但書、863条、864条、871条）である。また、未成年後見人と同じく、善管注意義務がある（民852条、644条）。

未成年後見監督人も、家庭裁判所の審判によって、未成年者の財産の中から報酬を得ることができる（民852条、862条、家審9条1項甲類20号、家事別表第1の80項）。

(ウ) **未成年後見監督人は辞任または解任できるか**

未成年後見監督人の辞任または解任については、未成年後見人の場合と同じである（民852条、844条、846条）。

後見が終了した場合に、成年後見監督人と未成年被後見人との間において後見に関して生じた債権の消滅時効は、5年である（民875条）。

V　法定後見制度とは

法定後見制度は、通常の判断能力を欠く者を支援・保護するために認められた制度であり、従来の禁治産に対応する成年後見、従来の準禁治産に対応する保佐、そして、新しく設けられた補助がある。

1　成年後見制度とは

成年後見制度は、精神上の障害により事理を弁識する能力を欠く常況にある者のために認められた制度である（民7条）。

(1)　成年後見を開始するには

成年後見は、後見開始の審判が確定したときに開始する（民838条2号）。

この審判の申立人は、本人、配偶者、4親等内の親族、未成年後見人、未成年後見監督人、保佐人、保佐監督人、補助人、補助監督人または検察官である（民7条）。改正法に伴い、成年後見については、市町村長もその福祉を図るために必要があると認めるときに申立てをすることができるようになった（老人福祉法32条、知的障害者福祉法27条の3、精神保健及び精神障害者福祉に関する法律51条の11の2）。身寄りのない高齢者などを保護するために設けられた規定である。市町村長は、成年後見だけでなく、後述の保佐・補助の開始の申立てをすることもできる。

成年後見開始の審判が確定すると、成年後見の登記がされる（後見登記4条）。

(2)　成年後見人は誰が選任するか

平成11年改正前の民法（以下「改正前民」という）では、禁治産者の配偶者が当然に後見人になり（改正前民840条）、その他の場合には家庭裁判所が後見人を選任した（改正前民841条）。しかし、配偶者も高齢なことが多く、後

見人として不適切な場合があったため、改正法では、家庭裁判所が、後見開始の審判をするときに職権で成年後見人を選任することにしたのである（民8条、843条）。成年後見人は、未成年後見人と異なり、複数の選任が可能となり（民842条）、法人の選任を可能とする規定が新たに設けられた（民843条4項）。成年後見人の職務は、財産管理や身上監護など幅が広く、その内容も各人の生活状況などに応じて様々である。法人や複数の成年後見人を選任することで、これらの状況に対応できるようにしたのである。

家庭裁判所は、申立てにより、たとえば、家庭裁判所が成年後見人として選任した弁護士を財産管理担当にして、親族の1人を介護担当のため追加的に成年後見人として選任することもできる（民843条3項。東京高決平成12・9・8判時1232号86頁）。

(3) 成年後見人はどのような事務を行い制限・義務があるか

成年後見人は、被後見人の生活、療養看護および財産の管理に関する事務を行うにあたっては、成年被後見人の意思を尊重し、かつ、その心身の状態および生活の状況に配慮する義務を負っている（民858条）。そして、成年後見人が複数の場合には、共同してまたは分掌して権限行使するべきことを定められることがある（民859条の2）。

後見の事務に必要な費用は、成年後見人の判断で、被後見人の財産の中から支弁することができ（民861条2項）、成年後見人は、家庭裁判所の審判によって、成年被後見人の財産の中から報酬を得ることができる（民862条、家審9条1項甲類20号、家審規89条、82条、家事別表第1の13項）。

そして、後見の事務の監督は、後見監督人または家庭裁判所が行う（民863条）。

㋐ 財産調査および目録の作成

成年後見人は、就任後遅滞なく被後見人の財産を調査し、財産目録を調製しなければならない（民853条～855条）。

この財産を調査し、財産目録を調製する事務は、成年後見人が就職した後に、被後見人が包括財産を取得した場合も行う（民856条）。

227

財産目録を調整して家庭裁判所に提出するときには、支出金額の予定（民861条1項）も報告する。

(イ) 財産の管理および代表

成年後見人は、被後見人の財産を管理し代表する権限を有する（民859条1項。同条2項は未成年後見の規定）。この財産の管理については、善管注意義務をもって財産を管理しなければならない（民869条、644条）。

成年後見人による財産処分には、家庭裁判所の許可を得なければならない場合があり、その対象となる処分は、「成年被後見人に代わって、その居住の用に供する建物又はその敷地について、売却、賃貸、賃貸借の解除又は抵当権の設定その他これらに準ずる処分」である（民859条の3）。

また、成年後見人と成年被後見人との利益相反行為については、成年後見監督人があるときは成年後見監督人が代表し、成年後見監督人がないときは特別代理人の選任が必要である（民860条、826条、851条4号、家審9条1項甲類10号、家事別表第1の12項）。

なお、成年後見人には、取消権（民9条本文、120条1項）もある（民859条）。改正前の民法では、禁治産者の後見人の取消権は、禁治産者が行ったすべての法律行為を対象としていた（改正前民9条）のに対して、日常生活に関する簡単な行為であれば、本人への不利益は少ないことなどから、自己決定の尊重の理念やノーマライゼーションの理念をもとに、取消権の対象となる法律行為から、日用品の購入その他日常生活に関する行為が除かれるようになった（民9条但書）。

(ウ) 成年後見人は辞任または解任できるか

成年後見人は、正当事由あるときは、家庭裁判所の許可を得て辞任することができるが（民844条、家審9条1項甲類15号、家事別表第1の4項）、辞任したことによって新たな後見人を選任する必要が生じたときは、辞任した後見人は、遅滞なく新たな後見人の選任を家庭裁判所に請求しなければならない（民845条）。

不正行為をするなど後見人として不適切なときは、職権ででも解任される

（民846条）。

　　(エ)　**後見終了時に行うべき事務は**

　成年後見は、後見人の辞任・解任以外に、後見開始の審判の取消し（民10条）、被後見人本人の死亡、後見人の死亡、選任審判の取消し、資格喪失（民847条）により終了する（後見登記4条1項8号、8条、9条）。そして、終了に際しては、以下の事務をすることになる。また、後見の終了事由は、これを相手方に通知したときまたは相手方がこれを知っていたときでなければ、これをもってその相手方に対抗することができない（民874条、655条）。

　　(A)　後見の計算

　まず、任務終了後原則として2カ月以内に、後見の計算をしなければならない（民870条）。しかも、後見監督人がいる場合には、その立会いをもってしなければならない（民871条）。

　　(B)　返還金に対する利息の支払いなど

　後見人は、被後見人に返還するべき金額には、後見の計算が終了した時から、利息（民404条）を付けなければならない（民873条1項）。また、自己のために被後見人の金銭を消費していたときにも、その消費の時から利息（民404条）を付けなければならず、なお損害があれば、賠償の責任を負う（民873条2項）。

　　(C)　応急の処分

　急迫の事情があるときは、後見人は、必要な処分をしなければならない（民874条、654条）。

　　(D)　終了の登記の申請

　被後見人死亡の場合には、終了の登記を申請しなければならない（後見登記4条1項8号、8条1項）。

　　(E)　財産の引継ぎ

　新しい成年後見人が選任された場合には、その者に管理していた財産を引き継ぎ、本人が死亡した場合には、その相続人に管理していた財産を引き継ぎ、相続人がいない場合には、利害関係人として相続財産管理人選任の申立

てをし（民952条、家審9条1項甲類32号、家事別表第1の99項）、選任された相続財産管理人に管理していた財産を引き継ぐことになる。

(4) **成年後見監督人**

成年後見監督人は、必要があると家庭裁判所が認めるときに、請求または職権で選任可能であること（民849条）を含め、欠格事由（民850条）、職務（民851条）など、前述の未成年後見監督人と同じである（民852条）。

2　保佐とは

保佐の制度は、精神上の障害により事理を弁識する能力が著しく不十分である者のために認められたもので、保佐開始の審判によって開始される（民11条、876条）。最近の例として、遺産分割手続と本人の財産管理のため、実兄である申立人が本人について保佐を開始する旨の審判を求めた事案で、本人が精神分裂病（統合失調症）に罹患し、治療中である旨の診断書が提出されているものの、そのことから直ちに事理を弁識する能力が著しく不十分であるとまではいえず、本人の行動や言動を見ると、判断能力について全く疑問がないわけではないが、本人が明確にそれを拒否しているため判断能力について鑑定を行うことができないから、保佐を開始する要件が認められないというほかはないとして、申立てを却下した東京家審平成15・9・4家月56巻4号145頁がある。

(1) **保佐人の代理権**

後見人は、もともと法律により財産の管理権および代表権を与えられているが（民859条）、保佐人は、請求によって家庭裁判所の審判により特定の法律行為について代理権を付与される必要がある（民876条の4第1項、家審9条1項甲類2号、家事別表第1の32項）。この請求は、本人以外の者がする場合には、本人の同意が必要である（民876条の2第2項）。そして、代理権の付与の審判は、同じく請求によってその全部または一部を取り消すことができる（民876条の2第3項）。

代理権は、被保佐人の自己決定権を尊重する趣旨から、被保佐人の利益の

ために付与されるので、その範囲は、同意権・取消権の対象である行為（民13条1項・4項）に限定されない。

(2) 保佐人の事務処理の基準

保佐人は、被保佐人の意思を尊重し、かつ、その心身の状態および生活の状況に配慮して保佐の事務を行わなければならない（民876条の5第1項）。

3 補助とは

補助の制度は、精神上の障害により事理を弁識する能力が不十分である者のために認められたもので、補助開始の審判によって開始される（民15条、876条の2、家審9条1項甲類2号の2、家事別表第1の36項）。本人の同意（民15条2項）がないとして、補助開始を認めなかった札幌家審平成12・10・4（家月53巻8号80頁）がある。また、同意の撤回を肯定して、補助開始の審判の申立てを認めなかった札幌高決平成12・12・25家月53巻8号74頁もある。

(1) 補助人の代理権

補助人の代理権は、保佐人に準ずる（民876条の9、876条の4第2項・3項）。

保佐人と異なり、同意権・取消権も当然にはなく、同意権・取消権が必要であれば、補助開始の審判の申立てとともに（民15条3項）または補助開始後に審判の申立てをしなければならない（民17条1項本文、家審9条1項甲類2号の2、家事別表第1の37項）。その対象となる行為も保佐の場合よりも制限されている（民17条1項但書）。

(2) 補助人の事務処理の基準

補助人は、被補助人の意思を尊重し、かつ、その心身の状態および生活の状況に配慮して補助の事務を行わなければならない（民876条の10第1項、876条の5第1項）。

VI 任意後見制度とは

平成11年改正により新たに設けられたもので、判断能力のある段階において、自己の意思により判断能力が不十分となったときに備える制度である。

任意後見契約とは、委任者が、受任者に対し、精神上の障害により事理を弁識する能力が不十分な状況における自己の生活、療養看護および財産の管理に関する事務の全部または一部を委託し、その委託にかかる事務について代理権を付与する委任契約であって、任意後見監督人（任意後見4条1項）が選任された時からその効力を生じる旨の定めのあるものをいう（任意後見2条1号）。任意後見契約は、法務省令で定める様式の公正証書により、締結しなければならない（任意後見3条）。必ず公正証書によらなければならない理由は、法律的な仕事に深い知識と経験を持っている公証人が関与することにより、本人がその真意に基づいてこの契約を結ぶものであることや契約の内容が法律に適った有効なものであることを確保することを制度的に保証するためである（日本公証人連合会のホームページ（http://www.koshonin.gr.jp/）の中の「公証事務～Q&A～」「任意後見契約」参照〔accessed on May 1, 2012〕）。

任意後見契約が締結されると登記される（後見登記5条）。

1 任意後見監督人選任審判

(1) 選任審判の要件

実体的要件として、①任意後見契約が登記されていること、②精神上の障害により本人の事理を弁識する能力が不十分な状況にあること、③法定の障礙事由が存在しないこと、であり、形式的要件は、④法定の請求権者による請求があること、である（任意後見4条、成年後見解説419頁）。判断能力が不十分な状況であれば要件を満たすので、法定後見の成年後見、保佐、補助に該当するすべての場合に後見監督人が選任される。ただし、以下の場合は選

任されない。
① 本人が未成年者であるときは、親権者または未成年後見人がいるので、重複を避けるため後見監督人は選任できない（任意後見4条1項1号）。
② 本人に法定後見（成年後見、保佐、補助）が開始されている場合に、法定後見を継続することが本人の利益のため特に必要であるときは、後見監督人は選任できない（任意後見4条1項2号）。原則は任意後見が優先されるので、本人の利益のため特に必要であることが要件とされている。
③ 任意後見受任者に不適切な事由があるときは、本人の意思（任意後見6条）に反する行為をするおそれがあるため、代理権を発生させない（任意後見4条1項3号）。後見人の欠格者（民847条）、本人に対して訴訟をしまたは訴訟をした者およびその配偶者ならびに直系血族、任意後見人解任事由（任意後見8条）ある者である。

任意後見監督人の選任を家庭裁判所に請求できる者は、本人、配偶者、4親等内の親族または任意後見受任者である（任意後見4条1項）。任意後見監督人選任請求者が本人以外の者である場合には、本人が意思を表示できないときを除き、本人の事前の同意を要する（任意後見4条3項）。

なお、任意後見監督人の欠格事由は、任意後見受任者または任意後見人の配偶者、直系血族および兄弟姉妹であることである（任意後見5条）。

(2) 審　理

本人の判断能力を認定するためには、本人の精神の状況に関する医師の診断の結果その他適当な者の意見を聴かなければならない（特家審規3条の2、家事219条）。任意後見制度は、本人の行為能力を制限しないで、代理権による本人保護を図る制度であることから、補助と同様の意見聴取で足りるとされたのである（成年後見解説426頁）。ただし、鑑定をすることもできる。また、任意後見契約の効力を発生させること及び任意後見人の選任に関する意向について、本人の陳述および任意後見監督人となるべき者の意見を聴取しなければならない（特家審規3条の3第1項、家事220条1項1号、2項）。選

任にあたって考慮すべき事情は、成年後見人選任の場合と同様である（任意後見7条4項、民843条4項）。任意後見監督人は、複数でも法人でもよい。

選任審判は、任意後見監督人、本人、任意後見受任者に告知されるが、即時抗告できない。却下審判は請求者に告知され、即時抗告できる（特家審規3条の5、家事223条）。後見監督人選任審判が効力を生ずると登記される（後見登記5条6号・7号）。

(3) **法定後見の取消し**

本人に法定後見が生じているときは、重複を避けるため、法定後見を取り消すべきものとしている（任意後見4条2項）。前記のとおり、本人の利益のため特に必要な場合は法定後見が継続されるが（任意後見4条1項2号）、原則は任意後見が優先されて法定後見が取り消されるのである。審判事項であり、職権で行われる。このような事案は利害対立の激しいものであろう。任意後見監督人選任審判も、本審判も即時抗告できないので、家庭裁判所による十分な調査と本人意思の尊重が望まれる。

(4) **任意後見事務**

本人が任意後見人に委託した、「自己の生活、療養看護及び財産管理に関する事務の全部又は一部」である（任意後見2条1号）。財産管理、身上看護に関する法律行為およびこれらの法律行為に関連する登記・供託の申請、介護認定の申請等の公法上の行為を含む（成年後見解説444頁）。任意後見人が弁護士である場合には、訴訟行為の授権も可能である（成年後見解説444頁）。

任意後見事務を行う際は、本人の意思を尊重し、かつ、その心身の状態および生活の状況に配慮しなければならない（任意後見6条）。任意後見人は、委託を受けているのであるから、善管注意義務を負うことは当然である。居住用不動産の売却などの処分に関する家庭裁判所の許可は不要である（任意後見7条4項で民859条の3の準用なし）。

(5) **任意後見監督人の職務**

任意後見監督人の職務は、①任意後見人の事務を監督すること、②任意後見人の事務に関し、家庭裁判所に定期的に報告をすること、③急迫の事情が

ある場合に、任意後見人の代理権の範囲内において、必要な処分をすること、④任意後見人またはその代表する者と本人との利益が相反する行為について本人を代表することである（任意後見7条1項）。

以上の職務を遂行するため、任意後見監督人は、いつでも任意後見人に対し、任意後見人の事務の報告を求めまたは任意後見人の事務もしくは本人の財産の状況を調査することができる（任意後見7条2項）。

任意後見監督人については、受任者の善管注意義務（民644条）、辞任許可（民844条）、解任（民846条）、後見人欠格事由（民847条）、複数任意後見監督人の権限の行使等（民859条の2）、後見の事務の費用（民861条2項）、後見人の報酬（民862条）など規定が準用されている（任意後見7条4項）。

(6) 任意後見監督人に対する監督

家庭裁判所は、必要があると認めるときは、任意後見監督人に対し、任意後見人の事務に関する報告を求め、任意後見人の事務もしくは本人の財産の状況の調査を命じ、その他任意後見監督人の職務について必要な処分を命ずることができる（任意後見7条3項）。この後見監督処分は審判事項である（特家審規3条の7・3条の8、家事別表第1の115項）。成年後見監督処分（家審9条1項甲類21号、家事別表第1の14項）と同様である。

2 任意後見人の解任

任意後見人に不正な行為、著しい不行跡その他その任務に適しない事由があるときは、家庭裁判所は、任意後見監督人、本人、その親族または検察官の請求により、任意後見人を解任することができる（任意後見8条）。審判事項である（任意後見12条、特家審規3条の10、3条の11、家事別表第1の120項）。任意後見監督人の解任は職権でも可能であるが（任意後見7条4項、民846条、特家審規3条の9、家事別表第1の117項）、任意後見人の解任は、職権によることの明文規定もなく、本人の任意の意思により選任された者であり、職権によることはできない。

3　任意後見契約解除許可

　任意後見契約の解除は、法定後見における辞任と同様である。委任契約は、本来解除は自由である。任意後見契約の効力が発生する前であれば、本人または任意後見受任者は、いつでも公証人の認証を受けた書面で解除できる（任意後見9条1項）。原則どおり、解除自由である。しかし、効力発生後にも自由であると、委任事務処理が繁雑になったら解除する、あるいは、本人が他人の言説を安易に信じて解除するなどの事態が生じて本人保護に欠ける。そこで、代理権が発生した後には、解除事由として正当な事由を要求し、かつ、裁判所の許可を要件とした（任意後見9条2項）。許可は審判事項である（任意後見12条、特家審規3条の12、3条の13、家事別表第1の121項）。実際には本人からの解除の場合に、任意後見人には任意後見事務の遂行に問題がないが、本人の被害妄想あるいは他人からの唆しなどによって、任意後見人に対する信頼を失っているという事案が発生するのではないかと思われる。客観的には解除しない方が本人の利益のためと認められる場合には「正当の事由」があるとはいえないであろう。しかし、本人との信頼関係が全くなくなり、後見事務の処理に支障を来している場合には、自己決定権の尊重という任意後見の趣旨からすると、解除を認めざるをえないであろう。解除後の処置に万全を期すほかはない。

　解除により、任意後見契約は終了する。任意後見の効力発生後であれば、新たな任意後見契約を締結するか、法定後見が開始されるか、あるいは、何も手当てされないか、ということになる。注意を要するところである。

4　後見、保佐および補助との関係

　任意後見契約が登記されている場合には、原則として法定後見は開始できない。しかし、「本人のため特に必要があると認めるとき」は法定後見開始の審判をすることができる（任意後見10条1項）。「本人の利益のため特に必要があるとき」とは、①本人が任意後見人に委託した代理権を行うべき事務

の範囲が狭すぎるうえ、本人の精神の状況が任意の授権の困難な状態にあるため、他の法律行為について法定代理権の付与が必要な場合、②本人について同意権・取消権による保護が必要な場合などである（成年後見解説478頁）。この請求権者は、本人、配偶者、４親等内の親族または検察官等民法に定める者、任意後見受任者、任意後見人、任意後見監督人である（民7条、11条、14条1項、任意後見10条2項）。

　任意後見契約を締結している本人について、任意後見監督人が選任された後において法定後見の開始の審判がなされたときは、任意後見契約は当然に終了する（任意後見10条3項）。したがって、たとえば、任意後見契約に訴訟代理権の授権がないため、訴訟代理権をえる必要がある場合、本人に意思能力があれば、訴訟代理権を与える任意後見契約を締結する方法と、成年後見・保佐・補助を開始する方法があるが、意思能力がないときは成年後見を開始する方法しかなく、成年後見・保佐・補助を開始したときは、任意後見が当然終了することとなる。任意後見に加えて補助を開始するという方法はない。

　以上のことから、任意後見契約が登記されてまだ効力が生じていないときに、法定後見の請求がなされた場合は、原則として申立ては却下される。本人の利益のため特に必要があるときのみ、法定後見が開始される。その後、任意後見監督人の選任の申立てがあると、原則として任意後見監督人が選任されて、法定後見が取り消される。しかし、本人の利益のため特に必要な場合は法定後見が継続される。つまり、任意後見監督人選任の申立てが却下される。

　任意後見契約に基づき任意後見監督人が選任された後に、法定後見の請求がされた場合は、原則として申立ては却下される。本人の利益のため特に必要があるときのみ、法定後見が開始される。その場合は、任意後見契約は当然終了するので、その後に当該契約に基づく任意後見監督人の選任の申立てはできない。新たな任意後見契約を締結して申立てをすることはありうるが、認められるかどうかは別問題である。

法定後見が開始された被後見人、被保佐人、被補助人について任意後見契約が締結されて登記され、任意後見監督人の選任の請求があった場合、原則として任意後見監督人が選任され、法定後見が取り消される。本人の利益のため特に必要な場合のみ、法定後見が継続されて、任意後見監督人の選任申立てが却下される。この場合は任意後見契約の効力は生じていないから、任意後見契約は終了せず、後に任意後見監督人の選任を申し立てることができる。

以上のいずれの場合も、権限の範囲の関係で調整が必要な場合は理論上の問題のみであるが、利害が対立し、法定後見派と、任意後見派に親族が分かれて争うという事態もありうる。尊重されるべき自己決定権の担保である任意後見締結時における公証事務の公正および「本人の利益のため特に必要あるとき」の解釈と運用、最終的には後見人・後見監督人等の確保の問題となる。本来のあり方としては、任意後見を優先しつつ後見監督の実効性を期するということであろう。

保佐開始の申立て後、保佐開始の原審判がなされる前に本人が任意後見契約を締結し、かつ、その登記もされている事案において、この任意後見契約の無効原因をうかがうことはできないことから、「本人の利益のため特に必要がある」点の審理のため取り消し差し戻した例がある（大阪高決平成14・6・5家月54巻11号54頁）。

Ⅶ　実務上の留意点

最近、高齢者が詐欺的取引にひっかかって損害を受ける事例が多数報告されている。これを防止するための1つの方法がこの成年後見制度を利用することだといわれる。多くの場合、このような被害に気がつくのは近親者である。本人は、気がつかなかったり、気がついても自尊心が邪魔をして取り消すことを渋ったり、あるいは面倒に巻き込まれることをいやがって泣き寝入りしがちである。消費者契約法、特定商取引に関する法律などで各種の取引

について取消権が与えられているが、本人が取消しできるだけであって、本人があきらめてしまうとそれ以上なすすべはない。

一人暮らしの高齢者がいて、意思能力に不安があるときには、補助開始決定を得て、補助人が上記契約について取消権を得ておけば、気がついたときには、補助人が取り消せる。ただ、補助申立てには本人の同意が必要なので、本人がまだ大丈夫と思っているときには、申立てが困難である。

Ⅷ 事例について

親権の場合と同様、利益相反になるかどうかは、形式的に判断する。そうすると、A社は太郎とは別人格であるから、後見人と被後見人の間に利益が相反するという事態はない。そこで、次に後見人としての権限濫用があるといえるか否かという問題となる。

後見人は、親権者と異なり、善管注意義務があり、したがって親権者のように広い裁量権がないと考えれば、権限濫用といえそうである。しかし、本事例では、養子縁組さえしなければ親権者として広い裁量権があったのであるから、実質を重んじて裁量権を認めるという考え方も成り立とう。

少なくとも、親権者となりえない後見人について、広い裁量権を認めるのは問題がある。

〔演習問題〕
太郎は70歳となって今後に不安を持つようになった。財産はあるが、身寄りはない。どのような制度が用意されているか。

第12章　扶　養

I　事　例

> ● 事例 ●
>
> 　花子は、借家に住み、月4万円の家賃を払っている。収入は国民年金1カ月約3万円のみである。いままでは、蓄えを取り崩してきたが、いよいよなくなり、生活ができなくなった。子は一郎、二郎、松子、竹子、三郎の5人である。一郎はすでに定年となっているが、子どもは独立し、自身はいくらかのアルバイト収入を得て、夫婦2人悠々自適の生活である。二郎はリストラされて、借家に住んで妻のパートで生活している状況である。子どもは働いて家に収入の一部を出している。松子は夫が一流企業の部長代理で月50万円の収入を得ていて、松子が収入を管理しているが、自身の財産はない。竹子は独身で働いているが、収入は15万円で、家賃を払うと生活にいっぱいである。三郎は、収入は30万円あるが子どもが3人、いずれも大学・高校に在学中で住宅ローンもあって、妻のパートと合わせやっとという状況である。

II　設　問

1　花子が一番余裕のありそうな一郎に扶養料を請求したら認められるか。
2　全員に請求したらどうなるか。
3　一郎には、長男だからと特別にいい大学に上げたので、一郎に同居させてほしいという請求をしたら認められるか。

III 扶　養

1　扶養とは何か

　扶養とは、自己の資産と労力で生活できない者に対して必要な援助をすることと定義されている。

　民法には関連の条文として、730条（親族間の扶け合い）、752条（夫婦間の同居、協力および扶助の義務）、760条（夫婦間の婚姻費用の分担）、820条（親権者の監護および教育の権利義務）、そして877条（扶養義務者）がある。それぞれがどのように関連するかをまず検討しておきたい。

　民法730条は内容が不明確であって具体的な権利義務を生じさせるものではないことは前述した（14頁）。752条が夫婦間の扶養義務を規定していること、760条は扶養義務の経済的側面との考え方が強いが、そうではなく協力義務の一態様と解すべきことも前述した（78頁）。820条は、親権者の監護教育義務を定めているが、その費用について何らふれていない。その他親族間扶養については877条ということになる。

2　生活保持義務と生活扶助義務との関係は

　民法上の義務には、生活保持義務と生活扶助義務とがある、といわれている。かつての明治民法下においては、扶養義務者が全部の扶養権利者を扶養するだけの資力を有しないとき、第一順位直系尊属、第二順位直系卑属、第三順位配偶者と扶養義務の順序が定まっていた（明治民法957条）が、社会の核家族化は著しく進み、実態に合わなくなっていた。昭和初期、中川善之助先生は、生活保持義務と生活扶助義務を峻別し、まず、生活保持義務を優先させるべきであると説かれた（中川善之助「親族的扶養義務の本質（一）―改正案の一批評―」法学新報38巻6号1頁以下および38巻7号48頁以下）。生活保持義務は、夫婦およびその間の未成熟子に対する扶養義務で、これは扶養義

務が身分関係そのものの本質的要素となっていて、扶養義務の内容は、自己の生活程度に均しく生活の全面的保持でなければならない。生活扶助義務は、偶然的、例外的義務で、相手方の生活を維持するための必要生活費を自己の地位相応な生活を犠牲にすることなしに給付すればよい、と説明される。そして、生活保持義務は法律上当然なのであるから規定は不要であり、明治民法957条は生活扶助義務について規定したものだ、として、夫婦および未成熟子に対する扶養義務を明治民法957条の桎梏から解放したのである。この考え方は、理論的にも実際的にもまことに優れていたのですぐに定着し、そのまま現在に至っている。

この説に対しては、生活保持義務と生活扶助義務は程度の差でしかないのではないか（鈴木245頁）、生活保持義務を強調することは公的扶養を後退させてしまう（青山・改訂Ⅱ238頁）、日常生活の指針としては非常識であり、女子稼働のチャンスの拡張、社会保障の拡充などにより不用となる（明山・扶養129頁）などの批判がある。しかし、夫婦と未成熟子は、他の親族関係と異なり、夫婦については同居義務があり、子については監護権者の居所指定権があって、法律上も共同生活を義務づけることができる。このような共同生活が義務づけられる身分関係とそうではない身分関係とでは、扶養義務の質が異なると考えられる（深谷「生活保持義務と生活扶助義務」講座現代家族(4)194頁）。自己の最低限度の生活費を削ってでも扶養せよというのは確かに問題であるが、生活保持義務説もそこまで主張しているわけではなく、実務においても最低生活費に足りないときは扶養義務を否定している。核家族化の進んだ現在において、その区別、なかんずく生活保持義務の重要性は、かつてよりなお必要性を増しているともいえるのではないであろうか。

3 扶養義務者は誰か

直系血族および兄弟姉妹である（民877条1項）。

3親等内の親族は、家庭裁判所の審判によって初めて扶養義務を課される（民877条2項、家審9条1項乙類8号、家事別表第1の84項）。この審判後に、

事情の変更があったときは、その審判を取り消すことができる（民877条3項）。

4　扶養義務者・権利者の順位はどうなっているか

扶養義務者が数人あり、あるいは扶養権利者が数人あるときの順序は、まず協議で、協議が整わないときまたは協議できないときは、審判で決定する（民878条、家審9条1項乙類8号、家事別表第2の9項）。生活保持義務は生活扶助義務に優先する。未成熟子に対する養父母の扶養義務は実父母の扶養義務に優先するのが原則である。ただし、生活扶助義務でも一定の要件があるときは、生活保持義務と同順位となることを認めてもよいとする考え方もある（新注民㉕改訂776頁）。

協議または審判後に事情の変更があれば、その協議または審判の変更・取消しが可能である（民880条）。

5　扶養請求権の発生要件にはどのようなものがあるか

扶養請求権は、抽象的には民法877条1項の扶養義務を生じうる身分関係にあれば存在するといえるが、具体的な扶養請求権は、扶養権利者の要扶養状態と扶養義務者の扶養可能状態の存在を要件に発生する。ただし、3親等内の親族の扶養義務は、審判によって初めて権利が発生する（民877条2項）。

そして、扶養請求権の内容は、協議または家庭裁判所の審判によって方法と程度とが具体的に定まって成立する（民879条、880条）。これを内容形成説という（日野原「過去の扶養料の請求」講座現代家族(4)258頁）。

生活保持義務の場合は、扶養権利者が扶養義務者の生活程度より劣っていて、扶養義務者に最低限度の生活を営んでなお扶養余力あるときに、生活扶助義務の場合は、扶養権利者が最低限度の生活をする資力がなく、扶養義務者にその地位相応の生活を営んでなお余力があるとき、ということになろう。

6　扶養請求権を処分できるか

扶養請求権は一身専属権であるので処分は禁止されている（民881条）。

また、扶養請求権を行使するかどうかは、権利者の自由な意思に委ねられているので、**債権者代位権**の対象となる権利ではない（民423条１項但書）。しかし、具体的に扶養請求権の内容が決定された後は、相続の対象にも債権者代位権の対象となる普通の債権と解する余地がある。もしそう解されるのであれば、差押えも可能となる。すなわち、処分禁止ということからすると、譲渡もできないのであるから、全部差押禁止となるが、普通の債権になると解する場合には、原則４分の３が**差押禁止債権**となるにすぎない（民執152条参照）。

【実務上の留意点】

差押禁止債権であっても、それが債権者の銀行預金に振り込まれると、その単純な預金債権となり、全額差押え可能になるというのが多数の判例であることに留意する必要がある（三谷・民執講義２版197頁以下参照）。

7　過去の扶養料の請求の方法は

判例（最判昭和42・２・17民集21巻１号133頁）は、過去の扶養料は協議または家庭裁判所の審判によって形成されるべきであるとし、形成を要する扶養料の支払いについて審判事項説をとり、過去の扶養料の求償を求める給付の訴えの利益なし、と判示している。上記判例は、抽象的扶養義務者間の過去の扶養料の請求に関するものであり、抽象的扶養義務者間の過去の扶養料の請求にあっては、家事審判によって具体的な内容を形成する必要があるから、家事審判によらざるをえないことになり、民事訴訟法に基づく訴えを提起しても不適法として却下すべきことになる。これに対し、第三者（抽象的扶養義務を負わない者）が、抽象的扶養義務者に対して過去の扶養料を請求する場合には、家事審判によることができないから（家庭裁判所の裁判権は、裁判所法31条の３によって家事審判などに制限されているし、その家事審判事項は、家事審判法９条によって、または家事事件手続法39条によって、法定されている）、

民事訴訟法に基づく訴えを提起するほかないことになる。

なお、過去の扶養料は、扶養必要性と扶養可能性が存在した時から請求しうるとの考え方が有力である（深谷・4版188頁）。判例上、過去の婚姻費用については、家事審判によって形成できることが認められている（最大決昭和40・6・30民集19巻4号1114頁）。過去の扶養料についても、同様に、家事審判によって形成できるものと解することが相当である。

8 私的扶養と公的扶養とはどちらが優先するか

独力で生活を維持できない者に対する援助の方法として、以上のような私的扶養と国家や公共団体が福祉行政の一環としてする公的扶養がある。代表的なものが生活保護である。生活保護法は、私的扶養優先の原則をかかげている（生活保護法4条）。私的扶養分は控除されて、生活保護費が支給される扱いである。公的扶養に優先するのは、生活保持義務に限るべきではないかとの立法論がある（深谷松男「私的扶養と公的扶助の関係」講座実務家審(2)265頁）。社会保険が、保険事故の発生を要件として保険料が支払われるという構造から、事実上私的扶養に優先することになる点は注意する必要がある。

IV 親の未成熟子に対する生活保持義務

1 根拠条文は何か

生活保持義務を認めると、その根拠条文は、夫婦については民法752条（同居、協力および扶助義務）ということに問題はない。親の未成熟子に対する扶養義務の根拠が民法877条（扶養義務者）か、それとも根拠条文がないと解すべきかについては、対立がある。877条説は、他に条文がない以上民法877条に生活保持義務と生活扶助義務の双方が含まれると解しても差し支えない（深谷・4版170頁）という。根拠条文がないという説は、生活保持義務の沿革に忠実な解釈で、民法877条は生活扶助義務について規定しているの

であり、親の未成熟子に対する扶養義務は体系上親子法の問題として親族扶養から切り離すべきである（泉304頁）という。明文の規定なく生活保持義務までを認めることには躊躇を覚えるので、877条説を支持したい。

2　養育費との関係は

養育費は、親が子の監護をしたとき、その監護にかかる費用である。その費用は、子に財産があればそれでまかなってよく（民828条参照）、子に財産がないときは親がこれを支弁することになる。親が監護費用を支弁しなければならない根拠として、親権説と扶養義務説とがあるが、前述のように親権の行使と扶養義務の履行とは異なるし、親権者でない親の養育料支払義務の説明がつかないので、監護費用支払義務の根拠は親の扶養義務にあり、その親同士で扶養義務の履行方法を定めるのが養育料分担の審判であると解される。

したがって、養育費は親同士の子の監護に関する問題となり、扶養料は子の親に対する扶養請求の問題である。両者は主体も条文上の根拠も異なるから、どちらも請求できることになるが、養育料の根拠が扶養義務にあるから、重複して得ることはできない。

3　婚姻費用分担との関係は

婚姻費用の分担は、夫婦の協力義務の具体化したものである。子の監護も夫婦である限り協力して行うべきであるから、監護費用は婚姻費用の一部となる。したがって、婚姻中は原則として婚姻費用分担によって請求すべきものである。しかし、あくまで、子の扶養請求権は主体も別でいつでもなしうるものであるから、親が婚姻中であっても当然申し立てることができる。重複して得ることができないのは、上記と同様である。

4　算定方法はどうなるか（養育料、扶養料とも同一）

①　父のもとで生活した場合の子の生活程度の算出

$$父の収入 - \begin{pmatrix} 税金・社会保険料・職業費・ \\ 住居費などの特別経費 \end{pmatrix} = 父の基礎収入$$

$$父の基礎収入 \times \frac{\begin{array}{c}子の最低生活費\\(または消費単位)\end{array}}{\begin{array}{c}父と子の最低生活費の合計\\(または消費単位の合計)\end{array}} = 子の生活費$$

② 母のもとで生活した場合の子の生活程度の算出

$$母の収入 - \begin{pmatrix} 税金・社会保険料・職業費・ \\ 住居費などの特別経費 \end{pmatrix} = 母の基礎収入$$

$$母の基礎収入 \times \frac{\begin{array}{c}子の最低生活費\\(または消費単位)\end{array}}{\begin{array}{c}母と子の最低生活費の合計\\(または消費単位の合計)\end{array}} = 子の生活費$$

以上の①と②を比べ、高い方を子の必要生活費とする。生活保持義務から自己と同程度の生活をさせる義務があるからである。

父また母の扶養余力の算出は、次のようにして行い、扶養余力が0以下であるときは支払義務を形成できない。

父の基礎収入 − 父の最低生活費（生活保護基準を用いる）＝ 父の扶養余力
母の基礎収入 − 母の最低生活費（生活保護基準を用いる）＝ 母の扶養余力

そして、父の分担額（母の方が高額なときは母の分担額）は、

$$子の必要生活費 \times \frac{\begin{array}{c}父の扶養余力（または基礎収入）\end{array}}{\begin{array}{c}父の扶養余力\\(または基礎収入)\end{array} + \begin{array}{c}母の扶養余力\\(または基礎収入)\end{array}}$$

によって算出する。たとえば、父の基礎収入月30万円、母の基礎収入月12万円、子は7歳、父の最低生活費7万5,000円、父と子の最低生活費10万9,500円（うち、子の生活費3万4,100円）、母の最低生活費8万900円、母と子の最低生活費11万6,000円（うち、子の生活費3万5,700円）のとき、父が負担すべき扶養料は以下のようになる。

父と同居したときの子の必要生活費は、

$$\frac{300,000 \times 341,000}{109,500} = 93,424$$

で、9万3424円となり、母と同居したときの子の必要生活費は、

$$\frac{120,000 \times 35,700}{116,000} = 36,931$$

で、3万6,931円となるから、父と生活した方が高額なので、9万3,424円を子の必要生活費とする。前述の式に当てはめると、

$$94{,}342 \times \frac{300{,}000 - 75{,}000}{225{,}000 + 39{,}000} = 79{,}592$$

となって、父の分担額は、7万9,592円となる。なお、収入按分型によれば、

$$94{,}342 \times \frac{300{,}000}{300{,}000 + 120{,}000} = 66{,}731$$

となって、父の分担額は、6万6,731円となる。

V　夫婦間の生活保持義務

1　根拠条文は何か

これについては、「夫婦は同居し、互いに協力し扶助しなければならない」と定める民法752条に基づく。

2　婚姻費用分担との関係は

婚姻費用は、必要な婚姻費用をどのように分担するかという問題、扶助義務は、(通常は)妻は夫に夫と同程度の扶養を求めることができるという問題であるから、両者は観念的には異なるが、婚姻費用は通常基礎収入の全額を充てるべきで、その分担割合は最低生活費または総合消費単位による按分となるから、生活保持義務説をとった場合の夫の扶養義務の金額と一致するはずである。したがって、算定方法は婚姻費用において述べたところと同一である(77頁参照)。ただし、扶助料請求中に子の養育費分を含めることができないことは当然である。

婚姻中に妻から扶助請求ができるかについては、婚姻費用分担が扶養義務の経済的側面とすればできないとすることも理論上可能であるが、両者を別と考えればどちらも可能であるということになる。ただ、主体が同一である

ので、できるだけ婚姻費用に一本化することが望ましいということはいえるであろう。

Ⅵ 子の老親に対する扶養義務

1 扶養義務の性質と根拠は何か

　高齢化社会の到来とともに、昨今老親扶養が問題となっている。判例も多数説も、子の老親に対する扶養義務の性質は生活扶助義務である、といっているが、最近異論が出されている。生活扶助義務説、生活保持義務に近い生活扶助義務説、生活保持義務でも生活扶助義務でもない特別な扶養義務説である。しかしながら、夫婦および未成熟子間の共同生活が法律上義務づけられる関係であるのと異なり、老親といえども共同生活を義務づけられる関係にはない。子が親を扶養しないからといって子が子でなくなるという関係にもない。親子は、独立した個人としてそれぞれが自らを助けるべきなのであって、老親が生活できないときに援助すれば足りると解すべきである（山脇貞司「高齢者の扶養をめぐる法的諸問題」講座現代家族(4)300頁、下山保男「老親に対する子の扶養義務と分担」知識ライブ(4)140頁）。生活保持義務またはそれに近い説の根拠として、子は第一順位の相続権者であること、子は親から扶養を得てきたということが挙げられている。それは、兄弟姉妹その他の親族より先順位で扶養義務を負う根拠にはなりえても、生活保持義務を課す根拠になるものではない。実際に判例上子の親に対する扶養が問題となっているケースというのは、相続すべき財産は全くないとか、親の扶養態度に問題があるなどの場合が少なくなく、必ずしも生活保持義務説の根拠とする実態があるわけではない。生活扶助義務とするべきである。ただし、最低生活の意味は、事情によって幅を持たせることができるであろう。

2 算定方法はどうなるか

① 親の必要額＝親の最低生活費（実費または実費相当額もしくは生活保護基準）－親の収入
② 子の扶養余力の算定＝子の基礎収入－本人と本人が生活保持義務を負う者の生活費（地位相応の生活程度にを維持するために必要と認められる金額）

そして、分担額は、①を②で算出した各子の扶養余力で按分した額である。

3 引取扶養とはどのようなものか

　引取扶養の内容は、「同居して身の回りの世話をする」こと（深谷・4版182頁）、「扶養という法定の義務を果たすための面倒見的援助」（鈴木247頁）などと定義されている。そして、定義の仕方とも相まって、引取扶養が民法上の扶養義務の範囲に含まれるかどうかが問題になっている。

　まず、引取扶養といったとき、どのような内容が考えうるのか細かく検討すると、①住居を提供する、②衣料品を給付する、③食料を提供する、④日常の外出に付き添う、⑤病気なったとき看病する、⑥重病になったとき介護する、などであろうと思われる。

　①、②、③は経済的給付の範疇に入る現物給付と考えられる。通常、経済的給付は金銭給付によって行われるが、現物による経済的給付が否定される理由はない。現物給付であるとしても、①の住居提供は、個人の人格的自由との関係があるから、義務者の同意なしに強制することはできない。②、③の現物給付に伴う労働（たとえば食事を運ぶ、食事を作るなど）は、経済的給付に付随するものとして義務を認めることは可能であろう。

　しかし、④、⑤、⑥となると、経済的給付ではなく、労働力の提供そのものということになる。このような労働は、意に反する労働をする義務はないという人格の自由を害するものとして法的に強制することはできないであろう（山脇・講座現代家族(4)302頁）。したがって、引取給付の範囲に含まれるの

は現物給付といえる義務に限られる、と考えられる。これを超えて扶養義務者が介護などをしたときは、寄与分として清算するか（扶養義務の履行を寄与としない趣旨ではない）、扶養された者に財産がない場合は委任契約または事務管理として費用償還請求ができるし、労働力分は民法650条3項（受任者による委任者への賠償請求）などによって損害賠償を求められるのではないであろうか。

　どちらにせよ、引取扶養を命ずるには義務者の同意が必要で、かつ、強制執行はできない（大阪家審昭和59・3・31家月37巻1号129頁）。

Ⅶ　その他親族間の扶養義務

　以上に述べた扶養以外の扶養は、共同生活関係があったかどうか、かつて扶養関係があったなどのいろいろな事情によって認められるものである（福岡家審昭和40・1・19家月18巻12号42頁）。

Ⅷ　強制執行等

　民事執行法が改正され、扶養義務等にかかる定期金債権を請求する場合の特例が設けられた。これによれば、債権者が養育費等の定期金債権を有する場合、その定期金債権の一部が不履行になっているときは、いまだ期限が到来していない分の定期金債権部分についても一括して、給料その他継続的給付にかかる債権に対する強制執行を開始することができる（民執151条の2）。また、**差押禁止債権**の範囲も2分の1とされた（民執152条3項）。さらに間接強制も認められた（民執167条の15）。扶養料債権の強化が図られたのである（小川理佳＝吉川紀代子「養育料等の履行確保のための新しい強制執行制度について」家月57巻9号1頁、松下淳一「扶養料等に係る金銭債権についての間接強制」家月57巻11号1頁、小野瀬厚＝原司＝寺岡洋和＝荒川方彰「扶養義務等に係る金銭債権についての間接強制制度を導入する民事執行法の改正」家月57巻11

号27頁)。

　破産法においては、扶養義務、婚姻費用分担義務、養育費支払義務、それに対する契約上の義務は、非免責とされた（破産253条1項4号）。なお、これらの義務にかかる請求権であることが和解条項や調停条項で明記されていなければ、一般の破産債権として免責されてしまうおそれがある。

IX　実務上の留意点

　養育費と婚姻費用分担金については、家庭裁判所作成にかかる早見表が発表された（家月55巻7号155頁。養育費算定表については、裁判所のホームページ（http://www.courts.go.jp/）の中の東京家庭裁判所「裁判手続を利用する方へ」「手続案内」「養育費算定表の使い方」で見ることができる）。これは、上記の考え方に立って、基礎収入の算定に必要な経費等を定率化し、最低生活費の算定を指数化して簡易迅速に養育費および婚姻費用を一覧性ある表にしたものである。これを適用した審判がされ、それが適当かどうかを判断した高裁の決定がある（東京高決平成15・12・26家月56巻6号149頁、大阪高決平成16・1・14家月56巻6号155頁は維持、仙台高決平成12・2・25家月56巻7号116頁）。

X　事例について

　本文で述べたように、花子に対する扶養義務は生活扶助義務であるので、花子の最低生活を援助すればよい。そこで、花子の最低生活費を計算し、7万円とすると、家賃を足して月11万円必要である。不足分は8万円ということになる。

　扶養義務者は、自分の社会的地位に相応しい生活をして余力があれば扶養可能性があるということになるから、一郎について扶養余力があるかどうかを検討する。一郎はアルバイト収入だけではあるが、将来的には年金が出るであろうし、預貯金もありそうである。原則としては預貯金は老後の生活資

金であるから勘案されないが、年金受給までの年数と、収入を計算し、預金があるとの事情も考慮して、一郎夫婦が社会的に相応しい生活が可能であれば、アルバイト料の一部の支払いを命ずることもありえよう。

松子は、主婦で収入はないが、夫の収入を管理していて、ある程度の自由にできる婚姻費用があると認められるだろう。その一部を支払うことになるのではなかろうか。

その他の子はなかなか難しそうである。引取請求は、一郎が同意すれば可能であるが、拒否したらそのような扶養義務は形成されない。

本件の場合、8万円もの不足額を、一郎または松子1人に負担させることは困難であろう。その2人に合計8万円となるよう負担させることが可能であれば問題ないが、もしこれが不可能であれば、一郎に2万円、松子に1万円を負担させ、あとは公的扶養に頼るほかはない。

〔演習問題〕

1　離婚後元夫は養育費を払ってくれないので、払わせるようにしたい。2人の子は、ひとりは21歳の私立大学生、下の子は16歳の公立高校生である。学費も大変なのに、元夫は、大学に入れるのがいけないといっている。自分も大学を出ているのであるから、出してくれてもいいはずである。

2　花子は夫太郎を捨てて子供と共に二郎と同棲したが、2年後破局した。体を壊して働けない花子は生活保護を申請したが、夫がいるからまず夫に扶助してもらうようにと指導があった。花子は夫に婚姻費用分担請求をした。認められるか。

第13章　相続人

I　事　例

● 事例 ●

　太郎には、妻花子、長男一郎、長女松子、次女竹子がいる。ところが、一郎は学生時代から遊び歩き、卒業後も生業につかず、借金をしてはその後始末を太郎にさせ、また、太郎に無断で太郎の自宅に抵当権を設定して、競売となり、太郎がやむをえず、借金の代払いをして競売をやめさせたこともあった。太郎は一郎には相続させたくないという決心をした。どのような方法があるか。

II　設　問

1　廃除の方法について説明せよ。
2　廃除の効果について説明せよ。

III　法定相続人主義と同時存在の原則

　相続人は法定されている。遺言で相続人を指定することはできないし、例外もない。強固な法定相続人主義とでもいえるであろう。
　相続人は、被相続人死亡時に生存しなければならない。同時存在の原則という。被相続人が死亡するとその瞬間に権利能力は消滅するから、その瞬間に相続が開始して相続人に権利が移転することになるわけである。したがっ

て、死亡の瞬間に相続人は権利能力を有している必要がある。その結果、同時死亡の推定（民32条の2）がはたらく者の間では相続は発生しない。

Ⅳ　胎　児

　私権の享有は出生によって始まる（民3条）。胎児は出生前の身であるから、権利能力はなく、同時存在の原則からすると相続できないことになる。しかし、たとえば夫死亡時に妻が妊娠していたが子がないということで妻と夫の親が相続することになると、本来相続により夫（子にとって父）の扶養を受けられたはずの子がそれを得られないということになって不合理である。そこで、胎児は、相続については既に生まれたものとみなされている（民886条1項。三谷編・常識第5話）。しかし、生きて生まれることが前提であるから、死んで生まれたときは胎児でしかなかったという原則に戻り、相続できないことになる（民886条2項）。

　この1項と2項との関係をどのように考えるかについて対立がある。1つは、胎児のうちは権利能力はなく、生きて生まれたときに相続開始時に権利能力があったことにするという停止条件説（大判昭和7・10・6民集11巻2023頁、中川＝泉・4版74頁）、1つは胎児のうちに権利能力を取得し死んで生まれたときは相続開始時に遡って権利能力がなかったことになるという解除条件説である。停止条件説によれば胎児のときはそのときの相続人である妻と親で分割し、生きて生まれたときは妻と子で分割をし直すことになる。解除条件説によれば、胎児のときに相続人は妻と胎児で、死んで生まれたとき妻と親とで分割し直すということになる。どちらの考え方も可能であるが、解除条件説に立った場合は胎児の法定代理人は誰かという問題もある（母法定代理人説は新注民㉖212頁、法定代理人不在説は石田ほか編167頁）。

　なお、ここでは、相続に関して胎児が権利能力を認められる根拠を相続の根拠の1つである生活保障説で説明してみた。しかし、「元来、法定相続権は、血縁に従って流れるのを本体とするから、相続開始の時、やがて出現す

ることの確実な胎児を無視して、相続人の範囲もしくは順位を決定することは、著しく人の法感情に背く」（中川＝泉・4版72頁以下、新注民㉖210頁）と説明されることが多い。

V　血族相続人の範囲と順位

　第一順位は子、第二順位は直系尊属、第三順位は兄弟姉妹である。第一順位、第二順位、第三順位という意味は、子があるかぎり直系尊属や兄弟姉妹は相続人とならず、子がないときには直系尊属が相続人となって兄弟姉妹は相続人とならず、子も直系尊属もないときにはじめて兄弟姉妹が相続人となるということである。

1　子

　被相続人の子は、すべて相続人となる（民887条1項）。長男・次男・長女等、養子・実子、嫡出子・非嫡出子（後述する相続分の相違がある）、氏・戸籍の異同、国籍の有無などを問わない。子であることが必要であるから、一親等姻族であるいわゆる継子（連れ子や先妻、先夫の子）は、養子縁組をしていないかぎり、相続人ではない。

　子が父母の相続開始後に死亡したときは、子について発生した相続により、父母から相続した財産は、子の相続人に相続される。これを便宜上「**再転相続**」と呼んでいる。

　これに反し、子が父母の相続開始前に死亡したときは、同時存在の原則からすると相続人とならないことになるが、次に述べる代襲相続が認められている。

2　子の代襲相続

　被相続人より前に死亡した相続人、つまり代襲相続される相続人を被代襲者といい、代襲して相続する人を代襲相続人という。

(1) 代襲原因

代襲原因とは、代襲相続の発生要件のことである。相続の放棄は、代襲原因とはならない。

(ア) 相続開始以前における被代襲者の死亡

「以前」というところが大切で、被相続人と相続人（被代襲者）が同時に死亡したとき（同時死亡の推定の場合を含む）は、相続人は相続せずに、代襲相続人が代襲相続することになる。

(イ) 被代襲者が相続欠格となったとき

相続欠格については後述するが、相続欠格の制度は、相続人が被相続人を殺害したような場合に相続人となることができない制度である（民891条）。このような場合に、子が相続できないというのに孫が相続してよいのか考え方は分かれるところであるが、相続人と代襲相続人とは人格が異なるのであるから、悪いことをしていない代襲相続人が悪いことをした被代襲者のために相続できなくなることは、人格の独立を損なうものとして代襲相続を認めている。

(ウ) 被代襲者が廃除されたとき

相続人が相続人廃除により相続権を失った場合も、代襲相続できる。欠格の場合と同じ理由である。

欠格や廃除の場合にも代襲相続が認められていることによれば、代襲相続は、代襲相続人固有の相続権に基づくことがわかる。一方、代襲相続人の相続分が被代襲者の相続分をもとに計算されること（民901条）からすると、取得する財産は、被代襲者の受け取るべき被相続人の財産ということになる。

(2) 代襲相続人の要件

(ア) 相続人の子であること

子であれば、区別はない。

配偶者に代襲相続権はない。たとえば被相続人が平成11年4月1日に死亡し、子である相続人が平成11年4月2日に死亡すると、相続人の配偶者と子が再転相続により被相続人の財産を取得するが、子である相続人が3月31日

に死亡していると、相続人の子だけが代襲相続する。もし子である相続人に子がなければ、配偶者には代襲相続権がないので、第2順位・第3順位の相続人が相続することになる。夫（相続人）亡き後も婚家にとどまり嫁として尽くしてきた妻が、舅・姑（被相続人）の死亡に際し相続できないことになり、特に子がない場合の不都合は大きいものがある。一方、夫または妻（相続人）死亡後再婚して元の婚家とは関係が薄くなった配偶者が、元の夫または妻の親（被相続人）の財産を代襲相続により取得できるというのも不合理である。したがって、配偶者の代襲相続権は認められないのである。

　(イ)　被相続人の直系卑属であること

　これは、専ら養子縁組前の養子の直系卑属を除く趣旨である。養子となるものに子があるとき、養子が養子縁組をしても養子の子と養親およびその親族との間には何らの親族関係も生じない（民727条）。であるから、被相続人の直系卑属でないので、代襲相続から除かれる。養子縁組後の直系卑属、養子縁組後に生まれた子や養子は被相続人の孫になるから代襲相続できる。

　(ウ)　相続開始時に存在すること

　被相続人死亡時に代襲相続人が存在することという意味である。たとえば、被相続人が平成11年4月1日に死亡し、子である相続人は平成8年1月1日に既に死亡していたが、その子は平成5年に出生して平成11年4月1日に存命中である、というような場合である。被相続人が平成11年4月1日に死亡し、相続人は平成11年3月31日死亡、そのとき胎児であった子が平成11年6月1日生きて生まれたときは、胎児が生まれたものとみなすという規定（民886条）によって、相続開始当時胎児であった子は代襲相続できる。

　代襲原因発生当時存在したことは要件とされていないから、平成11年4月1日被相続人が死亡し、平成10年4月1日相続人廃除審判が確定して、平成10年5月1日養子縁組した養子も代襲できることになる。

　(3)　再代襲相続

　代襲相続することのできる相続人の子に代襲原因が発生すると、その子（相続人の孫、被相続人の曾孫）が代襲相続できる（民887条3項）。たとえば、

被相続人が平成11年4月1日死亡し、相続人が平成10年4月1日死亡し、相続人の子が平成11年3月31日死亡し、相続人の子の子が平成11年4月1日現在存在するという場合は、相続人の子の子が被相続人を代襲相続する。相続人の子の死亡という再代襲原因発生当時に相続人の子が代襲相続人たる地位についていることは必要ないので、平成11年4月1日被相続人死亡、平成10年4月1日に相続人の子が死亡、相続人が平成11年3月31日死亡、平成11年4月1日に相続人の子の子が存在している、という場合も相続人の子の子は再代襲相続できる。

再々代襲相続以下、同様の要件で発生し、直系卑属が相続人になりうる。

(4) 代襲相続の効果

相続人の相続分を相続する。代襲相続人の相続分を全部合わせると、被代襲者の相続分になる。ここでいう相続分とは、法定相続分または指定相続分を指す。相続分の項で詳説する。特別受益・寄与分・具体的相続分については困難な問題があるが、各項目で触れることにする。

(5) 代襲相続の性質

欠格や廃除の場合にも代襲相続が認められていることからすれば、代襲相続は代襲相続人固有の代襲相続権に基づくという考え方（新注民(26)237頁）になる。しかし、代襲相続人の相続分が被代襲者の相続分をもとに計算されること（民901条）からすると、法的な地位は相続人と同じなので、本質的には代位相続ということになるともいわれる（石田ほか編178頁、林ほか編191頁）。

3 直系尊属

子およびその代襲者がないときは、第二順位として直系尊属が相続人となる（民889条1項1号）。親等の異なるものの間では、親等の近い者が先順位となる。たとえば被相続人に直系卑属が全くなく、父母と祖父母が存命中であるとき、一親等である父母が相続人となり、祖父母は相続人とならない。

親等の均しい直系尊属は、同順位である。被相続人が普通養子縁組して養

方で生活し実方との縁がなくても、実方の父母と養方の父母は同順位で相続人となる。

一親等直系尊属の全くないとき、二親等直系尊属（相続開始時に存在した祖父母）が、それも全くないとき、三親等直系尊属（相続開始時に存在した曾祖父母）が相続人となる。父方、母方、実方、養方を問わない。

直系尊属には、代襲相続はない（民889条2項参照）。尊属には親等が離れていても直系尊属としての固有の相続権があり、卑属に代襲を認めると傍系への相続が大幅に増加するからである。

4　兄弟姉妹

子とその直系卑属および直系尊属がないとき、兄弟姉妹が相続人となる。両親を同一とする兄弟姉妹、父または母のみを同一とする兄弟姉妹も同順位で相続人となる（民889条1項2号。ただし相続分が違うことは後述）。嫡出であるか嫡出でないかも無関係である。

5　兄弟姉妹の代襲相続

被相続人が死亡したとき、相続人である兄弟姉妹が既に死亡していて相続できないときは、相続人である兄弟姉妹の子が相続人を代襲して相続する（民889条2項）。

代襲原因は、相続人が被相続人死亡以前に死亡または欠格によって相続権を失っていることである。兄弟姉妹には遺留分がないので、廃除はできない。代襲相続人となるための要件は、相続人である兄弟姉妹の直系卑属であること、被相続人の直系卑属であることおよび相続開始時に存在することである。民法887条3項が準用されていないので、再代襲相続はない。この結果、血族相続は、甥、姪までで終了することになる。

VI　配偶者

　配偶者は常に相続人となる。血族相続人があるときは、血族相続人と同順位で（民890条。ただし、血族相続人の種類によって相続分が異なる）、血族相続人がないときは、配偶者のみが相続人となる。ここにいう配偶者とは、法律上の配偶者つまり婚姻届をしている配偶者に限られる。内縁の夫または妻には、相続権がない。生命保険で、「相続人」を受取人に指定した場合に、正式の婚姻届を出していない状態での内縁の妻は、その相続人には含まれないと解した裁判例（大阪地判昭和53・3・27判時904号104頁。三谷編・常識第17話の4）もある。内縁の配偶者には相続権がないというだけであって、遺族年金などの関係では、内縁の配偶者にも受給権が認められている（最判平成17・4・21判時1895号50頁。三谷編・常識第17話の5）。

　配偶者相続権の根拠が潜在的共有持分の清算と生活保障にあることは、争いがない。

　配偶者には代襲相続もない。配偶者の直系卑属に代襲相続を認めることは、姻族に被相続人の財産が取得されるということで、いかなる意味でも相続の根拠のない者への相続を認める結果となるからである。

VII　相続欠格

1　相続欠格事由

　被相続人を殺した相続人が被害者である被相続人の財産を承継することを認めることは、違法行為の結果利益を得るということになり法秩序に反する。そこで、次の相続人は、当然に相続人となる資格を剥奪される（民891条）。
① 　故意に被相続人または先順位もしくは同順位の相続人を殺しまたは殺そうとして刑に処せられた者（1号）　　相続欠格者が相続財産たる不

動産を第三者に売り渡した場合、その売買は当然無効であり、当該第三者は、正当な相続人の当該不動産に対する所有権の取得についての登記の欠缺を主張する正当な利益を有しない（大判大正3・12・1民録20輯1019頁）。傷害致死の場合は本号に該当しない（大判大正11・9・25民集1巻534頁）。

② 被相続人が殺害されたことを知りながら告訴・告発しなかった者（2号）　ただし、その者に是非の弁別がないとき、殺害者が自己の配偶者もしくは直系血族であったときは、告訴・告発しなかったとしてもやむを得ないので相続人欠格とならない。

③ 詐欺・強迫によって被相続人の遺言の作成・取消し・変更を妨げた者（3号）

④ 詐欺・強迫によって被相続人に相続に関する遺言をさせまたはその取消し・変更をさせた者（4号）

⑤ 相続に関する被相続人の遺言書を偽造・変造・破棄・隠匿した者（5号）　偽造とは被相続人名義で相続人が遺言書を作成すること、変造とは被相続人が自己名義で作成した遺言書に相続人が加除訂正その他の変更を加えること、破棄とは遺言の効力を消滅させる行為、隠匿とは遺言書の発見を妨げるような状態に置くことである（新注民㉖305頁）。

以上のうち、①、②は被相続人に対する生命侵害に対する制裁、③、④、⑤は被相続人の遺言の自由に対する制裁である。しかし、この2種類の行為を全く同列に扱うことに疑問も呈されている（新注民㉖289頁）。生命侵害はその違法性は最も重大で既遂の場合は取り返しがつかないのであるが、遺言自由侵害は遺言無効や遺留分減殺などによる調整も不可能ではないからである。特に、①、③、④の事由が被相続人の生命・身体・人格に対する直接の侵害であるのに対し、⑤は相続人が被相続人の遺言書そのものに加工を加えるという侵害態様であることにより若干の相違があるように思われる。

2　関連判例

関連した判例としては、以下のようなものがある。

自筆でありながら押印のない遺言書を発見した妻が、自己に有利な遺言と考えて被相続人の印を押捺したが、後に不利であることが判明したので、自ら偽造を理由として遺言無効確認の訴えを提起した。相手方が5号による相続人欠格を主張したところ、最高裁は、無効な遺言に相続人が方式を具備させることによって有効な遺言の外形を作出することは偽造または変造に当たるが、「相続人が遺言者たる被相続人の意思を実現させるためにその法形式を整える趣旨で」方式を具備させる行為をしたときには相続欠格者に当たらないと判断した（最判昭和56・4・3民集35巻3号431頁）。

公正証書遺言によって大部分の遺産を取得した次男が、遺言の存在を長女にだけ告げて遺産分割協議をし、長女・次女・五女は各100坪、長女・次女は各1棟の建物を取得し、その余の遺産は全部次男が取得するとの協議が成立した。10年経過した後、遺言の存在を知った次女が5号の相続欠格を主張した事例で、最高裁は、公正証書作成にあたり、妻その他の者が知っていたし、長女にも遺言の存在を告げていることからすると、遺言書の発見を妨げているものとはいえない、と判断している（最判平成6・12・16判時1518号15頁）。

「乙に売却した土地の売却代金は丙社に寄付するから債務の弁済にあてること」という遺言の破棄または隠匿をしたとの主張に対し、遺言書の内容が甲に利益なもので（丙社は甲が経営している）遺言書の破棄隠匿が相続に関して不当な利益を目的としていないことをもって5号に該当しないとの原審判断を是認している判例（最判平成9・1・28民集51巻1号184頁）は、その理由を「5号の趣旨は遺言に関し著しく不当な干渉行為をした相続人に対して相続人となる資格を失わせるという民事上の制裁を課そうとするところにあるが……、遺言書の破棄又は隠匿行為が相続に関して不当な利益を目的とするものでなかったときは、これを遺言に関する著しく不当な干渉行為というこ

とはできず、このような行為をした者に相続人となる資格を失わせるという厳しい制裁を課すことは、同条同号の趣旨に沿わないからである」と判示している。

　一方、相続欠格を認めた下級審判決には、被相続人からその所有不動産全部の遺贈を受ける旨の遺言書を被相続人死亡当時保管していた相続人が、遺留分減殺の請求を受けることをおそれて2年余にわたり他の共同相続人に対し同遺言の存在を秘匿していた行為が5号に当たるとしたとしたもの（東京高判昭和45・3・17家月22巻10号81頁）、被相続人の財産を独占しようとする強い執着心を有していたこと、第一遺言書の2枚目を記載したこと、第二遺言書を全く偽造したというときに5号に当たるとしたとしたもの（東京地判平成9・2・26判時1628号55頁）などがある。

　前掲最判平成9・1・28は、二重の故意、すなわち遺言書を破棄隠匿する故意だけでなく、相続において不当の利益を得る故意も要するという見解を採用した。相続欠格は被相続人の遺言自由侵害に対する制裁であり、その制裁の根拠を違法な財産取得に置く考え方と被相続人・相続人間の協同関係を破壊するという非行に置く考え方があるが、前者に立てば違法な財産取得目的を要することは説明できるし、後者に立っても非行の程度によって区別することはありうる。①、③、④のような被相続人の生命・身体・人格に対する直接の侵害については不法な利益を目的とすることは要さず、②、⑤のように相続人独自の行為については不法の利益取得目的を要するものと考えられる。

　なお、公正証書遺言は原本が公証役場にあるので隠匿ということがありえないという主張もあるが（加藤永一・判評341号203頁）、遺言したこと自体を隠してしまえばよいのであるから、公正証書遺言の隠匿もあり得るであろう。ただ、調査がある程度可能であるから、隠匿と認められにくいという事実上の問題はあるであろう。

3 最近の問題事例

たとえば、相続人Aが相続人Bに遺産をやりたくないということのみを目的として、被相続人を強迫して「遺産は全部Cにやる」という遺言を書かせたときと、「遺産は全部Cにやる」との遺言を偽造したときは、前者の場合は強迫したこと自体が問題であるから4号の相続欠格事由と考えてよいのであるが、後者の場合は、5号の欠格事由とは考えずに、遺言を無効にしてBに相続することができるようにすれば足りるともいえる。もっとも現実の事件では、実質的にはAが不法な自己の利益の取得をも目的としていることがほとんどであろうが。

近年、遺言の普及は目をみはるものがある。これからも遺言の偽造・変造・破棄・隠匿などの争いは多くなっていくであろう。前掲の東京高裁判決（東京高判昭和45・3・17家月22巻10号81頁）の事案のように被相続人の遺言自由を侵したのではなく、他の相続人の相続権を侵しただけのときにまで相続権を剥奪する結果となる解釈は、廃除との均衡からみても不適切である。一方、今後おそらくは強迫・詐欺による遺言であるという主張も多くなるものと考えられる。このような場合、遺言が財産の処分であれば、遺言者（被相続人）は詐欺を理由に（民96条）遺言を取り消すことができ、相続人も、取消権を相続するから、そのような遺言を取り消すことができる（中川＝泉・4版561頁）。しかし、取消しによって欠格者も法定相続分による取得が可能になる。やはり、欠格を認め、欠格者に対する部分を無効とする必要があるであろう。

Ⅷ 推定相続人廃除

遺留分を有する推定相続人（民1028条）の廃除も相続人の相続資格を奪うものであるが、被相続人の意思に基づき家庭裁判所の審判によって認められるものである（民892条、家審9条1項乙類9号、家事別表第1の86項）。遺留分

のない兄弟姉妹を廃除することはできない。

1　廃除原因

(1)　被相続人に対する虐待・重大な侮辱

たとえば、被相続人に暴行を加え、あるいは病気の被相続人を捨てて顧みないなどが考えられる。親の反対を押し切って暴力団員と婚姻し父の名で披露宴の招待状を出すなどした行為が重大な侮辱と認められた例もある（東京高決平成4・12・11判時1448号130頁）。

(2)　虐待・重大な侮辱以外の著しい非行

被相続人に対する非行に限る。多くは多額のまたは度重なる借金などの返済を被相続人にさせたり、被相続人の財産を無断で担保に入れたりなど、被相続人が直接に経済的・精神的被害を受けている場合である（坂本由喜子「推定相続人廃除について―裁判例の分析を中心として」家月46巻12号1頁）。

配偶者、養子、養親などの場合は離婚、離縁が認められるほどの非行といわれているが、離婚、離縁とは異なるもので、別に考えるべきであるとの説もある。離婚・離縁について破綻主義的傾向が強まっているのであるから、別に考えるべきであろう。

親の反対する婚姻をした（大阪地堺支判昭和38・9・16家月16巻2号70頁）、訴訟をしている、被相続人にも相続人の暴行等を誘発した責任がある（大判大正15・6・2評論16巻民法44頁）、一時的な対立による暴行や侮辱などは廃除原因を否定されていることが多いようである。もちろん、明治民法下におけるような家維持のための廃除は認められない。

2　廃除の手続

被相続人が家庭裁判所に廃除の申立てをするか、被相続人が遺言で廃除し遺言執行者が家庭裁判所に申し立てるかのどちらかである（民892条、893条）。廃除の審判が確定してはじめて廃除の効果が生じる（家審13条、家審規100条、家事74条）。廃除は戸籍に記載される（戸籍97条）。なお、最高裁は、推定相

続人の廃除を家事審判事件とすることの合憲性を表明している（最決昭和55・7・10判時981号65頁）。

3　廃除の効果

廃除を請求された被相続人に対する相続権が剥奪される。廃除の審判があっても、いつでも廃除の取消しをすることができる（民894条）。廃除と同様、審判によってされる（家審9条1項乙類9号、家事別表第1の87項）。

4　廃除の根拠

廃除の根拠は、相続的協同関係の破壊行為またはその可能性ある行為といわれる（中川＝泉・4版94頁）。では、相続的協同関係とは何か。相続の根拠を潜在的共有持分の清算と生活保障と考えるが、これは、配偶者には適切であるとしても、血族相続人には当てはまらないのではないかとの疑問もあった。しかし、血族についても親子と兄弟姉妹は同居し、あるいは同居したことがあり、仮に実際には同居していなくても同居を予定できるか少なくとも同居してもおかしくない関係である。直系血族と兄弟姉妹は相互に扶養義務を負い、何らかの協力関係があるのが通常である。これが相続的協同関係といわれるものである。そして、このような通常の関係であることを前提として、相続が認められているわけである。であるから、このような関係を破壊した者の相続権を剥奪することが許されるわけである。ただ、遺留分をも剥奪するので、その破壊の程度は強いものでなければならないのである。

Ⅸ　二重資格の相続人の欠格・廃除

たとえば、養子と実子が婚姻して一方が他方を殺害して刑に処せられたとき、兄が弟を養子にしたが弟が兄を殺害して刑に処せられたとき、両方の場合において遺言書を隠匿したときなど、相続資格が重複するが、どの資格の相続人としても相続欠格となる。同順位であれば同時に、異順位であれば、

順次欠格となる。

　養子と実子が婚姻して被相続人が他方配偶者を廃除していたとき、被相続人の意思としてはどのような資格としての相続人としても廃除したいということと解されるので、廃除の効果は全相続資格に及ぶものと解される（鈴木禄弥「被相続人と相続人とのあいだに二つ以上の親族関係が存する場合、相続人はいかなる地位をもつか」民法の基礎知識(1)207頁）。

X　実務上の留意点

1　相続人廃除について

　相続人廃除の相談というのは、「子供のうちの誰々は親不孝で自分に寄りつきもしないので、遺産を全く渡さない方法があるそうだが教えてほしい」というのが多い。また、喧嘩をしている子にはあげたくない、娘の夫は危険なのでその子にはやりたくない、などの被相続人の気持がある。そして実際に、そのような廃除の申立てや遺言がある。しかし、親子兄弟といっても必ずしも仲がよいわけではなく、このような気持は遺言によって表すことができる仕組みになっていて、遺留分をも奪うのは、遺留分を取得することも許さないほどの行為をしたときに限られる。最近は少し緩くなったようだとはいえ、廃除が認められるのはなかなか難しいし、相続争いをかえって激化させてしまう。廃除の申立ては慎重に、よく相談してからする必要がある。

2　身分関係を争う訴訟について

　相続人であるかないかが争いになったとき、その原因となる身分関係について人事訴訟を提起する方法（たとえば、婚姻無効、親子関係不存在確認、養子縁組無効確認など）、その身分関係が存在または不存在であることを前提に、相続財産に対する法定相続分である共有持分確認の訴えを提起する方法が一般的である。最近最高裁は、相続欠格該当を理由とする相続人の地位不存在

確認訴訟を**固有必要的共同訴訟**として認めた（最判平成16・7・6民集58巻5号1319頁）。いずれにせよ、身分関係の形成または消滅を目的とした形成訴訟を必要とする場合には、人事訴訟を提起する方法しかないことは前に述べたとおりである。

XI 事例について

太郎は、自分で一郎を相手方として相続人廃除の申立てをすることができる。それを望まないのであれば、遺言で相続人廃除をすることができる。遺言で廃除した場合は、遺言執行者が廃除の申立てをする。しかし、家庭裁判所が認めるかどうかわからないので、相続分指定遺言をしておくことも方法である。遺留分を侵害することはできないが、一郎に特別受益があれば遺留分を侵害していないかもしれない。

廃除されると一郎は相続人から廃除されるが、その子があれば代襲相続人となる。

〔演習問題〕

1 Aが被相続人であるとき、次の身分関係における相続人と法定相続分を述べよ。

①

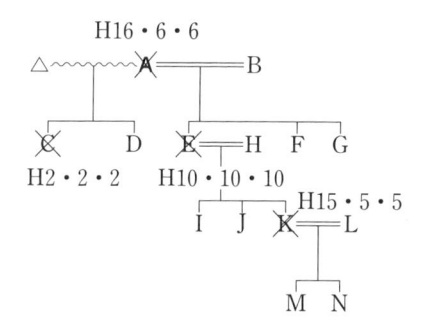

第13章　相続人

②

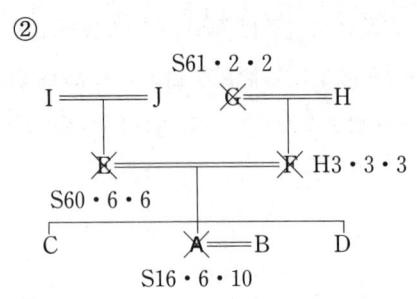

```
              S61・2・2
      I────J    G════════H
           ║         ║
           ╳═════════╳  H3・3・3
       S60・6・6   │
           ┌───────┼───────┐
           C       A════B   D
                S16・6・10
```

③

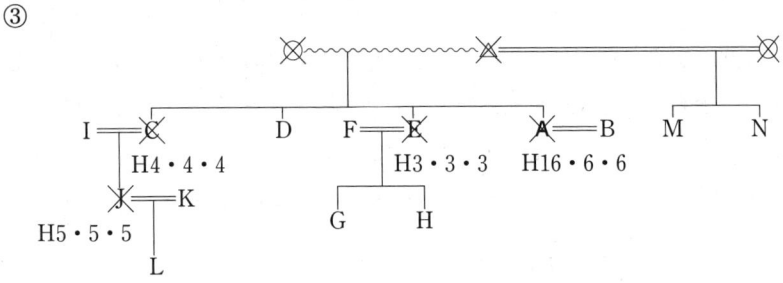

```
       ╳〜〜〜〜〜〜╳════════════════════╳
       ┌──────┬──────┬──────┬──────┬──────┐
     I══╳     D    F══E    A══B    M      N
       H4・4・4      H3・3・3  H16・6・6
       ╳══K         ┌──┐
     H5・5・5       G   H
       │
       L
```

270

第14章　相続財産

I　事例

●事例●

　甲野太郎は平成16年6月10日75歳で横断歩道を歩行中に丙川三郎運転のトラックに轢かれて死亡した。相続人は、長男一郎、次男二郎、長女松子である。遺産は、甲土地（宅地100m²）、甲土地上の乙建物、マンション1室（乙山二郎に賃料10万円で賃貸中、16年4月分から賃料滞納中）、A会社株式1000株（公開）、太郎創業にかかるB株式会社株式5000株（非公開）、定期預金2000万円、普通預金1000万円、現金5000万円、その他動産（金額的に高額なのは、ローレックスの時計100万円、ダイヤモンド付のネクタイピンとカフスボタン計50万円）、である。株式と現金はC銀行の貸金庫に入っている。太郎はD株式会社経営にかかる某カントリークラブの会員であった。預託会員であり、預託金として400万円が差し入れられており、同カントリークラブの規約には、会員死亡時には理事会の承認を受けたときは相続人がその地位を承継する旨の定めがある。死亡当時の太郎の収入は、老齢年金5万円とB株式会社役員報酬50万円である。死亡退職金が出される予定である。

　平成16年7月10日、二郎は通帳と印鑑を使用して普通預金を下ろして自己の借金の返済に充てた。

II 設問

1 死亡によって各財産はどのように承継されるか、あるいは承継されないか。
2 可分債権の承継態様について述べよ。
3 相続人の1人が預金債権全額の払戻しを受けたときの法律関係について述べよ。

III 包括承継（一般承継）

相続人は、一身専属権および**祭祀財産**に関する権利を除き、相続開始の時から、被相続人の財産に属した一切の権利義務を承継する（民896条、897条）。原則として一切の権利義務を承継することから、これを包括承継または一般承継という。

1 相続の対象とならない権利・義務

(1) 一身専属権
被相続人の一身に専属したものは相続されない（民896条但書）。被相続人のみに帰属する権利または義務である。

(ア) 身分法上の財産的権利・義務
扶養請求権は、要扶養者が生存していてはじめて意味のある債権であるから、死亡により消滅する。ただし、死亡するまでに生じた具体的な扶養請求権は、単なる金銭債権として相続される。

抽象的な扶養義務も相続されない（我妻413頁）。扶養義務者死亡までに具体的に生じた扶養義務は相続される。

財産分与請求権については、権利者が請求したときには相続されるという見解（名古屋高判昭和27・7・3高民集5巻6号265頁）と、扶養的要素を除き当

然相続されるという見解（我妻158頁）とがある。特に潜在的共有持分の清算については被相続人のみに属するとする根拠はないから、被相続人の意思にのみ行使をゆだねるべきかどうかという問題である。当然相続説に賛成する。当然相続説によれば、子が相続する場合は問題ないが、親・兄弟が相続する場合には適切さを欠くこともありうるが、やむをえない。

財産分与義務は相続される。

特別縁故者の相続財産分与請求権（松山家審昭和41・5・30家月19巻1号59頁）、夫婦間の契約取消権も一身専属権である。

遺留分減殺請求権については、相続されると解されている（中川＝泉・3版630頁）。

相続回復請求権についても議論されているが、相続回復請求権の性質論によるのであって、後記のとおり物権的請求権の集合と考えるのであれば、物権の相続に伴って相続されることになると思われる。

離婚請求権、離縁請求権、認知請求権などの身分権は相続されない。

(イ)　**人格権**

人格権も、その人が死亡すれば消滅する。生命・身体・自由・貞操・信用・名誉・肖像・氏名などに対する権利である。しかし、人格権侵害により生じた損害賠償請求権は相続される。

生命侵害に基づく慰謝料請求権については、「死者が自分の死亡を原因とする損害の賠償請求権を、生存中に取得するというのは不合理である」（中川＝泉・3版162頁）ことは間違いなく、否定するのが理論的である。しかし、衡平の見地から究極の重傷損害として死者が取得しこれを相続するという構成に賛成したい。精神的苦痛を感じるかどうかは一身専属的であるから、被相続人の請求意思の発現をまって慰謝料請求権を相続するとの考え方もあるが、精神的苦痛も客観的に判断されるべきもので、請求権発生の有無が被害者の意思のみによるわけではないので、原則として被相続人が慰謝料請求権を取得し、相続人がこれを承継するとの立場が相当と考える（最大判昭和42・11・1民集21巻9号2249頁）。しかし、被相続人が年金受給者であった場

合の逸失利益の算定など困難な問題が生じている。

著作者人格権（著作17条1項）も、一身専属権として譲渡はもちろん（著作59条）相続の対象とならない。著作者人格権とは、著作者が著作者としての人格を維持するための権利で、著作者がその著作物を公表するかどうかを決定する権利（著作18条1項）、著作者がその著作物の著作者であることを主張し、また、他人から著作者の名前を勝手に変更されない権利（著作19条1項）、著作者以外の者が勝手に著作物およびその題号を改変したりすることを禁ずる権利（著作20条1項）である。このような権利を侵害する者に対し、遺族でさえ、侵害の停止・予防、損害賠償、名誉回復措置を請求することができるが（著作116条1項、112条、115条）、これは相続の効果ではなく、法が特に与えた効果と解されている。遺族の範囲と順位は法定されており、遺言でこれを指定しまたは変更することができる（著作116条2項・3項）。

(ウ) 個人の信頼関係に基づいている権利・義務

委任契約は、委任者・受任者死亡により消滅する（民653条前段）。代理権も、本人・代理人死亡により消滅する（民111条1項）。ただし、任意規定なので、委任者死亡後も委任契約、代理権を持続させる契約も有効と解されている（最判平成4・9・22金法1358号55頁）。

身元保証人である地位、根保証人である地位は、当事者の人的信用関係を基礎としているので相続されない（大判昭和2・7・4民集6巻436頁、最判昭和37・11・9民集16巻11号2270頁）。保証債務は、具体的な金銭債務が発生していれば、相続される。たとえば、甲野太郎が、友人の乙山一男の営む事業の仕入先に対し、今後乙山一男がその取引によって負うべき債務のすべてを保証するという根保証契約を締結しているとき、太郎が死亡した後相続人が乙山の保証人をそのまま続ける必要はない。しかし、太郎死亡までに乙山が債務を負ってその債務に対する保証債務が発生しているとき、その具体的な保証債務は相続される。そのことを、東京地判昭和54・3・8判夕389号113頁は、

「継続的取引について将来負担することあるべき債務につきした責任の

限度額ならびに期間について定めのない連帯保証契約においては、特定の債務についてした通常の連帯保証の場合と異り、その責任の及ぶ範囲が極めて広汎となり、一に契約締結の当事者の人的信用関係を基礎とするものであるから、かかる保証人たる地位は、特段の事由のないかぎり、当事者その人と終始するものであつて、連帯保証人の死亡後生じた主債務については、その相続人においてこれが保証債務を承継負担するものでないと解するを相当とするけれども（最高裁昭和36年(オ)868号同37年11月9日第二小法廷判決・民集16巻11号2270頁参照）、本件において、前示当事者間に争いのない事実によると、本件保証契約は、原告と訴外会社間の継続的売買取引について将来負担することがあるべき債務についてしたものであるが、責任の限度額が1800万円と定められており、かつ、連帯保証人である一夫の存命中に原告と訴外会社との売買取引によつて既に発生していた主債務について、一夫の相続人である被告らに保証債務の履行を求めるものであることが認められるから、本件保証契約に基づく保証債務が一夫その人と終始する一身専属のものであると解することができず、そのほかに本件保証契約に基づく保証債務が一夫の一身専属のものであつて、その相続人においてこれが保証債務を承継負担するものではないと認めるに足りる証拠はない」

と判示している。民法改正により465条の2以下に根保証契約に関する新たな規定が設けられた。以上に述べたところは民法465条の4第3号に結実している。

　使用借権は、借主の死亡によって消滅するので（民599条）、相続されない。ただし、墓所として使用するための土地の使用貸借契約については、墳墓の永久性に鑑み民法599条の適用を排除する旨の特約があると解するのが相当であるとした裁判例（仙台高判昭和39・11・16下民集15巻11号2725頁）、建物所有のための宅地の使用貸借においては、建物の使用が終らない間に借主が死亡しても、特段の事情のない限り敷地の使用貸借が当然に終了するものではないとする裁判例（大阪高判昭和55・1・30判タ414号95頁。同旨は東京地判昭和

56・3・12判時1016号76頁）がある。

　　　(エ)　不代替的作為義務

　特定人が講演する義務、特定人が演じたり踊ったり描いたりする義務は相続されない。雇用契約上の労務者の労務に服する義務も相続されない（我妻債各中(2)593頁）。このような義務は義務者の死亡によって消滅するから、その義務が主要な義務である契約も終了し、残務整理が残るのみとなる。

　　　(オ)　人的色彩の強い団体の構成員である地位

　組合契約における組合員の地位は、相続されない（民679条1号）。

　入会権も、権利者の死亡によりその権利がどのようになるかは入会団体の規約や慣習によって定まるのであって、当然相続されるわけではない（我妻・物権303頁）。

　社団法人の構成員を社員といい、構成員である地位に基づく権利を**社員権**というが、法人の運営に参画する権利（共益権）と法人から経済的利益を受ける権利（自益権）とがある。法人の運営に参画することは、参画する者にとっても参画される法人にとっても個人的色彩の強いものであるから、運営に参画するという側面が強ければ強いほど相続されないことになる。また、無限責任を負うという責任ある地位も、個人の信用に基づく地位であるので相続されない。公益社団法人の社員たる地位は相続されない（我妻・新総則181頁）。合名会社の社員および合資会社の無限責任社員である地位も、原則として相続されない（会社607条1項3号）。相続人が社員である地位を承継する旨を定款に定めれば相続できる、と解されている（大判昭和2・5・4新聞2697号6頁）。これに反し、自益権的側面の強い合資会社の有限責任社員の地位や株式会社の社員である地位（株式）はいずれも相続される。

　ゴルフ会員権は、ゴルフ場の優先使用権を主体とする権利で、社団法人であるゴルフクラブの構成員となってこれを確保する社団法人制、ゴルフクラブの会員がこれを経営する株式会社の株主となる株主会員制、ゴルフ場を経営する会社に預託金を支払ってゴルフクラブ入会契約を締結する預託会員制の3種類の形態がある。社団法人の会員である地位は、社員権の項で述べた

とおり相続されない。株式は相続されるから、株主会員制の会員である地位は相続される。預託会員制の会員である地位も相続される（最判平成 9・3・25民集51巻 3 号1609頁）。ただし、死亡を資格喪失事由とする会則規定がある場合は、一身専属的なもので相続の対象とならない（最判昭和53・6・16判時897号62頁）。相続の対象とならない場合には、預託金返還請求権が金銭債権として相続される。

 (カ) **社会政策上の権利**

生活保護法上の生活保護費（最大判昭和42・5・24民集21巻 5 号1043頁）、国民年金、厚生年金、共済年金、それらの遺族年金、障害年金などは相続されない。

公営住宅の入居権も相続されない（最判平成 2・10・18民集44巻 7 号1021頁）。

これに関し、**借家権**が問題になっている。相続人でない同居人を保護する必要があるからである。家団論（古山宏「家屋賃借権の相続について」判タ 1 号18頁）、家族共同体説（星野・借地596頁）、法定賃借権取得説（鈴木・居住99頁）、居住権説（甲斐道太郎「借家権の相続」甲南論集 5 巻 4 号32頁）など、多岐に論じられている。借家権は財産権であって一身専属権ではないのであるから、相続されない理由はない。借家権は通常どおり相続人に相続され、相続人は被相続人が同居者に占有を許諾していることによる被相続人の義務を承継するので、同居者は占有を継続できる、と解すべきである（玉田弘毅「被相続人の内縁の妻の居住権」法論38巻 4 号29頁、岡部喜代子「相続人の一人が共同相続財産を占有する場合の法律関係について」東洋法学42巻 2 号265頁）。

(2) 被相続人に属さなかった権利

生命保険金は被相続人死亡によって取得できる金員であるが、被相続人は被保険者（多くの場合、保険契約者でもある）であって生命保険金の受給者ではない。保険金受取人は、保険契約において保険金受取人と指定されたことによって、保険契約に基づいて保険金を受け取る者である。したがって、生命保険金は保険金受取人の固有資産であって相続財産ではない。

死亡退職金、弔慰金、遺族年金も同様である。法律の規定または就業規則

などによって受給者に支払われるもので、相続財産ではない。そして、保険契約者によって保険金受取人として指定された者（指定受取人）の法定相続人またはその順次の法定相続人であって被保険者の死亡時に現に生存する者が複数いる場合には、複数の指定受取人間における保険金請求権は平等の割合である、と判示する判例（最判平成5・9・7民集47巻7号4740頁）がある一方で、別の判例（最判平成6・7・18民集48巻5号1233頁）は、相続分の割合によるとしている。死亡退職金は少々問題である。未払い賃金の性格をも有することを考慮すると、実質的には相続財産と解してよいという説がありうるからである。しかし、法律や就業規則に受給権者の範囲や順位が定められ、相続の順位と異なっているし、被相続人死亡後の遺族の生活保障という側面が強いと認められるから相続財産に含まれないと考えられる（最判昭和55・11・27民集34巻6号815頁）。

　よく問題にされるのが生命侵害に基づく損害賠償請求権である（前述(1)(イ)）。

(3)　祭祀財産

第15章で後述する。

(4)　事実上の利益

　相続の対象となるのは厳密に権利・義務だけではなく、法律上の地位、契約上の地位といったものも含まれるが、事実上の利益は対象にならない。事実上の利益を得ることはあっても、それは相続の効果ではないのである。

　いわゆる**営業権**は、権といっても権利ではなく事実関係である。最高裁も「営業権とは、当該企業の長年にわたる伝統と社会的信用、立地条件、特殊の製造技術及び特殊の取引関係の存在並びにそれらの独占性等を総合した、他の企業を上回る企業収益を稼得することができる無形の財産的価値を有する事実関係であるとの見解に立つ…原審の判断は、正当」と判示している（最判昭和51・7・13訟月22巻7号1954頁）。そうすると、営業権を相続することはなく、営業用財産、得意先に対する債権など個々の権利義務を相続するだけなのである。営業権という事実上の利益は、財産の評価で行う。

　理論上はこのとおりであるが、実際には結構問題となることが多いもので

ある。たとえば、長男が父の営んでいた店を引き継いで営業用財産一式を相続した場合に、他の財産を相続した兄弟から長男は店を引き継いで儲けることができるのだからもらい分は少なくてよいはずだという主張がでることがあるからである。しかし、多くの場合、営業権という客観的な超過収益力はないのであって、収益性のある財産かどうかという相違である。財産の価値に反映させられるか、させられないとすれば収益は労働の成果であるといえるので評価されないことになるであろう。

2 共同相続の形態

　民法は、「相続人が数人あるときは、相続財産は、その共有に属する」と規定している（民898条）。他に共有ということばが民法に出てくるのは、第2編第3章第3節である。これを講学上「物権法上の共有」といっている。民法898条のいう共有が物権法上の共有と同じであるかどうかが主要な論点である。物権法上の共有については、複数所有権が他の所有権によって制限されているのか（我妻・物権213頁）、1つの所有権が多数の人に割合的に属しているのかという対立があるが、この対立が直接影響しているわけではない。物権法上の共有は、たとえば土地を共有しているとすると、各共有者はその土地に対して共有持分権を有している。898条の共有と物権法上の共有が同じと考える考え方は、被相続人の所有していた土地や建物は、被相続人が死亡すると共同相続人に移転し、共同相続人は土地について共有持分権を、建物についても共有持分権を取得すると解する。つまり、相続財産1つひとつに各共同相続人が共有持分権を持つという考え方である（柚木馨「共同相続財産の法的性質」大系(6)167頁）。

　これに対し、物権法上の共有と異なると考える説は、相続によって相続人が取得する権利は合有という特殊な共同所有関係であると主張する。相続財産全体を1つのまとまった財産ととらえ、各共同相続人はそのまとまりのある財産全体を共同所有するのであり、したがって各共同相続人は個々の相続財産に対しては権利を有さないと解するのである。その理由を、共同相続財

産は遺産分割までの一時的な、かつ、遺産分割を目的とする財産であって、遺産分割までは各相続人は処分できず、遺産分割によって遡及的に取得したことになるのだから、と説明する（中川＝泉・3版208頁）。

　最近は、共有説・合有説の対立には意味がなく、遺産分割前の共同相続人が相続財産に対しいかなる権利を有するかを具体的に検討すべきであると指摘されている（鈴木・改訂211頁）。

　判例は一貫して共有説であり（最判昭和30・5・31民集9巻6号793頁、最判平成16・4・20判時1859号61頁）、共有説を支持したい。理論的な根拠はすべて、柚木説の①個人主義的相続に合致する、②相続人が複数であると権利の処分ができないのは合理的根拠に乏しい、③取引の安全に適する、を援用させていただきたい。その他に、できるだけ権利関係を明確にして問題に対処することが遺産の紛争解決に有効であること、共有の性質、共有物の管理という共有に関する問題自体に解決がついていない部分が多く、共同相続財産も共有財産の1つに含まれることを意識して共有の問題解決にあたることが、共同相続財産の問題解決につながるものと考えること、をあげておきたい。

　では、次に共有説に立って、相続財産がどのように共同所有されるのかを検討していくことにする。

(1) 所有権

　被相続人の土地・建物・机いす・現金などの所有権は当然に相続され、各相続人は各財産の上に共有持分権を取得する。動産は細かい財産1つひとつについて共有となる。金銭も1円玉1つひとつについて共有となる（最判平成4・4・10家月44巻8号16頁）。

(2) 共有持分権

　所有権と本質は変わらず、マンション土地部分のような共有部分権も当然に相続されて、被相続人の共有持分権をさらに相続人が共有するので、結局相続人が共有することになる。

(3) 用益物権・担保物権・占有権

　いずれも共同相続され、相続人は各権利を準共有する。

根抵当権については、特別な定めがある（民398条の8）。

占有権は事実上の支配力であるが、相当に抽象化されているものであるから、被相続人の事実上の支配力を相続人が承継すると考えられる。最判昭和44・10・30民集23巻10号1881頁も、「被相続人の事実的支配の中にあつた物は、原則として、当然に、相続人の支配の中に承継されるとみるべきであるから、その結果として、占有権も承継され、被相続人が死亡して相続が開始するときは、特別の事情のないかぎり、従前その占有に属したものは、当然相続人の占有に移る」と判示している。現在では、相続されることに学説上もほぼ異論はない。であるから、被相続人が占有していた物について、相続人は占有権も承継取得する。

(4) **不可分債権**

準共有することになる。債権を共同相続したとき、そのことにより、債権者が複数になるのであるから債権関係として見てみると多数当事者の債権関係と同一の関係になる。そこで、債権の共同相続については多数当事者の債権関係の規定がまず適用されると解されている（我妻・物権225頁）。不可分給付を目的とする債権者が多数ある債権として不可分債権関係となる。1個の物の引渡請求権、登記請求権、為す債務の履行請求権などである。賃借権も不可分債権である。

したがって、たとえば、相続人の承継取得した家屋明渡請求権は不可分債権に属するから、各相続人は、単独ですべての明渡請求権者のために明渡しを請求することができる（最判昭和44・7・24判時567号51頁）。

(5) **不可分債務**

不可分債務を準共有するというのもおかしいのであるが、不可分債務を共同して負担することになる。債務を共同相続することにより債務者が複数存在することになり、多数当事者の債権関係となる。そこでまず、債権法の不可分債務の規定が適用される。1個の物の給付義務、為す債務、不可分給付の対価である費用・利得・報酬などである（我妻・新債総397頁）。この考えでは、賃料債務は不可分債務となる。したがって、たとえば、共同相続人が

負担する所有権移転登記手続義務は不可分債務であるから、共同相続人はその債務の履行について各自が全部の責任を負うことになり、**必要的共同訴訟**ではない（最判昭和44・4・17民集23巻4号785頁）。

　ところで、不可分債権・債務関係は主体の数だけ債権債務が存在し、各人が同一内容の債権を有しまたは債務を負担する関係だといわれる（我妻・新債総397頁）。被相続人は1個の債権または1個の債務を有していたのであるから、相続によってなぜ複数の債権となるのかという問題がある。この点について、共同相続による多数当事者となった債権関係は、1個の債権・債務を共同相続人が準共有するのであって多数当事者の債権関係となるのではない、という説がある。しかし、給付はあくまでも1個なのであって、複数の権利者が存在することになったからには1個の給付を各人が請求できる、また複数の義務者が給付義務を負うということに尽きるわけであるから、複数人に属することによって複数権利義務が存在することになるのは被相続人のもとで1個であっても背理とするには当たらない。また、共有について複数の所有権が制限されている状態ととらえる立場からすれば、物権と債権の複数当事者の問題をパラレルに解することができることになる（我妻・新債総375頁）。不可分債権・債務関係となるという説に賛成したい。

(6)　可分債権

　不可分債権同様、可分債権も共同相続により複数債権者となることにより、これを準共有することになり、そのうえで、多数当事者の債権関係の規定によることとなる。したがって、分割債権となる（民427条、大判大正9・12・22民録26輯2062頁、最判昭和29・4・8民集8巻4号819頁、最判昭和34・6・19民集13巻6号757頁、最判昭和50・3・6民集29巻3号203頁、最判平成16・4・20判時1859号61頁）。被相続人の銀行普通預金1200万円は、妻600万円、3人の子ども各200万円ずつの預金返還請求権に分割される。

　共同相続人の1人が、被相続人名義の預金口座の取引経過開示請求権を単独で行使できるかどうかにつき、最判平成21・1・22民集63巻1号228頁は、共同相続人全員に帰属する預金契約上の地位に基づいて単独で行使すること

ができる、と判示した。

　このような考え方に対し、1人の相続人に対し全額の弁済をした債務者に不利であるとか、遺産分割の対象にならないおそれがある（民法(9) 4 版103頁）とかの批判がある。弁済については、準占有者に対する弁済で救うことができる（民478条）。遺産分割との関係については、後述するが、解決可能である（岡部喜代子「可分債権の遺産分割」法研72巻12号498頁）。よって、当然分割説に賛成する。

　現金については、当然分割にならないというのが判例である（前掲最判平成4・4・10）。可分債権に関する判例法理との関係は理論的には問題である（塩月重平「金銭の相続と遺産分割」家月44巻10号1項、滝沢聿代「金銭債権と金銭の相続」法政法科大学院紀要1巻1号）。

　銀行定期預金は、前述の銀行普通預金と同様に、可分債権とされている。

　しかし、最高裁第2小法廷は、平成22年10月8日、定額郵便貯金について、次のとおり、不可分債権として取り扱うべきであるとした。なお、この判断は、定額郵便貯金についてのものであって、銀行定期預金をも不可分債権とする趣旨のものではないと解される。

　　「郵便貯金法は、定額郵便貯金につき、一定の据置期間を定め、分割払戻しをしないとの条件で一定の金額を一時に預入するものと定め（7条1項3号）、預入金額も一定の金額に限定している（同条2項、郵便貯金規則83条の11）。同法が定額郵便貯金を上記のような制限の下に預け入れられる貯金として定める趣旨は、多数の預金者を対象とした大量の事務処理を迅速かつ画一的に処理する必要上、預入金額を一定額に限定し、貯金の管理を容易にして、定額郵便貯金に係る事務の定型化、簡素化を図ることにある。ところが、定額郵便貯金債権が相続により分割されると解すると、それに応じた利子を含めた債権額の計算が必要になる事態を生じかねず、定額郵便貯金に係る事務の定型化、簡素化を図るという趣旨に反する。他方、同債権が相続により分割されると解したとしても、同債権には上記条件が付されている以上、共同相続人は共同して全額の

払戻しを求めざるを得ず、単独でこれを行使する余地はないのであるから、そのように解する意義は乏しい。これらの点にかんがみれば、同法は同債権の分割を許容するものではなく、同債権は、その預金者が死亡したからといって、相続開始と同時に当然に相続分に応じて分割されることはないものというべきである」（最判平成22・10・8民集64巻7号1719頁）。

相続開始後遺産分割前の賃料債権も各共同相続人に相続分に応じて帰属し、この場合には後に遺産分割がなされても賃料債権の帰属に影響はない（最判平成17・9・8民集59巻7号1931頁）。そして、自己の分割分を超えて執行文を付与された場合には、執行異議（民執11条）を申し立てることができる（大決昭和5・12・4民集9巻1118頁）。

(7) 可分債務

可分債権と同じ理由によって、当然に分割され分割債務となる。連帯債務者の1人が死亡し、その相続人が数人ある場合にも、共同相続人は、被相続人の債務の分割されたものを承継し、各自その承継した範囲において、本来の債務者とともに連帯債務者となる（最判昭和34・6・19民集13巻6号757頁）。これに対し、債権者は各相続人に履行の請求をしなければならないし、共同相続人中に無資力者がいるときは債権者の関知しない債務者の死亡という事情によって債権者が不利益を受けるので妥当ではないと批判し、債務の共同相続は不可分債務となるという説が主張されている（鈴木・改訂182頁）。しかし、この説は、理論的に困難であることのほかに、利益考量においても問題があると思う。

相続の根拠の項で述べたように、債務の相続は、基本的に債務の引き当てとなっている財産の移転に応じて移転することが必要でかつこれで十分なのではないであろうか。被相続人が無資力であれば共同相続人が無資力であっても何ら異とするに足らないし、被相続人の財産が相続人に移転したならばそれとともに移転するので、中に無資力者がいた場合は、財産分離をして相続財産を確保して債権の引当財産を確保することができるのである。不可分

債務とするときは、共同相続人は、共有持分しか取得しないにかかわらず全額の相続債務の支払義務を負うこととなって相続人の不利益が大きすぎ、それにひきかえ債権者は、被相続人1人に対する債権でしかなかったものが相続によって共同相続人全員に対するいわば保証付きの債権となるので債権者の利益が大きすぎるといえるであろう。

(8) 形成権

形成権も準共有となる。不可分の権利だからである。

形成権の相続でよく問題となるのが、無権代理人が本人を相続した場合の法律関係である。たとえば、太郎の長男一郎が、太郎の代理人と称して太郎所有の土地建物を売却した後、太郎が死亡して一郎が相続したときである。太郎は本人として、一郎の無権代理行為に対する追認権と追認拒絶権を有している。これらは形成権であるから、太郎死亡により一郎は、他の共同相続人とともに共同相続する。一郎以外の相続人が、追認権または追認拒絶権を行使することができることは当然である。無権代理行為をした一郎自身がその行為の効力を否認するのは、信義則に反するのでできないことになる。追認権を行使すれば本人として責任を負うことになるから、その行使は処分行為として全員一致でなされなければならない。その結果、無権代理人が本人を相続した場合に他の相続人が追認を拒絶するかぎり、本人としての責任は負わない（最判平成5・1・21民集47巻1号265頁）。

なお、本人が無権代理行為を追認拒絶した後に無権代理人が本人を相続した場合、無権代理行為の効力が本人に及ばないことが確定しているので、無権代理行為が有効になることはない（最判平成10・7・17民集52巻5号1296頁）。

無権代理人が本人を単独で相続した場合には、追認を拒絶することが信義則に反するという理由で追認を拒絶することができず、したがって本人としての責任を負うということになるであろう（最判昭和40・6・18民集19巻4号986頁は結論同旨）。本人が追認を拒絶した後に無権代理人が本人を単独相続した場合は、追認拒絶の効果を主張することが信義則に反するとされるときもあると思われる（最判平成10・7・17民集52巻5号1296頁）。

無権代理人の相続人がさらに本人を相続した場合、その相続人は追認を拒絶できない旨の判決がある（最判昭和63・3・1判時1312号92頁）。

(9) 法律上の地位

たとえば売買契約上の売主の地位は相続され、相続人は、売買の目的に瑕疵があった場合には担保責任を負う。他人の物の売主の地位もその１つである。他人の物の売買における所有者の地位も相続される。賃貸人である地位、賃借人である地位も相続され、被相続人のした賃料不払いは解除原因となる。

無権代理人としての地位も相続され、本人が追認拒絶したときに無権代理人の責任を負う（最判昭和48・7・3民集27巻7号751頁）。本人が無権代理人を相続したときは、本人として追認拒絶できる（最判昭和37・4・20民集16巻4号955頁）。

(10) 社員権

相続の対象となる社員権は、すべて準共有される。株式は１株ごとに各共同相続人が準共有する（最判平成2・12・4民集44巻9号1165頁）。預貯金と全く異なるのである。ただ、株式を共有する場合の権利の行使などについては、特別の定めがある（会社106条、126条3項など）。

(11) ゴルフ会員権

株主会員制と預託会員制については、原則として相続の対象となることは前述した。ゴルフ会員権は、ゴルフ場優先使用権、預託金返還請求権、会費支払義務などを含む契約上の地位と解されている。１個の契約上の地位として準共有状態が生ずる、とみるべきであろう。

3　相続財産に対する共有持分権の処分・管理・保存

前述したとおり、各共同相続人は１つひとつの相続財産について共有持分を有するので、各共同相続人が有する（準）共有持分の処分・管理・保存は単独で有効にすることができる。なお、すでに共同相続人の１人が自己の持分を売却した後に遺産分割がされ、売却された共有持分を別の共同相続人が取得することになったとしても、持分を買い受けた第三者は保護される（民909条但書）。

4　相続財産に属するかどうかの争い

相続人の１人が、ある財産につき被相続人名義財産であるが自己所有であると主張する、相続人の１人の名義になっているが、本当は被相続人の所有であると主張する場合、最高裁は、**遺産確認の訴え**という訴訟を認めた（最判昭和61・3・13民集40巻2号389頁）。すなわち、「当該財産が、現に共同相続人による遺産分割前の共有関係にあることの確認を求める訴えであって、その原告勝訴の確定判決は、当該財産が遺産分割の対象たる財産であることを既判力をもって確定」するものであるから適法である旨判示した。また、その訴えは、**固有必要的共同訴訟**であるとも判示した（最判平成元・3・28民集43巻3号167頁）。訴え提起に賛同しない相続人があるときには、その者をも被告として訴えるほかはない。

なお、前述の最判平成22・10・8は、共同相続人間において定額郵便貯金債権が現に被相続人の遺産に属することの確認を求める訴えには、当該債権の帰属に争いがあるかぎり、確認の利益がある、とも判示している。

IV　事例について

事例についてコメントしておこう。
① 甲土地、乙建物、マンション、現金、動産は相続人が継承し、相続分による共有となる。
② 株式は公開、非公開を問わず１株ごとに準共有する。
③ 定期預金、普通預金、生命侵害を原因とする損害賠償請求権は各相続人が相続分に応じて分割取得する。
④ 乙山二郎に対する賃貸人である地位は不可分債務として準共有する。
⑤ カントリークラブの会員である地位は原則として相続によって継承するが、理事会の承認を得られないときは脱退となる。
　預託金返還請求権は分割取得する。

⑥　老齢年金支払請求権と役員報酬支払請求権は死亡とともに消滅するので継承しない。
⑦　死亡退職金は相続財産ではないので、相続人が継承取得するのではなく、受給権者が原始取得する。
⑧　二郎は普通預金について、自己の相続分担当額しか権利がないのであるから、
　㋐　金融機関の二郎への払戻しが準占有者に対する弁済として有効であれば、預金払戻請求権は消滅するので二郎に対して不当利得返還請求権を行使できる（最判平成17・7・11判時1911号97頁）。
　㋑　金融機関の二郎への払戻しが準占有者に対する弁済に該当しないのであれば、一郎、三郎、松子は金融機関に対して預金の払戻しを請求できる。
　　　この場合、一郎、三郎、松子が二郎に対して不当利得の返還を請求した場合、二郎の、金融機関の弁済が無効である旨の主張が信義則によって制限されることがある（最判平成16・10・26判時1881号64頁）。

〔演習問題〕
　太郎には、妻花子、離婚した元妻梅子との間の長男一郎3歳がいる。太郎は30歳時に労災事故で死亡した。花子には死亡退職金600万円、弔慰金200万円、死亡保険金3000万円が支給されるという。他に太郎の財産はない。梅子は、結婚して間がない花子に全額が支給されることに疑問を持ち、少しでも一郎に渡してほしいと思う。どうしたらよいか。

第15章　祭祀財産

I　事　例

● 事例 ●

太郎の相続人は、長男一郎、次男二郎、三男三郎、長女花子、次女松子である。太郎が死亡するまで末の子松子がその家族と共に同居し、太郎の面倒を見ていた。太郎には先祖代々のお墓がある。そのお墓を誰が守るかで争いが生じた。一郎は、自分が長男であるから自分が守ることになっている、松子は氏も異なるので不適格だといい、松子は、自分が太郎とずっと一緒で、太郎のことはよくわかっている、自分が守るというのだ。どうすべきか。

II　祭祀に関する権利の承継

祭祀財産に関する権利は、相続によって承継するのではなく、祭祀主宰者が承継する（民896条）。祭祀主宰者は、被相続人の指定によるのであり、指定がなければ慣習による（民897条1項）。この慣習が明らかでないときは、家庭裁判所が定める（民897条2項、家審9条1項乙類6号、家事別表第2の11項）。

III　祭祀財産の範囲

祭祀財産は、系譜・祭具・墳墓であるが、系譜とは家系図、祭具とは位牌

や仏壇(大阪高決昭和59・10・15判タ541号235頁によれば、過去帳は祭具に準ずる)、神棚など、墳墓は遺体や遺骨を収納する施設である。墳墓のある土地使用権も、墳墓に必要な範囲内で墳墓と一体をなすものとして祭祀財産に含まれる(大阪家審昭和52・1・19家月30巻9号108頁)。

これらの祭祀財産は、相続財産に属しないのであり、遺産分割の対象にはならない(東京家審昭和33・7・4家月10巻8号36頁)。したがって、系譜・祭具・墳墓の所有権は被相続人に属するが、相続による承継でなく特別な承継をするのであり、相続分や遺留分の基礎となることもなく、さらには限定承認があっても責任財産とはならない。

肉体は、被相続人生前は被相続人の人格権の対象だが、**遺体**は、被相続人死亡により物となり、被相続人死亡のときに所有権または何らかの支配権の対象になるものである。その所有権を相続人が原始的に取得すると解すべきか、祭祀承継者が取得すべきか難問であるが、死亡直後の遺体の段階では、臓器移植術の対象となり、臓器の摘出の承諾などについては、遺族がすることになっていること(臓器の移植に関する法律6条1項)、死亡直後の遺体は「祭祀」の対象となるものではないこと(日本では、遺体は、ミイラ化して祭祀の対象とするのではなく、むしろ、火葬に付して、遺骨とすることによってはじめて祭祀の対象となるとするのが通常であること)、祭祀承継者は、被相続人死亡時において決定していないこともあること(民法897条2項)などに照らすと、死亡直後の遺体の所有権を祭祀承継者が取得すると解することは困難である。結局、遺体は相続人が原始的に取得すると解する方が、臓器の移植に関する法律の規定とも整合的であり、相当であろう。

遺骨は、祭祀承継者が取得すると考える(最判平成元・7・18家月41巻10号128頁)。なお、遺骨が祭祀承継者に取得されるとすると、分骨は相当困難である。相続人に属し分割の対象となるとすると分骨も可能かもしれないが、遺骨の遺産分割というのもなじまないところがある。何らかの慣習または複数の祭祀承継者が定められたとき(東京高決平成6・8・19判タ888号225頁)に可能といえるであろう。

Ⅳ　祭祀財産の承継者の指定

　被相続人は、遺言により、祭具等を遺贈し、または祭祀承継者を指定してこれらを処分することができる。もちろん、祭祀財産を生前に法定相続人以外の者に贈与等により譲渡することができる（広島高判昭和26・10・31高民集4巻11号359頁）。

　被相続人死亡による祭祀財産の承継者は、祖先の祭祀を主宰すべき者であり、前述のように、第1に被相続人が指定し、第2に慣習に従い、第3に家庭裁判所が定めることになっている（民897条、家審9条1項乙類6号、家事別表第2の11項）。

　祭祀承継者は、通常1人であるが複数定めてもよい。たとえば、代々の墓は先妻の子が、夫の祭祀は妻がそれぞれ承継するとすることも可能である（東京高決平成6・8・19判タ888号225頁）。

　家庭裁判所は、申立てがあればかなり積極的に祭祀承継者を定めている。たとえば、被相続人の指定があっても審判をすることもある（福岡家小倉支審平成6・9・14家月47巻5号62頁）。祭祀承継者を定めるにあたっては、被相続人との生活の密着性を基準にしており、正当なものである（大阪高決昭和59・10・15判タ541号235頁等）。祭祀に関する権利の承継についての規定の制定に対しては、**家制度**の温存であるといった批判があったが、家庭裁判所の努力によりその心配は杞憂に終わったといえるであろう。

　祭祀承継者の指定事件は、その性質上感情的対立の激しい事件である。類型的に分けると、後妻対先妻の子（東京高決平成6・8・19判タ888号225頁）、妻対重婚的内縁にある女性、長男対被相続人と同居した他の兄弟（奈良家審平成13・6・14家月53巻12号82頁）、妻と夫の親族などである。基本的には、生活関係が密接である者を指定する傾向である。ときには、相続人でないものが指定されることがある（大阪高決昭和24・10・29家月2巻2号15頁は内縁の妻を指定）。遺産分割事件と合わせて申し立てられることが多く、遺産の帰

属と合わせて分骨等により、ほとんどが話し合いで解決されている。祭祀承継者となることは多くの場合は望むところなのであるが、墳墓の管理や法事など費用もかかるので、だれも望まずに押しつけ合いになることもある。このことから、祭祀承継者が相続人の場合に、遺産分割において取り分を増やすことがいいかどうかについては、議論がある（東京高決昭和28・9・4高民集6巻10号603頁は否定）。

V　事例について

前記基準に従えば、審判となれば松子が承継することになろう。

〔演習問題〕

太郎の相続人は、妻花子と長男一郎である。太郎の母松子は、存命である。太郎は甲野亀夫の長男であり、花子は甲野家で亀夫や松子と同居していた。亀夫はすでに死亡し、太郎が甲野家の墓をすでに譲り受けていた。太郎が死亡し、太郎の遺骨は代々の墓に納骨された。ところが、花子と松子や甲野家の者とが仲が悪くなって、花子は甲野家を出ることとなった。花子は、太郎の遺骨を甲野家の墓ではなく、花子が築造した墓に入れたい。どうしたらよいか。

第16章　相続財産の管理

I　事　例

> ●事例●
>
> 太郎は自転車販売修理業を営んでいたが死亡した。長男一郎はその家族とともに太郎と同居して自転車業に携わった。太郎が死亡し、相続人は長男一郎のほか、次男二郎、三男三郎、四男四郎、長女花子、次女松子である。太郎の財産は自転車業を営んでいた自宅とその敷地のほかにない。一郎以外の相続人は、一郎のみが遺産から利益を得ていることに反発し、速く出てほしい、さもなければ家賃を支払え、と要求している。二郎ほかの請求は認められるか。あるいはどのようにすれば認められるか。

II　設　問

1　二郎らの明渡要求の成否について述べよ。
2　二郎らの家賃分の支払請求の成否について述べよ。
3　二郎らが一郎の明渡しまたは賃料相当額の支払いを得るためにはいかなる方法があるか。

III　共同相続財産の性質

前述のように、判例は一貫して物権法上の共有説に従っているので、ここ

では、合有説ではなく、共有説に従って説明を進めることにする。

Ⅳ　共同相続財産の処分

　共同相続財産を処分するには、共有者全員の同意を要する。

　たとえば、被相続人太郎の土地を売却するには、相続人全員の同意が必要である。共同相続人の1人である一郎が太郎の遺産である土地を一郎の単独名義で登記して乙山に売却してしまったとき、一郎の共有持分については一郎に属する権利を売却しているので乙山は取得することができるが、他の共同相続人の分は一郎に属する権利がなく、登記に公信力がないので乙山は取得することができない。一郎が他人物売主として権利を取得して移転する義務を負うだけである（民560条）。他の相続人が一郎の行為によって権利を失うことはない。このような意味で、相続人は登記なくして第三者に対抗することができる（最判昭和38・2・22民集17巻1号235頁）。もちろん、他の共同相続人が一郎単独登記に荷担したり放置していたことにより、民法94条2項の類推適用を受けて権利を対抗できなくなることがありうる。

　売却だけでなく、地上権等の用益物権の設定、抵当権の設定、借地借家法の適用のある賃貸借、民法602条の期間を超える賃貸借契約の締結などは処分行為であるから、全員の同意を必要とする。共有持分のみで効力を生ずる権利は共有持分について生じ、共有持分では効力を生じない用益的な権利については効力を生じない。

　追認権、追認拒絶権の行使は、責任を負うか負わないかという自己の権利の処分という結果を生じるので、処分行為である（前述285頁以下参照）。

　債権譲渡・質入れ、期限の利益の放棄、賃借人側の賃貸借契約の解約・合意解除、消費寄託契約の解約なども処分行為である。

　事実上の変更行為も、全員の同意を要する（民251条）。建物を改築する行為・滅失させる行為、田を宅地にする行為、山林の伐採（大判大正6・12・28民録23輯2273頁）などである。

共同相続人の1人が他の共同相続人の同意を得ないで上記のような行為をしたときは、他の共同相続人は、自己の有する共有持分権に基づきその保存行為の性質を有する妨害排除請求権としての差止請求、また、原状回復請求をすることができる（最判平成10・3・24判時1641号80頁）。ただし、事情によってその請求が権利の濫用として許されないことがありうるのは、同判例の説示するところでもある。

V　共同相続財産の管理行為

　管理行為は変更に至らない共有物の利用行為、改良行為である。管理行為に該当するのは、民法602条の期間を超えない賃貸借、詐欺による取消し、使用貸借契約の解除（最判昭和29・3・12民集8巻3号696頁）、賃貸借契約の解除（最判昭和39・2・25民集18巻2号329頁）などである。管理行為は持分過半数によって行うことができる（民252条本文）。

　相続財産を相続人の誰が占有するかを定める行為は、変更に至らない利用行為であるから、管理行為と解するのが適当である。相続人は、共有持分を有しているので、持分の範囲内で共有物全体を利用できる（民249条）。そこで、勝手に占有を始めた相続人であっても、単なる不法占有者とは異なるので、直ちに明渡しを求めることができるのではなく（最判昭和41・5・19民集20巻5号947頁）、共有物の管理の定めを必要とするのである。

　相続財産を占有する相続人が被相続人との同居者である場合、または、被相続人の許諾を得て占有を始めた者である場合には、その相続人は、被相続人に対し占有権原を有していたことになり、相続人はいずれも被相続人の契約上の地位を承継するので、明渡しを求めるためには占有権原を喪失させる必要がある。不当利得返還請求も同様である（最判平成8・12・17民集50巻10号2778頁、岡部喜代子「相続人の一人が共同相続財産を占有する場合の法律関係について」東洋法学42巻2号265頁）。

　使用貸借契約の締結については、現実に利用できないことや対価がないこ

となどを考えると、処分行為といえなくもないが、少なくともいつでも返還を求めることができる使用貸借は管理行為と考えて差し支えないであろう。

VI 共同相続財産の保存行為

保存行為は、共有物の現状を維持する行為である。期限の到来した債務の弁済、催告、家屋等の修繕、妨害排除請求（広島高米子支判昭和27・11・7高民集5巻12号645頁）、不真正な登記の抹消請求（最判昭和38・2・22民集17巻1号235頁）、相続不動産の相続登記申請などが含まれる。保存行為は相続人が単独ですることができる（民252条但書）。ただし、共同相続人から不動産の所有権移転登記の抹消登記手続を求める訴訟は保存行為であるが、いわゆる**類似必要的共同訴訟**である、と判示する裁判例がある（札幌高函館支判昭和35・2・16高民集13巻3号243頁）。共有者の1人が、他の共有者の共有持分について不実登記を有する者に対する登記抹消請求を認めた判例がある（最判平成15・7・11民集57巻7号787頁）。当該不実登記の存在により、共有不動産を侵害されているので、共有持分権の効力としてこれを認めるのであって、保存行為という概念を用いていない注目すべき判決である。

不可分債権については、共同相続人の各自が履行の請求をし、共同相続人の1人に対する債務の弁済も有効である（民428条、最判昭和45・10・13判時614号46頁、大阪高判平成元・8・29判タ709号208頁）。土地所有権に基づく建物収去土地明渡しの判決の確定後、原告の死亡により土地所有権が共同相続された場合、共同相続人は建物収去土地明渡請求権の準共有者である関係に立ち、被告が相続人の一部の者から土地共有持分を取得しても、他の共同相続人らは同被告に対して確定判決による強制執行をすることができる（民429条、最判昭和36・3・2民集15巻3号337頁）。

Ⅶ 相続財産管理人

1 相続財産管理人の選任

　民法上は、廃除確定前（民895条）、承認または放棄確定前（民918条）、限定承認時（民936条）、相続放棄後（民940条）、第一種財産分離時（民944条）、第二種財産分離時（民950条）、相続人不存在時（民952条）、遺言執行時（民1010条、遺言執行者）に相続財産管理人の選任が認められているだけで、最も需要が大きいと思われる相続開始後遺産分割までの間の相続財産管理人はない。立法上の不備と指摘されている（於保不二雄「共同相続における遺産の管理」大系(7)104頁）。この間の相続財産管理人を選任する必要があるときは遺産分割審判を申し立て、審判前の保全処分として管理人の選任を申し立てる方法しかない（家審15条の3、家審規106条、家事200条1項）。

　立法の不備といわれる単純承認後遺産分割までの相続財産に関して管理人の定めがないことは、しかし理論的でもある。すなわち、民法上の財産管理人が定められている場合というのは事情は、様々ではあっても、いずれも相続財産と相続人の固有財産が分離している段階で、相続財産管理人が相続財産を管理できる状況であるからである。審判の申立てがあった場合も、少なくとも審判の対象財産は特定できる状況であるから、管理が可能である。もし、今後単純承認後の相続財産管理人制度を設けるときは、何らかの方法により相続財産を相続人の固有財産から分離をさせておく必要があると思われる。

2 相続財産管理人の地位

　財産管理人の地位は、基本的に不在者の財産管理人と同一の地位にあるので（民895条、918条、943条、953条、家審16条、家事200条3項）、相続人の法定代理人である。管理人の権限は、保存行為（民103条）と管理行為に限られ

る。処分行為をするときは家庭裁判所の許可を要する（民28条）。判例（最判昭和47・7・6民集26巻6号1133頁）も、

> 「遺産分割の申立があった場合に家庭裁判所が家事審判規則106条1項により選任する相続財産管理人については、民法918条のように同法28条を準用する旨の明文の規定はないが、これが設けられた趣旨に鑑みれば、同条を類推適用して、右相続財産管理人は、家庭裁判所の許可なくして同法103条所定の範囲内の行為をすることができ、相続人に対し相続財産に関し提起された訴については、相続人の法定代理人の資格において、保存行為として、家庭裁判所の許可なくして応訴することができるものと解すべきである。したがつて、被相続人亡○○太郎の遺産の分割の申立に伴い大阪家庭裁判所において家事審判規則106条1項により相続財産管理人に選任された△△が、被上告人から太郎の相続人である上告人らに対し遺産に属する建物を収去してその敷地を明け渡すべきことを求めるため提起された本件訴訟について、上告人らの法定代理人として応訴することを許容した原審の措置は正当である」

と判示している。

相続人の法定代理人であるから、相続財産に関する訴訟につき当事者適格を有しているのは、相続人である（最判昭和47・11・9民集26巻9号1566頁）。

ところで、相続開始から遺産分割までに遺産管理に関する争いの生じた事例というのは、多くが特定の相続人が遺産の管理を独占するために他の相続人が不信を募らせて紛争状態となるものである。たとえば、被相続人と同居していたまたは近くに住んでいた相続人が、相続開始後相続財産であるアパートや駐車場、貸地を管理していてその内容を相続人に開示しないので、他の相続人は集金したお金を管理する相続人が費消していると疑っている、という例である。このような厳しい利害の対立のあるときに、財産管理人に就任すると管理業務の遂行に困難をきたすことがある。財産管理人の地位はそれら利害対立する相続人の代理人なのであるから、協力を得られなければ円滑な管理遂行は不可能である。遺産管理人に強い地位と権限を与えることも

立法論としてはありうるが、相続人の権限を剝奪してよいものかどうかという議論があるかもしれない。いずれにしろ、何らかの裁判所の監督が必要であろう。

VIII 相続財産管理費用

相続財産は法定相続分に応じて各相続人が共有するから、管理費用も各相続人が相続分に応じて負担することになるのであるが、管理費用は、共同相続人全員の利益となる出費であるから、相続財産から支弁できることになっている（民885条）。

管理費用に該当するのは、公租公課、遺産が賃貸権であるときの賃料管理料、債権取立費用、修繕費、改良費、遺産に関する登記費用、第三者に対する抹消登記手続費用、遺産換価のための諸経費、財産管理人報酬、火災保険料、新株払込金など、遺産自体の保存、利用および改良に要した費用である。相続税は含まれないと解されるが、葬祭費は含まれるとする説もある。

IX 事例について

まず、一郎も他の相続人も自宅とその敷地に対して共有持分があるので、占有権限がある。したがって、共有持分権があるというだけでは、明渡しを求めることはできない。そこで、他の占有権原がなければ、共有物に関する管理の定めにより、誰が住むのか等の利用方法を定め、その定めを理由として明渡しを求めることができる。しかし、本件のように、被相続人と同居していた場合には、ただで居住することを被相続人も承認していたのであるから、相続開始時に効力を発生する使用貸借契約があると解することができる。当事者の意思を合理的に推測するならば終期は遺産分割時である。そうすると、一郎は使用貸借という占有権原を有しているので、不当利得にならない。他の相続人が、使用貸借契約を解除すれば、占有権原は消滅するが、解除

が可能かどうかは、解除事由の有無によるところである。

〔演習問題〕

1　太郎は、長男一郎、次男二郎、三男三郎を残して死亡した。太郎の遺産の1つマンションは、太郎が存命中は太郎が居住していたが、死亡後は空家である。そこで、一郎は、他の相続人の許諾を得ずにこれを賃貸し、家賃月10万円を得てこれを収得している。二郎はこのマンションに住みたいと考えているし、三郎は家賃の3分の1はもらいたいと思う。どうしたらよいか。

2　太郎は、長女花子、次女松子、三女竹子を残して死亡した。太郎の遺産は家作多数、貸地、駐車場など管理を要する物件がほとんどで、預貯金・株式など金融資産も多いようである。しかし、生前太郎がほとんど自分で管理しており、しかも突然の死であったので、誰も詳しいことはわからない。すると、死亡後まもなく長女花子とその夫が太郎宅に移り住んで管理を始めた。松子、竹子はこれに反発している。松子としてできうる方法について述べよ。

第17章　相続分

I　事　例

●事例●

　太郎には、妻花子、長男一郎、次男二郎、長女松子がある。太郎は株式会社甲を設立し、代表取締役に就任、手広く不動産賃貸業を経営していた。甲社の発行済み株式数は1000株、太郎の持ち株数は600株、花子200株、一郎100株、二郎50株、松子50株である。甲社の資産は20億円に及ぶが、ほぼ同額の借入金がある。甲社の役員は、代表取締役が太郎、常務取締役が花子、専務取締役が一郎である。二郎、松子も甲社に勤務している。

　太郎の個人資産は自宅マンション1棟、甲社の株600株、預金1000万円、会社の借入金の保証債務である。

　太郎はこの状況で死亡した。甲社を誰が継ぐかという点で争いがある。一郎は自分が継ぎたいと思っているが、花子は一郎と折り合いが悪く、二郎を跡継ぎにしたいと思っている。

　また、10年前に一郎名義で甲土地を取得しているが、一郎は、自分が購入した自分のものだと主張するが、二郎は、太郎が一郎名義で取得した太郎の遺産であると主張している。預金についても、二郎は、1億ぐらいはあるはずである、一郎が隠しているに違いないと主張する。

　さて、どのような紛争が予想され、それをどのように解決したらよいか。

II 設 問

1 相続財産であるかどうかに争いがある場合の訴えの方法について述べよ。
2 預貯金の遺産分割における取扱方法について述べよ。
3 株式の遺産分割方法について述べよ。
4 甲社支配権はどのようにして決定されるか。

III 相続分の意義

各共同相続人は、その相続分に応じて被相続人の権利義務を承継する（民899条）。共同相続人は、相続分に応じて相続財産を共有し、遺産分割により相続分に応じて遺産を取得する。ここにいう「相続分」には「法定相続分」「指定相続分」「具体的相続分」の3種がある。

法定相続分とは、民法900条、901条によって定められた相続分、**指定相続分**とは、民法902条によって定められた相続分、**具体的相続分**とは、民法903条、904条、904条の2によって定められた相続分である。法定相続分と指定相続分を合わせて、**抽象的相続分**という。抽象的相続分は特別受益と寄与分を考慮しない相続分であり、具体的相続分は特別受益と寄与分により抽象的相続分を修正した相続分であって、**遺産分割**は具体的相続分により行われる。では、相続人はどちらの相続分に応じて権利義務を承継するのであろうか。

まず、民法が相続分の章に具体的相続分を定めその後に遺産分割の章を置いていることからすると、具体的相続分が実体のある共有持分である相続分であると解することが民法の構成に合致するといえる。また、遺留分減殺による共有持分権確認等が訴訟事項であることは認められるところであるから、少なくとも特別受益については訴訟で判断できる事項であるということになる（ただし、最判平成7・3・7民集49巻5号893頁は、「ある財産が特別受益財産に当たるかどうかは、遺産分割申立事件、遺留分減殺請求に関する訴訟など具体

的な相続分又は遺留分の確定を必要とする審判事件又は訴訟事件における前提問題として審理判断されるのであり、右のような事件を離れて、その点のみを別個独立に判決によって確認する必要もない」と判示した)。これらによれば、具体的相続分はまさに実体的な権利としての相続分であるということになる(新注民(27)175頁および215頁)。

　しかし、立法時は「相続分」とは特別受益で修正された相続分と考えられてきたとしても、昭和55年改正により非訟事件である寄与分が新設され(民904条の2)、寄与分によって修正された相続分が具体的相続分となったからには、寄与分による修正をまたなければ具体的相続分は確定しないことになった。それでも、具体的相続分算定の基準を相続開始時に置くのであれば、観念的には、相続開始時に具体的相続分も確定していたと考えて具体的相続分を実体的な権利と解することも不可能ではないが、非常に困難になったと思われる。なぜなら、寄与分は、家庭裁判所の審判事項であるから審判によって形成されなければ額が決まらない。そうすると、審判または合意があるまで具体的相続分は未確定状態ということになるからである。具体的相続分を特別受益による修正を受けただけの寄与分による修正を認めない段階の相続分とする見解もあるが、民法904条の2の趣旨に反するであろう。

　さらに、妥当性の見地から考えてみると、具体的相続分が客観的に明らかになっているとしても、当事者に争いがあれば、これを確定する手続を経なければ明らかにならない。その間の相続人の権利関係は、非常に不安定なものになる。また、具体的相続分は抽象的相続分を公平に基づいて修正するもので、特別受益はすでに利益を得ているので今回の取得分は少なくなるというもの、寄与分は実質は寄与者のものであるから今回の取得分は多くなるというもので、相続全体を見てみると、抽象的相続分によって権利を取得しているといってよいのである。つまり、遺産分割においては、それまでの利得と損失を考慮して、相続全体として抽象的相続分に見合うように分割しよう、と理解できるわけである。そうであれば、実体としての権利は抽象的相続分であり、それを修正したところの具体的相続分は遺産分割分とすることが公

平にも合致して妥当であると考えられる（高木多喜男「遺産分割と登記」民法学(7)271頁）。

このように考えると、相続財産の共有持分は、抽象的相続分によることになり、債務もまた抽象的相続分により負うことになる。債務については異説もあるが、今回の取得分が少ないとしても、全体では抽象的相続分に見合う取得分があるわけであるから、抽象的相続分に応じることが公平である。

最高裁（最判平成12・2・24民集54巻2号523頁）は、具体的相続分の性質について、

> 「民法903条1項は、共同相続人中に、被相続人から、遺贈を受け、又は婚姻、養子縁組のため若しくは生計の資本としての贈与を受けた者があるときは、被相続人が相続開始の時において有した財産の価額にその贈与の価額を加えたものを相続財産とみなし、法定相続分又は指定相続分の中からその遺贈又は贈与の価額を控除し、その残額をもって右共同相続人の相続分（以下「具体的相続分」という。）とする旨を規定している。具体的相続分は、このように遺産分割手続における分配の前提となるべき計算上の価額又はその価額の遺産の総額に対する割合を意味するものであって、それ自体を実体法上の権利関係であるということはできず、遺産分割審判事件における遺産の分割や遺留分減殺請求に関する訴訟事件における遺留分の確定等のための前提問題として審理判断される事項であり、右のような事件を離れて、これのみを別個独立に判決によって確認することが紛争の直接かつ抜本的解決のため適切かつ必要であるということはできない。
>
> 　したがって、共同相続人間において具体的相続分についてその価額又は割合の確認を求める訴えは、確認の利益を欠くものとして不適法であると解すべきである」

と述べている。具体的相続分は実体的権利ではなく、法定相続分こそ実体的権利である、という考え方に立ったものといえる。

Ⅳ 法定相続分

1 子および配偶者が相続人であるとき

　子および配偶者が相続人であるときは、子全体の相続分が2分の1、配偶者が2分の1、嫡出子が数人あるときはその間の相続分は平等である（民900条1号・4号本文）。以下、被相続人は太郎。

```
太郎━━━花子……1/2
一郎　二郎　松子　子全体……1/2
 1 ： 1 ： 1 　　各自……1/2×1/3＝1/6
```

2 配偶者および直系尊属が相続人であるとき

　配偶者と直系尊属が相続人であるときは、配偶者の相続分は3分の2、直系尊属の相続分は全体で3分の1、直系尊属が数人あるときその相続分は平等である（民900条2号・4号本文）。

```
 1 ： 1 　直系尊属全体……1/3
父━母　各自……1/3×1/2＝1/6
 太郎━━花子……2/3
```

3 配偶者および兄弟姉妹が相続人であるとき

　配偶者と、被相続人と父母を同じくする兄弟姉妹が相続人であるときは、配偶者の相続分は4分の3、兄弟姉妹の相続分は全体で4分1、兄弟姉妹が数人あるときその間の相続分は平等である（民900条3号・4号本文）。

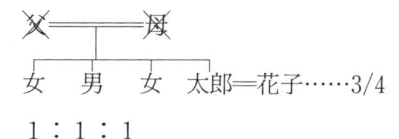

```
 父━━━母
女　男　女　太郎═花子……3/4
 1 ： 1 ： 1
```

兄弟姉妹全体……1/4

各兄弟姉妹……1/4×1/3＝1/12

4　非嫡出子がいるとき

　非嫡出子の相続分は、嫡出子の相続分の2分の1である（民900条4号但書前段）。非嫡出子の相続分が嫡出子の相続分の2分の1であることについては、憲法に違反するかしないかで議論がある。非嫡出子の相続分が少ないことは、社会的身分による経済的差別である。であるから、その差別が合理的であれば違憲ではなく、不合理であれば憲法に反することになる。最高裁は、憲法に反しないことを法廷意見として表明し、

　「本件規定の立法理由は、法律上の配偶者との間に出生した嫡出子の立場を尊重するとともに、他方、被相続人の子である非嫡出子の立場にも配慮して、非嫡出子に嫡出子の2分の1の法定相続分を認めることにより、非嫡出子を保護しようとしたものであり、法律婚の尊重と非嫡出子の保護の調整を図ったものと解される。これを言い換えれば、民法が法律婚主義を採用している以上、法定相続分は婚姻関係にある配偶者とその子を優遇してこれを定めるが、他方、非嫡出子にも一定の法定相続分を認めてその保護を図ったものであると解される。

　　現行民法は**法律婚主義**を採用しているのであるから、右のような本件規定の立法理由にも合理的な根拠があるというべきであり、本件規定が非嫡出子の法定相続分を嫡出子の2分の1としたことが、右立法理由との関連において著しく不合理であり、立法府に与えられた合理的な裁量判断の限界を超えたものということはできないのであって、本件規定は、合理的理由のない差別とはいえず、憲法14条1項に反するものとはいえない」

と判示している（最大決平成7・7・5民集49巻7号1789頁、最判平成12・1・27家月52巻7号78頁）。

　違憲説は、法律婚主義を採用することと非嫡出子の相続分を減ずることと

の間に合理的関係はないと主張する。「婚姻外の性的関係に何らの責任がなく、自分の努力ではいかんともしがたい非嫡出子を虐待することによって婚姻外の性的関係を、したがって非嫡出子の出生を抑制するという効果は期待できず、またこのような効果は証明されてもいない」(西原道夫・私法判例リマークス(5)99頁)。

確かに、相続分を2分の1とすることによって非嫡出子の出生を抑制するという関係はないが、長い目で見れば、婚姻家族の保護は子の福祉に合致するものである。違憲と断ずることにも躊躇を覚える。改正要綱は、非嫡出子の相続分を嫡出子と同等とするという案を示している。

(1) **嫡出子と非嫡出子が相続人であるとき**

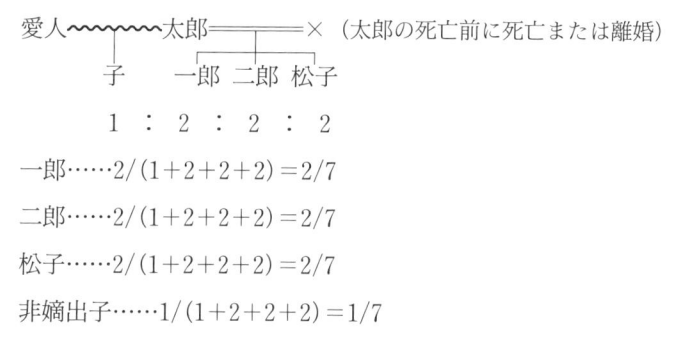

愛人〰〰太郎＝＝＝×（太郎の死亡前に死亡または離婚）
　　子　　一郎　二郎　松子
　　1　：　2　：　2　：　2

一郎……2/(1+2+2+2)=2/7

二郎……2/(1+2+2+2)=2/7

松子……2/(1+2+2+2)=2/7

非嫡出子……1/(1+2+2+2)=1/7

(2) **配偶者と嫡出子と非嫡出子が相続人であるとき**

配偶者と嫡出子と非嫡出子が相続人であるときの相続分は、以下のようになる。

愛人〰〰太郎＝＝＝花子……1/2
　　子　　一郎　二郎　松子　　子全体……1/2
　　1　：　2　：　2　：　2

一郎……1/2×2/(1+2+2+2)=2/14

二郎……1/2×2/(1+2+2+2)=2/14

松子……1/2×2/(1+2+2+2)=2/14

非嫡出子……1/2×1/(1+2+2+2)=1/14

5　全血兄弟と半血兄弟が相続人であるとき

　父母を同じくする兄弟（全血兄弟）と父母の一方のみを同じくする兄弟（半血兄弟）があるとき、半血兄弟は全血兄弟の2分の1である（民900条4号但書後段）。父母の一方と縁組した子は半血兄弟と考えられている（「法曹会決議昭和29年4月1日」法時6巻5号100頁）。

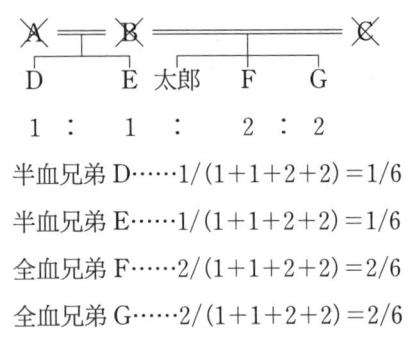

```
    A̶ ——— B̶ ════════ C̶
    ┌──┴──┐      ┌──┬──┐
    D    E    太郎  F   G
    1  :  1   :   2  :  2
```

半血兄弟 D……1/(1+1+2+2)＝1/6

半血兄弟 E……1/(1+1+2+2)＝1/6

全血兄弟 F……2/(1+1+2+2)＝2/6

全血兄弟 G……2/(1+1+2+2)＝2/6

6　配偶者のみが相続人であるとき

　配偶者のみが相続人であるとき、すなわち、被相続人の直系尊属・子およびその代襲者・兄弟姉妹およびその代襲者がいないときは、配偶者が全部相続する。

7　代襲者が相続人であるとき

　代襲相続人の相続分は、被代襲者の相続分と同じであり、代襲相続人が数人あるときは、前記1から5までの法則によって各自の相続分を定める（民901条）。

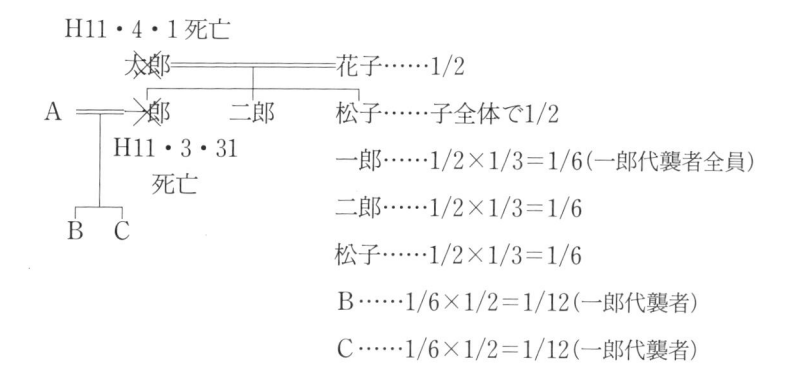

```
        H11・4・1死亡
          太郎════花子……1/2
      ┌───┴───┐
A ═══ 一郎   二郎    松子……子全体で1/2
      │
   H11・3・31           一郎……1/2×1/3＝1/6（一郎代襲者全員）
      死亡
                       二郎……1/2×1/3＝1/6
   ┌──┴──┐
   B     C             松子……1/2×1/3＝1/6

                       B……1/6×1/2＝1/12（一郎代襲者）

                       C……1/6×1/2＝1/12（一郎代襲者）
```

8 二重資格の相続人であるとき

　被相続人が非嫡出子を自己の養子としたとき、その非嫡出子は、同時に嫡出子となり、非嫡出子として、また、養子縁組による嫡出子として二重の相続分を得るのかどうかという問題である。非嫡出子が同時に嫡出子ということは自然的にはありえないことなので、嫡出子として扱えば十分であるから二重の相続分取得を認めないというのが通説である（中川＝泉・3版111頁）。

　被相続人が自己の孫を養子としたところが孫の父が死亡しその孫が代襲相続人になった場合、養子としての相続分と代襲相続人としての相続分を合わせ有するかについて、多くは加算を認めている（新注民(27)187頁）。

　実子と養子が婚姻したとき、その一方が死亡すると他方は配偶者でありかつ兄弟姉妹でもある。両方の相続分を取得できるのであろうか。否定する説（中川＝泉・3版112頁）もあるが、肯定するものが多いようである（新注民(27)188頁、山本正憲「二重資格の相続人」現代裁判体系(4)173頁、中川高男「二重資格の相続人」判タ688号32頁）。

　兄が弟を養子にした場合のように、相続人となる順位が異なるため、養子が相続人となれば弟に相続資格がない場合には、相続分の加算の問題は起きない。

V 指定相続分

　被相続人は、遺言で共同相続人全員もしくは一部の相続分を定め、またはこれを定めることを第三者に委託することができる（民902条1項本文）。被相続人によって定められまたは被相続人の委託によって定められた相続分を指定相続分という。

　一部の相続人についてのみ相続分指定をした場合は、他の相続人については、法定相続分の割合によって相続分を定める（民902条2項）。

　遺留分を侵害することはできない（民902条1項但書）。遺留分侵害部分が当然無効になるのではなく、遺留分を侵害された相続人が**遺留分減殺請求**をすることができるだけであると解されている（中川＝泉・3版238頁）。

　たとえば、「花子に4割、一郎に3割、二郎に2割、松子に1割」と定めたりする場合である。「自宅の土地建物及び動産は花子、マンションは一郎、株式は二郎、預金は松子に相続させる」という遺言でも、そのように相続分も指定し、法定相続分による調整を不要とする意思であれば、相続分指定を含むと言われている（中川＝泉・3版237頁。後述418頁参照）。

　「一郎には相続させない」という遺言は、相続分0指定の遺言とも解される。

　相続分が指定された場合は、相続人は、法定相続分でなく指定相続分に応じて権利義務を承継するし、指定相続分に基づいて以下のⅥ以降の作業が行われる（しかし、実際には困難な問題があり、後に416頁で述べる）。なお、相続分が指定された場合は、相続人は、法定相続分でなく指定相続分に応じて権利義務を承継するにすぎないので、遺言により法定相続分を下回る相続分を指定された共同相続人の1人が、遺産を構成する特定不動産に法定相続分に応じた相続登記がされたことを利用し、同相続登記に係る自己の持分権を第三者に譲渡し、同持分の移転登記が経由されたとしても、その第三者が取得する持分は、当該共同相続人の指定相続分に応じた持分にとどまる（最判昭

和38・2・22民集17巻1号235頁、最判平成5・7・19家月46巻5号23頁)。

VI 相続分譲渡とその取戻し

　相続人は、相続分を譲渡することができる。この相続分が抽象的相続分であることは、前述したところからわかる。その実体は、相続人が相続によって取得した共同相続財産(権利・法律上の地位・債務など)に対する持分および負担部分の集合体である。相続人たる地位といわれることもあるが、相続人たる地位の内容が上記のごとく権利義務の集合体なのであるから、特に相続人たる地位という概念を必要としないと考える。

　相続分を譲渡した相続人は、遺産分割をする必要がないから分割請求権を有さず、遺産分割協議の当事者にもならない。代わって、譲受人が遺産分割請求権を有し、当事者となる。もし相続人が共同相続人以外の者に相続分を譲渡すると、遺産分割に相続人以外の者が入り込むことになって、総合的な配慮ができなくなって望ましくないので、相続人に相続分取戻権が認められている(民905条1項)。この取戻権は形成権で、譲受人に対し取戻権を行使することによって譲受人は相続分を失い、相続人は相続分を取得する。復した相続分が誰に属するかについては争いがあるが、取戻権を行使した相続人に属すると考える(鈴木・改訂191頁)。この取戻権は、譲渡のときから1カ月で消滅する(民905条2項)。ほとんど行使の機会を奪っているといっても過言ではない。この制度は、取引の安全を害するものとして短期除斥期間が定められているのである。

　自己の相続分の一部譲渡は認められないと解されている(中川＝泉・3版279頁、鈴木・改訂186頁)。

　ところで、相続分の譲渡は、実務的には、**再転相続**の繰り返しによって相続人が多数になったときに、あまり相続に興味のない相続人を手続から解放し、真の対立当事者で遺産分割をする場合、相続人が派閥に分かれているときに主だった者に権利を集中させて解決しやすくするときなどに利用されて

いる。あまり正常な使用方法といえない場面としては、借金などのため相続財産を分割前に早期に換価したい相続人が相続分を売却してしまうことがある。

　第三者が譲受人であるとき、遺産分割はどのように行うべきであろうか。まず、遺産分割について、譲渡人の特別受益や寄与分は、譲受人の相続分に関するものとして判断されるのであろうか。しかし、譲受人は、遺産分割に参加しても事情がわからず特別受益や寄与分の主張立証ができないのではないかという問題がある。また、特別受益の存在によって、譲受人が抽象的相続分に見合う額より低い分割分しか受けられないこともありうる。やむを得ないというべきであろうか（鈴木・改訂187頁は改説し、法定相続分率に応じた権利を取得するという）。分割に際して考慮される事情は、譲受人について考慮されなければならないであろう。なお、相続分に相当する不動産の持分権を第三者に譲渡した相続人が共有持分権を有しない以上は、当該第三者は、共同相続人間の協議または家庭裁判所の審判手続による遺産分割前に共同相続人全員を相手方とする同不動産の**共有物分割**請求の訴えの当事者適格を欠くことになる（最判昭和53・7・13判時908号41頁）。

VII　具体的相続分

　共同相続人が相続分に応じて権利義務を承継するのは抽象的相続分に応じること、と解することは前述した。具体的相続分は、遺産分割にあたり共同相続人の公平を図るために抽象的相続分に修正を加えたもので実体的な共有持分ではなく、遺産分割分であると解すべきことになる。具体的相続分は、抽象的相続分に特別受益と寄与分を考慮して算定する。

1　特別受益

　共同相続人のうち、被相続人から遺贈、生前贈与を受けた者があるときは、相続開始時に有した財産の価額に遺贈または贈与の価額を加えた額を相続財

産とみなす（民903条）。すなわち、相続開始前に受けた利益を相続開始の時に受けたものとして、相続財産とみなすのである。この特別受益となる生前贈与は、その「贈与が相続開始よりも相当以前にされたものであって、その後の時の経過に伴う社会経済事情や相続人など関係人の個人的事情の変化をも考慮するとき、減殺請求を認めることが右相続人に酷であるなどの特段の事情のない限り、民法1030条の定める要件を満たさないものであっても、遺留分減殺の対象となるものと解するのが相当である。けだし、民法903条1項の定める相続人に対する贈与は、すべて民法1044条、903条の規定により遺留分算定の基礎となる財産に含まれるところ、右贈与のうち民法1030条の定める要件を満たさないものが遺留分減殺の対象とならないとすると、遺留分を侵害された相続人が存在するにもかかわらず、減殺の対象となるべき遺贈、贈与がないために右の者が遺留分相当額を確保できないことが起こり得るが、このことは遺留分制度の趣旨を没却するものというべきであるからである」と職権判断した判例もでている（最判平成10・3・24民集52巻2号433頁）。

(1) 特別受益者

共同相続人である。代襲相続のときは、被代襲者に対する贈与等と、代襲原因発生後の代襲者に対する贈与等が特別受益となる。

養子縁組前に養子となるべき者に与えた金銭、婚姻前に婚姻しようとする子に与えた金銭などは、原則として特別受益に該当しないが、養子となるについてまたは縁組が調った機会にされたものは、推定相続人となった後の贈与と同一趣旨であるから特別受益に該当する。

共同相続人の親族（配偶者や子）に対して与えられた贈与も、前記代襲相続人に対する贈与となるもの以外は、原則として特別受益に該当しない。ただし、事実認定上、名義は親族だが、実体は相続人に対する贈与である場合に該当することは別である。

(2) 特別受益となる行為

遺贈が特別受益に該当することは、明文により定められている（民903条）。

いわゆる相続させる旨の遺言について、遺産分割方法の指定と解しつつ効力において遺贈と同様に解するときは、相続させる旨の遺言も特別受益に該当することになる。

婚姻・養子縁組のためにされた贈与、たとえば婚姻・養子縁組するにあたり土地を贈与されたり建物を贈与されたり、持参金をもらった場合はすべて特別受益となる。挙式費用を親が出した場合は、通常は親が親自身のために出したもので、婚姻のための贈与とはいえないであろう。

生計の資本のための贈与は、婚姻・養子縁組とは関係なく土地や建物、金銭、株などの贈与を受けた場合も特別受益に該当する。選挙資金の援助、会社を立ち上げるについての資金の提供、事業資金、運転資金の贈与など、全部含まれる。高等教育を受けるための資金も、原則として特別受益に該当する。ただし、相続人全員が同等の教育資金を得ている場合は、持戻免除の意思表示（民903条3項）があるものと考えられる。

借地権の設定は、被相続人と相続人間に対価の支払い（権利金）がない場合はその分が特別受益となり、被相続人の有していた借地権を相続人の1人が承継したときは売買代金の支払いがない場合は特別受益となる。

被相続人が相続人の1人に相続財産を無償使用させたとき、多くは使用貸借権の設定といえるであろう。被相続人の負担において相続人が利益を得ているので、特別受益と解して妨げないが、使用借権設定時から相続開始時までの間に当該相続人が無償で使用したことによる利益（賃料相当額）は、被相続人が当該相続人に対して相続開始の際に清算することを求めない趣旨で利用させたものと推察されるので、持戻しの免除がされていると解されるし、設定された使用借権そのものも、被相続人の遺産全体、被相続人と当該相続人との人的関係、使用借権設定の経緯・動機、その他の事情にもよるが、被相続人が当該相続人に対して相続開始の後も利用してよいとして、持戻しの免除がされていることも多いと考える。

生命保険金については、原則として、掛捨て型の場合には特別受益に該当しないし、貯蓄型の場合には特別受益に該当すると考える。被相続人死亡に

よる生命保険金が相続財産でないことは前述した。もともと相続財産ではないので理論的な難点はあるが、生命保険金請求権を保険金受取人である共同相続人に贈与したとも考えられるし、特別受益財産と解するほうが共同相続人間の公平に合致するであろう。なお、生命保険金を特別受益財産とすることは、相続財産でないものを持ち戻すことになる。持戻しの根拠は、生前贈与等がなければ相続開始時に相続財産として存在したはずの相続財産を前渡ししていたとみられるからである。そうすると、相続財産でないものを持ち戻すというのは、理論的には問題である。2つの方向があると思う。1つは特別受益財産の持戻しを裁量的な非訟的なものととらえること、1つは特別受益財産を相続財産の前渡しのみでなく、共同相続人間の公平を旨とした異なる範囲であることを許容する制度であるととらえることである。前者は遺留分減殺との関係で採り得ないであろうから、後者とせざるを得ないのではなかろうか。なお、最決平成16・10・29民集58巻7号1979頁は、原則として生命保険金を特別受益にならないことを表明して、

> 「被相続人が自己を保険契約者及び被保険者とし、共同相続人の1人又は一部の者を保険金受取人と指定して締結した養老保険契約に基づく死亡保険金請求権は、その保険金受取人が自らの固有の権利として取得するのであって、保険契約者又は被保険者から承継取得するものではなく、これらの者の相続財産に属するものではないというべきである（最高裁昭和36年(オ)第1028号同40年2月2日第三小法廷判決・民集19巻1号1頁参照）。また、死亡保険金請求権は、被保険者が死亡した時に初めて発生するものであり、保険契約者の払い込んだ保険料と等価関係に立つものではなく、被保険者の稼働能力に代わる給付でもないのであるから、実質的に保険契約者又は被保険者の財産に属していたものとみることはできない（最高裁平成11年(受)第1136号同14年11月5日第一小法廷判決・民集56巻8号2069頁参照）。したがって、上記の養老保険契約に基づき保険金受取人とされた相続人が取得する死亡保険金請求権又はこれを行使して取得した死亡保険金は、民法903条1項に規定する遺贈又は

贈与に係る財産には当たらないと解するのが相当である。もっとも、上記死亡保険金請求権の取得のための費用である保険料は、被相続人が生前保険者に支払ったものであり、保険契約者である被相続人の死亡により保険金受取人である相続人に死亡保険金請求権が発生することなどにかんがみると、保険金受取人である相続人とその他の共同相続人との間に生ずる不公平が民法903条の趣旨に照らし到底是認することができないほどに著しいものであると評価すべき特段の事情が存する場合には、同条の類推適用により、当該死亡保険金請求権は特別受益に準じて持戻しの対象となると解するのが相当である。上記特段の事情の有無については、保険金の額、この額の遺産の総額に対する比率のほか、同居の有無、被相続人の介護等に対する貢献の度合いなどの保険金受取人である相続人及び他の共同相続人と被相続人との関係、各相続人の生活実態等の諸般の事情を総合考慮して判断すべきである」

と判示している。

死亡退職金・弔慰金・遺族扶助料は、被相続人の意思の入り込む余地がないので、原則として特別受益には該当しないと考える。

(3) 特別受益の評価

㋐ 評価の基準時

評価の基準時について、相続開始時説と遺産分割時説がある。判例は相続開始時説である（最判昭和51・3・18民集30巻2号111頁）。相続開始時によることが相続開始時点の評価により具体的相続分を確定することができて安定性があり、一部分割や遺留分減殺と統一がとれるので、相続開始時説に従いたい。

条文上は必ずしも明らかでなく、いずれも成立しうる説である。相続開始時説を採ると、相続開始時が昭和50年、分割時が平成元年という事例では、長期間分割しなかった利益が不動産を贈与されたものに属し、平成元年に相続が開始し平成11年に分割する事例では、長期間分割しなかった不利益は不動産を贈与されたものが負担する。遺産分割時説では、このような危険はな

く、共同相続人間の公平にはよく合致する。また、具体的相続分を遺産分割分と考えると、遺産分割時説によくなじむ。しかし、上記の不利益は早期の分割により避けられることからするとやむを得ないともいえ、分割の安定性という点で相続開始時説の方が難が少ないようである。

　(ｲ)　**評価額**

　不動産や動産、株式、債権等は、相続開始時の時価で評価する。金銭の贈与については、贈与時の金額を相続開始時の貨幣価値に換算した価額とする（最判昭和51・3・18民集30巻2号111頁）。通常、消費者物価指数（消費者物価指数は、「全国の世帯が購入する家計に係る財及びサービスの価格等を総合した物価の変動を時系列的に測定するもの。すなわち家計の消費構造を一定のものに固定し、これに要する費用が物価の変動によって、どう変化するかを指数値で示したもの（毎月）」で、総務省統計局のホームページ（http://www.stat.go.jp/data/cpi/）で見ることができる）を使用している。土地購入のための援助金について、土地価額×$\frac{援助金額}{購入価額}$とするものが多いが、疑問である。建物・家財道具など経年減価するものについては、贈与当時の状況で評価すべきである。

　贈与された財産が、受贈者の行為により滅失または価額の増減があった場合は、贈与当時の原状のまま存在するものとして評価する（民904条）。故意または過失による取り壊し・滅失、毀損、造成、増改築、売却等などである。反対解釈として、不可抗力や第三者による価額の増減については、増減のあった後の相続開始時の価額によることになる。

　(4)　**持戻免除**

　持戻免除の意思表示（民903条3項）は、今のところ明示的にあるものは少数である。生前の意思表示でも遺言によるのでもよいのであるが、共同相続人の公平を害するものでもあるから、慎重な対処が必要である。

　(5)　**特別受益に関する争い**

　特別受益に関する争いは、遺産分割に関する争いのうちでも最も数の多いものといってよいであろう。高齢化の影響で、平成になってからの相続について戦後間もない頃からの生前贈与が問題となったり、親子間で売買による

所有権移転登記があるが、本当は贈与であるとか、第三者から購入したようになっているが、代金は被相続人が出したものであるとか、同居して現金をたくさんもらっているはずだとか、次から次へとでてきている。しかも当事者にしか証拠がなく、事実認定が困難である。遺産分割を困難ならしめている要因の１つである。

このような争いについて、訴訟による判定を得たいといろいろと工夫がされた。たとえば具体的相続分確認の訴え、特別受益財産確認の訴えなどである。遺産分割の争いをしている当事者が民法903条所定のみなし相続財産であることの確認を求めることは確認の利益がないから許されないという判例は、

「民法903条１項は、共同相続人中に、被相続人から、遺贈を受け、又は婚姻、養子縁組のため若しくは生計の資本としての贈与を受けた者があるときは、被相続人が相続開始の時において有した財産の価額に右遺贈又は贈与に係る財産（以下「特別受益財産」という。）の価額を加えたものを相続財産とみなし、法定相続分又は指定相続分の中から特別受益財産の価額を控除し、その残額をもって右共同相続人の相続分とする旨を規定している。すなわち、右規定は、被相続人が相続開始の時において有した財産の価額に特別受益財産の価額を加えたものを具体的な相続分を算定する上で相続財産とみなすこととしたものであって、これにより、特別受益財産の遺贈又は贈与を受けた共同相続人に特別受益財産を相続財産に持ち戻すべき義務が生ずるものでもなく、また、特別受益財産が相続財産に含まれることになるものでもない。そうすると、ある財産が特別受益財産に当たることの確認を求める訴えは、現在の権利又は法律関係の確認を求めるものということはできない。

過去の法律関係であっても、それを確定することが現在の法律上の紛争の直接かつ抜本的な解決のために最も適切かつ必要と認められる場合には、その存否の確認を求める訴えは確認の利益があるものとして許容される（最高裁昭和44年(オ)第719号同47年11月９日第一小法廷判決・民

集26巻9号1513頁参照）が、ある財産が特別受益財産に当たるかどうかの確定は、具体的な相続分又は遺留分を算定する過程において必要とされる事項にすぎず、しかも、ある財産が特別受益財産に当たることが確定しても、その価額、被相続人が相続開始の時において有した財産の全範囲及びその価額等が定まらなければ、具体的な相続分又は遺留分が定まることはないから、右の点を確認することが、相続分又は遺留分をめぐる紛争を直接かつ抜本的に解決することにはならない。また、ある財産が特別受益財産に当たるかどうかは、遺産分割申立事件、遺留分減殺請求に関する訴訟など具体的な相続分又は遺留分の確定を必要とする審判事件又は訴訟事件における前提問題として審理判断されるのであり、右のような事件を離れて、その点のみを別個独立に判決によって確認する必要もない。

以上によれば、特定の財産が特別受益財産であることの確認を求める訴えは、確認の利益を欠くものとして不適法である。」
と判示している（最判平成7・3・7民集49巻3号893頁）。前述のように、最判平成12・2・24民集54巻2号523頁も、「共同相続人間において具体的相続分についてその価額又は割合の確認を求める訴えは、確認の利益を欠くものとして不適法である」と解している。持戻免除の意思表示や寄与分がある以上、いずれも認められることは困難であろう。遺産分割審判のなかで判断するしかない。

2 寄与分

寄与分の規定は、昭和55年の改正によって新設された条文である（民904条の2）。それまで、実務のうえで様々な工夫により寄与相続人の利益を確保してきた努力が、立法に結びついたものである。共同相続人中に、被相続人の事業に関する労務の提供または財産上の給付、被相続人の療養看護その他の方法により被相続人の財産の維持または増加につき特別の寄与をしたものがあるときは、被相続人が相続開始の時に有した財産の価額から寄与分を

控除した価額を相続財産とみなすことにしている。

非公開で判決以外の審判により裁判しても、「家事審判法9条1項乙類9号の2所定の寄与分を定める処分にかかる審判は、家庭裁判所が共同相続人間の実質的な衡平を実現するため合目的に裁量権を行使してする形成的処分であつて、その事件の性質は本質的に非訟事件」であるから、憲法32条および82条に違反しない（最決昭和60・7・4家月38巻3号65頁）。そして、寄与分は、共同相続人間の協議により定められ、協議が整わないときまたは協議をすることができないときは家庭裁判所の審判により定められるものであるから、遺留分減殺請求にかかる訴訟において遺産に対する寄与分を抗弁として主張することは許されない（東京高決平成10・3・31判時1642号105頁）。

(1) 寄与分を主張できる者

共同相続人に限る。

代襲相続のときは、代襲原因発生後の代襲者の寄与および被代襲者の寄与行為を寄与分とすることができる（東京高決平成元・12・28家月42巻8号45頁）。相続人（被代襲者）の配偶者がした寄与は、相続人の寄与行為と評価できる（熊本家玉名支審平成3・5・31家月44巻2号138頁）。相続人死亡後の配偶者の寄与は、配偶者に代襲相続権がないので、固有の寄与としては認める余地がない。相続人に子があれば、代襲相続人の寄与として配偶者の寄与行為を評価できるが、子がないときは、結局のところ全く対価のない無償の労働ということになる。子のない長男の嫁が舅姑に仕えても、全く報われないことになる。批判のあるところで、契約などの財産法上の手立てを考える必要がある。

寄与分を定める審判の申立てをするときは、「寄与の時期、方法及び程度その他の寄与の実情」、「遺産の分割の申立てがあつた場合にあつては、当該事件の表示」および「民法第910条に規定する場合にあつては、共同相続人及び相続財産の表示、認知された日並びに既にされた分割その他の処分の内容」を明らかにしてしなければならない（家審規103条の2）。

(2) 寄与行為

「被相続人の事業に関する労務の提供又は財産上の給付」というのは、た

とえば子のうちの1人が被相続人のする農業に携わり、あるいは宿屋・食堂・家内工業などに従事し、またはそのような事業継続にあたって運転資金を贈与した場合（高松高決平成8・10・4家月49巻8号53頁）などである。

「療養看護」は文字どおり、被相続人の疾病に際し、その療養看護に当たった場合である。

「その他」には、特に制限はないが、今までの例では、財産上の給付（たとえば被相続人の建物建築にあたって一部資金の負担、ローンの代払い、地代の代払いなど）、財産管理（多くの家作やテナントの管理、訴訟の遂行による財産の維持など）が認められている。

寄与行為は、相続開始時までの行為を意味しており、相続開始後のものは、寄与分として評価できない（東京高決昭和57・3・16家月35巻7号55頁）。

(3) **特別の寄与**

寄与行為といっても相続人が通常行う程度であれば、法定相続分として考慮されているので、その通常の程度を越えた特別の寄与でなければならない。したがって、労務の提供は手伝い程度では認められず、専らまたは主に被相続人の事業に従事していることが必要であろう。療養看護にしても見舞いにいく程度では認められず、ある程度継続的に看護することが必要である。特に配偶者の場合は2分の1と評価される以上の寄与と解されているから、なかなか大変である。

財産上の給付で問題となるのが、扶養料の支払いが特別の寄与といえるのかどうかという問題である。義務の履行であるからといって寄与にならないという理由はないし、扶養料を支払った相続人と支払わなかった相続人とで相続財産の取得分が異なることはやむをえないことである。仮に扶養余力がないために扶養したくてもできなかった相続人が、そのことのために取得分を減らされるのは公平でないという批判もあるが、他の相続人の扶養料支払いのおかげで相続財産が増えたのであるから、取得分が減ってもやむをえないところである。ただし、少額ゆえに特別の寄与といえないという場合はあるであろう。

(4) 因果関係

寄与行為によって相続財産の維持または増加がなければならない。したがって、労務の提供については、無償または労務に比して低額の報酬であることが必要であるし、療養看護についても、無償または低額の報酬であることが必要である。財産上の給付も、対価のないことが原則である。財産管理も、無償であることが必要である。

(5) 寄与分の算定方法

寄与分算定の基準時を相続開始時と解することは、特別受益の項で述べたとおりである。寄与分といっても時価があるわけではなく、その算定に苦慮することが多いものである（財産分与に似ている）。田中＝岡部ほか・諸問題285頁以下では、以下のような算定方法を提案している。

(ア) 家業従事型

寄与分額＝寄与相続人の受けるべき相続開始時の年間給付額×（1－生活費控除割合）×寄与年数

(イ) 療養看護型

寄与分額＝付添婦の日当額×両看護日数×裁量割合

(ウ) 引取扶養型

寄与分額＝「現実に負担した額」または「生活保護基準による額」×期間×（1－寄与相続人の法定相続分）

(エ) 扶養料型

寄与分額＝負担扶養料×期間×（1－寄与相続人の法定相続分割合）

ただし、扶養義務のないときは（1－寄与相続人の法定相続分割合）を乗じない（扶養義務の有無にかかわらず扶養料の支払いを寄与行為と評価しうるとする立場では乗じないことになるであろう）。

(6) 寄与分の性質

寄与分を共同相続人間の実質的衡平を図るための調整要素とする調整説と財産権に近いものとみる財産権説とがある（最高裁判所「改正民法及び家事審判法の解釈運用について」家月33巻4号1頁）。立法の経緯、一切の事情を考慮

して定めよという条文（民904条の2第2項）の体裁、家事審判事項として非訟事件とされていることからすると、調整説によらざるをえないと考える。実際にも、相続財産全体の価額や遺留分などを考慮せざるをえないのであるし、また、考慮するのが妥当なのではないかと思う。しかし、調整だからといって単なる裁量に流れてはいけないのであって、公平と法的安定性のために客観化に努めなければならない。上記提案も、その1つの試みといえる。また、最高裁家庭局が全国の家庭裁判所の協力を得て作成した「寄与分事例集」（司法協会刊）も参考になる。

さて、寄与分の有無、その価額の争いは、まことに熾烈である。たとえば相続人のうち1人が被相続人と同居して被相続人の看病をした場合、同居していた相続人はその苦労を縷々述べてとどまるところがない。一方、その他の相続人は、看病の仕方が悪いとか、同居して家賃が浮いたはずだ、被相続人から現金や株をもらっているはずだ、寄与どころではなく面倒をみてもらったのだ、ということになる。その事実認定も証拠が当事者しかないのでなかなか難しいものである。家裁調査官がこの分野でも活躍するようになっているようである。

(7) 寄与分と特別受益の関係

生前贈与が寄与に対する報酬としてされているような場合には、生前贈与については持戻免除の意思表示（民903条3項）があるものとして、また、寄与分については報酬が支払われたものとして、両者について考慮しないことも可能である。

3 具体的相続分の算定方法

以上のようにして、特別受益や寄与分の価額が算定できたら、具体的相続分の算定をする。考え方は、特別受益者は既に利益を得ているので今回はその分は遠慮していただく、寄与分は本来は寄与者のものなので相続財産と別枠として寄与者に配分する、というものである。

まず、相続財産の価額を評価する。評価の基準時が相続開始時であること

第17章　相続分

はいままで特別受益についておよび寄与分について述べてきたところと同様である。

(1)　特別受益のみであるとき

①　太郎の相続開始時の財産の合計額が6,000万円、一郎に対する生前贈与の相続開始時の価額が600万円であるとして、民法903条の定める計算方法をしてみよう。

みなし相続財産は、

6,000万円＋600万円＝6,600万円

であるから、各自の相続分は、

6,600万円×1/2＝3,300万円……花子の相続分

6,600万円×1/6－600万円＝500万円……一郎の相続分から贈与の価額を控除した額

6,600万円×1/6＝1,100万円……二郎の相続分

6,600万円×1/6＝1,100万円……松子の相続分

となる。したがって、各自の具体的相続分は、

花子＝3,300/(3,300＋500＋1,100＋1,100)＝33/60

一郎＝500/(3,300＋500＋1,100＋1,100)＝5/60

二郎＝1,100/(3,300＋500＋1,100＋1,100)＝11/60

松子＝1,100/(3,300＋500＋1,100＋1,100)＝11/60

になる。

②　太郎の相続開始時の財産の合計額が6,000万円、一郎に対する生前贈与の相続開始時の価額が3,000万円であるとして、民法903条の定める計算方法をしてみよう。

みなし相続財産は、

6,000万円＋3,000万円＝9,000万円

であるから、各自の相続分は、

9,000万円×1/2＝4,500万円……花子の相続分

1,500万円－3,000万円＝－1,500万円……一郎の相続分から贈与の
　　　　　　　　　　　　　　　　　　価額を控除した額
　　　9,000万円×1/6＝1,500万円……二郎の相続分
　　　9,000万円×1/6＝1,500万円……松子の相続分
となる。

　このように、贈与の価額が相続分の価額を超えてしまう場合を**超過特別受益**という。

　超過特別受益者は、超過分を相続財産に戻す必要はなく、相続分が0になるだけである（民903条2項）。そこで、みなし相続財産が1,500万円少なくなることになるので、その不足分をだれがどのように負担するかという問題がでてくる。5説ある（新注民(27)236頁）。一郎が0となるので、それぞれの上記相続分額で、改めて具体的相続分を算出するのが最も公平ではなかろうか。配偶者を別にする根拠はないし、民法903条に超過分の負担が記載されているので、条文にも忠実である。これは、超過分を他の相続人が民法903条によって算定した相続分により負担したことになる計算方法である。実務も取扱いもそのようにされている（田中＝岡部ほか・諸問題298頁）。

　　　花子の具体的相続分＝4,500/(4,500＋1,500＋1,500)＝3/5
　　　一郎の具体的相続分＝0
　　　二郎の具体的相続分＝1,500/(4,500＋1,500＋1,500)＝1/5
　　　松子の具体的相続分＝1,500/(4,500＋1,500＋1,500)＝1/5

(2)　寄与分のみであるとき

　太郎の相続開始時の財産の合計額が6,000万円、松子の寄与分が300万円であるとして、民法903条の定める計算方法をしてみよう。

　みなし相続財産は

　　　6,000万円－300万円＝5,700万円

であるから、各自の相続分は、

　　　5,700万円×1/2＝2,850万円……花子の相続分
　　　5,700万円×1/6＝950万円……一郎の相続分

5,700万円×1/6＝950万円……二郎の相続分

5,700万円×1/6＋300万円＝1250万円…松子の相続分に寄与分を加えた価額

となり、各自の具体的相続分は、以下のようになる。

花子の具体的相続分＝2,850/(2,850＋950＋950＋1,250)＝57/120

一郎の具体的相続分＝950/(2,850＋950＋950＋1,250)＝19/120

二郎の具体的相続分＝950/(2,850＋950＋950＋1,250)　＝19/120

松子の具体的相続分＝1,250/(2,850＋950＋950＋1,250)　＝25/120

(3) **特別受益と寄与分があるとき**

① 太郎の相続開始時の財産の合計額が6,000万円、一郎の特別受益額が600万円、松子の寄与分が300万円であるとして、民法903条の定める計算方法をしてみよう。

計算に際して、特別受益と寄与分を同時に考慮する同時適用説によれば、みなし相続財産は、

6,000万円＋600万円－300万円＝6,300万円

で、各自の相続分は、

6,300万円×1/2＝3,150万円……花子の相続分

6,300万円×1/6－600万円＝450万円……一郎の相続分から贈与の価額を控除した額

6,300万円×1/6＝1,050万円……二郎の相続分

6,300万円×1/6＋300万円＝1,350万円……松子の相続分

となり、各自の具体的相続分は、以下のようになる。

花子の具体的相続分＝　3,150/(3,150＋450＋1,050＋1,350)＝21/40

一郎の具体的相続分＝450/(3,150＋450＋1,050＋1,350)＝3/40

二郎の具体的相続分＝1,050/(3,150＋450＋1,050＋1,350)＝7/40

松子の具体的相続分＝1,350/(3,150＋450＋1,050＋1,350)＝9/40

このほか、まず特別受益を考慮した具体的相続分を算定したうえ、次に相続財産の価額から寄与分を控除したみなし相続財産を①で算定した

相続分に乗じて、寄与分を加えるという民法903条優先適用説や、まず寄与分を考慮した具体的相続分を算出したうえ、次に相続財産の価額に特別受益を加えたみなし相続財産を②で算定した相続分で乗じて特別受益を控除するという民法904条の2優先適用説などがあるが、明文上の根拠に薄いほか、同時適用説の方が公平であるから、同時適用説がよいと考える。実務も同様である。

② 太郎の相続開始時の財産の合計額が6,000万円、一郎の特別受益額が3,000万円、松子の寄与分が300万円であるとき、同時適用説では以下のとおりとなる。

　　6,000万円＋3,000万円－300万円＝8,700万円……みなし相続財産

　　8,700万円×1/2＝4,350万円……花子の相続分

　　1,450万円－3,000万円＝－1,550万円……一郎の相続分から贈与の
　　　　　　　　　　　　　　　　　　　　　　価額を控除した額

　　8,700万円×1/6＝1,450万円……二郎の相続分

　　1,450万円＋300万円＝1,750万円……松子の相続分

したがって、各自の具体的相続分は、

　　花子の具体的相続分＝4,350/(4,350＋1,450＋1,750)＝87/151

　　一郎の具体的相続分＝0

　　二郎の具体的相続分＝1,450/(4,350＋1,450＋1,750)＝29/151

　　松子の具体的相続分＝1,750/(4,350＋1,450＋1,750)＝35/151

となる。

③ このような計算は、超過特別受益分を寄与分も考慮した相続分の割合で負担したことになるので、寄与分がその分減縮されていることになる。これは寄与分を認めた趣旨に反するので、この場合だけはまず、特別受益を計算し、後に寄与分を加えるという計算方法が提示されている（新注民(27)277頁）。これによると、みなし相続財産は、

　　6,000万円＋3,000万円＝9,000万円

で、各自の相続分は、

327

9,000万円×1/2＝4,500万円……花子の相続分

1,500万円－3,000万円＝－1,500万円……一郎の相続分から贈与の
　　　　　　　　　　　　　　　　　　　　　価額を控除した額

9,000万円×1/6＝1,500万円……二郎の相続分

1,500万円＋300万円＝1,800万円……松子の相続分

となり、各自の具体的相続分は、以下のようになる。

花子の具体的相続分＝4,500/(4,500＋1,500＋1,800)＝45/78

一郎の具体的相続分＝0

二郎の具体的相続分＝1,500/(4,500＋1,500＋1,800)＝15/78

松子の具体的相続分＝1,800/(4,500＋1,500＋1,800)＝18/78

　この説に対しては結論を留保したい。そこまで配慮する必要があるかどうか若干疑問があることと、「新しい相続制度の解説」（法務省民事局参事官室編）によれば、寄与者が特別受益を得ているため寄与分の満額に満たない相続分しか得られない場合は、300万円を遺産から控除して寄与者に配分し、具体的相続分は寄与分を加算しないで行うという算定方法が示されているからである（新注民(27)267頁）。これを上記事例に応用すると、みなし相続財産は、

6,000万円＋3,000万円－300万円＝8,700万円

で、各自の相続分は、

8,700万円×1/2＝4,350万円……花子の相続分

1,450万円－3,000万円＝－1,550万円……一郎の相続分から贈与の
　　　　　　　　　　　　　　　　　　　　　価額を控除した額

8,700万円×1/6＝1,450万円……二郎の相続分

1,450万円＋300万円＝1,750万円……松子の相続分

となるはずだが、寄与分だけは縮減から除くため、松子は1,450万円として具体的相続分を算定し、遺産分割にあたって優先的に300万円を取得させる、となると思われる。寄与分額を取得できない場合はともかく、寄与分額は取得できるのに超過特別受益者があるということだけで計算

方法を変えなくてはならないものか、疑問を感じる。

Ⅷ　事例について

1　まず、甲土地が遺産であるどうかについて争いがある。甲土地について持分確認請求訴訟を起こすこともできるが、遺産分割の対象財産であることを既判力を持って認める遺産であることの確認請求をすることが望ましい。必要的共同訴訟であるというのが判例である。
2　甲土地が一郎のものであるということになっても、特別受益であるかどうかという争いが生じるであろう。これについては本文で述べたように、訴訟によって争うことは認められず、遺産分割時に前提問題として判断されるのみである。具体的相続分が権利ではないとする論理的帰結である。
3　株式は1株ごとに法定相続分による共有となる。そこで、その議決権の行使は、持分過半数によって決まるので、本事例では花子と二郎が結託して、議決権行使者を決め、遺産の600株について花子を行使者として議決権を行使し、二郎を代表者とする可能性がある。
4　最終的には遺産分割によって決着をつけるしかない。甲社の支配権については、どちらが甲社にとって適切かによって判断される事柄であるが、判断は困難な場合が多い。

　遺産分割前の仮の処分を申し立て、遺産管理者を選任してもらうことはできる。株式も管理のうちに入るが、それによって相続人の権限が失われるとは解されないので、事実上、相続人の争いを留保させて、解決を導くことしかできない。

〔演習問題〕

　甲野太郎は、郊外の土地付戸建建物1棟と事務所用のマンション1戸、貯金1,000万円、太郎が経営する会社の株式100株、自宅に机・いす・パソコン・衣服・現金50万円を遺し、平成10年10月10日に死亡した。相続人は、妻

花子、長男一郎、次男二郎、長女松子の4人である。

一郎は、30年前に事業を起こすにあたり太郎から500万円の資金援助を得た。松子は、体の弱い花子に代わり、太郎が亡くなる前5年間太郎の療養看護に努めた。5年間のうち最後の1年間は泊まり込みであった。

土地の相続開始時の時価は3,000万円、建物は1,000万円、マンションは2,000万円、株式は1株1,000円、動産はまとめて50万円である。家政婦の1日の費用は1万円、24時間のときは1万5,000円とする。30年間の消費者物価指数の上昇率は、3.2である。

相続人各自の具体的相続分について述べよ。

ing
第18章　遺産分割

Ⅰ　事　例

●事例●

　花子は早くに夫を失い、ひとりで暮らしていた。子は、長男一郎、次男二郎、長女松子である。花子が70歳になったとき、子供たちが相談して、長女松子一家が花子を引き取ってその面倒を見ることになった。そこで、花子が夫から相続して所有していた土地上に、松子が住宅を建築し、花子と松子一家が同居した。花子は85歳で死亡したが、その前3年間は認知症になり、松子は日々付き添い、苦労して最期まで看取った。医療費等は花子の財産から支出したが、介護費用などは支払っていない。

　花子は、夫からの相続財産である土地と、遺族年金を貯めた合計預金400万円を遺した。土地の相続開始時の価額は2,000万円、花子は、二郎が婚姻するとき、300万円を贈与し、相続開始時の価額は同額である。

〔松子の主張〕

　私たち一家は、話し合いの際、一郎・二郎が頭を下げて頼むので、夫の関係もあって望まなかったが、花子と同居した。その際、一郎・二郎は、自分たちは花子の相続では何もいらないと発言したので、遺産は当然私たちが相続できると考えていた。それなのに、最近になって、一郎・二郎からそれぞれ3分の1ずつ相続権があるから分けるべきだといってきている。一郎や二郎には、もう、相続権はないのではないか。あるというのであれば、私のほうも5年間の苦労した分を取り戻したいし、二郎に対する贈与分も取り戻したい。

〔一郎の主張〕

331

> 松子も苦労したろうが、花子が満足していたわけではない。私たちには、花子はいろいろ不満を述べていたのだ。しかし、それでも、私たちが遠慮していることに対してそれなりの礼を尽くしてくれれば、問題にしなかったのだが、松子夫婦は、遺産は当然自分たちのもの、もらえて当然、苦労したのは自分たちだけだという態度で、われわれに何の挨拶もない。私たちも花子の子なので、もらい分はあるはずだ。法律に基づいて分けていただきたい。

II 設問

1 生前の「何もいらない」旨の表示はどのような効力を生じるか。
2 松子の寄与分はどのように考慮されるか。
3 遺産の土地上に相続人の1人が建物を所有する場合の法律関係を説明せよ。
4 遺産分割において上記3はどのように取り扱われるか。

III 遺産分割の対象となる財産

　遺産は、具体的相続分に基づいて分割することになるが、遺産分割の対象となる財産という意味は、遺産分割によって分割されることになる遺産のことである。これは、原則として遺産全部ということになる。
　まず、相続財産でない財産は遺産分割の対象とならない（前述272頁以下参照）。相続財産となる財産のうち、遺産分割の対象となるかどうか問題となるものを以下に少し検討してみよう。

1 可分債権

　前述したように（282頁）、可分債権は、相続開始と同時に各相続人の相続

分に応じて分割される。したがって、分割手続を要することなく各人に分割されてしまう。このように考えると、可分債権は遺産分割の対象とはならないことになる。これに対し、合有説（中川＝泉・3版217頁、高木・口述185頁）、不可分債権説（青山・改訂Ⅱ301頁）、準共有説（品川孝次「遺産共有の法律関係」判タ121号8頁）、相続人相互間では暫定的持分権を主張できない（鈴木・改訂200頁）などの説が対立している。

　可分債権はすでに分割されてしまっているので、遺産分割の対象とならず、したがって法定相続分による分割にとどまり、具体的相続分による分割が不可能になるというのでは、当然分割説は共同相続人間の公平を欠く妥当でない結果をもたらすことになる。たとえば、花子が預金しか残さなかった場合には、二郎への特別受益や松子の寄与分を考慮する機会が失われることになる。

　そこで、当然分割説に立ったうえで、以下のように解すべきであろう（岡部喜代子「可分債権は遺産分割手続上いかに取扱われるべきか」浅野裕司古稀記念論文集29頁）。遺産分割は具体的相続分に応じて行うというのが民法の命じているところであるので、遺産が可分債権であっても具体的相続分に応じて分割すべきであることに変わりはない。また、たとえば相続税を払うために預金だけを解約して支払う場合のように、可分債権を先に分割することがある。このような一部分割と、当然分割によって可分債権が分割された場合は、分割行為の有無という点では異なるものの、遺産の一部が分割されたという状況では全く同じである。

　つまり、当然分割説を採ったうえで、分割された可分債権は一部分割と考え、共同相続人間で具体的相続分に従って残った遺産の分割をすることになると考えるべきである。これは、可分債権のみが相続財産であるときも同様である。しかしながら、可分債権といえども遺産であるし、一部分割として遺産分割時に考慮されることになるから、可分債権を分割の対象として扱うことは違法ではないであろう。また、遺産分割の対象とならないだけで、遺産であるから、可分債権も具体的相続分の算定に含めなければならない。

2　遺産の代償財産

　たとえば、共同相続人がマンションを2,000万円で売却すると、共同相続人はマンションの所有権を失い、代わりに売却代金債権を取得する。このように遺産の代わりとなった物、この例では売却代金債権を代償財産という。遺産は、売却されてしまったので分割の対象となり得ないことは明らかである。しかし、売却代金は遺産の代わりに遺産分割の対象になるのではないか、という問題がある。この点、最高裁（最判昭和52・9・19家月30巻2号110頁）は、「その不動産は遺産分割の対象から逸出し、各相続人は第三者に対し持分に応じた代金債権を取得」すると判示している。

　問題が2つ含まれている。1つは代償財産である売却代金を分割の対象にしうるか、これを肯定するとしても、次に、売却代金は可分債権なので当然分割され、それゆえに遺産分割の対象となりえないのではないか、ということである。

　便宜上可分債権について先に述べておくと、可分債権は当然分割されるので、1に述べたところと同様、遺産分割の対象とならないが一部分割となる。

　次に代償財産そのものの遺産性であるが、代償財産が遺産ではないことは明らかなので、相続財産として遺産分割の対象とならないことは理論上やむをえない（最判昭和54・2・22家月32巻1号149頁）。しかし、それでは全部の相続財産を具体的相続分に応じて分割せよという民法の命に背くことになる。これもまた、売却した財産は法定相続分に従った一部分割が行われたと同様な法律関係にあると考える。

　共同相続人が相続財産であるマンションと他のマンションを交換したとき、マンションは可分債権ではないが、遺産ではないので遺産分割の対象とはならない。したがって、交換によって取得したマンションは各共同相続人の法定相続分による共有となり、そのような一部分割が行われたものとして扱うべきである。

　マンション等が第三者の故意または過失によって滅失したり毀損して代償

物として保険金や損害賠償請求権を取得したときは、保険金や損害賠償請求権を一部分割によって各共同相続人が取得したものとして扱う。もっとも、保険金が一部の相続人がかけた保険契約によっておりた場合は代償財産とはいえない。

法律上同一物として扱うべき換地は当然分割の対象となる。

代償財産は遺産の代わりに共同相続人が取得した物であるし、一部分割として遺産分割時に考慮されることになるから、当事者の同意があれば分割の対象と扱うことは違法ではない。また、残余の遺産分割を行う際には、代償財産のもととなった遺産を具体的相続分の算定に含めなければならない。

3　相続財産の果実

たとえばマンションを第三者に貸していて、月々10万円の家賃があがるとき、その家賃は遺産分割の対象になるか。前述したように、相続財産は各相続人の抽象的相続分に応じた共有に属する。最高裁は以下のとおり判示した（最判平成17・9・8判時1913号62頁）。

> 「遺産は、相続人が数人あるときは、相続開始から遺産分割までの間、共同相続人の共有に属するものであるから、この間に遺産である賃貸不動産を使用管理した結果生ずる金銭債権たる賃料債権は、遺産とは別個の財産というべきであって、各共同相続人がその相続分に応じて分割単独債権として確定的に取得するものと解するのが相当である。遺産分割は、相続開始の時にさかのぼってその効力を生ずるものであるが、各共同相続人がその相続分に応じて分割単独債権として確定的に取得した上記賃料債権の帰属は、後にされた遺産分割の影響を受けないものというべきである」

すなわち、共有財産から生ずる果実は各相続人の相続分に応じて分割取得される。果実は相続開始後に生じた財産であるから相続財産でないが、一括して解決することは望ましいので、当事者の合意があれば遺産分割の対象にすることは許されるであろう（東京高決昭和63・1・14家月40巻5号142頁等）。

この場合、具体的相続分算定時の相続財産には含めることはできず、分割時の相続財産の一部になる（田中＝岡部＝橋本＝長・諸問題251頁）。

4　可分債務

前述したように（282頁）、可分債務も相続開始と同時に法定相続分に応じて分割される。したがって、遺産分割の対象にならない。仮に分割の対象として1人に承継させても、債権者に対抗できない。積極財産を具体的相続分に従って分割し、債務を法定相続分に従って分割することになり、そこに齟齬が生じているが、前にも述べたように相続を全体としてみれば法定相続分に従って取得しているので、債務を法定相続分によって分割取得することは不当とはいえない。

5　管理費用

相続財産は法定相続分に応じて各相続人が共有するから、相続財産の管理費用も各相続人が相続分に応じて負担する（民253条）。実際上、果実から差し引くことは、相続人の同意があれば可能である。民法885条によれば、管理費用は相続財産の負担となる。したがって、相続人間に争いがなければ、管理費用は相続財産から差し引くことができる。これは、実際には法定相続分に従って相続人が負担することと同じである。

管理費用は、相続開始後に生じた債務であって遺産債務ではないので、遺産分割の対象とはならない。当事者の合意がある場合は、分割の対象にしてもよく、相続財産管理人が管理費用を相続財産から支弁し、報酬を得ることも認められるであろう。さらに、相続財産を管理する相続人が、相続財産から管理費用を支弁することも許される。民法885条があるからである。しかし、それが管理費用を遺産分割の対象となる根拠となるわけではない。民法885条の趣旨は、支弁する、というだけで、相続債務となるという意味ではないし（仮にそうであるとしても当然分割説となる）、かえって迅速な解決を妨げる可能性もあるからである（田中＝岡部＝橋本＝長・諸問題257頁）。

何が管理費用に該当するかは、前述のとおりである（299頁）。相続税や葬祭費は含まれないが、相続人が合意のうえ、相続税や葬祭費を相続財産から支弁することは可能である。

IV　遺産分割の方法

1　相続財産の評価

遺産分割では、相続財産を具体的相続分に応じて分割することになる。具体的相続分算定のためにする相続財産の評価は、相続開始時であったが、遺産分割にあたってどの財産を誰にどれだけ分割すべきかということを検討するには、分割時の価額を知る必要がある。遺産分割に際しての相続財産の評価は、遺産分割時の時価ということになる。

2　各相続人の遺産分割による取得分の算出

太郎は、土地・建物・マンションを遺して死亡した。土地の相続開始時の時価は3,000万円、建物は1,000万円、マンションは2,000万円である。相続人は、妻の花子、子どもが一郎・二郎・松子の3人である。太郎の相続開始時の財産の合計額が6,000万円、一郎の特別受益額が600万円、松子の寄与分が300万円であるとして民法903条の定める計算方法をすると、みなし相続財産は6,300万円（＝6,000＋600-300）で、各自の相続分および具体的相続分は、

　花子の相続分＝6,300×1/2＝3,150万円

　花子の具体的相続分＝3150/(3,150＋450＋1,050＋1,350)＝21/40

　一郎の相続分＝6,300×1/6-600＝450万円

　一郎の具体的相続分＝450/(3,150＋450＋1,050＋1,350)＝3/40

　二郎の相続分＝＝6,300×1/6＝1,050万円

　二郎の具体的相続分＝1,050/(3,150＋450＋1,050＋1,350)＝7/40

　松子の相続分＝6,300×1/6＋300＝1,350万円

松子の具体的相続分＝1,350/(3,150＋450＋1,050＋1,350)＝9/40
となる。
　分割時の土地の時価5,000万円、建物500万円、マンション2,500万円とすると、現に存在する相続財産の価額は
　5,000＋500＋2,500＝8,000万円
である。この8,000万円の相続財産を具体的相続分に応じて分割するから、各相続人が遺産分割によって取得することができる取得額は次のようになる。

　　花子　8,000×21/40＝4,200万円
　　一郎　8,000×3/40＝600万円
　　二郎　8,000×7/40＝1,400万円
　　松子　8,000×9/40＝1,800万円

3　各相続人の取得すべき財産

　現在ある遺産を上記各自の取得額に応じて誰が何を取得するかを決めなければならない。「遺産に属する物または権利の種類及び性質、各相続人の年齢職業、心身の状態及び生活の状況その他一切の事情を考慮して」決める（民906条）。
　たとえば、花子が老齢で遺産の建物に居住しているのであれば、花子には、老後の生活の安寧のために土地建物を取得させるとすることが適切である。一郎が太郎の仕事を継いでいるのであれば、太郎の仕事上の事務所として使用しているマンションを一郎に取得させるのが適当である。二郎と松子には上記2名よりの代償金の支払いにより取得分に応じた金銭を取得させるのがよいであろう。この方法によれば以下のとおりとなる。

　　花子　土地5,000万円＋建物500万円＝5,500万円
　　　　　5,500万円－4,200万円＝1,300万円（取得分を超過する分）
　　一郎　マンション2,500万円－600万円＝1,900万円（取得分を超過する分）
　　二郎　一郎より代償金1,400万円の支払いを受ける。

松子　花子より1,300万円、一郎より500万円の代償金の支払いを受ける。

　しかし、花子にも一郎にも代償金の支払能力がないときは、別の方法を考えなければならない。たとえば土地建物は花子と寄与のある松子に共有させ、マンションは二郎のものとし、代償金を支払わせる。一郎は別の場所で太郎の仕事を続けるということになるであろう（マンションで一郎が同居等はしていないことを前提）。この場合の分割方法は以下のとおりである。

　　花子　土地の共有持分4/5＋建物の共有持分1/5＝4,100万円
　　松子　土地の共有持分1/5＋建物の共有持分4/5＝1,400万円
　　二郎　マンション2,500万円
　　　　　2,500－1,400＝1,100万円（二郎の超過分）

　二郎は、花子に100万円、一郎に600万円、松子に400万円の代償金支払いの義務を負うこととなり、これを支払えば具体的相続分どおりの分割となる。

V　一部分割が行われた場合の遺産分割

1　一部分割が行われた場合

　前述の例で考えると、太郎は土地・建物・マンションを遺して死亡した。土地の相続開始時の時価は3,000万円、建物は1,000万円、マンションは2,000万円である。太郎の相続開始時の財産の合計額が6,000万円、一郎の特別受益額が600万円、松子の寄与分が300万円であるとして民法903条の定める計算方法をすると、具体的相続分は、

　　花子　21/40　　一郎　3/40　　二郎　7/40　　松子　9/40
であった。

　ところがその後、花子が老人ホームに行くことになり、土地建物を全員合意のうえ売却することになった。土地を4,000万円、建物を800万円、合計4,800万円で売却し、これを法定相続分で分けた。分割時はマンションしか残っていない。このときの分割はどのように行うべきか。

第18章　遺産分割

　一部分割した遺産については一部分割時の時価、今回分割する遺産については遺産分割時の時価で評価し、その合計額を遺産の価額とし、これをもとに各自の取得分を算出することになる。

　　4,000万円＋800万円＋2,500万円＝7,300万円
　　花子の取得分　7,300万円×21/40＝3,832万5,000円
　　一郎の取得分　7,300万円×3/40＝547万5,000円
　　二郎の取得分　7,300万円×7/40＝1,277万5,000円
　　松子の取得分　7,300万円×9/40＝1,642万5,000円
　各自が一部分割で取得した額
　　花子　　　　　4,800万円×1/2＝2,400万円
　　一郎・二郎・松子　4,800万円×1/6＝800万円
　今回の分割による取得分
　　花子　　　　　3,832万5,000円－2,400万円＝1,432万5,000円
　　一郎　　　　　547万5,000円－800万円＝－252万5,000円
　　二郎　　　　　1,277万5,000円－800万円＝477万5,000円
　　松子　　　　　1,642万5,000円－800万円＝842万5,000円

　遺産は2,000万円のマンションしか残っていないので、これを松子が取得することとして松子から花子に1,432万5,000円、二郎に225万5,000万円、一郎から二郎に252万5,000円を代償金として支払う、ということになる。松子に資金がないときは、二郎に取得させてもよいし一郎に取得させてもよい。換価分割がやむを得ないときは、一郎の代償金を誰かに支払うことを命じたうえ（たとえば花子に命ずると花子の取得すべき額は1180万円になる）、その割合による分配ということになる。

　もっとも、相続人全員が同意するときは、かつての分割を考慮せずに残存する遺産のみを分割することも可能である。このようなやり方では以下のようになる。

　　各自の今回の取得分は、
　　　花子　2,500万円×21/40＝1,312万5,000円

340

一郎　2,500万円×3/40＝187万5,000円

　　二郎　2,500万円×7/40＝437万5,000円

　　松子　2,500万円×9/40＝562万5,000円

となり、一部分割を含めた各自の取得分は、

　　花子　1,312万5,000円＋2,400万円＝3,712万5,000円

　　一郎　187万5,000円＋800万円＝987万5,000円

　　二郎　437万5,000円＋800万円＝1,237万5,000円

　　松子　562万5,000円＋800万円＝1,362万5,000円

となって、当然のことながら、特別受益を得た人は得をし、寄与分のある人は損をするということになる。

2　相続財産の可分債権を遺産分割の対象としない場合

　今までの計算を応用できるように、相続財産は6,000万円の預金のみ（可分債権）、一郎に600万円の特別受益、松子に300万円の寄与分があるとしよう。

　各自の取得分は、

　　花子　6,000万円×21/40＝3,150万円

　　一郎　6,000万円×3/40＝450万円

　　二郎　6,000万円×7/40＝1,050万円

　　松子　6,000万円×9/40＝1,350万円

で、各自がすでに取得している金額は、

　　花子　6,000万円×1/2＝3,000万円

　　一郎・二郎・松子　6,000万円×1/6＝1,000万円

であり、今回分割による調整分は、

　　一郎　1,000万円－450万円＝550万円

であるから、一郎が、花子に150万円、二郎に50万円、松子に350万円を代償金として支払う、ということになる。

　ただし、可分債権が遺産分割の対象にならないという考え方は、明確では

ないが、上記のような調整をも否定するのであろう。

VI　いわゆる相続させる旨の遺言がある場合

1　相続分指定がある場合

　相続させる旨の遺言がある場合の遺産分割については、理論上は大問題があるが、実務上は以下のように取り扱っている（東京家庭裁判所家事第5部「遺産分割事件処理の実情と課題」判タ1137号86頁）。

　すなわち、「遺産の一部を相続人の1人あるいは数人に『相続させる』旨の遺言がされているときは、その財産はもはや遺産分割の対象となる遺産ではなくなる。そして、当該財産の価額が法定相続分を超える場合には、遺言者の意思としては、法定相続分の変更をも伴う分割方法の指定をしたものと解される。他方、遺留分侵害が問題となったときに当該財産が遺留分算定の基礎となることはいうまでもない」。

　この考え方に立った場合は次のようになろう。

　たとえば、太郎が、土地・建物・マンションを遺して死亡し、土地の相続開始時の時価は3,000万円、建物は1,000万円、マンションは2,000万円、一郎の特別受益額が600万円、松子の寄与分が300万円であるとして、花子、一郎、二郎、松子の法定相続分は3：1：1：1であり、民法903条の定める計算方法をすると、具体的相続分は、21：3：7：9である。

　このとき、「土地建物は一郎に相続させる」旨の遺言があったとする。この遺言により、土地建物は相続開始と同時に一郎に帰属する。

　この遺言による指定相続分は、

　　一郎　　　　4,000/6,000＝2/3
　　花子　　　　1/3×1/2＝1/6
　　二郎・松子　1/3×1/2×1/2＝1/12

　すなわち花子：一郎：二郎：松子は2：8：1：1となる。

そこで、この指定相続分をもとにした具体的相続分を算定（花子からの遺留分減殺請求はないものとする）すると、

みなし相続財産の価額は、

　6,000万円＋600万円－300万円＝6,300万円

各自の相続分は、

　花子　6,300万円×1/6＝1,050万円

　一郎　6,300万円×2/3－600万円＝3,600万円

　二郎　6,300万円×1/12＝525万円

　松子　6,300万円×1/12＋300万円＝825万円

となり、各自の具体的相続分は、

　花子　1,050/1,050＋3,600＋525＋825＝42/240

　一郎　3,600/6,000＝144/240

　二郎　525/6,000＝21/240

　松子　825/6,000＝33/240

である。

各自の取得すべき額は、遺産分割時の遺産総額が8,000万円とすれば（Ⅳ2の例）、

　花子　8,000万円×42/240＝1,400万円

　一郎　8,000万円×144/240＝4,800万円

　二郎　8,000万円×21/240＝700万円

　松子　8,000万円×33/240＝1,100万円

ということになる。一郎はすでに5,500万円（土地と建物の合計額）、を相続させる旨の遺言によって取得しているから、取得すべき額である4,800万円を超えるところの700万円を代償金として支払わなければならず、他の相続人のいずれかがマンションを取得して金銭で調整することになろう。このように考えると、相続分指定はあくまでも抽象的相続分の指定であるから、調整が必要となることがあり、残余財産の分配も指定相続分で行わなければならない。また、法定相続分より多い場合は相続分指定があり、法定相続分よ

り少ない場合は相続分指定がないとの説もあるが、通常両者は両立しない。

2　相続分指定がない場合

　相続分指定がなければ、法定相続分に従って遺産分割されるべきはずである。前項で述べたとおり法定相続分による具体的相続分は21：3：7：9である。しかし、その場合、相続させる旨遺言により受益相続人に移転した財産につき相続分が及ぶものとすれば、遺産分割により調整すれば足りる。

　各相続人が取得すべき額

　　花子　8,000万円×21/40＝4,200万円

　　一郎　8,000万円×3/40＝600万円

　　二郎　8,000万円×7/40＝1,400万円

　　松子　8,000万円×9/40＝1,800万円

　一郎は5,500万円分を遺言により取得しているので、差額を他の相続人に調整金として支払うことになる。

　次に、相続分の範囲から除外されると解すると、遺贈とまったく同様に解することになる。

　各人の具体的相続分は、

　　花子　6,300万円×1/2＝3,150万円

　　一郎　6,300万円×1/6－600－4000＝－3,550万円…0

　　二郎　6,300万円×1/6＝1,050万円

　　松子　6,300万円×1/6＋300万円＝1,350万円

　各人の相続財産からの取得額は、

　　花子　2,500万円×3,150/(3,150＋1,050＋1,350)＝1,418万9,189円

　　二郎　2,500万円×1,050/5,550＝472万9,730円

　　松子　2,500万円×1,350/5,550＝608万1,081円

　遺留分侵害があれば相続させる旨遺言に対する遺留分減殺を行う。

3 遺留分侵害のある場合

(1) 遺留分請求権者に特別受益のない場合

そこで、次に遺留分侵害のある場合を検討しよう。

花子の遺留分割合は1/4、一郎、二郎、松子は各1/12である。

遺留分額は、

　花子　(6,000万円＋600万円)×1/4＝1,650万円

　一郎、二郎、松子　6,600万円×1/12＝550万円

〔各自の具体的相続分〕

前記2において算出したとおり、21：0：7：9である。

残余財産から取得できる額を計算すると

　花子　2,000万円×21/37＝1,135万1,351円

　二郎　2,000万円×7/37＝378万3,784円

　松子　2,000万円×9/37＝486万4,865円

〔各自の遺留分侵害額〕

　花子　1,650万円－1,135万1,351円＝514万8,649円

　二郎　550万円－387万3,784円＝162万6,216円

　松子　550万円－486万4,865円＝63万5,135円

〔土地建物に対する共有持分〕

　花子　5148649/40000000

　二郎　1626216/40000000

　松子　635135/40000000

この考え方は、理論上まことに正しいのであるが、寄与分の主張があると、家庭裁判所で寄与分を判断した遺産分割審判がされるまで遺留分が判明せず、遺留分の訴訟が停滞することになる。そこで、寄与分を含めない特別受益を考慮した具体的相続分で計算して、遺留分侵害額を算出する方法と、法定相続分（指定相続分）による算出方法とが提案されうる。

残余財産を法定相続分によって取得するものとして遺留分額を算出すると、

2,000万円×1/2＝1,000万円

2,000万円×1/4＝500万円

遺留分侵害額は、花子1,650万円－1,000万円＝650万円

　　　　　　二郎、松子　550万円－500万円＝50万円

　花子が、遺産分割と遺留分減殺とによって取得しうべき金額（の割合）は、1,650万円であるところ、遺留分減殺で650万円取得しているから、遺産分割では1,000万円分を取得する。

　遺留分減殺額が決まってから遺産分割がなされ、その際松子の寄与分が300万円とされたときに、残余財産の配分が、

　　　花子　2,000万円×21/37＝1,135万1,351円

　　　二郎　2,000万円×7/37＝378万3,784円

　　　松子　2,000万円×9/37＝486万4,865円

となるのであるから、各人の両方からの取得額は

　　　花子　1,135万1,351円＋650万円＝1,785万1,351円

　　　二郎　378万3,784円＋50万円＝428万3,784円

　　　松子　486万4,865円＋50万円＝536万4,865円

となる。結局花子が135万1,351円もらいすぎ、松子は13万5,135円少なく、二郎は121万6,216円少ない。最終的に、その額を調整すれば、各人の遺留分額に合致する。

　残余財産を特別受益のみを考慮した具体的相続分によって計算してみよう。

〔各人の具体的相続分〕

　　　花子　6,600万円×1/2＝3,300万円

　　　一郎　6,600万円×1/6－4,000万円－600万円＝－3,500万円

　　　二郎　6,600万円×1/6＝1,100万円

　　　松子　6,600万円×1/6＝1,100万円

〔残余財産からの取得額〕

　　　花子　2,000万円×3,300/5,500＝1,200万円

　　　二郎　2,000万円×1,100/5,500＝400万円

松子　2,000万円×1,100/5,500＝400万円
〔各人の遺留分額〕
　　花子　（6,000万円＋600万円）×1/4＝1,650万円
　　二郎　6,600万円×1/12＝550万円
　　松子　6,600万円×1/12＝550万円
〔遺留分侵害額〕
　　花子　1,650万円－1,200万円＝450万円
　　二郎、松子　550万円－400万円＝150万円
〔共有持分〕
　　花子　4500000/40000000
　　二郎、松子　1500000/40000000

遺留分減殺額が決まってから遺産分割がされ、その際松子の寄与分が300万円とされたときに、残余財産の配分が、
　　花子　2,000万円×21/37＝1,135万1,351円
　　二郎　2,000万円×7/37＝378万3,784円
　　松子　2,000万円×9/37＝486万4,865円
となるのであるから、各人の両方からの取得額は
　　花子　1,135万1,351円＋450万円＝1,585万1,351円
　　二郎　378万3,784円＋150万円＝528万3,784円
　　松子　486万4,865円＋150万円＝636万4,865円
となる。結局松子が86万4,865円もらいすぎ、花子は64万8,649円少なく、二郎は21万6,216円少ない。最終的に、その額を調整すれば、各人の遺留分額に合致する。

(2) 遺留分請求権者に特別受益のある場合

では、同じ事例で、生前贈与が、一郎でなく二郎に対して存在するときについて計算してみよう。

残余財産につき特別受益のみを考慮するときは以下のとおりである。
〔各人の具体的相続分〕

花子　6,600万円×1/2＝3,300万円

　一郎　6,600万円×1/6－4,000万円＝－2,900万円

　二郎　6,600万円×1/6－600万円＝500万円

　松子　6,600万円×1/6＝1,100万円

〔残余財産からの取得額〕

　花子　2,000万円×3,300/3,300＋500＋1,100＝1,346万9,388円

　二郎　2,000万円×500/4,900＝204万816円

　松子　2,000万円×1,100/4,900＝448万9,796円

〔各人の遺留分額〕

　花子　(6,000万円＋600万円)×1/4＝1,650万円

　二郎　6,600万円×1/12＝550万円…遺留分侵害なし

　松子　6,600万円×1/12＝550万円

〔遺留分侵害額〕

　花子　1,650万円－1,346万9388円＝303万612円

　松子　550万円－448万9,796円＝101万204円

遺留分減殺額が決まってから遺産分割がされ、その際松子の寄与分が300万円とされたときに、具体的相続分は、

　6,000万円＋600万円－300万円＝6,300万円

　花子　6,300万円×1/2＝3,150万円

　一郎　6,300万円×1/6－4,000万円＝－2,950万円

　二郎　6,300万円×1/6－600万円＝450万円

　松子　6,300万円×1/6＋300万円＝1,350万円

〔残余財産からの取得額〕

　花子　2,000万円×3,150/(3,150＋450＋1,350)＝1,272万7,273円

　二郎　2,000万円×450/4950＝181万8,182円

　松子　2,000万円×1350/4950＝545万4,545円

となるのであるから、各人の両方からの取得額は

　花子　1,272万7,273円＋303万612万円＝1,575万7,885円

二郎　181万8,182円＋(600万円)＝681万8,182円

　　松子　545万4,545円＋101万204円＝646万4,749円

となる。結局松子が96万4,749円もらいすぎ、花子は74万2,115円少なく、二郎は遺留分侵害されていないので問題は表面化しない。最終的に、その額を調整しても、22万2,634円松子が得すぎる結果となる。

　この結果は、具体的相続分を確定してから算出した遺留分侵害額は

　　花子　1,650万円－1,272万7,273円＝377万2,727円

　　松子　550万円－545万4,545円＝4万5,455円

であるから、寄与分を考慮しないことによって、遺留分を多く減殺した結果なのである。

　残余財産について法定相続分で分割したものとして計算すると、遺留分侵害額が、花子650万円、二郎50万円、松子50万円となって、二郎について遺留分侵害額が生じること、特別受益、寄与分のいずれをも考慮しないことによって、減殺額が大きくなる不当性は、特別受益のみを考慮する場合よりもより大きいと言わなければならない。

(3) 残余財産の遺産分割方法と遺留分の関係

　以上の結果をまとめると、

① 　遺留分権利者に特別受益がない場合は、残余財産について、特別受益のみを考慮した遺留分侵害額の計算によっても、法定相続分による計算をしても、遺留分総額が変わらないので、最終的に、遺留分額を取得することができるように遺産分割した後の調整をすべきであるということになる。

② 　しかし、遺留分権利者に特別受益があるときには、特別受益のみを考慮した遺留分侵害額の計算によっても、法定相続分による計算をしても、遺留分総額が多くなるので、不当であるが、不当性は法定相続分で計算した場合の方が大きい。そこで、遺留分侵害額が確定した後の遺産分割において、この点の調整をすべきであると考える。すなわち、花子、松子については遺留分額に満つるまでとして相互に調整するべきである。

なお多く減殺しすぎた分は、一郎に対する支払いをさせるべきか、あるいは理論的に困難な面があるので、その点の不都合を起こさせないために残余財産の分割をまって遺留分減殺をするべきであると考えるかは、検討を要する。

VII 分割の実行

分割の実行はまず協議によってされる（民907条1項）。協議が調わないときは、家庭裁判所に分割の請求をすることができる（民907条2項、家審9条1項乙類10号、家事別表第2の12項）。家庭裁判所はまず調停を試み、調停が成立しないときは遺産分割審判をする。調停による遺産分割は、調停委員会の斡旋によりその内容は裁判所の関与したものであるが、当事者の合意によって成立するから、その性質は協議による分割と同じである。

審判による分割は、以上に述べてきた方法により、具体的相続分に応じて分割する。協議による分割は、今まで述べてきた順序に従って分割することができることはもちろんであるが、協議であるから当事者の合意によって、一般の無効原因のない限り自由に内容を定めることができる。

1 当事者

協議による分割も審判による分割も、共同相続人全員によって行わなければならない。一部の相続人を除いてした遺産分割は、無効である。非嫡出子を除いたり遠方の相続人を除いたりしてはいけないのである。

実際には相続人の有無は戸籍をたどって捜索することになるが、すでに説明したとおり、戸籍には証拠としての意味しかなく、戸籍に記載されていなくても相続人がある場合がある（他人の戸籍を借りた場合など）。他の相続人の存在がわからなかったために、結果的に除かれてしまった場合も無効である。

胎児（胎児については、255頁参照）がいる場合、実際的には出生まで分割

を待つか、一部分割にとどめるのが現実的である。

　被相続人が母で非嫡出子があるときは、分娩によって非嫡出母子関係が生じているから必ず当事者に含めなければならない。被相続人が父で未認知の非嫡出子があるときは、認知するまでは非嫡出父子関係は生じていないから含めずに遺産分割しても無効とはならない。遺産分割成立後に認知された場合は、認知の遡及効によって出生の時から父子関係が生じるが、分割の効力は認めたうえ、非嫡出子から他の共同相続人に対する価額請求をすることによって非嫡出子の相続分を確保することとされている（民910条）。

　全員の合意を要するから、名義だけ全員そろえても実際に協議に加わっていなければ無効であることはいうまでもない。不在者、行方不明者には不在者の財産管理人を選任してもらって、その者と協議する。不在者の財産管理人が遺産分割協議を成立させるにあたっては、裁判所の許可を得ることが必要である（民28条、家審9条1項甲類3号、家事別表第1の55項）。

　また、その協議はそれぞれの意思に基づくことを要するから、意思能力が必要である。さらに、財産の処分行為であるから行為能力をも要する。相続人が未成年者であるときは親権者の代理または同意（民5条、824条）が、被保佐人の場合は保佐人の同意（民13条1項6号）が必要であり、成年被後見人のときは後見人の代理によって協議に参加する必要がある（民9条、859条）。親権者が同時に相続人であるときや後見人が同時に相続人であるときは、利害が相反するから特別代理人によって参加しなければならない（民826条、860条）。

　さらに、その協議は真意に基づいてされなければならないから、詐欺・強迫による意思表示による協議は取り消すことができるし、要素に錯誤があるときは無効である。最判平成5・12・16判時1489号114頁は、遺言の存在を知らないでした遺産分割協議の意思表示に要素の錯誤がないとはいえないと判示している。

　相続人でなくても、包括受遺者、相続分の譲受人は遺産分割協議の当事者となる。相続分譲渡をした者は当事者から脱退する。

2　分割の方法

審判においては具体的相続分に応じて適切な分割がなされなければならないが、協議においては分割方法は自由である。法定相続分、指定相続分、具体的相続分に拘束されない。上記の例において全部花子が取得してもよいし、全員平等に分けてもよい。また、だれが何を取得することにするか自由であり、代償金の額も全員の合意があればどのように定めてもかまわない。

ただし、遺産分割方法の指定遺言に基づく場合は、原則として指定された方法で分割しなければならない。

3　遺産分割審判の性質

遺産分割審判は、分割を形成する**非訟事件**であって公開されなくても違憲・違法ではなく（最大決昭和40・6・30民集19巻4号1089頁および最大決昭和40・6・30民集19巻4号1114頁参照）、しかし民事訴訟事項も前提問題として審理判断できる（最大決昭和41・3・2民集20巻3号360頁）。前提問題としては、相続人の範囲や相続財産の範囲などがある。相続人の範囲については、親子関係不存在確認、養子縁組無効、婚姻無効などは前提問題として判断できるが、形成訴訟に属する嫡出否認、認知、婚姻取消しなどは訴訟の確定を待たなければならない。相続財産の範囲の問題は、たとえば一郎名義になっている不動産が真実は太郎の財産であるという主張があるような場合、遺産分割協議の成否・有効無効、遺言の存否・有効無効などがある。審判における前提問題の判断には既判力がないから、民事訴訟の提起を妨げるものではない。ことの軽重によって、審判における判断が望ましいか訴訟による判断が望ましいかを区別するしかない（田中＝岡部＝橋本＝長・諸問題30頁）。なお、共同相続人間において特定の財産が被相続人の遺産に属することの確認を求める**遺産確認の訴え**が認められることについて、最判昭和61・3・13民集40巻2号389頁は、

「原審は、第一審判決添付の物件目録㈠ないし㈦、㈢及び㈡記載の各不

動産(但し、㈢については共有持分2分の1。以下同じ。)が昭和35年1月20日に死亡した訴外初鹿野信忠の遺産であり、被上告人ら及び上告人らがその共同相続人(代襲相続人及び共同相続人の各相続人を含む。以下同じ。)であるとの事実を確定したうえ、遺産分割の前提問題として、右不動産が右信忠の遺産であることの確認を求める被上告人らの請求を認容すべきものとしているところ、このような確認の訴え(以下「遺産確認の訴え」という。)の適否につき、以下職権をもって検討することとする。

　本件のように、共同相続人間において、共同相続人の範囲及び各法定相続分の割合については実質的な争いがなく、ある財産が被相続人の遺産に属するか否かについて争いのある場合、当該財産が被相続人の遺産に属することの確定を求めて当該財産につき自己の法定相続分に応じた共有持分を有することの確認を求める訴えを提起することは、もとより許されるものであり、通常はこれによって原告の目的は達しうるところであるが、右訴えにおける原告勝訴の確定判決は、原告が当該財産につき右共有持分を有することを既判力をもって確定するにとどまり、その取得原因が被相続人からの相続であることまで確定するものでないことはいうまでもなく、右確定判決に従って当該財産を遺産分割の対象としてされた遺産分割の審判が確定しても、審判における遺産帰属性の判断は既判力を有しない結果(最高裁昭和39年(ク)第114号同41年3月2日大法廷決定・民集20巻3号360頁参照)、のちの民事訴訟における裁判により当該財産の遺産帰属性が否定され、ひいては右審判も効力を失うこととなる余地があり、それでは、遺産分割の前提問題として遺産に属するか否かの争いに決着をつけようとした原告の意図に必ずしもそぐわないこととなる一方、争いのある財産の遺産帰属性さえ確定されれば、遺産分割の手続が進められ、当該財産についても改めてその帰属が決められることになるのであるから、当該財産について各共同相続人が有する共有持分の割合を確定することは、さほど意味があるものとは考えられな

いところである。これに対し、遺産確認の訴えは、右のような共有持分の割合は問題にせず、端的に、当該財産が現に被相続人の遺産に属すること、換言すれば、当該財産が現に共同相続人による遺産分割前の共有関係にあることの確認を求める訴えであつて、その原告勝訴の確定判決は、当該財産が遺産分割の対象たる財産であることを既判力をもつて確定し、したがつて、これに続く遺産分割審判の手続において及びその審判の確定後に当該財産の遺産帰属性を争うことを許さず、もつて、原告の前記意思によりかなつた紛争の解決を図ることができるところであるから、かかる訴えは適法というべきである。もとより、共同相続人が分割前の遺産を共同所有する法律関係は、基本的には民法249条以下に規定する共有と性質を異にするものではないが（最高裁昭和28年(オ)第163号同30年5月31日第三小法廷判決・民集9巻6号793頁参照）、共同所有の関係を解消するためにとるべき裁判手続は、前者では遺産分割審判であり、後者では共有物分割訴訟であつて（最高裁昭和47年(オ)第121号同50年11月7日第二小法廷判決・民集29巻10号1525頁参照）、それによる所有権取得の効力も相違するというように制度上の差異があることは否定しえず、その差異から生じる必要性のために遺産確認の訴えを認めることは、分割前の遺産の共有が民法249条以下に規定する共有と基本的に共同所有の性質を同じくすることと矛盾するものではない。

したがつて、被上告人らの前記請求に係る訴えが適法であることを前提として、右請求の当否について判断した原判決は正当というべきである」

と職権判断している。

4 遺産分割協議の性質

遺産分割協議は契約と解されている。しかし、かなり特殊な契約である。相続人花子、一郎、二郎、松子が、合意で、花子が土地・建物を、一郎がマンションを取得し、二郎は一郎から2,000万円の代償金の支払いを受け、松

子は花子から1,000万円の支払いを受けると決めたとする。そのとき、このようにするという意思表示が花子から各相続人にされ、各相続人がこれを承諾し、一郎からも同様の意思表示がされて花子他の相続人がこれを承諾し、他の相続人についても同様である。であるから、前に述べたように全相続人が相互に利害関係が対立することになるのである。

どのような内容の契約か、まさに**共有物分割**の性質を有する遺産分割ではあるが、実体上の共有持分は抽象的相続分であり、具体的相続分は遺産分割分であって、遺産分割は具体的相続分によって行うとする見解をとる場合には、共有物分割とだけいえない難しい問題がある。つまり抽象的相続分と具体的相続分の差はどこへ行ってしまうのか。少ない分は先取りしていることによる権利放棄、多い分は潜在的固有持分の返還（不当利得返還）の受領とでも解するしかない。抽象的相続分に見合う分割は交換（現物分割）や売買（代償分割）の、具体的相続分に見合う分割は先取りしていることによる権利放棄と不当利得返還が交換・売買に混合したもの、具体的相続分にも見合わない分割は贈与も混合したものと解するほかないのではないかと思われる。ちなみに、山形地判昭和45・12・8下民集21巻11＝12号1531頁は、「遺産分割の協議を実質的に考察すると、内容により、一律には断じ難いが、多くは遺産につき、共同所有関係に立つ相続人間における、その有する相続分を交互に移動することを内容とした、特殊な分割契約であり、一般的には、贈与、若くは交換の性質を有するものであると解するのが相当である」と解している。

5 遺産分割協議を解除することの可否

上記4で述べたような内容の遺産分割協議が成立したとき、一郎が二郎に2,000万円を支払わなかったとする。契約であるから相手方の債務不履行により解除ができることになる（民541条）かどうかが問題とされている。最判平成元・2・9民集43巻2号1頁は、すでに成立している遺産分割協議につき民法541条による解除はできない旨判示した。理由は、「遺産分割はその

性質上協議の成立とともに終了し、その後は右協議において右債務を負担した相続人とその債務を取得した相続人間の債権債務関係が残るだけと解すべきであり、しかも、このように解さなければ民法906条本文により遡及効を有する遺産の再分割を余儀なくされ、法的安定性が著しく害されることになるからである」というものである。これに対しては、契約であるから解除できるのが原則で（右近健男・民商101巻5号700頁）、売買等と同様であり（石田喜久夫・判評371号39頁）、いかなる債務不履行の場合にも解除を認めないことは、たとえば親の面倒を見るからというので多くの遺産を取得した相続人が親の面倒を見なかった場合にも解除を否定することになり妥当性を欠くなどの批判がある。確かに、理論的に解除の可能性をすべて排除することは難しいように思われる。かといって、債務不履行のたびに解除を許すことは、分割による遺産の帰属関係を共有に戻すという複雑な関係になるので、できるだけ避けることがのぞましいのも事実である。解除を認めるとしても、不履行状態が背信的であること、不履行部分が協議全体に影響する位置をしめること、民法544条が満たされることなどが必要と考えられる（北村実・ジュリ967号86頁）。

ところで、この判決の事案は、長男が、母の面倒を見、祭祀を行うことを約して相続分より多くの財産を取得したにもかかわらず、母が自己に被害を及ぼすような行為をしたと思い込んで母の面倒を見ないうえ祭祀を放擲したことを理由として、ほかの兄弟が541条解除をしたものである。北村教授は「本件事案はこのような要件を充足する可能性のある事案であったとみることもできる」と指摘している（北村実・ジュリ967号86頁）。しかし、かなり利害対立の複雑な事案で、ある程度の紛争経過もあり、共有状態に戻すより、長男に対する損害賠償や不当利得返還などで対処するほうが適当な事案であると思われる。また、石田教授は、遺産分割協議は組合関係解散決議の性質を持つと解しており（石田喜久夫・判評371号39頁）、示唆に富む説である。しかし、もしこれが遺産合有説と結びつくものであれば支持できず、共有物の管理一般について組合の業務執行であるという性質を持つ（鷹巣・構造52頁）

ことに根拠を有するのだということであれば、検討の余地がある。また、遺産分割協議は相続の時に遡って相続人らの遺産に対する権利の帰属をいわば創設的に定める相続人間の一種特別の合意であるという指摘（河野信夫・最高裁判例解説民事篇平成元年度6頁）もある。一種の合同行為のようなものであろうか。検討を要する問題である。

6　遺産分割協議の合意解除の可否

　解除が可能であれば、合意解除が可能であることに特に問題はない。解除ができないという場合に、合意解除はできるどうかという問題がある。最高裁（最判平成2・9・27民集44巻6号995頁）は、「共同相続人の全員が、既に成立している遺産分割協議の全部又は一部を合意により解除した上、改めて遺産分割協議をすることは、法律上、当然には妨げられるものではなく、上告人が主張する遺産分割協議の修正も、右のような共同相続人全員による遺産分割協議の合意解除と再分割協議を指すものと解される」と判示して、合意解除できることを明らかにした。民法541条解除はできないという立場でも、各相続人が自ら分割前の共有状態に戻ることを欲する場合に、これを禁止する理由はないから認めてもよいと解される。

VIII　分割の効力

1　遡及効

　遺産分割の効果は相続開始の時に遡る（民909条）。つまり、前の例でいうと、相続人花子、一郎、二郎、松子が、花子が土地・建物を、一郎がマンションを取得し、二郎は一郎から2,000万円の代償金（なお、この代償金を一郎はマンションを売却する場合の取得費に算入することはできない。最判平成6・9・13家月47巻9号4頁）の支払いを受け、松子は花子から1,000万円の支払いを受けると決めたとき、花子は相続開始時より土地・建物を取得したこと

になり、一郎、二郎、松子の土地・建物に対する共有持分はなかったことになるのである。これを**宣言主義**という。これに対し、効果が遡らない制度を**移転主義**という。民法は宣言主義を採用しているが、「ただし、第三者の権利を害することはできない」という但書が存在するので、移転主義に近く解釈することは可能である。

今まで論じてきた管理費用の負担、収益の取得などは、遺産分割までの共有関係が存在し、存在したことが否定されないことが前提となっている。また、遺産分割によって財産を取得したことを第三者に対抗するためには登記を要する、というのが通説・判例（最判昭和46・1・26民集25巻1号90頁）である。遺産分割まで共同相続人の共有に属したとの事実は否定することはできないし、遡及効に誰かの権利保護のため必要があるという側面もないから、以上のような解釈は許されるであろう。そうすると、遡及効ということの意味は、遺産分割が成立すると取得した財産は被相続人から直接移転したということになる、ということだけになる。

審判による遺産分割が行われた場合を想定してみよう。具体的相続分に応じた分割審判がされその審判の内容が遡及すると、相続人は被相続人から直接に具体的相続分に応じた権利を承継することになる。こうしてみると、相続人は具体的相続分に応じて権利義務を承継するということになるから、民法899条の「相続分」は具体的相続分を意味するのではないかという議論が再燃することになる。体系的な整合性では具体的相続分を実体的な共有持分と解する方がすぐれていると言わざるをえないが、寄与分制度の導入後では具体的相続分によって共有関係を律することは不可能でありかつ妥当でもない。一方、実体的な共有持分は抽象的共有持分で具体的相続分は遺産分割分と解する場合は、宣言主義に立つとき、実際には具体的相続分に応じて権利を取得しているにもかかわらず、抽象的相続分に応じて権利を取得したといわねばならない。少々強弁であるが、抽象的相続分によって各遺産を共有したが、分割によって各遺産が各相続人に帰属するに際し、相続人の1人がすでに得た分は返還し、相続財産でなかった分をその相続人に戻したとでも説

明するしかないであろう。

2　第三者保護

　宣言主義を徹底させると、遺産分割までの処分によって相手方が権利を取得できないことになる。これは取引の安全にとって看過できない不都合であるので、第三者の権利を害することができないとして遡及効が制限されている（民909条但書）。すなわち、「相続開始後、遺産分割までの間に、共同相続人の共有持分について権利を取得すべき第三者を保護しようとする」ために設けられた規定である（最判昭和54・12・14家月32巻5号41頁）。保護される第三者は権利を取得し、対抗要件を取得した者である。善意を要件としない。

3　被認知者の価額請求

　遺産分割終了後に認知を受けた非嫡出子が遺産分割の請求をしようとするときは、価額のみの請求ができるだけである（民910条）。認知の遡及効の例外といわれている（新注民(27)400頁）。したがって、認知前に遺産分割が終了している場合に限る。分割前に認知がされた場合は、被認知者を分割に加えなければ分割は無効である。

　請求できる価額は、抽象的相続分に基づくものか具体的相続分に基づくものか問題がある。理論的にはどちらも成り立ちうる。抽象的相続分を修正する具体的相続分によることが本来であろうと思われる。請求の手続については、現在のところ家事審判事項とされていないので、通常の民事訴訟によるしかない（名古屋高金沢支決平成4・4・22家月45巻3号45頁）。また、この価額請求に関しても、寄与分を定める申立てができることとされている（民904条の2第4項）。そうすると、まず家庭裁判所に寄与分の申立てをして寄与分を定めてもらい、そのうえで地方裁判所に訴えをもって特別受益と寄与分を考慮した具体的相続分により算定した価額請求をすることになろう。なお、具体的相続分算定の基準時は相続開始時とし、価額支払請求における価額の算定は請求時における時価と解する裁判例がある（東京高判昭和61・9・9家

月39巻7号26頁)。

　請求される相続人が負担する価額は、現実に協議によって取得した額の割合ではなく、具体的相続分または法定相続分によることになる。

　請求の相手方は、配偶者は別系統なので相手方とならず、子(兄弟姉妹のこともありうる)ということになる。

　なお、母の死亡による相続について、共同相続人である子の存在が遺産の分割その他の処分後に明らかになった場合に民法784条但書、910条の類推適用を否定するに際し、

　「相続財産に属する不動産につき単独所有権移転の登記をした共同相続人の一人及び同人から単独所有権移転の登記をうけた第三取得者に対し、他の共同相続人は登記を経なくとも相続による持分の取得を対抗することができるものと解すべきである。けだし、共同相続人の一人がほしいままに単独所有権移転の登記をしても他の共同相続人の持分に関する限り無効の登記であり、登記に公信力のない結果第三取得者も他の共同相続人の持分に関する限りその権利を取得することはできないからである(最高裁判所昭和35年(オ)第1197号同38年2月22日第二小法廷判決・民集17巻1号235頁参照)。そして、母とその非嫡出子との間の親子関係は、原則として、母の認知をまたず分娩の事実により当然に発生するものと解すべきであつて(最高裁判所昭和35年(オ)第1189号同37年4月27日第二小法廷判決・民集16巻7号1247頁参照)、母子関係が存在する場合には認知によつて形成される父子関係に関する民法784条但書を類推適用すべきではなく、また、同法910条は、取引の安全と被認知者の保護との調整をはかる規定ではなく、共同相続人の既得権と被認知者の保護との調整をはかる規定であつて、遺産分割その他の処分のなされたときに当該相続人の他に共同相続人が存在しなかつた場合における当該相続人の保護をはかるところに主眼があり、第三取得者は右相続人が保護される場合にその結果として保護されるのにすぎないのであるから、相続人の存在が遺産分割その他の処分後に明らかになつた場合については同法条

を類推適用することができないものと解するのが相当である」
と判示する判例がある（最判昭和54・3・23民集33巻2号294頁）。

4　担保責任

　各共同相続人は、他の共同相続人に対して売主と同じく、その相続分に応じて担保の責任を負う（民911条）。移転主義的な条文である。債権を取得した相続人に対し債務者の資力をも担保する（民912条）。

　たとえば、花子が土地建物を取得し、二郎がマンションを取得して、一郎と松子は代償金を取得したがマンションが他人のものであった場合、二郎は、マンション相当額を他の相続人に対し損害賠償請求することができる。花子は、松子に代償金を払うことになったが花子の取得した土地の面積が相当少なかったという場合は、代金減額請求と同様に代償金減額請求ができるであろう。一郎が売掛代金を取得した（可分債権を分割の対象として）が債務者は無資力で回収できなかったとき、回収できなかった額を請求できる。遺産分割によって取得した財産に担保権が設定されていたため、これが実行されてその所有権を失った場合には、分割時に被担保債権が考慮されていなかったときは損害賠償することができる（民567条）。

　解除は、損害賠償も代金減額もできず、解除以外救済の方法がないという特殊の場合しか認められないと解する。債務不履行解除を制限するのと同様の理由である。

　損害賠償の負担割合は「相続分に応じて」とあるが、これが抽象的相続分か具体的相続分かがまた問題となる。今まで述べてきたところによれば、交換または売買の実質を有する法定相続分または具体的相続分に応じた分割をしたときは法定相続分に応じることになり、売買の担保責任が準用されているのは有償契約の実質があるからであるから、贈与の実質を有する場合は担保責任を負わないと解する（民551条参照）。そこで、法定相続分（具体的相続分）を超えて取得した分については担保責任を問えず、法定相続分（具体的相続分）より少なく取得した自己の共有持分を実質贈与した相続人に対して

はその分の担保責任は問えないことになり、実際には現実に取得した額に応じた責任を負うことになる。

IX　実務上の留意点

遺産の分割方法には現物分割、代償分割、共有分割があるが、そのほか換価分割（売却して代金を分ける）という方法もある。できるだけ現物分割を目指すべきであるが、対象が限られているのでいろいろな方法を選択せざるを得ない。

注意すべきは、資力のない者に代償金支払いを義務づけることは避けること、共有は後に再び争いが生じるおそれがあるのでできるだけ避けること、などである。

X　事例について

1　効力はない。
2　介護労働については無償なので、その分の支払いを免れたことによって、相続財産は維持されたものといえる。特別寄与に該当する。その額は、相続開始時の家政婦代に期間を乗じて得た額を参考に裁量する方法があるが、必ずしも確立していない。
3　被相続人の土地に相続人の１人が使用借していることになる。
4　使用借していることは、その分、相続財産の価値が減少し、相続人の１人が利益を得ているので、使用借相当分を使用借する相続人の特別受益として具体的相続分を算出することができる。しかし、本件では、当該建物において被相続人が居住して建物所有者に面倒を見てもらっているので、特別受益とするまでもないという判断もありうる。あるいは、持ち戻し免除の意思表示があるとも見られる。

〔演習問題〕
1 太郎には、妻花子、長女松子、長男一郎、次男二郎、三男三郎、次女竹子がいる。太郎死亡後、3カ月目に話し合って太郎の遺産はすべて花子が取得することとした。

　ところで、太郎には、未認知の子梅子がいた。梅子は、風の便りに太郎が死亡したことを知り、太郎死亡後1年目に死後認知を求める訴えを提起し、太郎死亡後2年目に認知の判決が確定した。

　太郎は、自宅土地建物のほか、家作3棟を有し、その相続開始時の価額は1億円に及ぶ。

〔梅子の言い分〕
　私の母は自ら身を引いて、女手ひとつで私を育ててくれた。であるから、父からは全く恩恵を受けていないのである。松子や竹子は結婚するとき相当の持参金をもらっているという話であるし、一郎はアメリカ留学をしているらしい、二郎は医者になっているし、三郎は一度選挙に出て落選しているがそのとき1,000万円ぐらい出してもらったらしい。皆、太郎から多くのものを得ているのである。合計は5,000万円ぐらいになるだろう。そもそも非嫡出子だからといって相続分が半分というのがおかしい。こちらの方が苦労しているのだから、多くてもいいくらいだ。

〔花子の言い分〕
　梅子なる非嫡の子がいるなどとは全く知らなかった。認知の訴えが提起されてびっくりした。梅子の母とは手切れ金を払って別れているのだ。訴訟で争ったが負けてしまったので、子であることは仕方がないが、全く太郎と交流のなかった子に財産が渡ることは耐えられない。そもそも、太郎の財産は、太郎と私が身を粉にして働いた成果であって、梅子の助力は何もないのである。梅子の母には手切れ金500万円が行っているのでこれは、梅子の養育に使われているはずである。また、一郎は家作の管理をしてくれたし、松子は毎日太郎の介護をしてくれた。その分をぜひ見てもらいたい。

第18章　遺産分割

それぞれの立場に立って、どのような方法があるか、検討せよ。

2　太郎は、工場を経営し、一郎と三郎が手伝っていた。太郎は、妻花子、長男一郎、次男二郎、三男三郎、長女松子、次女竹子、三女梅子を遺して死亡した。工場を二郎が継ぐか三郎が継ぐかで争いになり、なかなか話がつかなかった。そこで、花子が間に立ち、一郎が工場を継ぐが、一郎が花子と同居して花子を扶養し、面倒を見ることが取り決められた。三郎は新出発資金を得、その他の相続人は何も取得しなかった。

その後、太郎一家は花子宅に移り住み、工場を始めたが、3カ月くらいすると、注文が激減して倒産しそうになり、しかも、嫁姑の間が険悪となって、花子はいたたまれず家を出て、梅子と同居するに至った。

梅子は全く納得できない。救済方法はないか。

遺産分割協議成立後、一郎が一度も花子と同居しなかった場合はどうか。

一郎が最初から花子を扶養する意思がなかった場合はどうか。

3　甲野太郎は、郊外の土地付戸建建物1棟と事務所用のマンション1戸、貯金1,000万円、太郎が経営する会社の株式100株、自宅に机・いす・パソコン・衣服・現金50万円を遺し、平成10年10月10日に死亡した。相続人は、妻花子、長男一郎、次男二郎、長女松子の4人である。

一郎は、30年前に事業を起こすにあたり太郎さんから500万円の資金援助を得た。松子さんは、体の弱い花子さんに代わり、太郎さんが亡くなる前5年間太郎さんの療養看護に努めた。5年間のうち最後の1年間は泊まり込みであった。

土地の相続開始時の時価は3,000万円、建物は1,000万円、マンションは2,000万円、株式は1株1,000円、動産はまとめて50万円である。家政婦さんの1日の費用は10,000円、24時間のときは15,000円とする。30年間の消費者物価指数の上昇率は3.2である。

土地の相続開始時の時価は5,000万円、建物は500万円、マンションは2,500万円、株と動産の価額は同じ、貯金は相続人が分割の対象とすることに同意した。花子は上記建物に居住し老齢である。二郎は太郎の仕事を

継いでいる。松子は主婦である。子供たちはそれぞれ婚姻し、生活に窮しているということはないが、特に裕福ということもない。
　あなたならどのように分割するか。

第19章　相続回復請求権

I　事　例

● 事例 ●

　太郎には、妻花子、長女松子、長男一郎、次男二郎、三男三郎、次女竹子がいる。太郎死亡後、3カ月目に話し合って遺産分割が終了した。
　ところで、太郎には、四男四郎がいたが、四郎は遠縁に当たる松夫・竹子夫妻の子として届け出られ、生後まもなくから松夫・竹子夫婦に育てられた。松夫が死亡する際、四郎は、実は太郎の子であるということを知らされた。そこで、四郎は、花子らを相手に、共有持分権確認の訴えを提起した。これは、太郎死亡後22年目のことである。
　四郎の訴えは認められるか。
　仮に訴えが認められた場合、どのような分割が可能か。遺産は、甲土地、乙建物、マンション1棟、株式1,000株、預貯金1,000万円であった。しかし、現存するのは、花子の取得した甲土地と乙建物のみ、マンションを得た一郎は売却して新マンションを購入し、株式を取得した二郎は、売却して預貯金に変えた。1,000万円預金中500万円を取得した松子は他の貯金とともに現在の家の頭金にした。残500万円を取得した竹子は、養育費に費消した。当時三郎は未成年であったので何も取得しなかったが、今度はもらいたいといっている。相続開始時の価額は、甲土地1,500万円、乙建物500万円、マンション1,000万円、株合計600万円、遺産分割協議時の価額は同じ、現時点の価額は甲土地3,000万円、乙建物300万円、株式合計500万円。竹子に対する婚姻時持参金の相続開始時における価額300万円がある。

II 設問

1 四郎の訴えは相続回復請求権か。
2 相続回復請求権は共同相続人間にも適用されるか。
3 相続回復請求訴訟の主張立証責任について説明せよ。
4 本遺産分割協議は有効か。
5 遺産が形を変えている場合、どのように扱うか。
6 遺産分割の方法について述べよ。

III 相続回復請求権の性質

相続回復請求権については、時効を定めた条文（民884条）があるだけで他はすべて解釈に委ねられている。そこで相続回復請求権については、その性質に関し2つの考え方がある。個別的請求権説と独立請求権説である。

1 個別的請求権説

個別的請求権説は、ある真正相続人が相続によって取得した権利に基づいて表見相続人（相続人ではないのに相続人として相続財産を占有等している者）に対して有する物権的請求権その他の請求権の集合体であると解する説である。この考え方は相続回復請求権という特別な権利の存在を否定するから、相続回復請求権は、一般の物権的請求権その他の返還請求権そのものであり、それと同一の要件効果を有することになる。特殊性はただ1つ、相続人またはその法定代理人が5年間請求権を行使しないか、相続開始の時から20年間経過したとき消滅するということである（鈴木・改訂54頁以下参照）。所有権は時効にかからないという原則に対するあまりにも大きな例外であり、法律関係の早期安定を図ろうとしたものではあるが、このために、本来真正相続人保護を図るはずの相続回復請求権が、かえって表見相続人を保護するため

の制度となっている（民法講義(8)39頁）。

2　独立請求権説

　独立請求権説にはいくつかの考えがあるが、もっとも多いのが相続資格に基づいて相続財産の占有を回復する単一的包括的請求権であるという説である（新注民(26)93頁）。この説に対しては、独立の制度としての存在意義は認められない（鈴木・改訂57頁）と批判されている。

　また、独立した特別の請求権と解する説によれば、「相続回復請求権においては、その請求者は、相続以外の個別権原（特に、被相続人の権原）の主張および立証をすることを要せず、単に自分が相続人であること、および回復を求める財産が事実上遺産の構成部分であったこと、を主張立証すれば足りる」ことになり（川島武宜『家族法判例百選〔新版・増補〕』197頁）、個別的請求権説と異なって、被相続人の無権原の主張**立証責任**は、相手方が負うという利点がある（ただし、鈴木正裕「相続回復訴訟の問題点・1」法時51巻12号50頁上段参照）。

3　最大判昭和53・12・20の事案

　実際には、この条文が共同相続人間の相続財産の返還請求あるいは遺産分割請求の場合にも適用されるかどうかが大きな問題である。上記の性質論と直接の論理的関係があるわけではないが、個別的請求権説は、真正相続人が表見相続人に返還を求める場合と共同相続人の一部が相続財産を占有し他の相続人がその返還を求める場合とは表見相続人である部分が全部か一部かという違いだけで本質的な違いはないから、適用されるという結論と結びつきやすいといえる。独立請求権説は、相続資格を基礎とするから、共同相続人は相続資格を有するので相続資格を有しない表見相続人と異なるという解釈が成り立ち、共同相続人間には適用されないという結論に結びつきやすいのである。

　最高裁は大法廷を開き、次のように判示した（最大判昭和53・12・20民集32

巻 9 号1674頁)。事案は、共同相続人の1人が、相続財産について単独登記をしている共同相続人に対し登記の抹消請求をしたものである。大法廷は、

「共同相続人のうちの一人又は数人が、相続財産のうち自己の本来の相続持分をこえる部分について、当該部分の表見相続人として当該部分の真正共同相続人の相続権を否定し、その部分もまた自己の相続持分であると主張してこれを占有管理し、真正共同相続人の相続権を侵害している場合につき、民法884条の規定の適用をとくに否定すべき理由はない」

としたうえ、共同相続人がその相続持分を超える部分を占有管理している場合に、

「共同相続人のうちの一人若しくは数人が、他に共同相続人がいること、ひいて相続財産のうちのその一人若しくは数人の本来の持分をこえる部分が他の共同相続人の持分に属するものであることを知りながらその部分もまた自己の持分に属するものであると称し、又はその部分についてもその者に相続による持分があるものと信ぜられるべき合理的な事由(たとえば、戸籍上はその者が唯一の相続人であり、かつ、他人の戸籍に記載された共同相続人のいることが分明でないことなど)があるわけではないにもかかわらずその部分もまた自己の持分に属するものであると称し、これを占有管理している場合は、もともと相続回復請求制度の適用が予定されている場合にはあたらず、したがつて、その一人又は数人は右のように相続権を侵害されている他の共同相続人からの侵害の排除の請求に対し相続回復請求権の時効を援用してこれを拒むことができるものではない」

と判示している。その後、最高裁は、本件を引用しつつ、共同相続人の1人が単独名義の相続登記をすることにより他の共同相続人の相続権を侵害したとして更正登記を求める請求について民法884条の適用がないと判示し(最判昭和54・4・17判時929号67頁①)、相続人の1人が相続回復請求権の消滅時効を援用することができないときは、その者から相続財産を譲り受けた者もその消滅時効を援用できないことも明らかにした(最判平成7・12・5家月48

巻7号52頁）。また、O市が職権による所有権保存登記をした際に共同相続人の一部を登記名義人に加えなかったために、売却代金の配分にあずかれなかった共同相続人からの不当利得返還請求について、

> 「相続回復請求権の消滅時効を援用しようとする者は、真正共同相続人の相続権を侵害している共同相続人が、右の相続権侵害の開始時点において、他に共同相続人がいることを知らず、かつ、これを知らなかったことに合理的な事由があったこと（以下「善意かつ合理的事由の存在」という。）を主張立証しなければならないと解すべきである。なお、このことは、真正共同相続人の相続権を侵害している共同相続人において、相続権侵害の事実状態が現に存在することを知っていたかどうか、又はこれを知らなかったことに合理的な事由があったかどうかにかかわりないものというべきである」

と判示して、一審、原審ともに、善意かつ合理的事由のないことを再抗弁として立証なしとして時効の成立を認めていた原判決を破棄して差し戻した（最判平成11・7・19民集53巻6号1138頁）。相続回復請求権の時効成立の範囲は相当に減じたといわねばならない。また、この判決は、善意かつ合理的事由の存在は、相続権侵害の開始時点を基準とすることも明示しており、いずれも、学説の対立していた点に関する重要な判断である。

　判例は、個別的請求権説をとり、共同相続人間にも適用されるとし、しかし、相続回復請求権は合理的事由により相続人であると信ずる表見相続人に対する訴えにのみ適用されるとしたもので、この判例を一般化すると民法884条はほとんど空文に近いことになる（鈴木・改訂60頁）といわれる。

　そもそも、民法884条が戸主権の早期安定のために設けられた明治民法966条（遺産相続について明治民法993条）を受け継いだものといわれ（副田「相続回復請求権」民法講座(7)436頁）、現行法のもとでその存在理由が問われる条文である。独立請求権を必要とする理由は見当たらない。個別的請求権とすると、真正の相続人が何故に短期消滅時効にかからせられなければならないのか説明に窮することになる。表見相続人をそれほど保護する必要があるのか、

特に共同相続人間では表見相続人の保護の必要性は弱いように思われる。最大判昭和53・12・20の趣旨を生かして、できるだけ共同相続人間の公平を妨げないよう運用していくのがよいであろう。

Ⅳ 相続回復請求権の行使

相続回復請求権の行使は、必ずしも訴えによる必要はない。

原告適格者は、遺産占有を失っている真正相続人である（大判明治38・12・7民録11輯1662頁、大判大正7・1・26民録24輯103頁、大判大正7・12・27民録24輯2452頁）。制限能力者であっても、親権者は法定代理人として相続回復請求権を行使することができる（大判明治34・9・26民録7輯8巻45頁）。

被告適格者は、表見相続人である。

Ⅴ 相続回復請求権の消滅時効の起算点

相続回復請求権の消滅時効の起算点は、数次の相続があっても当初の相続開始の時であり（最判昭和23・11・6民集2巻12号397頁、最判昭和39・2・27民集18巻2号383頁）、相続回復請求権は一身専属権で、その相続性は否定され、相続人の相続人は、固有の相続回復請求権を有すると解して「相續回復ノ請求權ハ家督相續ト遺産相續トヲ問ハス相續權ヲ侵害セラレタル相續人ノ一身ニ專屬スルモノナルコトハ相續權ノ性質及ヒ民法第九百六十六條第九百九十三條等ノ規定ニ徵シ明白ナレハ相續權ヲ侵害セラレタル相續人カ相續囘復ノ請求權ヲ行使セスシテ死亡シタルトキハ其請求權ハ當然消滅スルモノニシテ其相續人ノ相續人ニ於テ之ヲ承繼スヘキ限ニ在ラス其相續人ノ相續人ハ亦自己ノ相續權ヲ侵害セラレタルコトヲ理由トシテ相續ノ囘復ヲ請求スルコトヲ得ヘシト雖モ前者ノ相續囘復請求權ヲ承繼シタルコトヲ理由トシテ其請求權ヲ行使スルコトヲ得サルモノトス」と判示する大判大正7・4・9民録24輯653頁は実質的に変更されている。ただし、相続人の相続人による固有の相

続回復請求権と解しても、20年の期間の起算点は、当初の相続開始の時であると解すれば、相続回復請求権の一身専属性を肯定しても否定しても、結論は異ならない。

Ⅵ 事例について

1 個別請求権説からすると相続回復請求権であり、独立請求権説からすると相続回復請求権ではない。
2 個別請求権説では適用され、独立請求権説からは適用されない。
3 個別請求権説で説明する。
   〔請求原因〕　　　　　　　　〔認否〕
   ① 被相続人所有　　　　　　認
   ② 被相続人の死亡及び相続人　四郎を除き認
   ③ 四郎以外の相続占有・登記　認
   〔抗弁〕
   ① 遺産分割
   ② 相続回復請求権の時効援用
   ③ 善意かつ合理的事由の存在
   〔再抗弁〕
   ① 遺産分割の無効
4 四郎が参加していないので無効である。
5 最判平成11・7・19民集53巻6号1138頁は、遺産が売却されてその代金が一部の共同相続人に分配されている事案である。相続人は買い受けた第三者に対し自己の共有持分権を追及していくこともできるが、これを追認して、他の共同相続人に不当利得の返還を求めることもできる。本件で原告は、不当利得返還請求権を訴訟物としている。したがって、この事例では、甲土地と乙建物は遺産として残っているので、共有持分確認となり、他は、不当利得返還請求となる。

6 遺産として残っている甲土地と乙建物を遺産分割する。法定相続分どおりであるときは、不当利得返還金と共有持分によって法定相続分の利益を得たといえるから、四郎が取得すべきは、不当利得金と甲土地・乙建物分の法定相続分の代償金ということになろう。具体的相続分が法定相続分と異なるときは、不当利得返還金額と代償金が具体的相続分に合致するよう代償金を算出することになる。

〔演習問題〕
　太郎には、妻花子、長女松子、長男一郎、次男二郎、三男三郎、次女竹子がいる。松子の夫一夫は、太郎と養子縁組をして、太郎の営む貿易商に携わってきた。太郎死亡後、遺産分割により、ほとんどの遺産を一夫が取得する旨の遺産分割が終了した。それから23年後、竹子はふとしたことから太郎の日記を読み、太郎には一夫を養子とする意思がなかったものと認識するようになり、一夫の養子縁組届けは無効であるとして、所有権確認とともに土地建物等の明渡しを求めた。
　竹子の訴えは認められるか。

第20章　相続の承認・放棄

I　事例

> **●事例●**
>
> 　太郎は、平成15年10月15日死亡した。相続人は妻花子、長女松子、次女竹子、三女梅子である。太郎は、生前会社員で定年後は年金生活をしていた。遺産は居住していた甲土地と乙建物のみであったので、4人は話し合って花子が取得することとし、同年12月20日その旨の登記を了した。平成16年5月6日になって、Xから、太郎が連帯保証債務を負っているとして8,000万円支払いの履行を求める内容証明郵便がついた。甲土地と乙建物合計の時価は1,000万円である。
>
> 　花子らの対策と、Xの方針を検討せよ。

II　設問

1　連帯保証債務の相続について述べよ。
2　遺産分割は処分に該当するか。
3　花子らは相続放棄できるか。
4　熟慮期間の起算点はいつか。
5　仮に放棄が認められたら、Xはどのような対処をしうるか。

III 通 則

　相続は、被相続人の死亡によって生ずる当然の包括承継である（訴訟も相続人が当然受継する。民訴124条1項1号）。しかし、相続財産には債務も含まれる。仮に必ず承継しなければならないものとすれば、被相続人の遺した膨大な借金を背負わなければならいことにもなりうる。これは、自己の意に反して義務を負うことはない、という近代私法の原則に反する。また、プラスの財産であっても取得するかしないかは自由であってよいはずである。そこで、民法は、相続が開始したとき、相続の効果を承認するかどうかを相続人が選択できることとしている。これが相続の承認と放棄である。

1　性　質

　承認には単純承認と限定承認がある。**単純承認**は、無限に被相続人の権利義務を承継する旨の意思表示、**限定承認**は相続財産の範囲内で債務を支払うことを条件として被相続人の権利義務を承継する旨の意思表示、**放棄**は被相続人の権利義務を全く承継しない旨の意思表示である。いずれも相手方のない**単独行為**である。かつ、限定承認と放棄は家庭裁判所に対する申述という方式でされなければならない要式行為である（民924条、938条）。
　承認・放棄は意思表示であり、権利義務を承継するかどうかという財産上の効果を欲するものであるから財産行為であり、意思能力と行為能力を要する。

2　熟慮期間

　相続の承認または放棄は、自己のために相続の開始があったことを知った時から3カ月以内にしなければならない（民915条1項本文）。その期間は、申立てにより家庭裁判所が伸長することができる（民915条1項但書、家審9条1項甲類24号、家事別表第1の89項）。この期間内に相続人は、相続財産の

調査をし（民915条2項）、承認するか放棄するかを決定する。この承認または放棄を決定するための期間を**熟慮期間**という。これは、相続を承認するか放棄するかは相続人の自由とはいえ、長期間にわたり相続の効果を浮動的な状態にしておくことは相続債権者をはじめとする第三者に多大な影響を与えるので、その不利益を最小限にするため3カ月と定められているのである。

自己のために相続の開始があったことを知った時とは、被相続人が死亡したことおよび自己が相続人となったことを知った時である。通常は、第一順位の相続人にとっては被相続人の死亡を知った時であるが、第二順位以下では先順位の相続人がないまたは放棄したことを知った時となる。

相続財産が複雑であるため3カ月では調査できない、相続財産が遠方であるため調査に時間がかかる、全く音信のない相続人であったなどの事情があるときは、熟慮期間の伸長が認められる。

相続人が承認または放棄をしないで死亡したときはその者の相続人が前相続人の承認・放棄を承継するが、その期間は後の相続人が自己のために相続が開始したことを知った時から起算する（民916条）。当然であるが、相続人が承認・放棄せずに熟慮期間内に死亡した場合である。

相続人が未成年者または成年被後見人である場合は、その法定代理人がその未成年者または成年被後見人のために相続の開始したことを知った時から起算する（民917条）。たとえば、離婚したあとで父が死亡した子については、その母が子の父の死亡を知った時から起算する。相続開始の時に精神上の障害により事理を弁識する能力を欠く状況にあっても、後見人の選任がされていないことがかなりある。この場合は、家庭裁判所に後見開始の申立をし、後見人が選任された後3カ月以内に後見人が本人を代理して相続放棄の申述をすることになる。

3　撤回、取消し、無効

相続の承認・放棄の効力は確定的に生じ、一度承認・放棄すると後に撤回することはできない（民919条1項）。

しかし、意思表示であり財産行為であるから、総則の規定により取消しをすることができる（民919条2項）。未成年者または成年被後見人のした承認・放棄の取消し、詐欺強迫による承認・放棄の取消し、無権代理行為の取消しなどである。ただし、取消権は取消しできるようになってから6カ月間行わないときは時効によって、また承認・放棄の時から10年間で消滅する（民919条3項）。取消しは、家庭裁判所に対する申述によって行う（民919条4項、家審9条1項甲類25号の2、家事別表第1の91項）。

心裡留保、虚偽表示、錯誤などの無効は一般の意思表示理論による。多くの場合、動機の錯誤が問題となる。相手方のない単独行為であるところから、表示を要件とせずに常に取り消しうるとの見解もあるが、相続における早期安定の要請もあるので何らかの形で第三者からわかりうるもので、かつ、重要な錯誤に限ると解する。錯誤の規定（民95条）の適用があるから、表意者に重大な過失がある場合は、無効主張は制限される。実際には、放棄の効果を誤解して子ら全員が母に相続させるために放棄したところ思いもしない被相続人の兄弟姉妹に相続されることになったという場合、長男が母の面倒を見ると言ったので他の兄弟姉妹が放棄したところ長男が相続財産を借金返済に充ててしまったというような事例が考えられる。錯誤無効が認められるかどうかは個別の事情による。

4　財産管理

承認・放棄までは相続財産は浮動的な状態にあるが、管理が必要なので、相続人に「固有財産におけるのと同一の注意をもって」管理する義務を負わせている（民918条1項）。

限定承認・放棄後の財産管理については、別に定めがある（民926条、940条）。

Ⅳ 承 認

民法では、放棄・限定承認を定められた期間内にしないときは単純承認したものとみなしている（民921条2号）ので、単純承認を原則としているものといえる。

1 単純承認

単純承認については、方式を必要としない。しかも、何もせずに熟慮期間を経過すると単純承認したものとみなされるところから、単純承認は意思表示ではなく一定の要件を満たすことにより法律が与える効果であるとする説がある。しかし、単純承認も意思表示の効果として認められるのが本来であるし、積極的意思表示を否定する理由もない。意思表示説に賛成である。したがって、撤回は認められず（民919条1項）、取消しや錯誤無効があり得ることになる。

単純承認の効果は、無限に権利義務を承継することである。相続財産と相続人の財産の区別はなくなり、相続人は相続財産を共有する。

民法921条により単純承認したものとみなされる単純承認を**法定単純承認**という。

(1) 相続財産の全部または一部の処分

相続人が相続財産の全部または一部を処分したときは、原則として単純承認したものとみなされる（民921条1号本文）。理由は「黙示の単純承認があるものと推認しうるのみならず、第三者から見ても単純承認があつたと信ずるのが当然であると認められる……（大正9年12月17日大審院判決、民録26輯2034頁参照）」からである（最判昭和42・4・27民集21巻3号741頁）。預金の解約、債権の取立て（最判昭和37・6・21家月14巻10号100頁）、不動産・動産・その他財産権（債権・株式など）の譲渡などである。処分は、承認・放棄までの間にした処分に限る。

処分には法律的処分のみならず、事実行為としての滅失・毀損・変更行為も含む。処分のうち預金を払い戻して葬式費用に使用した場合は本号に含まれないものと解されている（東京控判昭和11・9・21新聞4059号13頁、大阪高決平成14・7・3家月55巻1号82頁）。経済的価値のない物の形見分けも処分に含まれないといわれている（新注民(27)481頁）。しかし、その後限定承認や放棄がされているのであるから、これに使われた財産は債権者の弁済に当てなくてもよいことになる。特に葬式費用は管理費用でもなく香典も得られるのであるから、不相応な葬式費用は処分に当たると解すべきであろう。そのほか、相続人が被相続人経営の会社の取締役選任手続において被相続人保有の株主権を行使したこと、および被相続人所有の不動産について入居者からの転貸料の振込先の口座名義を相続人に変更するとともに被相続人への賃料の支払名義を相続人に変更したことが相続財産の処分に該当するとして法定単純承認が認められた事例（東京地判平成10・4・24判タ987号233頁）がある。

相続人には保存管理行為をする権限があるから、その行為をしても単純承認とみなされることはなく、短期賃貸借の期間（民602条）を超えない賃貸をすることも単純承認とはみなされない（民921条1号但書）。

また、処分する対象は相続財産であるから、相続財産に含まれない生命保険金を受け取っても単純承認とはみなされないことになるであろう。死亡保険金受取人の指定がない場合には死亡保険金は被保険者の相続人に支払う旨の約款に基づき支払われる保険金は、特段の事情のないかぎり相続人の固有財産であるから、相続人らが熟慮期間中に行った生命保険金の請求とその受領、および同保険金をもってした相続債務の一部弁済行為は、いずれも相続財産の処分行為に該当しないとした事例がある（福岡高宮崎支決平成10・12・22家月51巻5号49頁）。

(2) **熟慮期間の徒過**

熟慮期間を経過すると単純承認したものとみなされる（民921条2号）。撤回はできない。詐欺・強迫による取消し、錯誤無効などは意思表示説によれば主張することは可能である。この点について批判があるが（新注民(27)487

頁)、事実認定上は困難とはいえ、真に詐欺・強迫・錯誤などにより熟慮期間中に限定承認・放棄をする機会を失った場合には単純承認の取消し・無効を認め、その後に熟慮期間の起算点を判例の考え方に応じて相続財産を知った時として限定承認・放棄を認めることは可能であろう（新注民(27)440頁）。

(3) 背信行為

限定承認・放棄をする前後を問わず、相続人が相続財産の全部もしくは一部を隠匿し、私に消費し、または悪意で財産目録中に記載しなかったときも、原則として単純承認したものとみなされる（民921条3号本文）。背信行為による民事制裁の一種といわれている（中川＝泉・3版366頁）。これはいずれも、限定承認や放棄をしていながら相続財産に対する債権者の追及を妨げる行為である。

隠匿とは、相続債権者から見て相続財産の所在を不明にすることである。新品同様の洋服や3着の毛皮を含む被相続人の遺品のほとんどすべてを持ち帰る行為が、形見分けを超えるものであって、相続財産の隠匿に当たるとされた事例もある（東京地判平成12・3・21判タ1054号255頁）。

私に消費するとは、相続債権者の不利益になることを承知のうえで相続財産を消費することである（民法(9)4版154頁）。

悪意の不記載とは、相続債権者を害する意図をもって財産目録に記載しないことである。後見人が、被後見人のため限定承認をするにあたり、相続財産に属する賃金債権を故意に財産目録に記載しなかったため、被後見人が相続の単純承認をしたものとみなされる場合には、後見人は任務違背の責任を負う（大判大正13・7・9民集3巻303頁）。

なお、この「相続財産」には相続債務も含まれる（最判昭和61・3・20民集40巻2号450頁）。

相続人が放棄したことによって相続人となった者が承認した後は、放棄者に背信行為があっても単純承認したものとはみなされない（民921条3号但書）。単純承認した相続人の相続権を守る必要があり、また相続債権者は単純承認者に追及できるからである。背信行為をした相続人に対して、単純承

認した相続人は、損害賠償請求することができる。

2　限定承認

　限定承認も承認の一種なので、被相続人の権利義務を承継するが、相続財産の範囲内においてのみ相続債務および遺贈を弁済することを条件とてする承認である（民922条）。限定承認は、相続人全員が熟慮期間内に家庭裁判所に申述してしなければならない（民923条、924条、家審9条1項甲類26号、家事別表第1の92項）。

　相続人の1人が熟慮期間を徒過した場合は全員で限定承認することはできないから、結局限定承認はできない。単純承認か放棄を選択するしかない。しかし、全員で限定承認した後民法921条1号または3号により一部共同相続人に法定単純承認事由あることにより単純承認したものとみなされるときは、限定承認を無効とするのではなく、限定承認による清算手続を了した後、残余の債務につき相続分につき無限責任を負うものとされている（民937条）。この「相続分」とは、法定相続分のことである。この考え方は全員で限定承認したが、一部相続人に民法921条2号による法定単純承認ある場合などに準用してもよい、という考え方がある（新注民(27)586頁）。

　再転相続があった場合に、その相続人の一部が限定承認することは許されるであろうか。たとえば、太郎が死亡し誰も承認等しない間に2日後一郎が死亡し、一郎の共同相続人全員が限定承認した、という場合である。一郎の財産について限定承認がされうることは確かであるが、太郎の相続財産については共同相続人全員ではないので受理されないと考えられる。

　限定承認がされると相続財産はまず相続債務および遺贈の弁済に当てられなければならないから、相続財産と相続人の固有財産とは混合せず、相続財産は相続人の財産と分離されて清算手続に入る（民925条）。相続人は自己のためにするのと同一の注意義務をもって相続財産を管理しなければならず（民926条）、共同相続人があるときはこのような手続のために相続財産管理人が選任される（民936条）。

清算手続は次のように進行する。まず、限定承認後5日以内に、一切の相続債権者および受遺者に対し、限定承認をしたことおよび債権または受贈した権利の請求の申出をすべき旨の公告をし（民927条）、期間満了後優先権を有する債権者、優先権を有しない債権者の順に債権額の割合で弁済し（民929条）、なお残余があれば受遺者に弁済し（民931条）、残額は相続人が取得し遺産分割する。公告期間内は相続債権者または受遺者からの弁済請求を拒絶することができる（民928条）。弁済にあたっては、期限前債権は中間利息を控除し、条件付き債権または存続期間の不確定な債権も鑑定して債権額を算定して弁済しなければならない（民930条）。また、弁済にあたり相続財産を換価する必要があるときは競売をする。相続人が競売を止めるためには、家庭裁判所の選任した鑑定人の評価に従いその価額を弁済に供さなければならない（民932条）。相続債権者および受遺者は、自己の費用で競売・鑑定に参加することができる（民933条）。

任意売却は法の認めるところではないが、売却が適正に行われるならばその代金で弁済することは何ら不当なものではなく、売却が不適正であれば限定承認者または財産管理人に損害賠償責任を負わせることによって、それにより弁済を受けられなかった分をまかなうことができるので、任意売却の効力を否定する必要はない（新注民(27)550頁）。

限定承認者または財産管理人が不当弁済をしたことによって損害を被った債権者または受遺者は、限定承認者等に対して損害賠償を求めることができる（民934条）。公告期間内に申し出なかった債権者等は、相続財産について特別担保を有する者でなければ、すべての弁済が終了して残った財産からしか弁済を受けられない（民935条）。

すべての清算が終了し、なお相続債権または受遺者の権利が弁済されずに残ったときは、それらの債権は相続人固有の財産に執行することができない。すなわち責任なき債務として残存することになる。

被相続人から死因贈与により不動産を取得した相続人が限定承認して受遺財産から相続債務の弁済をしないことは、信義誠実の原則に反するので、限

定承認をもって債権者に対抗できないという判例がある（最判平成10・2・13民集52巻1号38頁）。

V 放棄

1 熟慮期間の問題点

　放棄は熟慮期間内に家庭裁判所に対する申述によってしなければならない（民938条、家審9条1項甲類29号、家事別表第1の95項）。放棄については熟慮期間の起算点が問題とされることがかなりある。たとえば、長い間音信不通であった夫が死亡したことを知り、とりあえず葬儀のみしてそのままにしておいたところ、3カ月を経由した後、債権者から請求がきて債務の存在を知った場合、あるいは、被相続人には大した財産がないと思い何もしないで放っておいたところ、後に保証債務の請求があった場合に、あわてて放棄の申述を申し立てることがあるからである。

　最判昭和59・4・27判時1116号29頁は、被相続人と没交渉であった相続人が死亡を知った後1年近くを経過してはじめて債務の存在を知ったという事案につき、

　　「民法915条1項本文が相続人に対し単純承認若しくは限定承認又は放棄をするについて3か月の期間（以下「熟慮期間」という。）を許与しているのは、相続人が、相続開始の原因たる事実及びこれにより自己が法律上相続人となつた事実を知つた場合には、通常、右各事実を知つた時から3か月以内に、調査すること等によって、相続すべき積極及び消極の財産（以下「相続財産」という。）の有無、その状況等を認識し又は認識することができ、したがつて単純承認若しくは限定承認又は放棄のいずれかを選択すべき前提条件が具備されるとの考えに基づいているのであるから、熟慮期間は、原則として、相続人が前記の各事実を知つた時から起算すべきものであるが、相続人が、右各事実を知つた場合で

あつても、右各事実を知つた時から3か月以内に限定承認又は相続放棄をしなかつたのが、被相続人に相続財産が全く存在しないと信じたためであり、かつ、被相続人の生活歴、被相続人と相続人との間の交際状態その他諸般の状況からみて当該相続人に対し相続財産の有無の調査を期待することが著しく困難な事情があつて、相続人において右のように信ずるについて相当な理由があると認められるときには、相続人が前記の各事実を知つた時から熟慮期間を起算すべきであるとすることは相当でないものというべきであり、熟慮期間は相続人が相続財産の全部又は一部の存在を認識した時又は通常これを認識しうべき時から起算すべきものと解するのが相当である」

と判示した（ただし、緩和すべきではないとする反対意見がある）。この判決自身はかなり適用範囲に絞りをかけているが、実際の放棄の受理では、この判例の解釈としてかなり緩く運用されている。債権者は3カ月を経過してから請求し、債務者の相続人はあわてて放棄するといった状況がみられる。最近では「3カ月以内に相続放棄をしなかったことが、相続人において、相続債務が存在しないか、あるいは相続放棄の手続をとる必要をみない程度の少額に過ぎないものと誤信したためであり、かつそのように信ずるにつき相当の理由があるときは、相続債務のほぼ全容を認識したとき、または通常これを認識しうべきときから起算すべきものと解するのが相当である」旨述べて、遺産分割後であっても遺産分割協議が無効となり法定単純承認の効果が生じないこともありうるので、遺産分割後の放棄の申述も一応の裏付け資料があれば受理すべきだという高裁の決定も出ている（大阪高決平成10・2・9家月50巻6号89頁）。

最高裁の考え方を支持するものとして、尾島明「民法915条1項の熟慮期間の起算点」家月54巻8号1頁、中田裕康「民法915条1項所定の熟慮期間の起算点」法協103巻9号197頁等があり、これに対し、債務の存在を知った時等と「自己のために相続開始を知った時」の解釈を緩和するものとして、西原道夫「民法915条の『自己のために相続の開始があったことを知ったと

き』の意義」別冊ジュリ132号204頁、泉久雄「民法915条1項の熟慮期間の起算点」ジュリ臨増838号98頁、相続財産が相続人の固有財産と混同したか否かを根拠に考慮するものとして、門広乃里子「相続による債務の承継と熟慮期間の起算点に関する考察」上智法学論集48巻3・4号35頁、岡部喜代子「熟慮期間の起算点」相続の承認・放棄の実務93頁、全く別個の観点から相続人保護を提案するものとして、伊藤昌司「民法915条1項所定の熟慮期間について相続人が相続財産の全部若しくは一部の存在を認識した時又は通常これを認識しうべき時から起算するのが相当であるとされる場合」民商115巻6号190頁、などがある。

一方、家庭裁判所が承認・放棄の受理をする段階では、広く受理を認めるべきとの立場があり（福岡高宮崎支決平成10・12・22家月51巻5号49頁等）、実際上は家庭裁判所の解釈に任されているところがある。このような傾向は今後も続くものと思われる。債務の最終的な引き当ては債務者の一般財産であるから、相続人の固有財産を引き当てにするものではないと考えると相続人の保護に傾きがちであるからである。しかし、あまりに起算日を緩めるのは相続関係を早期に安定させるという目的に反するから、緩めすぎない配慮も必要であろう。

2 再転相続の熟慮期間

民法916条は「相続人が相続の承認又は放棄をしないで死亡したときは、前条第1項の期間は、その者の相続人が自己のために相続の開始があったことを知った時から起算する」と定めている。たとえば、被相続人Aが平成16年1月1日死亡、Aの相続人Bは同日自己のために相続開始があったことを知り、Bが平成16年3月1日死亡し、Bの相続人Cが同日自己のために相続開始があったことを知った時、CはBの地位を承継しているので、Aの相続に関してはBと同様、平成16年4月1日までに承認または放棄をしなければならないのが論理的な帰結である。しかし、これではCにとってあまりにも酷であるので、平成16年3月1日から起算することとしたのであ

る。

　被相続人Aは昭和57年10月26日死亡、その相続人Bは熟慮期間内の同年11月16日死亡、その相続人Cらは昭和58年1月25日Aの相続につき相続放棄した。その後Cらは、Bの相続についても相続放棄した。Bの債権者Yは、CらがAの相続放棄をし、さらにBの相続放棄をしたことにより、Aの相続放棄は無効となると主張した。最高裁は

　　「民法916条の規定は、甲の相続につきその法定相続人である乙が承認又は放棄をしないで死亡した場合には、乙の法定相続人である丙のために、甲の相続につき必要な熟慮期間を付与する趣旨にとどまるのではなく、右のような丙の再転相続人たる地位そのものに基づき、甲の相続と乙の相続のそれぞれにつき承認又は放棄の選択に関して各別に熟慮し、かつ、承認又は放棄をする機会を保障する趣旨をも有するものと解すべきである。そうであってみれば、丙が乙の相続を放棄して、もはや乙の権利義務をなんら承継しなくなった場合には、丙は、右の放棄によって乙が有していた甲の相続についての承認又は放棄の選択権を失うことになるから、もはや甲の相続につき承認又は放棄をすることはできないといわざるをえないが、丙が乙の相続につき放棄をしていないときは、甲の相続につき放棄することができ、かつ、甲の相続につき放棄をしても、丙が先に再転相続人たる地位に基づいて甲の相続につきした放棄の効力がさかのぼって無効になることはないと解するのが相当である」

と述べる（最判昭和63・6・21家月41巻9号101頁）。この「丙の再転相続人たる地位そのものに基づき、甲の相続と乙の相続のそれぞれにつき承認又は放棄の選択に関して各別に熟慮し、かつ、承認または放棄をする機会を保障する趣旨をも有する」との部分は若干不明確ではあるものの、その後の叙述を合わせれば、Cには、①BからAの相続を承認または放棄する地位、②Cの地位そのものに基づくBの相続を承認または放棄することのできる地位、が存することになり、①を行使しても②が残り、②を行使すると①は承継しなかったことになる、という理解であろう。

たとえば、被相続人Aが平成16年1月1日死亡、Aの相続人Bは同日Aの死亡を知り、Bが平成17年1月1日死亡し、Bの相続人Cが同日自己のために相続開始があったことを知ったときに、平成17年3月1日にAの債権者からCに対して8,000万円の支払請求があった場合、Bの地位を承継しているので、BがAの相続につき自己のために相続の開始があったことを知らなかったとすれば、Cが自己のために相続開始を知ったのは平成17年3月1日であろうが、BがAの債務を知っているなどの事情があれば、Bは熟慮期間経過後の死亡であるから、CはAの相続に関しては承認も放棄もできないことになる（参考判例として、仙台高秋田支決平成5・11・4家月47巻1号125頁、福井家武生支審平成8・9・12家月50巻3号39頁、名古屋高金沢支決平成9・9・17家月50巻3号30頁）。

3　放棄の無効主張

　家庭裁判所による放棄の受理審判は相続人が放棄の意思表示をしたということを公証する行為にすぎないという説と、実質的な要件審査をする裁判であるとの説があるが、どちらにしろ放棄の有効無効を確定するものではない。放棄が受理されなければ放棄の意思表示があったことにならないから、その後に放棄の有無を争うことはできない。受理された場合には、その放棄が有効か無効かを後に訴訟で争うことができる（放棄を受理されたことになっているが人違いであるとか、他人が自己の名を勝手に使って放棄の申述をした場合には放棄は不存在ということになる）。放棄の申述はあるが法定単純承認事由があるという主張が、多くの態様である。たとえば、上記最高裁判例も債権者が相続人を相手にして相続債務の支払いを求めるにあたって放棄の無効を主張した事案であったし、前記高裁判例も受理後に相続債権者は相続人を相手に放棄の無効を主張して債務の支払訴訟を提起したものである。訴訟によって放棄が有効か無効かが判断されることになる（錯誤無効についてはすでに述べた）。

　無効の理由としては、意思の欠缺、または瑕疵ある意思表示による取消し、

意思能力の欠如や制限行為能力を原因とする取消しがありうる。そのほか、限定承認に関する前掲最判平成10・2・13の趣旨を相続放棄にも推し及ぼすならば、生前贈与、死因贈与を受けながら相続放棄を得たとき、相続債権者に当該放棄を対抗できないという理論はありうるのではないかと思われる。もし放棄を自由に許すならば、積極財産のみの相続を認める結果となるからである。

また、生命保険金は相続財産に含まれないので、生命保険金を受領しても相続財産の処分には含まれず、相続放棄することができ、かつ、生命保険金を得ることができる。これが、生命保険金を相続財産に含めないことによる大きな効果である。ただし、たとえば、1億円の生命保険が給付されたが、その資金は、被相続人が一括して9500万円を支払った養老保険料であるとか、その他、保険料の支払いが相続財産性を潜脱するような、または保険料の支払いが債権者を害するような場合には、別途の考慮が必要となることがあろう。

4 放棄の効果

相続放棄をした者は、その相続に関しては、初めから相続人にならなかったものとみなされる（民939条）。そこで、①太郎の相続に関し、一郎、二郎、松子が放棄すると、相続人とならなかった、つまり子がなかった場合と同様となり、花子と太郎の直系尊属が相続人となる。直系尊属がいないか放棄すると、太郎の兄弟姉妹が相続人になる。ときどき、配偶者1人に相続させるために子が放棄してしまうことがあるが、放棄では目的は達せられない。②太郎の相続に関し、花子、二郎、松子が相続放棄すると一郎のみが相続人となり、相続財産を独占することになる。受理にあたり真意に基づくかどうか慎重に審理する必要があるが、真意であれば自由にできる。③花子、一郎、二郎、松子が放棄し、次順位の直系尊属が放棄し、兄弟姉妹も放棄すると、相続人不存在となる。④放棄は代襲原因とならず、放棄した相続人の子は代襲相続できない。

これに関し、二重資格の相続人は放棄に関してどのように扱われるかという問題がある。「その相続に関して」はいかなる意味でも相続人とならない意思表示と解することがもっとも端的、簡明、かつ、条文に合致するのではないではないか。付言すれば、二重資格の相続人に二重の相続分を与えるべきかどうかという問題と論理的に直結するのではなく、各制度趣旨に応じて論じるべきであろう。

Ⅵ　実務上の留意点

訴訟前または訴訟係属中に限定承認の申述が受理されていても、その旨の主張がなければ、留保付き判決、すなわち、「被告は、金……円を相続財産の範囲内で支払え」との判決は言い渡されず、判決に基づく強制執行に対して、限定承認したことは請求異議の事由にならない（民執35条2項）。既判力の遮断効によりその主張は排斥される。

しかし、相手方の限定承認の申述が受理されたため、債権者の方から留保付き判決を求めて認容判決を得て、その判決が確定した後に口頭弁論終結前に存在した限定承認と相容れない事実の存在を知り、改めて無留保の判決を求める訴訟を提起した場合に、判例はそのような請求を認めていないので、限定承認の申述が受理されているからといって、そのことを鵜呑みにしてはならない、というのが厳しい現実である。**限定承認の抗弁**が認められて、留保付き判決がされた場合には、その限定承認の判断については既判力に準ずる効力が認められていることによる（三谷・民訴講義3版235頁。限定承認の抗弁についての最判昭和49・4・26民集28巻3号503頁）。

Ⅶ　事例について

まず、最高裁の判例の考え方によれば、花子らは、太郎死亡をその時点で知り、かつ、自己が相続人であることも知ったから、熟慮期間は平成15年10

月15日から起算する。彼らには特に調査を期待することが困難であるという事情はないから、上記結論は変わらない。仮に債務の調査を行うことが困難であったとしても、相続財産の一部の存在を認識しているので、上記日時から起算される。これによる相続人の不利益は、調査不足によるやむを得ないものということになる。

　次に、債務の存在を知った時からという立場に立つと、花子らが太郎の債務の存在を知ったのは、平成16年5月6日であるからその時から起算することになり、3カ月以内の放棄は受理される。このとき、遺産分割の効力はどうなるのか。放棄が有効であれば、甲土地も乙建物も被相続人から、花子以外の相続人に帰属したはずであり、また、多くの場合、相続人全部が放棄して相続人不存在となるであろう。花子らは、他人の財産について遺産分割をしたのであるから、当然に無効ということになる。相続財産管理人は、花子の登記を抹消して相続財産法人名義として清算手続を進めていくことになる。さらに、遺産分割が処分として法定単純承認事由となって相続放棄が受理されても無効になるのではないか。最判昭和42・4・27民集21巻3号741頁は、「相続人が自己のために相続が開始した事実を知りながら相続財産を処分したか、少なくとも相続人が被相続人の死亡した事実を確実に予想しながらあえてその処分をしたことを要する」と判示する。この事例は死亡を知らなかったのであり、本件の如く債務の存在を知らなかった場合と異なるので、何ともいえないが、単純承認も意思表示であるとの考え方に立てば自己のために相続開始を知らないのに単純承認の意思を推認することはできないのであるから、民法921条の「処分」行為に該当しないというのが論理的であろう。また、遺産分割が錯誤無効となることもありうる。しかし、無効な行為が民法921条の「処分」行為に当然含まれないということはできない。

　このような場合、たとえば預金等の相続財産が相続人の固有財産と混同しているときには、債権者を害すること甚だしく、放棄は許されないものと解したい。

VII 事例について

〔演習問題〕

　太郎は平成15年10月15日死亡した。遺産は6,000万円の債務のみである。相続人花子、一郎、二郎、松子はすべて相続を放棄し、その他の相続人もすべて相続を放棄した。しかし、花子には死亡保険金4,000万円が支払われている。これは10年前に3,200万円が保険料として支払われた養老保険である。また、5年前には一郎に甲土地と乙建物が贈与されている。

　債権者Xはいかなる主張が可能か。

第21章　遺言の作成

I　事例

●事例●

太郎は、妻花子、長男一郎、次男二郎、長女松子を残して死亡した。死亡時の遺産は、太郎が居住していた乙建物、その敷地甲土地、預金1,000万円である。太郎は生前、二郎に対し、二郎婚姻時に、丙土地と丁建物を贈与している。松子は、太郎が死亡する直前2年間を毎日病室に通って年取った花子に代わって面倒をみた。ところが、太郎死亡後、太郎は「甲土地及び乙土地を一郎に相続させる」との公正証書遺言をしていることが判明した。

相続開始時の価額は、
　　甲土地　3,000万円
　　乙建物　1,000万円
　　丙土地　6,000万円
　　丁建物　　500万円
である。

松子は以下のとおり主張する。

私は小さいときから女の子ということでいつも損をしてきました。長男も次男も大学を出たのに、私は高校までしか行かせてもらえず、すぐに就職して結婚しました。結婚式の費用は出してもらいましたが、それはみな同じです。特に持参金ももらっていません。結婚しても大掃除だの何だのといっては呼び出され、手伝わされてきました。次男は結婚相手がお金持ちだったので家ぐらい用意しないと、ということになって土

地と建物をもらいました。今では随分といい価額になっているはずです。また、亡くなる前2年間は寝たきりになって入院し、体の弱った母が手伝ってくれというので、毎日病院に通って、洗濯や買い物などをしてあげました。父はとても感謝してくれました。

　亡くなった後も、私が葬式等全部取り仕切りました。喪主は母です。ところが、初7日の夜、一郎は皆の前で公正証書遺言を開き、このとおりなので、土地建物は一郎が取得する、と言いました。遺言の日付をみると、死亡するほぼ1年前である。そのころは、私が毎日病院に行っていたときであるし、父も老人性認知の症状が始まっていました。面倒を見ている私を差し置いて、父がこんな遺言をするはずがありません。きっと一郎が父を脅すかだますか、認知症になっているのをいいことに作成してしまったに違いありません。

　私は父の面倒を見たのです。一郎も二郎も仕事があるといって何もしなかったのです。その家族も何もしていません。それなのに、遺言だけ書かせるなんて許せません。私は母に事情を聞きましたが、何も知らないと言います。一郎や二郎に、面倒を見たのだから遺言と関係なく松子自身が甲土地や乙建物を取得したいという申し入れをしてきましたが、断られてしまいました。何とかしてください。

　相談のあった日は遺言の存在を知ってから8カ月後である。松子の代理人としていかなる対処をするべきか。

II　設　問

1　遺言の有効要件について述べよ。
2　遺言無効確認の訴えの要件と方法、および遺言真否確認の訴えとの違いを説明せよ。
3　遺言の取消しは可能か。

4　遺留分と寄与分について述べよ。

III　遺言ブーム

　最近は遺言ブームといわれている。確かに、遺言書の検認事件（家審9条1項甲類34号、家事別表第1の103項）が増加しているし（司法統計年報によれば、昭和24年は367件、昭和60年は3,301件、平成元年は5,262件、平成9年は8,858件、平成13年は10,271件、平成22年は14,996件）、遺言関係訴訟も増加しているという実感がある。最高裁から遺留分に関する重要判例が数多く出されていることもその1つの現れといえる。テレビなどをみても遺言が相続争いを防ぐ有効な手段と宣伝されているし、信託銀行が遺言市場に進出している（（一社）信託協会のホームページ〈http://www.shintaku-kyokai.or.jp/〉参照）。次に、法律上検認の対象となり、かつ、実際に検認された自筆証書遺言の数についてみれば、自筆証書遺言の数は、戦後間もなくと比較すると、大幅に増加し、平成元年から平成22年までをみても、約3倍弱に増加しているが、平成13年から平成22年までの間は、約1.5倍と、微増の状況となっている。

　遺言が被相続人の最終意思であり、それが相続人に対する適切な対処になっていれば、相続人は皆これを尊重し、相続争いは未然に防止されるであろう。しかし、それが適切を欠くときは、かえって相続人間の対立に油を注ぐことになる。遺言を作成するときは、適切な内容にされるよう十分検討が必要と思われる。

IV　性質

　遺言は、相手方のない**単独行為**である。また、方式に従ってされなければならない要式行為である。遺言は被相続人の最終意思であるから、最終意思であることがわかる方式に則ることが必要である。また、効果が発生すると

きは意思表示をした被相続人はすでに死亡しているので、できるだけはっきりした意思表示とする必要がある。偽造や変造も防がなければならない。これが、遺言を要式行為とした理由である。

V　遺言能力

　遺言は法律行為であるから、意思能力（遺言能力）が必要である。人の最終意思であるところから、代理は許されない。財産上の効果を生ずる遺言もあるが、最終意思であるところから、行為能力は必要とされず、意思能力さえあればよいとされている（民962条）。15歳に達すれば遺言をすることができ（民961条）、遺言時に意思能力があることが必要で（民963条）、成年被後見人については医師2人以上の立会いを必要としている（民973条、982条）。意思能力の存在を、医師によって証明させるためである。

　被後見人が後見の計算終了前に後見人またはその配偶者もしくは直系卑属の利益となるべき遺言をしたときは、その遺言は無効であるが、後見人が直系血族、配偶者または兄弟姉妹であるときは有効である（民966条）。

　ところで、高齢化社会の到来とともに遺言無効確認訴訟が増加している。とりわけ遺言作成時に意思能力がなかったという主張が多いのである。たとえばこんなふうである。太郎さんが亡くなった後、花子さんは一郎さんと同居して面倒をみてもらうことになったので、一郎さんに土地・建物を相続させるという遺言をした。しかし、一郎さん一家とうまくいかなくなり、今度は二郎さん家族と同居し、その際同一の土地・建物を二郎さんにわたす旨の遺言をした。しかしこれもうまくいかず、松子さん一家と同居する予定で、松子さんに土地・建物をあげる旨の遺言をして同居する前に死亡した。花子さんは年をとるにつれ老人性認知の症状がひどくなっていたが全く認知症になってしまったというわけでもなく、後見開始審判も受けていなかった。内容の矛盾する遺言は最後のものが効力を有するから（民1023条）、全部の遺言が意思能力があるときにされたとするなら、同居したことのない松子さん

に土地・建物が移転することになる。こうして、二郎さんから最後の遺言について意思能力がなかったことを理由とする遺言無効確認の訴えが提起されることになる。遺言訴訟の背景は様々である。遺産分割と同様の争いも数多くあるのであるが、高齢化とともにこのような訴訟が増え続けることであろう。裁判例も多くあるが、結論は様々である。事実認定の問題でもあるので困難であるが、このような状況であれば意思能力あり、このような状況であれば意思能力なし、といった基準のようなものは未だ見いだせない。

　鑑定人の意見や遺言の内容自体からみて、本件遺言当時、94歳の遺言者には、加齢に伴う生理的な知的老化の徴候は認められるものの、いまだ認知症の領域には至っておらず、94歳の老人としての標準的な精神能力を有していたとして、遺言能力が認められた事例（東京高判平成10・8・26判タ1002号247頁）や、88歳の遺言者は、本件公正証書遺言を作成した当時、重度の痴呆症状にあり、本文14頁、物件目録12頁、図面1枚という大部かつきわめて複雑な本件遺言の内容を理解し、判断することはできなかったとして、遺言能力を否定した事例（東京高判平成12・3・16判時1715号34頁）などがある。

Ⅵ　遺言事項

　遺言は相手方のない単独行為でしかも死後に効力が生じるので、何についても自由にすることができることとすると、相手方に不利益が生じたり争いが多発したりするおそれがある。遺言でなしうることは法律で定められている。これを遺言事項という。

　①寄附行為（一般社団法人及び一般財団法人に関する法律158条2項、164条2項）、②認知（民781条2項）、③親権者による未成年後見人または未成年後見監督人の指定（民839条、848条）、④推定相続人の廃除（民893条）、⑤推定相続人の廃除の取消し（民894条2項）、⑥相続分の指定または指定の委託（民902条）、⑦遺産分割方法の指定またはその委託ならびに分割の禁止（民908条）、⑧遺贈（民964条）、⑨遺言執行者の指定またはその委託（民1006条）、

⑩遺言の取消し（民1022条）、⑪信託の設定（信託3条2号）である。

このほか、明確に遺言でできるとは条文にないが、できると解されているものに、祭祀承継者の指定（民897条1項但書）、持戻免除の意思表示または超過特別受益持戻しの意思表示（民903条3項）がある。生命保険金受取人の指定を遺言でできるとの裁判例もある（東京高判平成10・3・25金法1521号64頁）。

共同相続人間の担保責任に関する別段の定め（民914条）、相続開始後に受遺者が死亡したときその相続人の遺贈に対する権利の否定（民988条但書）、受遺者の果実収受の時期（民992条但書）、他人の物の遺贈における遺贈義務者の責任（民997条）、第三者の権利の目的である財産の遺贈（民1000条）、負担付遺贈の受遺者の不免責（民1003条但書）、遺言執行者の復任権（民1016条1項但書）、共同遺言執行者の執行権（民1017条1項但書）、遺言執行者の報酬（民1018条1項但書）、遺贈の減殺割合に関する別段の定め（民1034条）では、意思解釈規定において遺言者が別段の意思を表示したときはその意思による旨を定めている。

Ⅶ　遺言の方式

遺言は、民法の定める方式に従わなければすることができない（960条）。することができないとは、無効であるということである。要式行為とした趣旨は、真意であるかどうかを判断できるようにすること、慎重な意思表示を求めること、偽造変造をしにくくすることなどである。

方式によって遺言の種類を分けると次のようになる。

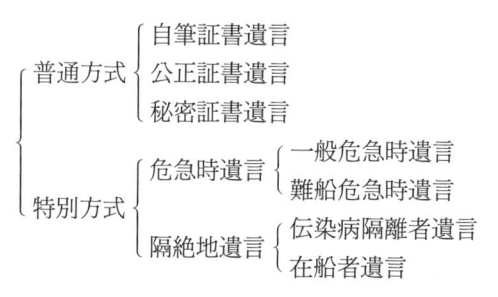

```
         ┌ 普通方式 ┬ 自筆証書遺言
         │          ├ 公正証書遺言
         │          └ 秘密証書遺言
         │
         └ 特別方式 ┬ 危急時遺言 ┬ 一般危急時遺言
                    │            └ 難船危急時遺言
                    └ 隔絶地遺言 ┬ 伝染病隔離者遺言
                                 └ 在船者遺言
```

普通方式は、通常時にすることができる遺言でそれぞれに長所短所があるので、最もふさわしい方式を選択することができる。

特別方式は、特別な要件を満たすときに普通方式より緩和された方式による遺言方法である。要件がないのに特別方式に従った遺言をすると、無効である（967条）。

1　自筆証書遺言

遺言者が遺言の全文、日付および氏名を自書し、これに印を押すことによってする遺言である（民968条1項）。加除その他の変更は、遺言者がその場所を指示し、これを変更した旨を付記して特にこれに署名し、かつ、変更箇所に印を押さなければならない（民968条2項）。

(1)　全文の自書

(ア)　写　し

全文の自書を要するので、財産目録をワープロで打った場合は無効である。点字も自筆証書としては無効である。コピーしたものも無効である。

カーボン複写した遺言について問題となった事例がある。これをカーボン紙という筆記具を用いて書いたものと考えれば自書の要件を満たすし、カーボン紙を用いて複写したものであると考えれば自書の要件を満たさないことになる。自書を要する趣旨は、筆跡によって本人が書いたものであることを判定でき、それ自体で遺言が遺言者の真意に出たものであることを保障することにある（最判昭和62・10・8民集41巻7号1471頁）。すると、自書の要件は、筆跡がわかることと、遺言書の用紙に直接遺言者が記載したものに限ることになる。最高裁は、カーボン紙による遺言書は自書の方法として許されないものではないと判断した（最判平成5・10・19判時1477号52頁）。

(イ)　複数枚

遺言書が複数枚にわたるときは、1個の遺言であることがわかればよいのであるが、契印を施しておく方が1通の遺言書であることがわかりやすいので望ましいといえる。契印がなくても「その数葉が1通の遺言書として作成

されたものであることが確認されれば」1通の有効な遺言書と認めた判例がある（最判昭和36・6・22民集15巻6号1622頁、最判昭和37・5・29家月14巻10号111頁）。

　㈦　筆記用具

　筆記用具に限定はないので何でもよいのであるが、鉛筆は避けるべきであろう。

　㈢　添　手

　遺言者が他人に添手をしてもらって書いた遺言は有効であろうか。最高裁は、手の震えと視力の減退のため遺言書が読めそうになかったので、妻が遺言者の背後からその手の甲を上から握り遺言者が一語一語発声しながら2人が手を動かして遺言書を書き上げたという事例で、

　　「自書が要件とされるのは、筆跡によつて本人が書いたものであることを判定でき、それ自体で遺言が遺言者の真意に出たものであることを保障することができるからにほかならない。……『自書』を要件とする前記のような法の趣旨に照らすと、病気その他の理由により運筆について他人の添え手による補助を受けてされた自筆遺言証書は、(1)遺言者が証書作成時に自書能力を有し、(2)他人の添え手が、単に始筆若しくは改行にあたり若しくは字の間配りや行間を整えるため遺言者の手を用紙の正しい位置に導くにとどまるか、又は遺言者の手の動きが遺言者の望みにまかされており、遺言者は添え手をした他人から単に筆記を容易にするための支えを借りただけであり、かつ、(3)添え手が右のようなものにとどまること、すなわち添え手をした他人の意思が介入した形跡のないことが、筆跡のうえで判定できる場合には、『自書』の要件を充たすものとして、有効であると解するのが相当」

であるが、本件については(2)の要件を欠き無効と判断した（最判昭和62・10・8民集41巻7号1471頁）。判示された有効要件はかなり厳しく、原則として添え手による遺言は無効となることが多いであろう。自書能力に不安がある場合は、公正証書遺言によることが望ましいといえる。

(2) 日　付

　日付は必ず日まで特定する必要がある（日の記載がない遺言書を無効とした最判昭和52・11・29家月30巻4号100頁がある）。○年○月吉日という日付は無効である（最判昭和54・5・31民集33巻4号445頁）。特定できれば元号を用いても西暦を用いてもよいし、何年母の祥月命日とか、第何回目の誕生日などでもよい。

　全文を書いた日と日付を書いた日が異なるときは、日付を書いた日に遺言が完成したものと認められるから、原則として日付を記載した日に遺言が完成する（最判昭和52・4・19家月29巻10号132頁）。

　たとえば、平成11年1月1日に全文を書き署名押印をして、1月3日に1月7日という日付を記載したときは有効であろうか。日付を要する趣旨は、遺言書作成のときに有効か無効かの判断をするときの基準となること、いくつかの遺言があるときに先後関係を決定するためと考えられる。すなわち、意思表示をした日を記載することによって遺言の効力を正確に判断できるわけである。日付は意思表示をした日を記載すべきである。そうでない日付は、原則として無効と解すべきと考える。ただし、意思解釈として、1月3日に作成したのはいわば仮であって、1月7日に完成した遺言を作成したこととするという意思と解される場合は1月7日作成の遺言として有効と解する余地はあるであろう。しかし、たとえば平成11年1月1日にすべて自署して作成したが平成9年1月1日という日付を記載したという例を考えてみると、このようなことが許されることとすると容易に能力の有無などが潜脱されてしまうし、平成11年1月1日に成立した遺言と解するならば、遺言書の日付をもって効力の基準時とできないことになって、日付を必要とした趣旨に反するからである。遺言書を入れた封筒に数字で「26319日」と日付を自筆した場合も有効であると解した事例もある（福岡高判昭和27・2・27高民集5巻2号70頁）。

　誤記であることおよび真実の作成の日が遺言書の記載その他から容易に判明する場合は無効とはならないという判例がある（最判昭和52・11・21家月30

巻4号91頁)。これは、昭和48年に死亡した遺言者が同年中に作成した遺言書の年を昭和28年としたものであるが、意思解釈の問題として有効と解されるであろう。

(3) 氏　名

氏名は、戸籍上の氏名であれば問題なく、そうでなくても通称、芸名、雅号など同一性を識別できるのであればよいので、「甲野花子の夫太郎」でもよいことになる。

(4) 押　印

押印に用いる印章は遺言者のものであればよく、実印でも認印でもかまわない。

㋐　拇　印

拇印について、最高裁は、

「自筆証書によつて遺言をするには、遺言者が遺言の全文、日附及び氏名を自書した上、押印することを要するが（民法968条1項）、右にいう押印としては、遺言者が印章に代えて拇指その他の指頭に墨、朱肉等をつけて押捺すること（以下「指印」という。）をもつて足りるものと解するのが相当である。けだし、同条項が自筆証書遺言の方式として自書のほか押印を要するとした趣旨は、遺言の全文等の自書とあいまつて遺言者の同一性及び真意を確保するとともに、重要な文書については作成者が署名した上その名下に押印することによつて文書の作成を完結させるという我が国の慣行ないし法意識に照らして文書の完成を担保することにあると解されるところ、右押印について指印をもつて足りると解したとしても、遺言者が遺言の全文、日附、氏名を自書する自筆証書遺言において遺言者の真意の確保に欠けるとはいえないし、いわゆる実印による押印が要件とされていない文書については、通常、文書作成者の指印があれば印章による押印があるのと同等の意義を認めている我が国の慣行ないし法意識に照らすと、文書の完成を担保する機能においても欠けるところがないばかりでなく、必要以上に遺言の方式を厳格に解する

ときは、かえつて遺言者の真意の実現を阻害するおそれがあるものというべきだからである。もつとも、指印については、通常、押印者の死亡後は対照すべき印影がないために、遺言者本人の指印であるか否かが争われても、これを印影の対照によつて確認することはできないが、もともと自筆証書遺言に使用すべき印章には何らの制限もないのであるから、印章による押印であつても、印影の対照のみによつては遺言者本人の押印であることを確認しえない場合があるのであり、印影の対照以外の方法によつて本人の押印であることを立証しうる場合は少なくないと考えられるから、対照すべき印影のないことは前記解釈の妨げとなるものではない」

と述べて有効とした（最判平成元・2・16民集43巻2号45頁）。

特殊なケースとして遺言書作成の約1年数カ月前に帰化した白系ロシア人が英文で遺言書を書き押印しなかった例では、特に有効とされ、遺言書の真正であることの確認が認められた（最判昭和49・12・24民集28巻10号2152頁）。

なお、自筆遺言書の成立を認める判決において、争いある押印の真否について判示することは、自筆か否かを判断するうえにおいて当然の筋道であり、それに言及しないのは理由不備（民訴312条2項6号）である（最判昭和37・5・24家月14巻10号108頁）。

(ｲ) 押印の場所

押印の場所について、通常は署名し、その名下にするのであるが、手紙文形式の遺言書が封筒に入れられて封印され、封筒の封じ目に押印されたという場合に、押印の要件に欠けることはないとされた判例がある（最判平成6・6・24家月47巻3号60頁）。

(5) 加除訂正の方式

加除訂正の方式も厳格である。偽造変造を防止するためである。訂正個所に印を押し、欄外に「この行1字加入甲野太郎」と署名する。訂正個所の印は本人の印であれば本文の印と同一である必要はないと考える（新注民(28)補訂104頁）。

加除訂正に方式違反があっても、遺言書の記載自体から明らかな誤記とわかる場合には、その訂正に方式違反があっても遺言者の意思を確認するについて支障がないから効力に影響を及ぼさないとされている（最判昭和56・12・18判時1030号36頁）。

上記以外で訂正方式に違反があったときは、訂正の効力は生じない。訂正がない遺言として効力を有するが、訂正により訂正前の遺言が方式違反になったり不明確になったりなどしたときは遺言全体が無効になる。

2　公正証書遺言

公正証書遺言は、証人2人以上の立会いのもとに遺言者が公証人に対し遺言の趣旨を口頭で伝え、公証人が、遺言者の口述を筆記して、筆記したことを遺言者と証人に読み聞かせまたは閲覧させ、遺言者と証人が筆記の正確なことを承認したら遺言書にそれぞれ署名、押印し、最後に公証人が方式に則って作成したものであることを付記して署名、押印して完成する（民969条）。普通は、公正証書遺言を作成しようとするときは、まず遺言者またはその意を受けた人が公証役場に赴き遺言の内容をあらかじめ知らせておき、必要書類等をそろえて予約した日に遺言者と証人が集まり、上記の手続をする。場合によって口授の代わりにこの前お話ししたとおりであるなどという言葉で代えることもあるようである。また、遺言者の具合が悪く公証役場まで出向くことができない場合には、公証人が出張して遺言者のもとに赴いて上記の手続をすることもある。

なお、口がきけない者も公正証書遺言ができるのであって、通訳人の通訳による申述または自書によればよい（民969条の2第1項）。また、耳が聞こえない者である場合には、公証人が筆記した内容を通訳人の通訳により遺言者に伝えて、読み聞かせに代えることができる（民969条の2第2項）。

(1)　口　授

口授は、誘導や強制によることなく自由な状態でなされることが必要である。遺言内容全部を遺言者が自ら発言して公証人に伝えることが原則である

が、病気であったり複雑な内容であったりする場合に全部の発言がないからといって無効にすることは、最終意思の尊重という目的に反する結果となる。

　　(ア)　肯定例

　口授を肯定した例として、遺言者がほとんどを作成した書面をあらかじめ交付された公証人が、それをもとに遺言の原稿を作成しておき、遺言者が遺言の趣旨は前に交付した書面のとおりであると陳述したとき（大判昭和9・7・10民集13巻1341頁）、遺言の骨子が相続人3名と妾に均等の割合で遺贈するとの内容であるもので、妾があらかじめ公証役場に赴いて遺言の内容を告げ、後日遺言者のもとに赴いた公証人がこれに基づいて公正証書用紙に清書した遺言の内容を読み聞かせたところ、「この土地と家は皆に分けてやりたかった」旨述べたとき（最判昭和43・12・20民集22巻13号3017頁）がある。

　　(イ)　否定例

　一方否定した例として、公証人の質問に対して頷くのみであった場合（最判昭和51・1・16家月28巻7号25頁）、若干複雑な遺言において公証人があらかじめ交付を受けていた書面と図面に基づいて項を分けて読み聞かせたところ、遺言者は「これでよい」といって署名押印したのであるが、あらかじめ交付を受けていた書面の作成に遺言者が関与していたとはいえない場合（大阪高判平成9・2・25判時1626号83頁）がある。

　(2)　承　認

　承認は、公証人が筆記して読み聞かせたことが遺言者が口授した内容と一致することを認めることである。承認したときは、各自署名押印する。

　遺言者が署名することができないときは、公証人がその事由を付記して署名に代えることができる（民969条4号但書）。字の書けない場合、手が動かせないとき、重病のときなどである。重病者が遺言の口述のため15分間も病床に半身を起こしていた後であるので、公証人が遺言者の疲労や病勢の悪化を懸念して自署を押し止めたため、公証人の言に反対してまで自署を期待することができないような事情であれば「署名することができない場合」に当たるという判例がある（最判昭和37・6・8民集16巻7号1293頁）。証人は、常

404

に自分で署名しなければならない。

(3) 意思能力

公正証書遺言はこのようにある程度の時間がかかることから、いつまで意思能力を必要とするかという問題がある。遺言者がなすべきことが終わるまで、すなわち遺言者の署名押印できないときは公証人がその事情を付記するまでは必要と解することができる。死亡についても同様である（新注民(28)補訂116頁）。

3 秘密証書遺言

秘密証書遺言は、遺言書に遺言者がまず署名押印、その遺言書を封じ（通常は封筒に入れる）、遺言書に用いた印章で封印したうえ、遺言書の入った封書を公証人1人および証人2人以上の前に提出して、自己の遺言書である旨並びにその筆者の氏名および住所を申述し、公証人が遺言書提出日と遺言者の申述したことを封書に記載した後、遺言者、証人、公証人が署名押印して完成する（民970条1項）。

なお、公正証書遺言、秘密証書遺言を在外邦人が作成しようとするときは、公証人の職務は領事が行うこととされている（民984条）。

(1) 記載方法

遺言書の記載は、自書でなくてもよいので、ワープロ、タイプ、点字、印刷、コピーも許されるし、誰かに代筆してもらってもよい。とにかく署名押印は自分でしなければならないのである。しかし、申述すべき筆者の氏名および住所は実際に記載した者のもので、ワープロの場合には、ワープロを操作して入力した者の氏名および住所でなければ、その遺言書は無効である（最判平成14・9・24家月55巻3号72頁）。

ただ、遺言書の本文を自書し日付も入れれば、たとえ秘密証書として効力が認められなくても自筆遺言証書として効力を認められる場合がある（民971条）。

遺言書本文に日付の記載は不要である。公証人が提出の日を記載するから

(2) 加除訂正

封書中の加除訂正について自筆証書の条項（民968条2項）が準用されているが（民970条2項）、自書を必要としない秘密遺言証書には何が必要であろうか。説が対立しているが、秘密遺言証書では署名の自書と押印が要求されているだけであるから、訂正についても、訂正個所の押印と署名の自書が必要で、変更した旨の付記はどのような方法によってもよいとする説に賛成する（新注民(28)補訂112頁）。ただし、理論上訂正は封印前に限られるから、印章は封印の際の印章によるべきものと解する。

(3) 口がきけない者の秘密証書遺言

言語を発することができない者が秘密証書遺言をするときは、申述に代えて封書に自書することができ、さらに手話通訳による方法も認められている（民972条）。

(4) 成年被後見人の秘密証書遺言

成年被後見人の秘密証書による遺言にあっては、遺言に立ち会った医師は、遺言書を入れた封紙に遺言者が遺言をする時において精神上の障害により事理を弁識する能力を欠く状態になかった旨の記載をし、署名し、印を押さなければならない（民973条2項但書）。

4 証人・立会人の欠格事由

①未成年者、②推定相続人および受遺者並びにこれらの配偶者（最判昭和47・5・25民集26巻4号747頁によれば、受遺者の配偶者のみならず推定相続人の配偶者も含まれる）および直系血族、③公証人の配偶者、4親等内の親族、書記および使用人は、遺言の証人または立会人となることができない（974条）。

証人とは、遺言が真意に出たことを証明する義務ある者、立会人とは遺言作成の現場に立ち会い、遺言作成の事実を証明することができる者である（民法(9)4版191頁。反対、新注民(28)補訂134頁）。立会人には、通訳人も含まれ

ると解したい。

　上記のほか、証人適格が問題となるものに以下の者がある。

　署名することのできない者は、署名を必要とする公正証書遺言、秘密証書遺言、一般危急時遺言、難船危急時遺言の証人にはなれない。

　遺言者の口授を理解できない者は、口授の筆記が証人に課せられている一般危急時遺言、難船危急時遺言の証人になれない。意思無能力者、遺言者の言語を理解できない者、耳の聞こえない者などである。

　公正証書遺言、一般危急時遺言では証人は筆記の正確なことを承認することが必要であるから、その能力のないものは証人になれない。この「承認」とは、「読み聞かせられたものがさきの口授と一致していることを確認すること」と解されるから、目の見えない者でも証人になることができる（最判昭和55・12・4民集34巻7号835頁。ただし、反対意見がある）が、耳の聞こえない者は証人適格がないことになろう。意思能力のない者や遺言者の言語を理解できない者も証人になれないが、口がきけない者は証人適格がある。

　公正証書遺言において、証人は遺言者の署名押印に立ち会うことを要するが、遺言者の押印の際に2人の証人のうち1人の立会いなく作成された遺言公正証書には作成の方式に瑕疵はあるが効力を否定するほかないとまではいえないとした判例がある（最判平成10・3・13家月50巻10号103頁）。

5　共同遺言の禁止

　2人以上の者が同一の証書で遺言をすることを共同遺言といい、これは禁止されている（民975条）。一方が他方に遠慮するなどして自由な遺言がなされないおそれがあるし、撤回の自由を妨げるおそれがあるからである。

　同一の遺言書に2人の遺言が記載されている場合は、そのうちの一方に氏名を自書しない方式の違背があるときでも共同遺言に当たり無効という判例がある（最判昭和56・9・11民集35巻6号1013頁）。しかし、2人の氏名が記載されていても、1人は全く遺言に関与しておらず他方の単独の遺言であるときは共同遺言とはならないとの裁判例もある（東京高決昭和57・8・27判時

1055号60頁)。

　前掲最判平成5・10・19（カーボン紙による遺言書事件）は、「本件遺言書はB5判の罫紙4枚を合綴したもので、各葉ごとに景雄の印章による契印がされているが、その1枚目から3枚目までは、景雄名義の遺言書の形式のものであり、4枚目は被上告人甲野花子名義の遺言書の形式のものであって、両者は容易に切り離すことができる、というものである。右事実関係の下において、本件遺言は、民法975条によって禁止された共同遺言に当たらないとした原審の判断は、正当として是認することができる」と判示している。

6　普通方式における各方式の比較

　普通方式の遺言はそれぞれ長短がある。

　自筆遺言証書は、簡便でいつでもどこでも作成でき、かつ、費用がかからない。秘密にしておくこともできる。言語を発することができなくても作成できる。しかし、保管については何の保障もなく、若干の不安がある。また字が書けないときは作成できない。

　公正証書遺言は、手続があるから時間と費用がかかるが、公証人が慎重に作成するはずであるので効力の問題が少なくなる。また、原本を公証役場で保管するから、保管に不安はない。検認手続が不要である（民1004条2項）ことも長所のひとつである。

　秘密証書遺言は、双方のちょうど中間というところであろう。原本を公証役場で保管することはない。公正証書・秘密証書遺言とも自分で記載する必要がないことも長所といえるであろう。

　このような長所短所をよく見極めて、どの方式を選択するかを決め、また、薦めることになる（三谷編・常識第8話）。どの方式をも選べるのであれば、老婆心ながら公正証書遺言を推薦する。

7　一般危急時遺言

　疾病その他の事由によって死亡の危急に迫った者は、証人3人以上の立会

いをもって、そのうちの1人に遺言の趣旨を口授して遺言をすることができる。口授を受けた者は、これを筆記して遺言者と他の証人に読み聞かせ、各証人がその筆記の正確なことを承認した後、これに署名し印を押す（民976条1項）。特別の方式による遺言の一種で、この方式の遺言は、遺言の日から20日以内に証人の1人または利害関係人から家庭裁判所に請求して確認を得なければ効力を生じない（民976条4項）。家庭裁判所は、遺言が遺言者の真意に出たとの心証を得たときには確認の審判をする（民976条5項）。死亡の危急が迫っているので方式を緩和するが、その代わり、確認の審判を要するとしたものである。20日を超えてしまうと無効であることが確定する。

　この遺言は、入院中の遺言者が容態が急変した場合や急な手術前に公証人を呼ぶ時間の余裕がなく、自書する体力等もない場合に、3人の証人を集めて口授して作成するという場合が多いのである。その場で最後まで作成し終わればよいのであるが、後に清書してから署名押印するなどの場合がある。遺言者の口授を証人の1人がメモし、これを自宅に持ち帰って清書して署名押印し、他の2人の証人も署名したが印章を持参しなかったので署名をしないまま再び病室で清書した内容を遺言者に読み聞かせ、遺言者が確認したのでそのまま持ち帰り、翌日遺言執行者に指定された弁護士の事務所で2人が押印したという事例で、「その署名捺印が筆記内容に変改を加えた疑いを挟む余地のない事情のもとに遺言書作成の一連の過程に従つて遅滞なくなされたものと認められるときは、……その署名捺印は同条の方式に則つたものとして遺言の効力を認めるに妨げない」との判例がある（最判昭和47・3・17民集26巻2号249頁）。なお、この判例は同時に、本件遺言書は日付を口授のあった日としていることをもって、作成日付を記載することは有効要件ではないので、遺言書に記載された日が正確性を欠いても無効とはいえないと判示している。

　家庭裁判所による確認は、審判によってされる。家庭裁判所は、真意に基づく遺言であるかどうかだけを確認する。その内容は、意思能力の有無、本人の真意が記載されているかどうかという点である。家庭裁判所が真意に基

づかないと判断して却下すると遺言は有効にはなりえないが、確認審判を経ても有効であることが確定されるわけではないから、後に訴訟によって有効、無効を争うことができる。

手話通訳による一般危急時遺言も認められる（民976条2項）。もちろん、耳が聞こえない者であっても、一般危急時遺言が可能である（民976条3項）。

この方式の遺言には、遺言書の加除訂正の方式、成年被後見人が遺言するときの方法、証人または立会人の欠格事由、共同遺言の禁止の各規定が準用される（民982条）。遺言能力など方式の緩和と無関係な事項は緩和されないのである。

また、この方式による遺言は、遺言者が普通の方式による遺言を作成できるようになってから6カ月間生存するときはその効力を失う（民983条）。遺言を作成できるようになってからであるから、生存しているだけでなく意思能力も有して6カ月を経過しなければならない。

8　伝染病隔離者遺言

伝染病のため行政処分によって交通を断たれた場所にある者は、警察官1人および証人1人以上の立会いをもって遺言書を作ることができる（民977条）。

隔絶地では、公証人に依頼することや証人2名以上の立会いを求めることが困難であるという事情から認められるものである。「遺言書を作る」というのであるから、口頭の遺言は認められない。自書することは当然認められるし、口授、筆記、読み聞かせによる遺言書の作成も認められる。遺言書には遺言者、筆者、立会人、証人が各自署名押印しなければならない（民980条）。ただし、署名または押印不能の場合は、立会人または証人がその旨を記載する（民981条）。

この方式の遺言には、遺言書の加除訂正の方式、成年被後見人が遺言するときの方法、証人または立会人の欠格事由、共同遺言の禁止の各規定が準用される（民982条）。遺言能力など方式の緩和と無関係な事項は緩和されない

のである。

　また、この方式による遺言は、遺言者が普通の方式による遺言を作成できるようになってから6カ月間生存するときはその効力を失う（民983条）。遺言を作成できるようになってからであるから、生存しているだけでなく意思能力も有して6カ月を経過しなければならない。

9　在船者の遺言

　船舶中にある者についても、伝染病隔離者遺言を認めたのと同様の理由により、船長または事務員1人および証人2人以上の立会いで遺言書を作成することができる（民978条）。作成方法も同様である。

　この方式の遺言には、遺言書の加除訂正の方式、成年被後見人が遺言するときの方法、証人または立会人の欠格事由、共同遺言の禁止の各規定が準用される（民982条）。遺言能力など方式の緩和と無関係な事項は緩和されないのである。

　また、この方式による遺言は、遺言者が普通の方式による遺言を作成できるようになってから6カ月間生存するときはその効力を失う（民983条）。遺言を作成できるようになってからであるから、生存しているだけでなく意思能力も有して6カ月を経過しなければならない。

10　難船危急時遺言

　船舶遭難の場合おいて、船舶中にあって死亡の危急に迫った者は、証人2人以上の立会いをもって口頭で遺言することができる（民979条1項）。口がきけない者による遺言の場合には、遺言者は、通訳人の通訳によりこれをしなければならない（民979条2項）。

　難船危急時遺言は、証人がその趣旨を筆記してこれに署名押印し、かつ証人の1人または利害関係人から遅滞なく家庭裁判所に請求してその確認を得なければ、この遺言の効力は生じない（民979条3項）。家庭裁判所は、遺言者の真意に基づくものと認めたときこの遺言の確認をする（民979条4項）。

遺言は口頭で述べたときに成立し、証人の筆記は効力発生要件である。読み聞かせる必要はない。証人に署名のできない者があるときは、他の証人がその事由を付記することで足りる（民981条）。

この方式の遺言には、遺言書の加除訂正の方式、成年被後見人が遺言するときの方法、証人または立会人の欠格事由、共同遺言の禁止の各規定が準用される（民982条）。遺言能力など方式の緩和と無関係な事項は緩和されないのである。

また、この方式による遺言は、遺言者が普通の方式による遺言を作成できるようになってから6カ月間生存するときはその効力を失う（民983条）。遺言を作成できるようになってからであるから、生存しているだけでなく意思能力も有して6カ月を経過しなければならない。

Ⅷ　実務上の留意点（主張・立証責任）

自筆証書遺言無効確認訴訟においては、遺言を有効とする者が、遺言証書の成立要件を主張・立証する責任がある（自筆遺言証書についての最判昭和62・10・8民集41巻7号1471頁）。

Ⅸ　事例について

事例として多いのは、遺言能力の欠如であろう。意思能力がなければ無効であるが、そう簡単に認められるものではない。遺言は不合理でも遺言者がその意思に基づいて作成すれば有効なのである。

遺言無効確認の訴えは事実の無効確認ではあるが、訴えの利益があると解されているので、普通は遺言無効確認の訴えを提起する。しかし、遺言が無効であることを前提とした持分確認請求でもよい。

遺言を民法96条によって取り消すことは可能か。遺言者が詐欺を理由に遺言を取り消すことは可能で、取消権を相続人が承継しているから可能である

と解することもできるが、取消権の行使が管理行為とすると持分過半数を要することとなって不当である。保存行為とすれば、単独でも可能であるのでその点の不都合は避けられる。しかし、遺言者はいつでも取消しや撤回ができたのにしないまま死亡したのであるし、その規律を相続欠格によって行おうとしていると解することもできる。また、無効であるとの有力説もある（伊藤・78頁）。

　最低限しておかなければいけないことは、遺留分減殺請求権を行使することである。遺留分減殺請求権は、侵害されたことを知って1年間行使しなければ時効によって消滅するので、遺言があることを知って1年以内に行使しておかなければ消滅する可能性があるからである。遺言無効確認の訴えを提起していても、特段の事情がなければ時効期間は開始する（最判昭和57・11・12民集36巻11号2193頁）。

〔演習問題〕

　太郎は、土地建物、預貯金、株等の財産を持っている。妻はなく、子は長男一郎、長女花子、次女松子、次男二郎である。老齢となったので、自分を引き取って世話をしてくれる子に財産をあげたい。どのような方法が考えられるか。

第22章　遺言の効力

I　事例

● 事例 ●

太郎は、甲土地、乙土地、丙土地および丁土地とその地上建物戊を所有している。相続人は、長男一郎、次男二郎、三男三郎、長女松子である。太郎は次のような自筆遺言証書を遺して死亡した。以下の場合に、あなたならどのような説明をするか。

「長男一郎に、甲土地を、長男一郎の子（太郎の孫）一夫に乙土地、次男二郎に丙土地を、長女松子とその夫松夫に丁土地と戊建物の各2分の1ずつを、相続させる。

三男三郎は、借金を重ねて私に後始末をさせ、そのため私は先祖代々受け継いだ10筆の土地を失った。そのうえ、私に悪態をついて全く寄りつかない。だから、絶対財産は相続させない。」

① 三郎は遺産分割の申立てを行った。
② 三郎の債権者Xは、代位により相続登記をして、三郎持分を差し押さえた場合。
③ 三郎の債権者Yは、三郎の遺留分減殺請求権を代位行使して、一郎らに弁償金の支払いを求めた場合。

II　設問

1　本件遺言の効力について述べよ。

2 三男に対する遺言の解釈について述べよ。
3 遺言発見時には、どのように対処すればよいか。

III 効力の発生時期

　遺言は、遺言者の死亡の時から効力を生じる（985条1項）。したがって、遺言者が生存中は、たとえば受遺者のためにも何らの効力も生じない（大判明治39・10・10民録12輯1253頁、最判昭和31・10・4民集10巻10号1229頁、最判平成11・6・1判時1685号36頁）。
　どのように効力が発生するかは、遺言の内容による。

1　一般財団法人の設立

　一般財団法人を設立しようとする者は、遺言で、拠出する財産を定めて、一般財団法人を設立する旨の意思表示をすることができる（一般社団法人及び一般財団法人に関する法律152条2項）。遺言で財産の拠出をするときは、その性質に反しない限り、民法の遺贈に関する規定を準用する（同法158条2項）。遺言で財産の拠出をしたときは、当該財産は、遺言が効力を生じた時から、一般財団法人に帰属したものとみなされる（同法164条2項）。

2　遺言認知

　遺言認知（民781条2項）は、被相続人死亡と同時に認知の効力が発生する。遺言執行者が認知の届出をする（戸籍64条）が、これは報告的届出である。

3　未成年後見人・後見監督人の指定

　親権者による未成年後見人または未成年後見監督人の指定（民839条、848条）は、親権者である被相続人死亡と同時に、欠格事由（民847条、850条、852条）のないかぎり、指定された者が未成年後見人または未成年後見監督人に就任する。未成年後見人は、指定に関する遺言の謄本を添付して（戸籍

83条1項)、未成年後見開始の届出をしなければならない（戸籍81条1項）。

4　推定相続人の廃除・廃除の取消し

推定相続人の廃除（民893条）、推定相続人の廃除の取消し（民894条2項）では、廃除または廃除の取消しの意思表示が生じ、被相続人の死亡の時にさかのぼってその効力が生じるから、遺言執行者は、遅滞なく家庭裁判所に廃除またはその取消しの請求をしなければならなくなる（家審9条1項乙類9号、17条、家事別表第1の86項および87項）。

5　相続分の指定

相続分の指定遺言（民902条本文前段）は、被相続人死亡と同時に、共同相続人は被相続人の指定した相続分に応じて遺産を共有することになる（詳細は、後述「Ⅳ　相続分指定」参照）。指定された相続分は、抽象的相続分であるから、特別受益、寄与分を考慮した遺産分割が行われることになる。

また、相続分指定の委託（民902条本文後段）では、被相続人死亡と同時に相続分委託の意思表示の効力が生じる。受託者は拒否の自由がある。

6　遺産分割方法の指定

遺産分割方法の指定遺言（民908条前段）については、たとえば「不動産は一郎、株は花子、預金は二郎と分割せよ」という内容であれば、相続人および裁判所は、被相続人死亡と同時に遺言どおりに分割しなければならないという義務を負う。いわゆる相続させる旨の遺言については、効力に考え方の違いがあるから後に述べる（「Ⅵ　遺産分割方法の指定」参照）。

遺産分割方法の指定の委託（民908条前段）は、被相続人死亡と同時に分割方法指定の委託の意思表示の効力が発生する。受託者に拒否の自由がある。

7　遺産分割の禁止

遺産の分割の禁止遺言により、相続人は遺産分割の請求ができなくなるが、

その期間は5年を超えることはない（民908条後段）。

8　遺　贈

遺贈（民964条）があると、原則として被相続人死亡と同時に受遺財産につき権利移転の効力を生じる。法律が遺贈の効力につき詳しく定めているので後に説明する（「Ⅴ　遺贈」参照）。

9　遺言執行者の指定

遺言執行者の指定遺言により、指定された者が就職を承諾すれば被指定者が遺言執行者となり、指定の委託をしたときは委託の効力を生じる（民1006条1項）。被委託者は、拒否の自由を有する（民1006条3項）。

10　遺言の取消し

遺言の取消し（民1022条）によって、遺言を撤回することができる。

11　遺言信託

信託は、遺言をする方法によっても、することができる（信託法3条2号）。その信託は、遺言の効力の発生によってその効力を生じる（同法4条2項）。受託者は、信託財産に属する財産の管理または処分およびその他の信託の目的の達成のために必要な行為をすべき義務を負う（同法2条5項）。遺言において、受託者となるべき者が指定されていたとしても、その者は、受託者となることを引き受けないこともできる（同法5条）。遺言において受託者となるべき者が指定されていないとき、または、その指定をされた者が引き受けないときは、裁判所は、利害関係人の申立てにより、受託者を選任することができる（同法6条1項）。

12　祭祀主宰者の指定

祭祀主宰者の指定遺言（民897条1項但書）により、被指定者が祭祀承継者

となる。

13　持戻免除

持戻免除の意思表示により、特別受益者もそれを持戻計算に算入しなくてよくなる（民903条3項）。

Ⅳ　相続分指定

相続分指定遺言は、「花子、一郎、二郎、松子の相続分をそれぞれ4分の1ずつとする」というように、相続分を指定する遺言である。相続分指定があるときは、法定相続分でなく、**指定相続分**によって共有し、それをもとに具体的相続分を算定する。

1　共同相続人の一部の相続分指定

「一郎の相続分を5割とする」という遺言のとき、他の相続人の相続分はどれだけになるであろうか。

花子（配偶者）の相続分には影響させないで、花子はあくまでも法定相続分2分1を得、したがって、二郎と松子は0になり、遺留分減殺するしかないと考える説（鈴木・改訂120頁）がある。これを株分け説という。

それに対して、残余を各相続人の**法定相続分**で分ける説があり、この場合以下のとおりとなる（新注民(27)206頁）。

　　(1−0.5)×1/2＝1/4……花子の相続分
　　(1−0.5)×1/2×1/2＝1/8……二郎、松子の相続分

これを平等説といい、平等説が条文にも合致し簡明である。

2　相続分指定の趣旨不分明

ところで、たとえば「一郎に土地・建物を与える」という遺言に相続分指定の趣旨が含まれているかどうかが、議論されている。遺産分割方法の指定

遺言については、「Ⅵ　遺産分割方法の指定」で論じるので、ここでは特定遺贈について述べてみる。特定遺贈は、遺産相続外で財産を取得させる制度であって、超過特別受益の持戻不要制度と持戻免除の意思表示制度で、土地・建物は、法定相続分を超えても一郎に与えるという意思を実現できるようになっている。したがって、特定遺贈の場合は、相続分指定は含まれない（鈴木・改訂108頁）。

Ⅴ　遺　贈

遺贈とは、遺言者が遺言によってする財産の無償譲与であると定義されている（中川＝泉・3版525頁）。遺言者は、包括または特定の名義で財産の全部または一部を処分することができる（民964条本文）。包括名義の遺贈を包括遺贈と、特定名義の遺贈を特定遺贈という。遺贈にはこの2種類がある。

包括遺贈というのは、「財産の2分の1を遺贈する」のように、割合をもって遺贈の対象を定めた遺言である。特定遺贈とは、「東京都千代田区霞ヶ関1丁目1番1号宅地100平方メートルを孫の一男に遺贈する」のように、遺贈の対象財産を特定してあるものである。効果に違いがある。

1　受遺者

(1)　適格者

遺贈を受ける者として遺言で指定された者を受遺者という。自然人のほか、法人も受遺者となることができる。包括遺贈でも法人を受遺者とすることができると考える（鈴木・改訂114頁。反対は、中川＝泉・3版528頁）。

胎児も受遺者となることができる（民965条、886条）。相続人欠格事由の規定の準用があるので、詐欺または強迫により相続に関する遺言をさせるなどした者は、受遺者とされていてもその資格を失う（民965条、891条）。胎児となっていない場合や法人となっていない団体の場合は受遺者となれない。

受遺者は、遺言者の死亡時に生存していなければならない。遺言者の死亡

以前に受遺者が死亡したときは、効力を生じない（民994条1項）。停止条件付き遺贈については、受遺者が条件成就前に死亡したときも効力を生じない（民994条2項本文）。ただし、遺言者は別段の意思を遺言できるので、受遺者が遺言者死亡前に死亡した場合は他の者に遺贈するという遺言は有効である（民994条2項但書）。

(2) 受遺者に関する特殊の遺言

受遺者に関する特殊の遺言が、いくつかある。

(ア) 補充遺贈

補充遺贈というのは、受遺者Aが遺贈を放棄した場合は、本来は相続人に帰属することになるが（民995条本文）、Bに遺贈するというもので、民法995条但書に定められた遺言であって有効である。実際には、受遺者Aが遺言者より先に死亡した場合には、Bに遺贈するというものが、よく行われている。

(イ) 裾分け遺贈

裾分け遺贈というのは、受遺者Aはその一部をBに与えよという遺言であり、負担付き遺贈として有効である（民1002条1項）。

(ウ) 後継ぎ遺贈

後継ぎ遺贈というのは、受遺者Aが死亡した場合はBに遺贈するというもので、Aの死亡を停止条件とするBへの遺贈と解されるのであるが、Bへの遺贈はAの処分権を害するし、Aの相続人との関係も複雑になるので、この部分は遺言者の希望を述べたもので遺贈としての効力はないと解するようである（中川＝泉・3版536頁）。

2 遺贈義務者

遺贈を履行する義務を有する者を遺贈義務者といい、原則として相続人である。遺言執行者があるときは、遺言執行者が遺贈義務者となる。

3　遺贈の放棄

　受遺者は、遺言者の死亡後いつでも遺贈の放棄をすることができる（民986条1項）。遺贈の放棄は、遺言者の死亡の時に遡って効力を生じる（民986条2項）。しかし、いつまでも放棄するかどうか不明では遺贈義務者や利害関係人は困るから、受遺者に相当の期間内に遺贈の承認・放棄をするよう催告をすることができる（民987条本文）。当該期間内に意思を表示しないときは、遺贈を承認したものとみなされる（民987条但書）。受遺者が遺贈の承認・放棄をしないで死亡したときは、その相続人が自己の相続分の範囲内で承認または放棄することができる（民988条本文）。遺贈の承認・放棄は撤回できないが、意思表示の一般理論による取消しができる。なお、遺言者が別段の意思表示をしたときは、その意思に従う（民988条但書）。

　放棄に方式はない。意思表示の相手方は遺贈義務者と解される（大判大正7・2・2民録24輯237頁）。催告があったときは、催告者に対しても意思表示をすることが必要と解する。放棄によって効力がなくなった受遺者が受けるべきであった財産は、遺言者が別段の意思表示をしていないかぎり、相続人に帰属する（民995条）。

　この遺贈の放棄の規定は、特定遺贈にのみ適用があるというのが多数説である。多数説の根拠は、包括受遺者は相続人と同一の権利義務を有する（民990条）こと、包括遺贈は債務をも承継するので債権者を保護する必要があるということである。包括遺贈には相続の承認および放棄の規定（民915条以下）の適用があるという。判例も同様である（最判平成9・9・12民集51巻8号3887頁）。しかし、債務をも引き受ける包括受遺者には放棄をする利益がより多くあるのに、3カ月の経過によって放棄できなくなることは特定遺贈の受遺者に比し不均衡であり、若干の問題があると指摘されている（新注民(28)補訂221頁）。

4 条件付き遺贈、期限付き遺贈

　遺言内容が条件・期限を許さない行為でない場合は、遺言に条件や期限を付することができる。遺言者死亡の時に遺言の効力が停止条件付きまたは期限付きに生じ、停止条件成就時または期限到来時に確定的に生じる（中川＝泉・3版483頁）。そうすると、被相続人死亡後遺言の効力が発生するまで遺贈の対象財産は相続人に帰属することになり、遺贈の効果が発生したときには相続人による処分等で対象物が消滅している危険性がある。そこで、受遺者は、遺贈が条件成就未定または弁済期に至らない間は、遺贈義務者に相当の担保を請求できることにした（民991条）。

　この条文についても包括遺贈に適用がないという説（鈴木・改訂103頁）と適用があるという説（新注民(28)補訂228頁）がある。そもそも包括遺贈に停止条件を付することができないとすれば（鈴木・改訂103頁）、当然本条も適用ないわけであるが、これを認めるとすれば、本条の適用を認めてよいと思う。包括遺贈の問題点は債務を承継することである。債務の承継に停止条件または期限をつけてよいかというと、その浮動性は債権者を害するので、ここはやはり問題があるといわざるを得ない。鈴木説に従って包括遺贈には停止条件は付せられないものと解する。

　しかし、問題は債務だけなので、債務のない場合は有効と解してもよいように思うが、そのような解釈が許されるのかどうか、留保したい。

5 負担付き遺贈

　負担付き遺贈とは、受遺者に一定の債務を負担させる遺贈である（中川＝泉・3版554頁）。負担は条件ではなく、遺贈は直ちに効力を生じ、受遺者は同時に負担を負うという関係になる。「一郎に土地・建物を遺贈する。その代わり一郎は花子を生涯扶養すること」といった遺言である。負担によって利益を得る者を**受益者**という。受益者は相続人のみに限らず、法人等でも可能である。負担は法律上の義務として適法、可能、確定できるものでなけれ

ば効力を生じない。負担が無効であれば遺言しなかったと解されるとき遺言自体が無効となり、そうでないときは負担のみ無効となり負担のない遺言として効力を有する（新注民㉘補訂280、281頁）。

受遺者は負担を履行する義務を負うが、この履行請求権を有するのは誰であろうか。遺贈義務者である相続人がその請求権を有することは確かである（1027条）。受益者がその請求権を有するかどうかについては、説が分かれている。受益者は反射的利益を得るにすぎないので請求権を持たないという解釈がオーソドックスである（有泉・新補正2版233頁）。しかし、相続人が履行請求をしないと遺贈の負担は履行されずに終わることになり、遺言の趣旨は全うされない。そこで、負担付き贈与の場合を類推し、受益者の受益の意思表示によって受益者も履行請求権を取得すると解するのが有力説である（中川＝泉・3版554頁、新注民㉘補訂282頁）。

負担付き遺贈の受遺者は、遺贈の目的の価額を超えない限度で、負担した義務を履行する責任を負う（民1002条1項）。遺言者が遺言で別段の意思表示をしないかぎり、受遺者が遺贈の放棄をしたときは、受益者が受遺者となることができる（民1002条2項）。

負担付き遺贈の目的の価額が相続の**限定承認**または**遺留分回復の訴え**によって減少したときは、遺言による別段の意思表示のないかぎり、受遺者はその減少の割合によって負担した義務も免れる（民1003条）。

6 特定遺贈の効力

特定遺贈は、遺贈する物が定められているので、意思表示が効力を生じたときに意思表示の内容どおりに効果を生じることになる。つまり、特定物であれば意思表示のみによって物権変動が生じ、不特定物であれば特定時に物権変動の効果が生じることになる（物権的効果説、中川＝泉・3版537頁、鈴木・改訂106頁）。民法176条の原則のとおりである。いずれにしろ遺贈の目的となった物のみが移転する。そして、当該特定物の訴訟が係属中に遺言者が死亡した場合には、遺言執行者ではなく、特定物の受遺者がその中断した訴

訟を受継し（大判大正12・1・26民集2巻24頁、大判昭和13・2・23民集17巻259頁）、特定前の不特定物の場合であれば、受遺者は債権的効力が生じるにすぎず権利移転の請求権を有するだけであるため、遺言執行者が受継することになる。特定遺贈に対する遺留分減殺があると、遺留分権利者が遺留分侵害額の割合でその目的物の共有持分を物権的に取得する。

　受遺者は、遺言者が別段の意思表示をしないかぎり、遺贈の履行を請求できる時（遺言者死亡または停止条件成就の時）から果実収受権を取得する（民992条）。また、これに対応して、遺贈義務者が遺言者の死亡後に遺贈の目的物について費用を支出したときは、受遺者にその償還を請求することができる（民993条）。

　遺贈の目的である権利が遺言者の死亡の時において相続財産に属さなかったときは、原則としてその部分の遺贈の効力は生じない（民996条）。但書に、その権利が相続財産に属すると属しないとにかかわらず遺贈の目的としたものと認められるときは、効力を生じる旨の規定がある。遺言者の意思がそうであることと、その意思が相当であることを必要とするものと考える。この要件を満たして、相続財産に属しない権利を目的とする遺贈が有効であるときは、遺贈義務者は、その権利を取得して受遺者に移転する義務を負い、もしこれができないときは価額弁償をする義務を負う（民997条）。このように、遺贈義務者に義務を負わせる遺言であるから、相当性を認められる場合は非常に限られるのではないかと思う。特定遺贈の目的となっている他人の所有物についての訴訟係属中に遺言者が死亡した場合には、受遺者に権利移転の効力は生じないから、遺言執行者が中断した当該訴訟を受継することになる。

　遺贈の目的物が遺言者死亡の時に存在しないときでも、目的物の滅失、変造、占有の喪失によって償金請求権を有するときは、その権利を遺贈の目的としたものと推定される（民999条）。

　また、遺贈の目的が第三者の権利の目的であるとき（抵当権が付着しているときなど）、遺言者が別段の意思表をしていないかぎり、受遺者は遺贈義務者にその権利を消滅させるよう請求することはできない（民1000条）。

債権を遺贈の目的としたとき、遺言者が弁済を受け、かつ、その受け取った物がなお相続財産中にあるときは、その物を遺贈の目的としたものと推定される（民1001条1項）。他の遺産を換金して渡すことになる。

金銭を目的とする債権については、相続財産中にその債権額に相当する金銭がないときでも、その金額を遺贈の目的としたものと推定されている（民1001条2項）。なお、特定債権の遺贈については、債務者に対する通知または債務者の承諾がなければ、受遺者は、遺贈による債権の取得を債務者に対抗することができない、とする判例がある（最判昭和49・4・26民集28巻3号540頁）。対抗問題に関しては、特定遺贈につき物権的効果説によっても、受遺者は、対抗要件を備えなければ、第三者にも対抗できないことに注意する必要がある（最判昭和39・3・6民集18巻3号437頁）。

なお、遺言者が遺言作成時には自己の物であった物を後に消費したり譲渡したりした場合には、遺言が取り消されたものとみなされる（民1023条2項）から効力を失い、以上に述べた条文の適用はない。

特定遺贈のうち、不特定物がその目的となっている場合に、遺贈の目的物が他人の物であってその他人からの返還請求などの追奪によって受遺者が権利を取得できなかった場合は、遺贈義務者が売主と同一の担保責任を負うこととされている（民998条1項）。たとえば、「パソコン1台を遺贈する」というとき、遺贈義務者は、相続財産からパソコンを購入するなり何なりして受遺者に移転しなければならない。この移転した物が他人の物で受遺者が取り戻されたときには、遺贈義務者は、売主の担保責任つまり損害賠償責任を負い、その物に瑕疵があったときは瑕疵のない代物を移転することになる（民998条2項）。立法論として批判がある（中川＝泉・3版552頁）。鈴木説は、不特定物について瑕疵担保責任を負う理由はないからどちらも受遺者は代物請求ができると説いている（鈴木・改訂108頁）。

7 包括遺贈の効力

包括受遺者は相続人と同一の権利義務を負う（民990条）。包括受遺者が、

遺言者死亡と同時に遺言者の権利義務を包括的に承継することは争いがない（物権的効力説、中川＝泉・3版537頁）。当然に債務をも承継する。このことから、包括遺贈の目的となっている財産についての訴訟が係属中に遺言者が死亡した場合には、死亡により中断した訴訟は、包括受遺者が受継する（民訴124条1項）。

「丙川松男に全遺産の3分の1を遺贈する」という遺言があった場合、松男は全遺産について3分の1の共有持分を有することになり、3分の1の債務を負担することになる。債務超過の場合も、放棄しない限り無限責任を負う。

包括受遺者が遺贈を放棄したとき、その放棄した分は、他の包括受遺者には帰属せず、相続人に帰属する（新注民(28)補訂222頁）。

ところで、全部包括遺贈の効力については、遺留分を有する相続人が遺留分減殺請求権を行使したとき、相続人と受遺者が遺産共有になるというのが多数説である（新注民(28)補訂221頁）。これに対し、最高裁は、

「遺言者の財産全部についての包括遺贈に対して遺留分権利者が減殺請求権を行使した場合に遺留分権利者に帰属する権利は、遺産分割の対象となる相続財産としての性質を有しないと解するのが相当である。……特定遺贈に対して遺留分権利者に帰属する権利は、遺産分割の対象となる相続財産としての性質を有しないと解される。そして、遺言者の財産全部についての包括遺贈は遺贈の対象となる財産を個々的に掲記する代わりにこれを包括的に表示する実質を有するもので、その限りで特定遺贈とその性質を異にするものではないからである」

と判示した（最判平成8・1・26民集50巻1号132頁）。すなわち、全部包括遺贈は、特定遺贈と同じ性質を有するといったのである。

この考え方は家裁実務家の間でこそ有力であったが（田中＝岡部ほか・諸問題63頁、島田充子「共同相続人間の遺留分減殺請求」知識ライブ(4)313頁）、学者には支持する者は少なく、本判決に対しても批判が多いようである。批判の根拠は、「包括受遺者は、相続人と同一の権利義務を有する」という趣旨

（民990条）を生かすものではない、というところにある（泉久雄・私法判例リマークス(16)91頁）。

　このような最高裁判決が出されるには、様々な背景がある。遺産分割事件の解決が困難であって長期間を要することや、遺産分割事件が相続人全員の参加を必要とするために遺留分減殺事件より複雑になりやすいこと、共有物分割事件の解決方法が柔軟になり遺産分割に近づいたこと（最大判昭和62・4・22民集41巻3号408頁、最判平成8・10・31民集50巻9号2563頁）などである。そして遺留分権利者は、遺留分事件として民事訴訟としての解決を望み、包括受遺者は遺産分割事件として家事事件としての解決を望む。このような事情のもとで、包括遺贈に対する遺留分減殺を民事事件としたことは、必要な範囲内で一回的解決を可能とするもので、遺留分権利者の保護につながり、かつ、訴訟経済的にもすぐれた妥当な結論と考える。

　理論的にはどうであろうか。まず、包括遺贈が「相続人と同一の権利義務を有する」と定められた趣旨を考えてみなければならない。民法は相続人指定は認めていないのであるから、相続人と同一になるわけではない。民法990条の趣旨は、全部または割合にて定めた遺言も有効であること（もしこれが認められないと、目的不確定で無効になるおそれがある）、相続人と同様に何らの介在なく権利を承継すること、債務も承継すること、遺産分割手続に参加できることに意味があると思われる。また、包括受遺者が相続人の1人であったとき、相続分指定と同一の機能を果たすといわれる（新注民(28)補訂219頁）。そこで最も大きな問題は、包括受遺者はどのような権利を取得するかということである。

　包括遺贈の効果として取得した財産は、遺産共有になるといわなければならないのであろうか（高木多喜男・私法判例リマークス(14)81頁は必ずしもそうではないという）。遺産共有を合有と考えるならば別であるが、物権法上の共有と同一の性質を有するとの立場に立つときは、その違いは将来遺産分割により具体的相続分による修正があるかどうかという違いにほかならない。包括遺贈によって常にそのような所有権または共有持分しか取得し得ないとすれ

ば、結局のところ相続分指定と同一になってしまう（鈴木・改訂224頁は相続人に対する包括遺贈は相続分指定であると解すべきという）。これでは、相続分指定と異なる包括遺贈という態様の遺言を認めた意義がなくなってしまうのではないであろうか。相続でなく、遺贈であるからには、遺産分割を必要としない態様の権利義務を取得するといってもよいのではないであろうか。「相続人と同一の権利義務」を常に遺産分割を要する権利義務しか取得できない、と解する根拠はないように思う。

　甲野太郎が「私の全財産は一郎に遺贈する」という遺言をしたとする。太郎死亡により、一郎は確定的に相続財産を債務をも含めて承継する。しかし、相続分指定はないので、相続人の相続分は変わらない。この遺言により、他の相続人はその遺留分を侵害されているので、二郎はその遺留分割合12分の1をもって遺留分減殺するのである。減殺の結果、減殺した財産が物権的に戻ってくることになる。これは、包括遺贈の物権的効力と遺留分減殺による物権的効力の結合した結果である。訴訟は、太郎と二郎との間で行われることになる。

　このような考え方は、遺産についてその共有を物権法上の共有と同一の性質を有するという判例理論とも合致するものと考える。債務の承継については、遺留分侵害額算定方法に関する最判平成8・11・26（民集50巻10号2747頁）の判示する方法で十分対処することができるのであるから、特に遺産分割不要説を排除する理由にならない。

　ただ、この考え方には、2つのクリアしなければならない問題点がある。1つは、割合的包括遺贈の性質である。上記の全部包括遺贈と同様に解してよいか、同様に解さないとするとその根拠は何なのかという問題である。相続人に対する割合的包括遺贈のときは、相続分指定があると意思解釈するのが通常かもしれない（田中＝岡部ほか・諸問題62頁）。

　他の1つがなお重要である。包括受遺者が遺留分減殺されたとき、受遺者は寄与分を主張する機会を失う（民1044条に準用がない）。それが民法990条の相続人と同一の権利義務を有するという条文に反するのではないか、とい

う点である。これについては、全部包括遺贈の遺留分減殺において民法990条が優先するか、民法1044条が優先するかという問題であるところ、遺留分減殺に際して寄与分の主張ができないことはその限りで民法1044条が優先すると解する、としておきたいと思う。包括遺贈を受けているので寄与分の主張ができないことによる不利益もないと考えられる。

なお、意思解釈の問題として、当事者が当該包括遺贈が相続分指定と同一であると解するときは、遺産分割手続をすることは可能といえるのではないか（松原正明「遺産分割の対象となる財産の範囲と限界」講座現代家族(5)68頁）。

遺言者に相続人は存在しないが相続財産全部の包括受遺者が存在する場合は、民法951条にいう「相続人のあることが明らかでないとき」に当たらないという判例がある（最判平成9・9・12民集51巻8号3887頁）。また、1人に対する全部包括遺贈が公序良俗に反して無効かどうか争われることもある（最判昭和25・4・28民集4巻4号152頁、最判昭和37・5・29家月14巻10号111頁、最判昭和61・11・20民集40巻7号1167頁など。三谷編・常識第8話）。

VI 遺産分割方法の指定

遺産分割方法指定の典型的な遺言は、たとえば「不動産は一郎に、預金は花子に、その他の財産は松子にという方法で分割する」というものである。このような分割方法指定遺言は、相続人および裁判所にその方法に従った分割をする義務を負わせ、これに反する分割は無効になる。

しかしながら、現在は、そのほとんどの態様は、「○○市○○町1丁目1番1号宅地100平方メートルの土地はAに相続させる」といったいわゆる**「相続させる旨の遺言」**である。

相続させる旨の遺言は、相続人に対する特定遺贈と同様の効果を生じさせようとしつつ、単独登記が可能で、かつ、登録免許税が安くてすむ、ということがメリットで、公正証書遺言において、また一般的にもかなり広まっていた。しかし、これが遺贈であるのか、遺産分割方法の指定であるのか、遺

産分割方法の指定であるとすれば遺産分割がされなければ遺言の目的を取得できないのではないか、ということが問題とされ、長い間対立が続いた。この問題に対し、最高裁は平成3年に次のような画期的な判決をした。

1　最判平成3・4・19の見解

　まず、遺言の解釈として遺贈であることが明らかであるかまたは遺贈と解すべき特段の事情のないかぎり遺贈と解すべきでないことを論じたうえ、

「『相続させる』趣旨の遺言、すなわち、特定の遺産を特定の相続人に単独で相続により承継させようとする遺言は、前記の各般の事情を配慮しての被相続人の意思として当然あり得る合理的な遺産の分割の方法を定めるものであって、民法908条において被相続人が遺言で遺産の分割の方法を定めることができるとしているのも、遺産の分割の方法として、このような特定の遺産を特定の相続人に単独で相続により承継させることをも遺言で定めることを可能にするために外ならない。したがって、右の『相続させる』旨の遺言の趣旨は、正に同条にいう遺産の分割の方法を定めた遺言であり、他の共同相続人も右の遺言に拘束され、これと異なる遺産分割の協議、さらには審判もなし得ないのであるから、このような遺言にあっては、遺言者の意思に合致するものとして、遺産の一部である当該遺産を当該相続人に帰属させる遺産の一部分割がなされたのと同様の遺産の承継関係を生ぜしめるものであり、当該遺言において相続による承継を当該相続人の受諾の意思表示にかからせたなどの特段の事情のない限り、何らかの行為を要せずして、被相続人死亡の時（遺言の効力の生じた時）に直ちに当該遺産が当該相続人に相続により承継されるものと解すべきである。そしてその場合、遺産分割の協議又は審判においては、当該遺産の承継を参酌して残余の遺産の分割がされることはいうまでもないとしても、当該遺産については、右の協議又は審判を経る余地はないものというべきである。もっとも、そのような場合においても、当該特定の相続人はなお相続の放棄の自由を有するのである

から、その者が所定の相続の放棄をしたときは、さかのぼって当該遺産がその者に相続されなかったことになるのはもちろんであり、また、場合によっては、他の相続人の遺留分減殺請求権の行使を妨げるものではない」

と判示した（最判平成3・4・19民集45巻4号477頁）。

このようにして、相続させる旨の遺言は、遺産分割方法の指定ではあるけれども、遺産分割を要せずに直接的にその目的となった遺産を取得するということに統一されるに至ったわけである。

2　最判平成3・4・19の問題の本質

しかし、その後の問題は未解決である。「一部分割がなされたのと同様の遺産の承継関係を生ぜしめる」というのは、一部分割があったと同様に考えてよい、という意味なのであろうか。「被相続人死亡の時（遺言の効力の生じた時）に直ちに当該遺産が当該相続人に相続により承継されるものと解すべきである」ということにより、どのような効力を生ずるのであろうか。相続分指定はあるのであろうか、ないのであろうか。「他の相続人の遺留分減殺請求権の行使を妨げるものではない」というのはどういう場合であろうか。

被相続人から遺言目的物取得者への直接の権利帰属について、遺言の目的物は遺産性を失わず、権利帰属原因の本質は遺産分割なのであり、遺産分割がされて権利を取得すると考えると、まさに「一部分割がなされたのと同様の遺産の承継関係を生」じる。これを貫くと、相続させる旨の遺言があった場合の遺産分割もまた、一部分割後の遺産分割として、相続分指定がない場合は法定相続分で、相続分指定がある場合は指定相続分に基づき、特別受益と寄与分を考慮した具体的相続分によって分割し、遺言による取得分は調整金により調整されることになる（方法については、前述「第18章　遺産分割 VI　いわゆる相続させる旨の遺言がある場合」参照）。そして、相続分指定があり、その指定が遺留分を侵害する場合は、相続分指定に対する遺留分減殺がありうる。

この考え方は、相続させる旨の遺言が遺産分割方法の指定遺言であるという本質によく合致する。「一部分割」にもなっているし、遺留分減殺もありうるという最高裁判決にも矛盾することはない。問題は、遺言によって財産取得は確定的に生ずるが、後に常に具体的相続分による調整を要することになり、早期の分割を実現させたいという遺言者の意思に反するのではないかという疑問が生じることである。調整をしないために相続分指定がされたと解しても、指定できる相続分は抽象的相続分であって具体的相続分ではない（具体的相続分は遺言事項ではない）から、具体的相続分による後の調整を要することになるのである。

　被相続人から遺言目的物取得者に対する直接の権利帰属によって遺言の目的物は遺産から逸出し、遺産分割の対象ではなくなると考えると、遺贈と同様になる。この場合、遺留分侵害額算定方法も遺贈と同様に考えることになるから、相続させる旨の遺言が遺留分を侵害する場合には、遺留分減殺がありうることになる（方法については、後述465頁以下参照）。この考え方では、相続させる旨の遺言は遺贈と同様の効果を生じるから、遺言者の意思にはよく合致する。直接の権利移転であるから、被相続人の意思により相続開始時に取得者に移転し、その結果、遺産から逸出すると説明できないこともない。しかし、遺産分割方法の指定という性質に反するのではないか、「一部分割がなされたのと同様の遺産の承継関係」ともいえないのではないか、という疑問が生じる。

　遺産分割方法の指定遺言のうち、相続させる旨の遺言は、いわば遺言による遺産分割なのであり、相続が開始した時点で被相続人の意思によって（この点が可分債権などと異なる）遺産分割がされて終了している状況になるのである。ということは、被相続人の意思によって、相続人による遺産分割を要さないものとされたのであり、相続人の遺産分割を要さないという意味において遺産性を失うと解するのである。このように解することによって、遺贈と同様の扱いができるのであって、被相続人の意思に合致し、かつ、後述するように遺留分減殺の場合に統一的な処理が可能になるのである。

VI　遺産分割方法の指定

　このように解することは、債務が法定相続分によって承継されることになり、遺言による財産取得者には取得分の債務が承継されないことになって不当ではないかとの疑問があるかもしれない。しかし、債務については、遺留分減殺における後述する最判平成8・11・26民集50巻10号2747頁の趣旨に則ることにより、不当性を相当程度除くことができるであろう。

　問題の本質は以下のような点である。民法上、被相続人の財産を承継する道筋には2種類がある。相続財産として包括承継して遺産分割を経るものと、特定遺贈によって特定承継して遺産分割を要しないものである。包括承継における取得割合は、法定相続分または指定相続分によるから、相続分指定遺言によって被相続人は遺産の取得割合を決めることができる。遺贈による特定承継は、その対象物が包括承継部分から抜け落ちるから、遺贈部分に相続分指定は及ばない。受遺者に多くやりたいという被相続人の意思は、遺贈物件を具体的相続分の算定に加え、超過しても持ち戻さなくてよい、ということによって実現されるようになっている。したがって、遺贈において遺贈部分が相続分指定に含まれることはない。もっとも、1つの遺言にその両者が含まれることはありうる。たとえば、「土地・建物は一郎に遺贈する。相続分を花子4分の3、松子4分の1とする」という遺言のときは、一郎への遺贈以外の遺産について相続分指定があったことになる。これに対し、包括承継となる場合には、相続分指定が及ぶ。遺産分割方法の指定も包括承継であるから、相続分指定があると解すれば及びうるのである。

　ところが、遺産分割方法の指定遺言のうち、相続させる旨の遺言は、相続人間の遺産分割を要しないで直接権利が移転するので、両者の性格を併せ持つことになり、どちらの承継として規律すべきかという問題になるのである。直接権利が移転するとしても包括承継であるから、相続分指定がありうるのであり、かつ、具体的相続分による遺産分割を要するとの解釈は理論的である。一方、遺産から逸出しこの部分は特に遺産性を有しないと考えれば、相続分指定はなく、遺贈と同様の処理に従うことが可能になるのである。権利移転は、被相続人による一部分割による包括承継ではあるが、民法903条が

433

類推適用されて特別受益となるべきものということになる。

判例は、基本的には、後記のとおり、相続させる旨の遺言に関する遺留分減殺につき、遺贈と同様の処理をするのであるから、相続分指定は含まれないとの立場に立っているものと解される。

しかし、最近の判例（最判平成21・3・24民集63巻3号427頁）では、相続人の1人に財産の全部を相続させる旨の遺言の場合には、相続分の100％の指定があるとする解釈をしたものがある。この点は、後に触れる。

3 具体的問題点

(1) 登記の要否

遺産分割による権利の取得を第三者に対抗するためには、登記を要するというのが判例である（最判昭和46・1・26民集25巻1号90頁）。遺贈による権利の取得を第三者に対抗するには、登記を要するというのが判例である（最判昭和46・11・16民集25巻8号1182頁）。一方、相続による権利取得を第三者に対抗するためには、登記が不要であるというのが判例である（最判昭和38・2・22民集17巻1号235頁）。相続分指定による権利取得も同様である（最判平成5・7・19家月46巻5号23頁）。

そして、最高裁は、特定の遺産を特定の相続人に「相続させる」趣旨の遺言によって、同相続人が取得した不動産または共有持分権は、登記なくして第三者に対抗することができる、と解した。最判平成14・6・10家月55巻1号77頁は、

「特定の遺産を特定の相続人に『相続させる』趣旨の遺言は、特段の事情のない限り、何らの行為を要せずに、被相続人の死亡の時に直ちに当該遺産が当該相続人に相続により承継される（最高裁平成元年(オ)第174号同3年4月19日第二小法廷判決・民集45巻4号477頁参照）。このように、『相続させる』趣旨の遺言による権利の移転は、法定相続分又は指定相続分の相続の場合と本質において異なるところはない。そして、法定相続分又は指定相続分の相続による不動産の権利の取得については、

登記なくしてその権利を第三者に対抗することができる（最高裁昭和35年(オ)第1197号同38年2月22日第二小法廷判決・民集17巻1号235頁、最高裁平成元年(オ)第714号同5年7月19日第二小法廷判決・裁判集民事169号243頁参照）。したがって、本件において、被上告人は、本件遺言によって取得した不動産又は共有持分権を、登記なくして上告人らに対抗することができる」

と判示している。基本的には、相続取得であるとの性質を貫徹したものといえる。この事例は、相続させる旨の遺言により財産を取得した相続人と、仮差押えをした他の相続人の債権者との対抗問題であって、結論としては賛成する方が多いようである。しかし、上記のように遺贈と同様に扱う場面もあり、また、相続分指定があるとは明示されていないのであって、他の事例においても常に貫かれ得るものかどうかは、慎重な検討が必要であろう。

(2) 放棄の方法

前掲最判平3・4・19において「その者が所定の相続の放棄をしたときは、遡って当該遺産がその者に相続されなかったことになる」と述べるので、相続放棄手続によるとするようである。

(3) 取得者が遺言者死亡前に死亡した場合の措置

判例上は不明である。遺言者の意思からして効力がないと解するべきではなかろうか。

(4) 遺留分減殺の対象

判例が、相続させる旨の遺言による権利移転について遺留分減殺を認めていることは、上記のとおりである。

4 相続させる旨の遺言の類型的考察

(1) 一部の特定相続

特定相続させる旨の遺言について、当該財産について権利移転的効力を有し、それは、特定遺贈があった場合と同様の処理となる。相続分指定があると考えるか否かであるが、学説は措き、現在の判例の考え方からすると、相

続分指定は含まれないと解さざるを得ない。

遺留分減殺は、もし相続分指定が含まれると考えるならば、指定相続分に対するものとなり、含まれないと解すると相続させる旨の遺言により権利が移転したその物件に対するものとなる。

(2) 全部の特定相続

遺産全部を割り付けた特定相続させる旨の遺言においては、すべての遺産について移転的効力を有することになるので、相続分指定が含まれないと解すると遺留分減殺がありうるだけとなる。

最判平成10・2・26民集52巻1号724頁は、このような全部割付相続させる旨の遺言に関する遺留分減殺につき遺贈と同様の処理（民1034条）を行っている。

(3) 全部包括相続

全部包括相続させる旨の遺言について、100％相続分指定との解釈と、特定相続させる旨の遺言の集合と解する余地があるが、包括遺贈における議論と同様、特定相続させる旨の遺言の集合と解する。つまり、遺留分減殺がありうるのみである。

しかし、最近の判例（最判平成21・3・24民集63巻3号427頁）では、次のとおり、相続人の1人に財産の全部を相続させる旨の遺言の場合には、相続分の100％の指定があるとする解釈をしたものがある。この判例は、①相続分の指定が相続人の負担する債務に及ぼす影響、②その場合の債権者の対応、③遺留分減殺の算定についての新たな見解を示すものであり、実務的に極めて重要な判例である。

「本件のように、相続人のうちの1人に対して財産全部を相続させる旨の遺言により相続分の全部が当該相続人に指定された場合、遺言の趣旨等から相続債務については当該相続人にすべてを相続させる意思のないことが明らかであるなどの特段の事情のない限り、当該相続人に相続債務もすべて相続させる旨の意思が表示されたものと解すべきであり、これにより、相続人間においては、当該相続人が指定相続分の割合に応じ

て相続債務をすべて承継することになると解するのが相当である。もっとも、上記遺言による相続債務についての相続分の指定は、相続債務の債権者（以下「相続債権者」という。）の関与なくされたものであるから、相続債権者に対してはその効力が及ばないものと解するのが相当であり、各相続人は、相続債権者から法定相続分に従った相続債務の履行を求められたときには、これに応じなければならず、指定相続分に応じて相続債務を承継したことを主張することはできないが、相続債権者の方から相続債務についての相続分の指定の効力を承認し、各相続人に対し、指定相続分に応じた相続債務の履行を請求することは妨げられないというべきである。

　そして、遺留分の侵害額は、確定された遺留分算定の基礎となる財産額に民法1028条所定の遺留分の割合を乗じるなどして算定された遺留分の額から、遺留分権利者が相続によって得た財産の額を控除し、同人が負担すべき相続債務の額を加算して算定すべきものであり（最高裁平成5年(オ)第947号同8年11月26日第三小法廷判決・民集50巻10号2747頁参照）、その算定は、相続人間において、遺留分権利者の手元に最終的に取り戻すべき遺産の数額を算出するものというべきである。したがって、相続人のうちの1人に対して財産全部を相続させる旨の遺言がされ、当該相続人が相続債務もすべて承継したと解される場合、遺留分の侵害額の算定においては、遺留分権利者の法定相続分に応じた相続債務の額を遺留分の額に加算することは許されないものと解するのが相当である。遺留分権利者が相続債権者から相続債務について法定相続分に応じた履行を求められ、これに応じた場合も、履行した相続債務の額を遺留分の額に加算することはできず、相続債務をすべて承継した相続人に対して求償し得るにとどまるものというべきである」。

(4)　**割合的包括相続**

　割合的包括相続させる旨の遺言の解釈は、相続分指定と同じと解する立場、各遺産について遺言によって指定された割合による共有によって移転的効力

が生ずるとする説が成り立ちうる。

Ⅶ　遺言の解釈

　遺言は上記のような効力を有するが、遺言の文言が一義的ではない場合がある。そのような場合、遺言の解釈はいかにあるべきか。

　遺言の解釈の意義について、遺言者の「真意の確定」であるとする通説・判例と、「遺言者の意思の正確な法的意味を確定する作業」とする説が対立している。遺言者の真意のみが重視されるのは、遺言が**単独行為**であって、契約のように相手方の信頼の保護や取引の安全に対する配慮を必要としないからである、と説明される（浦野由紀子「遺言の解釈」判タ1100号464頁）。そして、解釈の指針として、①遺言に用いられた文言に拘泥してはならない、②遺言状の文言からだけでなく、遺言状の作成に関与したものの証言、遺言者の個人的事情、遺言者と受遺者との関係、遺言当時の状況、遺言書作成当時の事情および遺言者の置かれていた状況といった外部的証拠を活用することができる、③遺言書が多数の条項からなる場合に、そのうちの特定の条項を解釈するにあたっては、単に遺言書の中から当該条項のみを他から切り離して抽出しその文言を形式的に解釈するだけでは十分ではなく、遺言書の全記載との関連を考慮しなければならない、ということが挙げられる（高木多喜男「遺言の解釈」講座現代家族(6)104頁）。最高裁は、意思表示の内容は当事者の真意を合理的に探求し、できるかぎり適法有効なものとして解釈すべきを本旨とするという（最判昭和30・5・10民集9巻6号657頁）が、判例法理と解するのは早計であるとも指摘されている（高木・前掲同頁）。これに対し後者の立場は、解釈基準としては、まず何よりも実体法規が、それも民法の準則が尊重されるべきであるし、次には有効な遺言書が、その中の法的効力のない記述も含めて、尊重されるべきである、遺言書の文字が何を意味するかは遺言者の生前の生活状況に照らして解釈する必要があるがその場合でも他の資料の考慮に際しては軽重に留意した慎重な扱いが必要である、と説く

(伊藤85頁)。また、遺言の解釈における解釈結果の正当性の確保という根本的な要請に沿って、遺言の要式性から解釈を限界付けようとする立場もある（浦野由紀子「遺言の解釈」遺言と遺留分第1巻遺言221頁）。

　実例としては、相続させる旨の遺言の解釈をめぐる最判平成5・1・19民集47巻1号1頁、相続させない遺言の解釈に関する裁判例（東京地判平成3・7・25判タ812号274頁等、相続分指定と解する）、「まかせる」との文言を遺贈と解することは困難とした例（東京高判昭和61・6・18判タ621号141頁）、「土地」に地上の土蔵を除外する意図でなかったとした例（東京地判昭和31・1・30下民集7巻1号138頁）などがある。

　実はこの遺言の解釈というのはかなり日常的に行われているものであって、物件の特定が不十分ないし間違っていても、他の証拠により当該物件を指し示すのであることが証明できれば、遺言書による登記が認められるなどの場合もある。しかし、土地上の建物となると相当に問題であろうし、遺言者が忘れたことがかなり明らかであっても建物のみの表示しかなく土地の表示がない場合にまで、土地も含まれると解することには躊躇せざるを得ない。ここに要式行為の限界があるのであろう。受遺者ないし受益相続人が二様に解され得る場合には、遺言書全体の記載とともに遺言書をめぐる状況という外部的な事情を加えて解釈して特定するしかない。行為の態様については、それが、遺言事項に該当するのか、どの遺言事項に該当するのかが解釈によって確定される。この場合は、文言と遺言者の欲する効果を探求して、できるだけ遺言事項に該当するような解釈がされているということができる。

　最判昭和58・3・18判時1075号115頁は、Aに遺贈する、A死亡後はBらが分割取得するとの文言ある遺言につき、他の条項との関連上原審のようにBらに対する部分は希望を述べたものと解する余地もあるが、Aに対する遺贈につき遺贈の目的の一部である本件不動産の所有権をBらに移転すべき債務をAに負担させた負担付遺贈と解するか、また、Bらに対しては、A死亡時に本件不動産の所有権がAに存するときには、その時点において本件不動産の所有権がBらに移転するとの趣旨の遺贈であると解するか、

さらには、Aは本件不動産の処分を禁止され実質上は本件不動産に対する使用収益権を付与されたにすぎず、Bらに対するAの死亡を不確定期限とする遺贈であると考えるか、の余地もあるとして差し戻した。一般論として「遺言書の全記載との関連、遺言書作成当時の事情及び遺言者の置かれていた状況などを考慮して遺言者の真意を探求し当該条項の趣旨を確定すべきものであると解するのが相当である」と判示している。

また、相続人に与える旨の遺言の解釈が問題となった事案で、原審が文言を形式的に解釈した違法があるとして取り消した例がある（最判平成17・7・22判時1908号128頁）。

Ⅷ 事例について

いわゆる特定相続させる旨遺言であるから、太郎死亡と同時に各不動産は各受遺者ないし受益相続人に移転する。念のため付け加えると、相続人である一郎、二郎、松子に対する部分はいわゆる相続させる遺言であり、一夫、松男に対する部分は遺贈である。これ以外に遺産分割すべき財産がなければ遺産分割の申立ては却下される。

三郎に対する部分は相続人廃除か相続分ゼロ指定と両方の解釈がありうる。相続分指定と解することが自然であろう。

遺言を発見したら、家庭裁判所に検認の申立てをする。遺贈部分があるので、遺言執行者指定の申立てをする方が便利である。

相続させる旨の遺言は、それによる権利取得を登記しなくても第三者に対抗できるとするのが判例であるから、Xに対して、甲土地、丙土地、丁土地および戊建物のうち松子取得の2分の1については、対抗できる。しかし、遺贈によって取得した部分については、登記を要するとするのが判例であるから、乙土地、丁土地および戊建物のうち松男取得の2分の1についてはXに対してその取得を対抗できないこととなろう。

遺留分減殺請求権の代位行使はできないという裁判例がある（東京地判平

成2・6・26家月43巻5号31頁)。

〔演習問題〕

太郎は、「甲土地および乙土地を妻花子に相続させる」との遺言を遺して死亡した。他に遺産はない。相続人は、妻花子と長男一郎、次男二郎である。

二郎は、お金に困っていたので、甲・乙に相続を原因とする法定相続分による所有権移転登記をし、その持分4分の1に債権者をXとする抵当権を設定して800万円を借り受けた。また、太郎の債権者Yは、登記された持分4分の1を差し押さえた。

花子と、X、Yはいかなる法律関係になるか。双方の立場で、できうる主張を検討せよ。

第23章　遺言の執行・撤回・取消し

I　事 例

●事例●

太郎の遺言は以下のとおり。「甲土地を長男太郎に、乙土地を長男の長男一夫に、丙土地を長女松子に、その地上建物戊を長女の夫松男に、預金を次女竹子に相続させる。遺言執行者として弁護士Aを指定する」。ところで、甲土地上には、Yが建物を建てて居住し、その登記はZとなっている。また、戊建物には戌が不法占拠している。遺言執行者の権限と義務および当事者適格について論じなさい。

II　設 問

1　遺言の内容の法律的性格について述べよ。
2　本件遺言の効力について述べよ。
3　遺言執行者の権限の範囲について述べよ。
4　遺言執行者の義務の範囲について述べよ。
5　遺言執行者の当事者適格について述べよ。

III　遺言の執行

遺言にはいろいろの内容のものがあり、何ら執行の問題が生じない遺言（たとえば共同相続人間の担保責任に関する別段の定め）もあれば、遺言内容を

実現するために行為を要するものもある。この遺言の内容を実現する行為を遺言執行といい、その職務を遂行する者として民法は遺言執行者を置いている。

1 遺言書の検認

遺言執行の準備手続として、遺言書の検認をしなければならない。遺言書の保管者または遺言書を発見した相続人は、相続開始を知った後または遺言書を発見した後、遅滞なく遺言書を家庭裁判所に提出して検認を得なければならない（民1004条1項）。公正証書遺言（民969条、969条の2）は検認の必要がない（民1004条2項）。封印のある遺言書は、家庭裁判所において相続人またはその代理人の立会いがなければ開封できない（民1004条3項）。

遺言書の検認を申し立てるには、戸籍を調べて全相続人を呼び出せるようにしなければならない（家審規123条）。全員の呼び出しをした後、審判期日に出席した相続人の立会いのもとに、封印された遺言を開封し、遺言の内容を確認し、遺言書の保管者または発見者にはその状況を聞き、立ち会った関係者には遺言書に関する意見を聴き、調書を作成して終わる。検認の性質は検証であって、遺言書の真否、有効、無効とは全く関係ない。検認済みの遺言書は、たとえ紛失しても検認調書の遺言書で執行することができるし、登記には検認を要するものと解されている。

特別方式の遺言にも検認は必要で、確認審判（民976条4項・5項、979条3項・4項）を得た遺言も同様である。多くの遺言が発見されたときも、前後関係などにかかわりなく、存在する遺言については検認を得ておく必要がある。

検認手続を怠ると、5万円以下の過料に処せられる（民1005条）。

2 遺言執行者の就任と離任

遺言執行者は、遺言者の遺言による指定または指定の委託を受けた者の指定によって指定され（民1006条1項）、遺言執行者がないときまたはなくなっ

たときには、家庭裁判所の選任審判によって選任される（民1010条、家審9条1項甲類35号、家事別表第1の104項）。

遺言執行者は就職するかどうかの自由を有し、承諾した場合は直ちにその任務を行わなければならない（民1007条）。就職するかどうか不明であるときは、相続人その他の利害関係人は遺言執行者に指定されている者に対して相当の期間を定めて承諾するかどうか確答する旨を催告することができ、確答がないときは承諾したものとみなされる（民1008条）。

未成年者と破産者は、遺言執行者となることができない（民1009条）。法人、複数も可能であるし、受遺者でもよいというのが実務の扱いである。

遺言執行者は任務が終了すればその地位を離れるが、急迫の事情あるときは、相続人が事務を処理できるようになるまで必要な事務をしなければならない（民1020条、654条）。任務の途中、遺言執行者が任務を怠ったときその他正当の事由あるときは、利害関係人は家庭裁判所に解任を請求することができる（民1019条1項）。また、正当な事由があるときは、家庭裁判所の許可を得て、遺言執行者自ら辞任をすることができる（民1019条2項）。その正当事由があるときは、家庭裁判所は遺言執行者を解任しまたはその辞任を許可する（家審9条1項甲類37号、家事別表第1の106項および107項）。これによって遺言執行者はその職を離れる。

遺言執行者の選任にあたっては、遺言が無効であることが明らかでないかぎり、遺言執行者の選任を認めるべきであると解される（東京高決平成9・3・17家月49巻9号108頁）。また、遺言の内容が執行の余地のないものでないかぎり、請求があれば選任するべきである。相続させる旨の遺言についても常に執行がないというわけではなく、様々な事態がありうるのであるから、選任することが望ましい。

3 遺言執行者の地位、職務

遺言執行者の地位は、相続人の代理人とみなされている（民1015条）。遺言の内容を実現することが遺言執行者の任務であるから、相続人の利益のた

めに行動するわけではない。しかし、遺言執行者が遺言の内容を実現した結果は相続人がその効果を受けることになるから、相続人の代理人とされている。

　遺言執行者は、まず、遅滞なく、財産目録を調製して相続人に交付しなければならない（民1011条1項）。遺言執行者は、相続人から立会いの請求あれば相続人を立ち会わせ、公証人に作成させるよう請求されればそのようにしなければならない（民1011条2項）。遺言執行は相続人の利益に反することもあり、常に順調に目録作成事務が進捗するわけではない。相続財産捜索の権利義務（民1012条）があるとしても、強制力があるわけではないから、善管注意義務の範囲で調査した結果判明した範囲で調整するしかない。

　遺言執行者は、やむを得ない事由または遺言による許可がなければ、第三者にその任務を行わせることはできない（民1016条）。

　遺言執行者が数人あるときは、遺言に別段の定めのない限り執行は過半数で決するが、保存行為は各自行うことができる（民1017条）。

　遺言執行者は、相続財産の管理その他遺言の執行に必要な一切の行為をする権利を有し、義務を負う（民1012条1項）。具体的な内容は遺言内容によって異なる。またその範囲内において当事者適格を有する。

(1)　寄附行為

　定められた寄附行為のとおり財産法人を設立して主務官庁の許可を得、そして寄附財産を財団法人に帰属させなければならない（一般社団法人および一般財団法人に関する法律158条2項、164条2項）。遺言執行者が遺言による寄附行為に基づく寄附財産として管理する株式を法人名義に名義変更する行為は遺言執行であって、相続人はそれによって権利を失う旨の判決がある（最判昭和44・6・26民集23巻7号1175頁）。

(2)　認　　知

　遺言執行者は、認知（民781条2項）の届出をする義務がある（戸籍64条）。

(3)　相続人廃除

　遺言執行者は、相続人廃除の遺言が効力を生じた後、遅滞なく廃除の意思

表示のあった者を相手方として家庭裁判所に相続人廃除の申立てをし、審判手続を遂行しなければならない（民893条、家審9条1項乙類9号、家事別表第1の86項）。

(4) 遺 贈

　特定遺贈では、遺言執行者は、その特定遺贈の目的物を受遺者に引き渡し、登記を移転し、その他特定遺贈の箇所で述べた効果を実現する義務を負う。包括遺贈も同様に、その対象となっている財産を特定してこれを引き渡す義務を負う。

　目的物に関するかぎり相続人には管理処分権がない（民1013条）から、受遺者は、遺言執行者に対してのみ目的物の引渡しや登記請求をすることができ、相続人に対してはその履行を請求できず、したがって、履行請求訴訟の当事者適格も遺言執行者にあるというのが判例であり、

　　「遺言の執行について遺言執行者が指定されまたは選任された場合においては、遺言執行者が相続財産の、または遺言が特定財産に関するときはその特定財産の管理その他遺言の執行に必要な一切の行為をする権利義務を有し、相続人は相続財産ないしは右特定財産の処分その他遺言の執行を妨げるべき行為をすることはできないこととなるのであるから（民法1012条ないし1014条）、本訴のように、特定不動産の遺贈を受けた者がその遺言の執行として目的不動産の所有権移転登記を求める訴において、被告としての適格を有する者は遺言執行者にかぎられるのであつて、相続人はその適格を有しないものと解するのが相当である（大審院昭和14年(オ)第1093号、同15年2月13日判決、大審院判決全集7輯16号4頁参照）。

　　　してみると、本件の遺言について、遺言執行者が存在するものであるならば、原審としては、本訴は被告の適格を欠く者に対する訴としてこれを却下すべきものであつたものといわなければならず、前記のように、遺言執行者の存在することを窺うに足りる証拠が存在するのに拘らず、これを顧慮しないで本案の判断をした原判決には、職権によつて調査す

べき当事者適格に関する事項に関し審理を尽さなかつた違法があるから、論旨について判断を加えるまでもなく、原判決は破棄を免れない。そして、本件については、右遺言執行者の存否についてさらに審理を尽し、これを確定させるのを相当とするから、原審に差し戻すべきものとする」

と判示している（最判昭和43・5・31民集22巻5号1137頁）。当事者適格があるということは、代理人として行動するわけではないから、一種の法定訴訟担当ということになる。では誰の訴訟担当者か。特定遺贈の対象物について相続登記を経た相続人の訴訟担当者ということになるのであろう。そうであれば、遺言執行者の受けた判決の効力は、有利にも不利にも相続人に及ぶことになり（民訴115条1項2号）、執行力も及ぶため（民執23条1項2号）、受遺者は承継執行文を得て（民執27条2項）、対象物の引渡しや登記請求が可能となる（三谷・民執講義2版56頁）。ただし、遺言執行者が改めて相続人を被告に登記を被相続人に戻す訴訟を提起し、遺言の執行として受遺者に登記を移転する、との見解（高橋宏志・重点講義民事訴訟法上242頁）もあれば、すでに移転登記がされていれば相続人である登記名義人に被告適格を認めるべきであるとする説（新堂幸司・新民事訴訟法3版270頁以下）もある。判例は、反対に相続人から遺贈による所有権移転登記の抹消を求める場合には、抹消登記義務者は受遺者であって遺言執行者ではないことを理由に、被告適格者は受遺者であると解している（最判昭和51・7・19民集30巻7号706頁）。

受遺者は、相続人や第三者に対して所有権に基づく妨害排除請求を求めること（訴訟または仮処分を含む）は可能であり、遺言執行者が受遺者の代理人として仮処分申請することもできる（最判昭和30・5・10民集9巻6号657頁）。

相続人は、遺言執行者を被告として遺言無効確認の訴えまたはそれを主張して共有持分権確認の訴えを提起することができる（最判昭和31・9・18民集10巻9号1160頁）。このような場合を考えると、条文どおりに遺言執行者を相続人の代理人と解することはできなくなる。なぜなら、原告と被告とが同一人となって、訴訟は当然終了してしまうからである。なお、受遺者を被告と

することも可能と考える。

　目的不動産に相続人や第三者の登記がされ、あるいはその占有下にあるとき、遺言執行者が抹消請求、引渡請求の当事者適格を有し、相続人や第三者に訴えを提起することができる。まさに、遺言執行者の職責そのものである。

　また、包括遺贈の遺留分減殺は、遺言執行者に対してもできるというのが判例である（大判昭和13・2・26民集17巻275頁）。この場合に、判例は、包括受遺者は相続人と同一の権利義務を有するから（民990条）、遺言執行者は包括受遺者の代理人であると表現している。

(5)　相続分指定または遺産分割方法の指定

　相続人死亡と同時に相続分指定どおりの相続分となり、また分割方法の指定どおりの分割がされ、かつ、目的物件の取得者への移転登記は相続人が単独でできるとされているので、遺言の執行という問題は生じないと解されている。

　その後、最高裁は、特定不動産を特定の相続人に相続させる旨の遺言がある場合には、その相続人は単独で登記申請をすることができ、遺言執行者は遺言の執行としての登記手続義務を負わない、として、

　「本件遺言により上告人に本件各不動産の遺贈があったとは解されないとした原審の判断は、原判決挙示の証拠関係に照らし、正当として是認することができる。原審の適法に確定したところによれば、本件遺言は、本件各不動産を相続人である上告人に相続させる旨の遺言であり、本件遺言により、上告人は甲野松夫の死亡の時に相続により本件各不動産の所有権を取得したものというべきである（最高裁平成元年(オ)第174号同3年4月19日第二小法廷判決・民集45巻4号477頁参照）。そして、特定の不動産を特定の相続人甲に相続させる旨の遺言により、甲が被相続人の死亡とともに相続により当該不動産の所有権を取得した場合には、甲が単独でその旨の所有権移転登記手続をすることができ、遺言執行者は、遺言の執行として右の登記手続をする義務を負うものではない。」

と判示し（最判平成7・1・24判時1523号81頁）、遺言によって特定の相続人に

相続させるものとされた特定の不動産についての賃借権確認請求訴訟では遺言執行者は被告適格を有しないとして、

「特定の不動産を特定の相続人に相続させる趣旨の遺言をした遺言者の意思は、右の相続人に相続開始と同時に遺産分割手続を経ることなく当該不動産の所有権を取得させることにあるから（最高裁平成元年(オ)第174号同3年4月19日第二小法廷判決・民集45巻4号477頁参照）、その占有、管理についても、右の相続人が相続開始時から所有権に基づき自らこれを行うことを期待しているのが通常であると考えられ、右の趣旨の遺言がされた場合においては、遺言執行者があるときでも、遺言書に当該不動産の管理及び相続人への引渡しを遺言執行者の職務とする旨の記載があるなどの特段の事情のない限り、遺言執行者は、当該不動産を管理する義務や、これを相続人に引き渡す義務を負わないと解される。そうすると、遺言執行者があるときであっても、遺言によって特定の相続人に相続させるものとされた特定の不動産についての賃借権確認請求訴訟の被告適格を有する者は、右特段の事情のない限り、遺言執行者ではなく、右の相続人であるというべきである。」

と職権判断し（最判平成10・2・27民集52巻1号299頁）、さらに、遺言執行者に原告適格を認めた事案では、

「1　特定の不動産を特定の相続人甲に相続させる趣旨の遺言（相続させる遺言）は、特段の事情がない限り、当該不動産を甲をして単独で相続させる遺産分割方法の指定の性質を有するものであり、これにより何らの行為を要することなく被相続人の死亡の時に直ちに当該不動産が甲に相続により承継されるものと解される（最高裁平成元年(オ)第174号同3年4月19日第二小法廷判決・民集45巻4号477頁参照）。しかしながら、相続させる遺言が右のような即時の権利移転の効力を有するからといって、当該遺言の内容を具体的に実現するための執行行為が当然に不要になるというものではない。

2　そして、不動産取引における登記の重要性にかんがみると、相続さ

せる遺言による権利移転について対抗要件を必要とすると解すると否とを問わず、甲に当該不動産の所有権移転登記を取得させることは、民法1012条1項にいう『遺言の執行に必要な行為』に当たり、遺言執行者の職務権限に属するものと解するのが相当である。もっとも、登記実務上、相続させる遺言については不動産登記法27条〔＝現行の不動産登記法63条2項〕により甲が単独で登記申請をすることができるとされているから、当該不動産が被相続人名義である限りは、遺言執行者の職務は顕在化せず、遺言執行者は登記手続をすべき権利も義務も有しない（最高裁平成3年(オ)第1057号同7年1月24日第三小法廷判決・裁判集民事174号67頁参照）。

　しかし、本件のように、甲への所有権移転登記がされる前に、他の相続人が当該不動産につき自己名義の所有権移転登記を経由したため、遺言の実現が妨害される状態が出現したような場合には、遺言執行者は、遺言執行の一環として、右の妨害を排除するため、右所有権移転登記の抹消登記手続を求めることができ、さらには、甲への真正な登記名義の回復を原因とする所有権移転登記手続を求めることもできると解するのが相当である。この場合には、甲において自ら当該不動産の所有権に基づき同様の登記手続請求をすることができるが、このことは遺言執行者の右職務権限に影響を及ぼすものではない。

　3　したがって、一審原告は、新遺言に基づく遺言執行者として、一審被告○○に対する本件訴えの原告適格を有するというべきである。」
と判示している（最判平成11・12・16民集53巻9号1989頁）。これらの判決をながめると、遺言の執行の範囲がもちろん決め手になるが、実務上は、かなり困難な判断を強いられることになろう（丹野達「遺言執行者についてのある考察」法曹時報55巻10号2541頁以下参照）。

　ところで、そもそも、遺言執行とは遺言の内容を実現するための義務の履行に限られるのかどうかという問題があるのではなかろうか。条文の文言どおり、相続人の代理人として遺言の内容を実現する権利を有するという解釈

は成り立ちえないのであろうか。相続させる旨の遺言によって物件を取得しながら登記がなされないままほっておかれるという事態を目にするにつけ、遺言執行者を選任し遺言のされた状態を実現しようとした遺言者の意思に反するのではないか、また取引の安全を害するのではないかという疑問が生じる。

(6) 遺言執行の費用

相続財産の負担とされている（民1021条）。財産目録調整費用、登記手続費用、訴訟費用、遺言執行者の報酬などが含まれる。相続人の有限責任で、執行費用が相続財産を超えるときは、執行によって利益を受ける者が費用を支払わない限り執行できないことになる（新注民(28)補訂385頁）。

Ⅳ 遺言の撤回・取消し

遺言の撤回というのは、将来に向かって遺言の効力発生を阻止させることである。遺言は、原則として自由に撤回できる。なぜなら、遺言は遺言者の最終意思を尊重しようとするものであるから、気が変わったら撤回できるようにしておかなければならないし、相手方のない単独行為であるから相手方を害することもないからである。この自由を確保するため遺言の撤回権を放棄することは禁じられている（民1026条）。

遺言者は、いつでも、遺言の方式に従って、その遺言の全部または一部を撤回することができる（民1022条）。撤回される遺言と同一方式でなくともよいので、公正証書遺言を自筆証書遺言で撤回することができる。「撤回する」という文言を使用してなくとも撤回することがわかればよいとされている。撤回により遺言はその効力の発生を阻止される。

前の遺言と後の遺言とが抵触する場合には、抵触する部分については、後の遺言で前の遺言を撤回したものとみなされる（民1023条1項）。また、遺言者が遺言後に遺言の内容と抵触する生前処分その他の法律行為をしたときは、遺言は抵触する部分について撤回したものとみなされる（民1023条2項）。た

とえば「土地・建物は一郎に相続させる」との遺言作成後、「土地・建物は松子に相続させる」という遺言を作成したときは、一郎に相続させる方の遺言は撤回したものとみなされ、「土地・建物は一郎に相続させる。マンションは二郎に相続させる」という遺言作成後、マンションを売却したときは、二郎に相続させるという部分の遺言は撤回したものとみなされることになる。

　前後抵触する遺言の案件は、割合と多いものである。いくつもの遺言がでてきて、解釈に困難を来すこともある。たとえば太郎さんが「私の遺産は皆で均等に分けてください」という遺言をした後、「土地・建物は一郎に相続させる」という遺言をしたとき、後の遺言で前の遺言の相続分指定を一部撤回したのかどうか、なかなか難しい解釈問題となるであろう。判例には、遺言によって寄付行為をした後に遺言を撤回することなく生前に別の寄付行為をして主務官庁の許可を得る前に死亡した事案で、遺言が撤回されたとみなされるためには主務官庁の許可も得て財団が設立されたことを要するから、いまだ抵触するに至っていないというもの（最判昭和43・12・24民集22巻13号3270頁）、終生扶養を受けることを前提として養子縁組をしたうえ、不動産の大半を養子に遺贈した遺言者が後に受遺者と離縁したときは、遺言と抵触する生前の法律行為があったものとして撤回を認めたもの（最判昭和56・11・13民集35巻8号1251頁）などがある。

　遺言者が故意に遺言書を破棄したとき、故意に遺贈の目的物を破棄したときも破棄した部分について遺言を撤回したものとみなされる（民1024条）。破棄とは、物理的破棄の他、遺言書を抹消して内容を識別できない程度にすることを含む（中川＝泉・3版591頁）。故意とは、遺言書であることを認識し、遺言書を破棄することを認識認容していることで、撤回の意思がなくても撤回とみなされることがあるといわれる。

　遺言の方式による撤回、抵触する遺言または生前行為による撤回、破棄による撤回によって撤回された遺言は、撤回した行為が取り消されたり、効力を生じなくなったりしても撤回されたままで、効力を回復することはない（民1025条本文）。ただし、撤回が詐欺または強迫によるときは、撤回が効力

を失って、遺言が効力を有することになる（民1025条但書）。

　遺言者が、まず甲遺言をし、次に乙遺言により甲遺言を撤回し、丙遺言によって乙遺言を撤回したうえ、甲遺言を有効とするという遺言を作成したとき、「遺言を遺言の方式に従って撤回した遺言者が、更に右撤回遺言を遺言の方式に従って撤回した場合において、遺言書の記載に照らし、遺言者の意思が原遺言の復活を希望するものであることが明らかなときは、民法1025条但書の法意にかんがみ、遺言者の真意を尊重して原遺言の効力の復活を認めるのが相当と解され」ている（最判平成9・11・13家月50巻4号87頁）。

　負担付き遺贈を受けた者がその負担した義務を履行しないときは、相続人は、相当の期間を定めてその履行を催告し、もしその期間内に履行がないときは、遺言の取消しを家庭裁判所に請求することができる（民1027条、家審9条1項甲類38号、家事別表第1の108頁）。

　なお、前掲最判平成9・11・13の事案のように、遺言が数多くでてきて遺言者の真意が不明になるケースが今後ますます増えていくことであろう。高齢化社会の到来とともに、親の面倒をみたものが相続するという対価相続意識が顕著であって、諸子均分相続よりも被相続人の意思を優先する解釈をするのが実情に合うという指摘がある（新注民(27)203頁）。その意思の確実さあるいは正しさのチェックが必要ではないかという傾聴すべき意見もあり（伊藤昌司・平成8年度重要判例解説90頁）、遺言時代を迎え、今後そのあるべき方向を検討しなければならないといえるであろう。

Ⅴ　事例について

　一郎、松子、竹子に関する部分は相続させる旨の遺言、一夫、松男に対する部分は遺贈である。

　相続させる旨の遺言は受益相続人が単独で登記できるので、遺言執行者には登記義務も権利もないが、他人名義になっているなど、登記に支障あるときには遺言執行者の権限があるというのが判例であるから、Zに対する登記

抹消請求をすることができ、その訴訟について当事者適格があることになろう。しかし、引渡しについては、遺言執行者の任務にではないと解されているから、Yに対する引渡請求訴訟、預金の確認請求などは、遺言執行の範囲でなく、したがって当事者適格もないことになると思われるが、はなはだはっきりしない分野である。

〔演習問題〕

太郎の遺言は以下のとおり。「甲野一子を認知する。長男一郎を廃除する。全財産を○○学園に寄付する」。

遺言執行者は何をしたらよいか。長女松子は、遺言無効確認および遺留分減殺請求をする場合、被告適格は誰か。

第24章　遺留分

I　事例

● 事例 ●

　太郎は、農業を営んでいたが、跡を継ぐ子はいないと思い、順次農地を分けていくことにした。昭和40年長男一郎に甲土地を、同45年乙土地を長女松子に、同48年丙土地を次男二郎に、同51年丁土地を次女竹子に、同60年戊土地を四男四郎に、平成2年己土地を三女梅子に、それぞれ贈与した。平成10年太郎は、五男五郎に庚土地を死因贈与するとともに、四女鶴子にマンション1戸を相続させる旨の遺言をした。三男三郎は太郎と折り合いが悪かったので何も贈与されていない。また、太郎には400万円の預金が残った。太郎は死亡し、相続人は、一郎、二郎、三郎、四郎、五郎、松子、竹子、梅子、鶴子、である。

〔相続開始時の価額〕

甲土地	1億円
乙	6,000万円
丙	5,000万円
丁	4,000万円
戊	3,000万円
己	2,000万円
庚	1,000万円
マンション	500万円
残余財産預金	400万円

各相続人はどのような主張ができるか。

II 設問

1 各相続人の遺留分額はいくらか。
2 各相続人の遺留分侵害額はいくらか。
　残余財産の扱い方について述べよ。
3 遺留分減殺の順序について述べよ。
4 遺留分減殺の限度について述べよ。
5 遺留分減殺の対象となった財産の状態について述べよ。
6 価額弁償の性質について述べよ。

III 遺留分制度

　私有財産制のもとでは私有する財産の処分は原則として自由である。しかし、被相続人がその所有する財産を全部処分してしまうとその財産を生活の基盤としていた相続人は生活できなくなる。また、全く相続人に承継されるだけとすると被相続人の財産処分の自由を奪うことになる。こうして、被相続人の財産処分の自由と財産を家族に遺さなければならないという要請の妥協として遺留分制度が存在する。

　沿革的にみると、遺留分にはローマ法系とゲルマン法系がある。ローマ法系は、遺言の自由が絶対的に認められていたところ、その修正として家族のために一部を遺す義務を認められたという義務分であり、ゲルマン法系は、財産は家に固着されていたところ、一部が家長の自由処分部分と認められてきたという遺留分であるといわれる（中川＝泉・3版599頁）。そして、日本の民法は、そのうちゲルマン法系を継受している（高木・口述514頁）。

　その構造は、法定相続人に対し一定割合の遺留分を認めて相続財産そのものの取り戻しを認めるというものである。しかし、遺留分を害する遺贈や生前贈与も当然に無効なのではなく、減殺請求権を行使してはじめて無効とな

り、財産が取り戻せることになる。また、価額弁償も許され、この点では、ゲルマン法系の修正がされているといわれている。

　現実の遺留分減殺関係訴訟の実体は、というと、ほとんどが相続人間の争いである。被相続人は、遺言もしくは生前贈与により相続人の一部に対して相当程度大幅な財産の譲渡をすることがある。その趣旨は、1つは親の面倒をみた子に財産のほとんどを残そうというもの、他の1つは家産を分割されないようにしようというものである。そこで、遺留分減殺関係訴訟は、被相続人の意思を尊重するか、相続人間の平等を尊重するかという争いになる。遺言が合理的であれば、被相続人の意思の尊重に重点をおく解釈でよいのであるが、現実はなかなかそうともいえず、相続人間の平等もまた重視しなければならない。遺言の普及とともに、ますますこの対立は深まることであろう。その間にあって、われわれは適切な解決がなされるよう考えなければならない。

Ⅳ　抽象的遺留分

　遺留分割合は、次のように算定する（民1028条、1044条、900条）。遺留分の規定は強行法規であるので、抽象的遺留分は法定遺留分しかない。また、下記のとおり、遺留分を有するのは相続人だけであるから、包括受遺者は遺留分を有しない。

1　配偶者等がいる場合

　相続人が配偶者と子（代襲相続人を含む）であるとき、配偶者と直系尊属であるとき、配偶者のみであるとき（配偶者と兄弟姉妹が法定相続人であるときを含む）、子（代襲相続人を含む）のみであるとき、全相続財産の2分の1が全相続人のための遺留分として確保される（民1028条2号）。各相続人の遺留分割合は、2分の1のうちの法定相続分割合となる。

　被相続人太郎が遺言を残して死亡したとき、花子、一郎、二郎、松子の遺

留分は全体で2分の1である。各自の遺留分割合は、妻である花子が2分の1の2分の1で4分の1、子どもたちは、一郎、二郎、松子がそれぞれ2分の1（遺留分全体）の2分の1（子全体）の3分の1（子の1人分）で12分の1となる。

　配偶者のみが相続人であるときは、配偶者の遺留分は2分の1の1倍で2分の1である。

2　相続人が直系尊属のみの場合

　相続人が直系尊属のみであるとき、全相続財産の3分の1が遺留分全体の割合である（民1028条1号）。直系尊属各自の遺留分割合は、それに各自の法定相続分割合をかけたものである。

3　兄弟姉妹

　兄弟姉妹には遺留分はない（民1028条柱書）。

V　遺留分侵害額

　上記の抽象的相続分に基づき、次に各相続人の具体的遺留分（相続分と同様の用語を使用してみようと思う）を算出する。
　具体的遺留分は、相続分指定に対する遺留分減殺の場合と、遺贈に対する遺留分減殺とでは計算方法が異なる。便宜上相続分指定に対する具体的遺留分の算定から説明していこう。

1　相続分指定が遺留分を侵害するとき

　相続分指定が遺留分を侵害する場合には、相続分指定に対する遺留分減殺ができる（902条但書）。遺留分減殺すると、侵害されていた相続分（共有持分）が減殺者に移転する。
　たとえば、太郎は、「一郎の相続分を100パーセントとする」という遺言を

したとき、その他の相続人は、抽象的相続分に一致する相続分について遺留分減殺ができる。

　　　抽象的遺留分　　花子（妻）　　1/2×1/2＝1/4
　　　　　　　　　　　二郎　　　　　1/2×1/2×1/3＝1/12
　　　　　　　　　　　松子　　　　　1/2×1/2×1/3＝1/12

「一郎の相続分を4分の3と指定する」という遺言のとき、具体的遺留分は以下のとおりとなる。

　　　各自の指定相続分　花子　　1/4×1/2＝1/8
　　　　　　　　　　　　二郎　　1/4×1/2×1/2＝1/16
　　　　　　　　　　　　松子　　1/4×1/2×1/2＝1/16
　　　抽象的遺留分　　　花子　　1/2×1/2＝1/4
　　　　　　　　　　　　二郎　　1/2×1/2×1/3＝1/12
　　　　　　　　　　　　松子　　1/2×1/2×1/3＝1/12

この場合は、抽象的相続分が同時に具体的相続分になる。

　　　遺留分侵害額　　　花子　　1/4－1/8＝1/8
　　　　　　　　　　　　二郎　　1/12－1/16＝1/48
　　　　　　　　　　　　松子　　1/12－1/16＝1/48

全員が遺留分減殺すると、その相続分は、花子1/4、一郎7/12、二郎1/12、松子1/12となる。そのうえで、特別受益の持戻しと寄与分により具体的相続分が算定され遺産分割がなされる（したがって、民1029条および民1030条は適用されない）。

2　遺贈が遺留分を侵害するとき

遺贈に対する遺留分は、被相続人が相続開始の時に有した財産の価額にその贈与した財産の価額を加え、その中から債務の全額を控除してその額に法定相続分を乗じて算定する（民1029条1項）。遺贈、相続させる旨の遺言の目的物の価額も含む。条件付き権利または存続期間の不確定な権利は、家庭裁判所が選定した鑑定人の評価に従ってその価格を決める（民1029条2項）。算

定に加えるべき贈与は、第三者に対してしたものは相続開始前1年内のものあるいは当事者双方が遺留分権利者に損害を加えることを知ってしたもの（民1030条）、共同相続人の場合は特別受益に該当する全贈与である（民1044条、903条）。持戻し免除の意思表示は、遺留分算定にあたっては考慮されない。

寄与分の規定の準用がないので、寄与分は主張できない（民1044条）。訴訟に非訟事件の寄与分を持ち込むことはできないし、寄与分について勘案できないことが必ずしも不当な結果をもたらすとまではいえないからである。相続分指定に対する遺留分減殺の場合は、遺産分割手続において寄与分の主張をすることができる。

遺留分額算定のための財産評価の基準時は、相続開始時である。相続財産、遺贈の目的財産、生前贈与、債務いずれも相続開始時によるので、相続開始時に遺留分、遺留分侵害額、そして目的物の上に存する遺留分の実体的な割合も相続開始時の時点で確定することになる。評価方法は、遺産分割の際と同様である。

(1) 「一郎に対し全財産を遺贈する」との遺言がある場合

「一郎に対し全財産を遺贈する」との遺言があるとき、生前贈与額を加え、債務の全額を控除して算出された額（民1029条）に抽象的遺留分を乗じる。

① 太郎の相続開始時の財産の合計額が6,000万円、一郎に対する生前贈与の相続開始時の価額が600万円であるとして計算をしてみよう。

6,000万円＋600万円＝6,600万円……遺留分算定の基礎となる財産
6,600万円×1/4＝1,650万円……花子の具体的遺留分
6,600万円×1/12＝550万円……二郎の具体的遺留分
6,600万円×1/12＝550万円……松子の具体的遺留分

全部包括遺贈では相続によって他の相続人が取得する財産がないから、具体的遺留分が同時に遺留分侵害額になる。

② さらに債務もあるのであるから、次のように考える。債務を3,000万円とする。

6,000万円＋600万円－3,000万円＝3,600万円……遺留分算定の基礎
　　　　　　　　　　　　　　　　　　　　　　　　　　となる財産
　　3,600万円×1/4＝900万円……花子の遺留分
　　3,600万円×1/12＝300万円……二郎の遺留分
　　3,600万円×1/12＝300万円……松子の遺留分
　債務がある場合のこの計算方法は、債務を差し引いた純粋な利益をこの額だけ遺留分権利者に確保しようとするものであるから、遺留分権利者が債務を負担した場合には、負担した債務額を加算しなければならないとの考えに基づけば、債務を法定相続分によって負担するとすれば松子の遺留分侵害額は300万円＋3,000万円×1/6＝800万円となる（最判平成8・11・26民集50巻10号2747頁）。

　(2) 「一郎に土地建物および株式全部を遺贈する」との遺言がある場合
　　(ｱ) 残余の遺産がある場合
　「一郎に土地建物及び株式全部を遺贈する」との遺言があり、残余の遺産があるときはどうなるのか。
　太郎の相続開始時の財産の合計額が6,000万円、土地建物の価額が4,000万円、株式の価額が1,000万円であるとして、民法1029条の定める計算方法をしてみる。
　各自の具体的遺留分は、
　　6,000万円×1/4＝1,500万円……花子
　　6,000万円×1/12＝500万円……二郎
　　6,000万円×1/12＝500万円……松子
　各自の具体的相続分
　　6,000万円×1/2＝3,000万円……花子
　　6,000万円×1/6＝1,000万円……二郎
　　6,000万円×1/6＝1,000万円……松子
　　6,000万円×1/6－4,000万円＝－3,000万円……一郎は0円
　各自の遺産分割による取得分は、遺産分割の対象財産が6,000万円－

(4,000万円＋1,000万円)＝1,000万円であるから、以下のようになる。

　　1,000万円×3,000/(3,000＋1,000＋1,000)＝600万円……花子

　　1,000万円×1,000/(3,000＋1,000＋1,000)＝200万円……二郎

　　1,000万円×1,000/(3,000＋1,000＋1,000)＝200万円……松子

各自の遺留分侵害額

　　1,500万円（具体的遺留分）－600万円＝900万円……花子

　　500万円－200万円＝300万円……二郎

　　500万円－200万円＝300万円……花子

　　(イ)　残余の遺産があり、かつ、一郎に600万円の生前贈与がある場合

各自の具体的遺留分

　　6,600万円×1/4＝1,650万円……花子

　　6,600万円×1/12＝550万円……二郎

　　6,600万円×1/12＝550万円……松子

各自の具体的相続分

　　6,600万円×1/2＝3,300万円……花子

　　6,600万円×1/6＝1,100万円……二郎

　　6,600万円×1/6＝1,100万円……松子

　　6,600万円×1/6－4,600万円＝－3,500万円……一郎は0円

遺産分割の対象財産は6,000万円－(4,000万円＋1,000万円)＝1,000万円であるから、各自の遺産分割による取得分は、以下のようになる。

　　1,000万円×3/5＝600万円……花子

　　1,000万円×1/5＝200万円……二郎

　　1,000万円×1/5＝200万円……松子

各自の遺留分侵害額（＝具体的遺留分－遺産分割による取得分）

　　1,650万円－600万円＝1,050万円……花子

　　550万円－200万円＝350万円……二郎

　　550万円－200万円＝350万円……松子

(ウ) 残余の遺産があり、かつ、一郎に600万円の生前贈与があって、3,000万円の債務もある場合

各自の具体的遺留分

　(6,600−3,000) 万円×1/4＝900万円……花子

　(6,600−3,000) 万円×1/12＝300万円……二郎

　(6,600−3,000) 万円×1/12＝300万円……松子

各自の具体的相続分

　6,600万円×1/2＝3,300万円……花子

　6,600万円×1/6＝1,100万円……二郎

　6,600万円×1/6＝1,100万円……松子

　6,600万円×1/6−4,600万円＝−3,500万円……一郎は0円

遺産分割の対象財産は6,000万円−(4,000＋1000) 万円＝1,000万円であるから、各自の遺産分割による取得分は、以下のようになる。

　1,000万円×3,300万円/(3,300＋1,100＋1,100) 万円＝600万円……花子

　1,000万円×1,100万円/(3,300＋1,100＋1,100) 万円＝200万円……二郎

　1,000万円×1,100万円/(3,300＋1,100＋1,100) 万円＝200万円……松子

各自の遺留分侵害額（＝具体的遺留分−遺産分割による取得分）は、債務を一郎が全額負担したときには、

　900万円−600万円＝300万円……花子

　300万円−200万円＝100万円……二郎

　300万円−200万円＝100万円……松子

となり、3000万円の債務を各相続人が相続分に応じて支払ったときの各自の遺留分侵害額は、

　900万円−600万円＋1,500万円（債務額）＝1,800万円…花子

　300万円−200万円＋500万円＝600万円……二郎

　300万円−200万円＋500万円＝600万円……松子

となる。

(3) 遺産分割すべき財産が残っている場合の問題

以上のように遺贈によって全財産が割り付けられていない場合、つまり、遺産分割すべき財産が残っている場合には、遺留分権利者が相続開始時の被相続人の財産を取得しうる額をどう算定するかという困難な問題を生じる。具体的相続分が実体的権利であって、これによって算定すべきであると考えると、特別受益を算入することは、遺留分侵害額の算定と同様であるから可能であるが、寄与分は、遺産分割が終了しない限り未定であるから、寄与分が確定しない限り算定は不可能である。法定相続分が実体的権利であると考えると、残余遺産に法定相続分を乗じる方法によって算出できるので、遺留分侵害額の算定は可能であるが、遺産分割においてどう調整するかという難問が生じる。

(ア) 寄与分の額が明らかな場合

まず、寄与分の額が明らかな場合の遺留分侵害額算定方法を、以上と同様の方法によって行ってみよう。

太郎が土地・建物およびマンションを遺して死亡し、相続人は、妻花子、子どもの一郎・二郎・松子である。土地の相続開始時の時価は3,000万円、建物は1,000万円、マンションは2,000万円、一郎の特別受益額が600万円、松子の寄与分が300万円で、「土地・建物を一郎に相続させる」との遺言がある。

遺産分割におけるみなし相続財産の額

　3,000万円＋1,000万円＋2,000万円＋600万円－300万円＝6,300万円

具体的相続分

　6,300万円×1/2＝3,150万円……花子

　1,050万円－4,000万円－600万円＝－3,350万円……一郎 0円

　6,300万円×1/6＝1,050万円……二郎

　1,050万円＋300万円＝1,350万円……松子

各自の遺産分割による取得分（マンションのみ分割の対象となる）

　2,000万円×3,150万円/(3,150＋1,050＋1,350) 万円＝1,135万円……花子

2,000万円×1,050万円/(3,150+1,050+1,350)万円＝378万円……二郎
2,000万円×1,350万円/(3,150+1,050+1,350)万円＝487万円……松子
　みなし相続財産の額は、3000万円＋1000万円＋2000万円＋600万円＝6600万円であるから、各自の遺留分額は、
　　6,600万円×1/4＝1,650万円……花子
　　6,600万円×1/12＝550万円……二郎
　　6,600万円×1/12＝550万円……松子
となり、各自の遺留分侵害額は、以下のようになる。
　　1,650万円－1,135万円＝515万円……花子
　　550万円－378万円＝172万円……二郎
　　550万円－487万円＝63万円……松子
以上の侵害額を目的物の価額に応じて減殺することになる。

　　(イ)　寄与分の額が未定の場合
　寄与分の額が未定であるときは、第18章Ⅵ3（345頁）において論じたように、最も正しいのは、その額の確定をまって遺留分侵害額を算定することである。しかし、遺留分権利者に特別受益がなければ法定相続分または特別受益のみを考慮した残余財産の分配あるものとして遺留分侵害額を計算することは許されよう（後に遺産分割で調整される得ることが前提である）。しかし、遺留分権利者に特別受益があるときは、多く減殺される可能性があるので、少なくとも特別受益を考慮した残余財産の分配を計算するべきである。なお存在する矛盾を遺産分割で調整できるか、あるいはできないかにより、遺留分減殺を待つかどうかが決まってくる。

3　相続させる旨の遺言が遺留分を侵害するとき

　相続させる旨の遺言が遺産分割方法の指定の性質を有するものであることは最高裁判例の述べるところであり、同時に遺留分減殺が可能であることも同判決の述べるところである（前掲最判平成3・4・19）。しかし、遺留分減殺を定める民法の規定は、遺贈と贈与に対する遺留分減殺を定めるのみであっ

て、遺産分割方法に対するものはない。そこで、まず、遺留分減殺が認められるのかどうかが問題とされうる。もし、相続させる旨の遺言に相続分指定が含まれるとするなら、その相続分指定を民法902条によって減殺すればよいのであって、問題は少ない。しかし、これが含まれないのであれば、解釈の問題が出てくる。最高裁の判例理論によれば、相続させる旨の遺言によって目的とされた財産は遺言の効力が発生したときに受益相続人に移転するのであるから、その限度ではあるが遺贈に類似する。よって、遺贈に対する遺留分減殺を認めた規定を類推することによって、相続させる旨の遺言に対する遺留分減殺を認めることができるであろう。これは、最判平成10・2・26民集52巻1号724頁の「特定の遺産を特定の相続人に相続させる趣旨の遺言による当該遺産の相続が遺留分減殺の対象となる場合においても、以上と同様に解すべきである」との趣旨にも合致する。遺留分は相続人の最後の砦であって、これを認めることは相続法上の強い要請である。妥当性もある（この解釈は相続させる旨遺言に相続分指定が含まれないことと結びつく）。

したがって、遺贈について述べたことはすべて、相続させる旨の遺言について妥当する。

① 「土地・建物は一郎に相続させる」旨の遺言があり、この遺言により土地・建物は相続財産から逸出し、遺産分割の対象とならない、という考え方に立つと、前述の遺贈と全く同じになる。

② 「遺産は全部一郎に相続させる」旨の遺言があり、この遺言により全遺産が相続財産から逸出して遺産分割の対象とならない、という考え方に立つと、全部包括遺贈を特定遺贈の集合と解する場合と全く同じになる。2(1)①において計算したとおり、遺留分額は花子1,650万円、二郎および松子は各自550万円で、同時にこれが遺留分侵害額になるから、これを目的物の価額に応じて減殺することになる。

③ 「土地・建物は一郎に、マンションは二郎に相続させる」旨の遺言（いわゆる全部割付相続させる旨の遺言）があり、この遺言により全遺産が相続財産から逸出し、遺産分割の対象とならない、という考え方に立

つと、遺贈と同じになる。2(1)①において計算したとおり、遺留分額は花子1,650万円、松子は550万円で、同時にこれが遺留分侵害額になるから、これを目的物の価額に応じて減殺することになる。

④　純粋に一部分割と考え、遺言の対象となった物は相続財産から逸出するのではないと考えると、相続分指定がない場合は、一部分割がされた後の遺産分割と同じであるから、具体的相続分による調整をすれば足りるので、遺留分を侵害することはない（「第18章　遺産分割　Ⅵ　いわゆる相続させる旨の遺言がある場合」参照）。

相続分指定があると考えると、「土地・建物は一郎に相続させる」旨の遺言の相続分指定の内容は、次のようになる。

　　指定相続分
　　　4,000万円/6,000万円＝2/3……一郎
　　　(1−2/3)×1/2＝1/6……花子
　　　(1−2/3)×1/2×1/2＝1/12……二郎
　　　(1−2/3)×1/2×1/2＝1/12……松子

花子の遺留分侵害額は、1/2×1/2−1/6＝1/12であり、二郎と松子は遺留分侵害はない。

花子が遺留分減殺請求をすると、花子1/4、一郎7/12、二郎1/12、松子1/12の抽象的相続分基づき具体的相続分を算出し、それにより遺産分割される。

4　遺留分侵害額の算定方法

さて、以上をまとめて遺留分侵害額の算定方法を述べると、以下のとおりである（最判平成10・2・26民集52巻1号724頁についての判時1635号57頁のコメント参照）。

ⓐ　相続開始時に有した財産を確定し、評価額を出す（評価基準時は相続開始時）。

ⓑ　加算される生前贈与を確定し、評価額を出す（評価基準時は相続開始

時)。

ⓒ 控訴される債務額を確定し、評価額を出す。
ⓓ ⓐ+ⓑ=ⓒによる遺留分算定の基礎財産総額の確定。
ⓔ ⓓに民法1028条所定の割合を乗じ、さらに民法900条の割合を乗じて遺留分額を算出する。
ⓕ ⓔから生前贈与の額を控除する。
ⓖ さらに、特定遺贈および相続させる旨の遺言により取得した財産の額を控除する。
ⓗ さらに、各遺留分権利者が相続開始時の被相続人の財産から取得しうる額を控除する。
ⓘ さらに、各遺留分権利者が負担すべき債務の額を加算する。

Ⅵ 遺留分減殺請求権の行使

1 遺留分減殺請求権の性質

　遺留分減殺請求権が請求権か形成権か、債権的効力を有するか物権的効力を有するかという問題である。前に述べたとおり、日本民法の沿革がゲルマン法系であることからすると**形成権**であり、その行使によって遺留分を害する行為の効力が消滅し、遺留分権利者に物権的に帰属すると解するのが通説・判例である（最判昭和41・7・14民集20巻6号1183頁、最判昭和51・8・30民集30巻7号768頁、最判昭和57・3・4民集36巻3号241頁）。

　遺留分権利者およびその承継人は、遺留分を保全するに必要な限度で、遺留分および贈与の減殺を請求することができる（民1031条）。Ⅴにおいて述べたとおり、各共同相続人は、自己の遺留分があり、遺産分割等によって自己の取得した権利が遺留分に足りないとき、その不足分を遺留分減殺によって取り戻すことができる。相続分指定遺言に対しても、遺留分減殺することによって相続分が、すなわち、遺産分割を予定する共有持分として、物権的

に取り戻される。

2　減殺請求権者

遺留分権利者とその承継人である。承継人には、包括承継人も特定承継人も含まれる。

3　相手方

遺留分を害する相続分指定、遺贈、贈与を受けた者である。負担付き贈与も含まれる（民1038条）。贈与は、第三者であれば民法1030条に該当する贈与を受けた者に限るが、共同相続人であれば期間の制限はなく特別受益に該当する贈与全部である（最判平成10・3・24民集52巻2号433頁）。不相当対価による有償行為は、当事者双方が遺留分権利者を害することを知ってした場合のみ贈与とみなされて減殺の対象となり、相手方となる（民1039条）。

包括遺贈の場合には、相手方は遺言執行者でもよい（大判昭和13・2・26民集17巻3号275頁）。なお、この判例は、遺言執行者は包括受遺者の代理人と表現している。

4　減殺請求権の行使方法

意思表示によるだけでよく、訴えの方法によることを要しない（最判昭和41・7・14民集20巻6号1183頁）。意思表示が到達したとき、遺留分を保全する限度で物権的に財産が取り戻される。意思表示は、社会通念上受取人の了知可能な状態に置かれたときは到達したものとみなされることもある（最判平成10・6・11民集52巻4号1034頁）。また、被相続人の全財産が相続人の一部の者に遺贈された場合において、遺留分減殺請求権を有する相続人が、遺贈の効力を争うことなく、遺産分割協議の申入れをしたときは、特段の事情のないかぎり、その申入れには遺留分減殺の意思表示が含まれていると解される（最判平成10・6・11民集52巻4号1034頁）。

形成権の行使の結果を問題にするのであるから、遺留分回復の訴えの訴訟

物については、

　「法律は『減殺を請求する』(民1031条等)といい、また『減殺の請求権』(民1042条)あるいは『遺留分回復の訴』(民1003条)なる用語を用いるが、遺留分の減殺請求権は裁判外で行使されるべき実体法上の形成権であつて、その行使により贈与または遺贈は、遺留分を侵害する範囲において遡及的に効力を失い、目的物の権利は当然に遺留分権利者に復帰するものと解すべく(民法が原則として原物返還主義をとつたことは、かかる解釈によつて正当化されるともいえよう)、右により復帰した所有権に基づく目的物の返還請求ないしは受贈者に対する所有権移転登記の抹消請求等が、前記にいわゆる『遺留分回復の訴』の訴訟物であつて、かかる個々の具体的請求を離れて、抽象的ないしは包括的な『遺留分減殺の請求』が訴訟物として存在するわけではない。」

ということになる(広島高岡山支判昭和40・5・21高民集18巻3号239頁)。判旨にいう所有権には、共有持分権も含まれる。そして、遺留分減殺請求権の存在とその行使は、所有権の取得原因事実である。

5　減殺の順序

まず、遺贈を減殺し、次に贈与を減殺する(民1033条)。贈与のうちでは、新しい贈与から古い贈与へと減殺する(民1035条)。複数の遺贈、同時の贈与があったときは、目的物の価額の割合に応じて減殺する。相手方が共同相続人であるときの目的物の価額の割合とは、遺贈の目的の価額のうち受遺者の遺留分額を超える部分のみを意味する(最判平成10・2・26民集52巻1号724頁)。なぜなら、共同相続人である相手方にも遺留分があり、遺留分減殺によって減殺されるのは相手方の遺留分に達するまでだからである。

① たとえば、太郎が「一郎の相続分を2分の1、残余の2分の1について、花子・二郎・松子で均等すべし」との相続分指定遺言をして死亡した場合(新注民㉗197頁例2の事例)、指定相続分は、

　　1/2……一郎

1/2×1/3＝1/6……花子

1/2×1/3＝1/6……二郎

1/2×1/3＝1/6……松子

で、花子の遺留分侵害額割合は、1/4－1/6＝1/12となる。

　各自の遺留分は、一郎、二郎、松子とも各自1/12であるから、各自の遺留分超過分は、

一郎の相続分－遺留分＝1/2－1/12＝5/12……一郎

二郎の相続分－遺留分＝1/6－1/12＝1/12……二郎

松子の相続分－遺留分＝1/6－1/12＝1/12……松子

であり、花子の遺留分を各自の遺留分超過分の割合で割り当てると、

1/12×5/(5＋1＋1)＝5/84……一郎に対する減殺相続分

1/12×1/(5＋1＋1)＝1/84……二郎に対する減殺相続分

1/12×1/(5＋1＋1)＝1/84……松子に対する減殺相続分

となる。

② 太郎は、土地建物、マンションを遺して死亡した。土地の相続開始時の時価は3,000万円、建物は1,000万円、マンションは2,000万円、一郎の特別受益額が600万円、松子の寄与分が300万円であるとし、「土地建物は一郎に相続させる」旨の遺言があったとする。この遺言により、土地建物は、相続開始と同時に一郎に帰属する。遺贈と同様に考えると、各自の遺留分侵害額は、花子が515万円、二郎が172万円、松子が63万円であった（464頁参照）。これを、各目的物の価額に応じて割り付ける。

　各目的物に対する遺留分割合は、以下のようになる。

花子の場合

515万円×3,000/4,000＝386.25万円

515万円×1,000/4,000＝128.75万円

386.25/3,000……花子の土地に対する持分

128.75/1,000……花子の建物に対する持分

二郎の場合

172万円×3/4＝129万円

172万円×1/4＝43万円

129/3,000……二郎の土地に対する持分

43/1,000……二郎の建物に対する持分

松子の場合

63万円×3/4＝47.25万円

63万円×1/4＝15.75万円

47.25/3,000……松子の土地に対する持分

15.75/1,000……松子の建物に対する持分

　上記の遺留分割合が、減殺請求権の行使によって各遺留分権利者に戻ることになる。

③　太郎は、土地建物、マンションを遺して死亡した。土地の相続開始時の時価は3,000万円、建物は1,000万円、マンションは2,000万円、一郎の特別受益額が600万円、松子の寄与分が300万円であるとし、「土地建物は一郎に、マンションは松子に相続させる」旨の遺言があったとする。この遺言により、土地建物は相続開始と同時に一郎に帰属し、マンションは松子に帰属する。他に相続財産がないので、花子と二郎には取得分がない、そこで、花子と二郎が遺留分減殺をする。

　みなし相続財産の額は、

3,000万円＋1,000万円＋2,000万円＋600万円＝6,600万円

であるから、遺留分侵害額は、

6,600万円×1/4＝1,650万円……花子

6,600万円×1/12＝550万円…二郎

となる。一郎と松子の遺留分は、それぞれ

6,600万円×1/12＝550万円

であるから、それぞれの遺留分超過額は、

3,000万円＋1,000万円＝550万円＝3,450万円……一郎

2,000万円＝550万円＝1,450万円……松子

となる。したがって、花子の一郎に対する遺留分減殺額は、

　　1,650万円×3,450/(3,450+1,450)＝約1,162万円

で、花子の松子に対する遺留分減殺額は、

　　1,650万円×1,450/(3,450+1,450)＝約488万円

で、二郎の一郎に対する遺留分減殺額は、

　　550万円×3,450/(3,450+1,450)＝約387万円

で、二郎の松子に対する遺留分減殺額は、

　　550万円×1,450/(3,450+1,450)＝約163万円

である。この額を②のとおり目的物の価額に応じて割り付けた割合が、目的物の上に遺留分割合として取り戻されることになる。

　法の定める順序のうち、目的の価額による減殺は遺言による別段の定めを許すが、遺贈、贈与の順序は別段の定めを許さない。

　相続させる旨の遺言は遺産分割方法の定めではあるが、遺贈と同様に扱うべきであって、同順位で減殺される。死因贈与については、遺贈に次いで、生前贈与より先に減殺されると解するのが多いようであるが（東京高判平成12・3・8判タ1039号294頁、中川＝泉・4版670頁、鈴木・改訂162頁等）、遺贈説、贈与説（贈与契約時説）もある。相続財産から離れる時期は、遺贈と同時である遺贈説も一理あるように思われる。また、贈与についても同一の機会であれば同時と考えてよいと考える。相続分指定遺言と遺贈とがなされたとき、まず相続分指定遺言を減殺して遺産分割により取得額を確定したうえで遺贈を減殺するしかないのではないかと思われる。

VII　遺留分減殺請求権行使の効果

1　現物返還

前述したとおり、遺留分減殺請求権が行使されることによって、遺贈、贈

与の遺留分侵害部分の効力が失われ、その部分が物権的に遺留分権利者に移転する。この物権的に戻った権利は、遺産分割を予定しない共有持分であり、共有状態を解消するためには共有物分割訴訟による。

遺贈、贈与によって取得する権利自身がすでに遺産分割を要しない権利としてあるのであるから、取り戻される権利もそのままであるし、遺留分の算定においてすでに特別受益を算入するところからも遺産分割は予定されていないといえるであろう。

受贈者は、減殺の時以降の果実も返還しなければならない（民1036条）。減殺を受けた受贈者が無資力であることの損失は、遺留分権利者が負う（民1037条）。負担付贈与については、負担を差し引いた残りの価額についてのみ減殺でき（民1038条）、不相当対価による有償行為が減殺されるときは対価の償還となる（民1039条）。

ところで、遺留分は、抽象的遺留分から遺留分侵害額を算出するにつき、特別受益を算入するなどして計算する。そして、その遺留分侵害額をもって遺留分減殺により目的物の所有権が戻るから、遺留分侵害額の目的物の価額に対する割合が実体的な権利であるところは疑いのないところである。たとえば、遺贈の目的となった物件の価額が4,000万円で松子の遺留分侵害額が500万円であれば、8分の1の共有持分が戻る。そうすると、抽象的遺留分というのは何ら権利の実体を持たない計数上の割合にすぎない。ここにおいて、遺産分割時の法定相続分と具体的相続分の関係に似ているのに、逆の結論となっている。遺産分割について寄与分があるかぎり、具体的相続分を実体的権利ということはできないことは前に述べた。特別受益を持ち戻して寄与分を考えに入れなければ、これが実体上の権利として確定するということはありうる。しかし、遺産分割においては、特別受益のみ考慮した相続分というのは、分割までの一過程にすぎない。遺留分侵害額もまた遺産分割による取得額と債務を考慮してはじめて確定するもので、特別受益のみを考慮した遺留分額というのは、やはり遺留分額確定の一要素にすぎない。すなわち、遺留分侵害額による目的物件上の割合は実体的権利であるが、特別受益を考

慮した金額が独立した実体的権利になるわけではない。ただ、遺留分減殺においては、計算した結果が実体的相続分であるのに対し、遺産分割では抽象的相続分が実体的権利であると言ってきた。これは遺留分の場合と矛盾することは確かであるし、どんなに手続上実体上困難でも具体的相続分こそ実体的権利であるというのは理論的には整合的である。しかし、そのように考えると、抽象的相続分の処分は、無権利の処分ということになり、結局、抽象的相続分による共有持分に公信力を認めざるをえなくなるのである。相続分と遺留分の矛盾は、制度が異なることから生ずるやむを得ない結果といえるであろう。

2 価額弁償

　遺留分減殺によって目的物の共有持分が戻るのが原則であるが、減殺を受ける者が贈与の目的を他人に譲り渡したときまたは受贈者が贈与の目的物の上に権利を設定した場合は、価額を弁償することになる（民1040条）。しかし、この規定は、遺留分減殺請求前の転得者との関係を定めたもので、減殺請求後の転得者との関係は対抗関係にあり、減殺請求後に登記を得た転得者は完全に所有権を取得する（最判昭和35・7・19民集14巻9号1779頁）。

　受贈者および受遺者は、減殺を受ける限度において、贈与または遺贈の目的の価額を遺留分権利者に弁償して現物の返還を免れることができる（民1041条）。

　遺留分権利者が受贈者または受遺者に対し価額弁償を請求する場合における贈与または遺贈の目的物の価額算定の基準時は、事実審口頭弁論終結時である（最判昭和51・8・30民集30巻7号768頁）。遺留分侵害額の目的物に対する割合を算定するときは相続開始時であって、価額弁償の額は弁償時の目的物の時価にその割合を乗じたものである。また、遺留分減殺請求を受けるよりも前に遺贈の目的を譲渡した受贈者が遺留分権利者に対してすべき価額弁償の額は、譲渡の価額がその当時において客観的に相当と認められるものであったときは、その価額を基準として算定すべきである（最判平成10・3・10

民集52巻2号319頁)。また、受贈者または受遺者は、遺留分減殺の対象とされた贈与または遺贈の目的である各個の財産について価額弁償することができるとするのが判例である（最判平成12・7・11民集54巻6号1886頁)。

　民法1041条によって受遺者が遺贈の目的の返還義務を免れるためには、価額の弁償を現実に履行するかまたはその履行の提供をしなければならないとされてきたが（最判昭和54・7・10民集33巻5号562頁)、受遺者が裁判所の定める価額による価額弁償の意思表示をしたときは、裁判所は弁償の額を定めて、受遺者が当該額を支払わなかったときは遺留分減殺を原因とする所有権移転登記手続をせよ、との判決をすることができるものとした（最判平成9・7・17判時1617号93頁)。その判決主文は、

　「一　原判決を次のとおり変更する。

　　1　上告人らの主位的請求を棄却する。

　　2　被上告人は、上告人○○○○○に対し、被上告人が同上告人に対して241万4,750円を支払わなかったときは、原判決添付物件目録記載の土地の持分各40分の1について、平成元年7月31日遺留分減殺を原因とする所有権移転登記手続をせよ。

　　3　被上告人は、上告人○○○○○に対し、被上告人が同上告人に対して241万4,750円を支払わなかったときは、原判決添付物件目録記載の土地の持分各40分の1について、平成元年7月31日遺留分減殺を原因とする所有権移転登記手続をせよ。

　　4　上告人らの予備的請求のうちその余の部分を棄却する。

　二　訴訟の総費用はこれを2分し、その1を上告人らの負担とし、その余を被上告人の負担とする」

というものである。

　遺留分権利者は、共有持分権確認訴訟、共有物分割訴訟（民258条）などを提起するのであるが、当初より価額弁償を求めること（途中で訴えを変更することも含め）もできると解する。現実に価額弁償がされたときに、現物は受遺者等に戻ると解すべきであろう。

Ⅷ　消滅時効

　遺留分減殺請求権は、遺留分権利者が、相続の開始および減殺すべき贈与または遺贈があったことを知ったときから1年間行使しないときは時効によって消滅し、相続開始の時から10年行使しないときも消滅する（民1042条）。10年の経過による消滅は除斥期間と解するのが多数説である。

　1年または10年の経過によって消滅するのは、遺留分減殺請求権という形成権であって、この形成権を行使した結果、遺留分権利者に戻った所有権等の権利ではない。遺留分権利者がそれを行使した結果有するに至った所有権に基づく物権的請求権は、時効にかからない（最判昭和41・7・14民集20巻6号1183頁、最判平成7・6・9判時1539号68頁）。また、遺留分減殺の対象となった贈与に基づいて受贈者が占有を開始し、民法162条の要件を満たして取得時効を援用しても、遺留分権利者への権利の帰属が妨げられるものではないという（最判平成11・6・24民集53巻5号918頁）。

　時効期間の起算点は「相続の開始及び減殺すべき贈与又は遺贈があったことを知った時」である。①相続の開始、②贈与または遺贈のあったこと、③それが減殺できるものであること、を知ることが必要である。③の点に関し、大審院は贈与、遺贈の無効を主張している場合は③を知ったことにならないとしていたが、最高裁はこれを絞っている。すなわち、

　　「民法1042条にいう『減殺すべき贈与があつたことを知つた時』とは、贈与の事実及びこれが減殺できるものであることを知つた時と解すべきであるから、遺留分権利者が贈与の無効を信じて訴訟上抗争しているような場合は、贈与の事実を知つただけで直ちに減殺できる贈与があつたことまでを知つていたものと断定することはできないというべきである（大審院昭和12年(オ)第1709号同13年2月26日判決・民集17巻275頁参照）。しかしながら、民法が遺留分減殺請求権につき特別の短期消滅時効を規定した趣旨に鑑みれば、遺留分権利者が訴訟上無効の主張をしさえすれ

ば、それが根拠のない言いがかりにすぎない場合であつても時効は進行を始めないとするのは相当でないから、被相続人の財産のほとんど全部が贈与されていて遺留分権利者が右事実を認識しているという場合においては、無効の主張について、一応、事実上及び法律上の根拠があつて、遺留分権利者が右無効を信じているため遺留分減殺請求権を行使しなかつたことがもつともと首肯しうる特段の事情が認められない限り、右贈与が減殺することのできるものであることを知つていたものと推認するのが相当というべきである」

と判示した（最判昭和57・11・12民集36巻11号2193頁）。また、受贈者から贈与の目的物を譲り受けた者に対する減殺請求権の消滅時効の期間は、遺留分権利者が相続の開始と贈与とを知った時から起算される（最判昭和35・7・19民集14巻9号1779頁）。

IX　遺留分の放棄

　遺留分権利者は、相続開始前には、家庭裁判所の許可を得れば遺留分を放棄できる（民1043条1項）。遺留分放棄を得れば、遺言者は、受遺者または受贈者に遺言のとおり財産を取得させることができる。

　家庭裁判所は、遺留分放棄が被相続人の圧力や錯誤に基づくものでないかどうか、真意によるものかどうか、そしてその放棄が合理的であるかどうかを審査する。結婚に反対され、その相手方と結婚するなら遺留分放棄するようにいわれた、養子であることを理由に遺留分放棄する、などは問題がある事例である。放棄にあたっては、代償財産を得ているかどうかも1つの要素と考えられている。

　遺留分放棄は、事情変更により撤回することができると解される。

　遺留分放棄は、他の相続人には何の影響もない（民1043条2項）。

　相続開始後の遺留分放棄は自由にできる。遺留分減殺請求権を行使するのもしないのも自由である。

X 事例について

1. 各相続人の遺留分割合　　1/2×1/9＝1/18
2. 相続財産の総額
    1億円＋6,000万円＋5,000万円＋4,000万円＋3,000万円＋2,000万円＋1000万円＋500万円＋400万円＝3億1,900万円
3. 各相続人の遺留分額
    3億1,900万円×1/18＝1,772万2,222円
    遺留分を侵害されている相続人
    　五郎、鶴子、三郎
    　3人とも遺留分減殺するものとして計算する。
4. 各相続人の具体的相続分
    3億1,900万円×1/9＝3,544万4,444円
    　一郎　0
    　松子　0
    　二郎　0
    　竹子　0
    　四郎　3,544万4,444円－3,000万円＝544万4,444円…0.0485
    　梅子　3,544万4,444円－2,000万円＝1,544万4,444円…0.1376
    　五郎　3,544万4,444円－1,000万円＝2,544万4,444円…0.2267
    　鶴子　3,544万4,444円－500万円＝3,044万4,444円…0.2713
    　三郎　3,544万4,444円…0.3159
5. 残余財産からの取得額
    　四郎　400万円×0.0485＝19万4,000円
    　梅子　400万円×0.1376＝55万400円
    　五郎　400万円×0.2267＝90万6,800円
    　鶴子　400万円×0.2713＝108万5,200円

第24章　遺留分

　　　　三郎　400万円×0.3159＝126万3,600円
6　各相続人の遺留分侵害額
　　　　五郎　1,772万2,222円－90万6,800円＝1,681万5,422円
　　　　鶴子　1,772万2,222円－108万5,200円＝1,663万7,022円
　　　　三郎　1,772万2,222円－126万3,600円＝1,645万8,622円
　　　　合計は4,991万1,066円
7　遺留分を侵害する贈与のうち、各相続人の遺留分を超え、最も新しい贈与から減殺する。
　　　まず、梅子に対する贈与を梅子の遺留分に至るまで減殺する。
　　　　(2,000万円＋55万400円)－1,722万2,222円＝327万8,178円
　　　（正しくは、各人がその遺留分額に応じて減殺する。）
　　　全員の遺留分に不足するので、四郎に対する贈与を四郎の遺留分に至るまで減殺する。
　　　　(3,000万円＋19万4,000円)－1,722万2,222円＝1,297万1,778円
　　　まだ不足するので、竹子に対する贈与を竹子の遺留分に至るまで減殺する。
　　　　4,000万円－1,722万2,222円＝2,277万7,778円
　　　まだ不足するので二郎に対する贈与を二郎の遺留分に至るまで減殺する。
　　　　4,991万1,066円－(327万8,178円＋1,297万1,778円＋2,277万7,778円)
　　　　　＝1,088万3,332円
8　己土地につき遺留分に該当する共有持分割合
　　　　327万8,178円×1,681万5,422円／4,991万1,066円＝110万4,418円
　　　　327万8,178円×1,663万7,022円／4,991万1,066円＝109万2,617円
　　　　327万8,178円×1,645万8,622円／4,991万1,066円＝108万1,143円
　　　　五郎　1104418/20000000
　　　　鶴子　1092617/20000000
　　　　三郎　1081143/20000000
9　戊土地につき遺留分に該当する共有持分割合

1,297万1,778円×1,681万5,422円/4,991万1,066円＝437万912円

1,297万1,778円×1,663万7,022円/4,991万1,066円＝432万3,494円

1,297万1,778円×1,645万8,622円/4,991万1,066円＝427万8,092円

五郎　4370912/30000000

鶴子　4323494/30000000

三郎　4278092/30000000

10　丁土地につき遺留分に該当する共有持分割合

2,277万7,778円×1,681万5,422円/4,991万1,066円＝767万3,833円

2,277万7,778円×1,663万7,022円/4,991万1,066円＝759万1,833円

2,277万7,778円×1,645万8,622円/4,991万1,066円＝751万1,212円

五郎　7673833/30000000

鶴子　7591833/30000000

三郎　7511212/30000000

11　丙土地につき遺留分に該当する共有持分割合

1,088万3,332円×1,681万5,422円/4,991万1,066円＝366万6,595円

1,088万3,332円×1,663万7,022円/4,991万1,066円＝362万7,415円

1,088万3,332円×1,645万8,622円/4,991万1,066円＝358万9,323円

五郎　3666595/50000000

鶴子　3627415/50000000

三郎　3589323/50000000

12　遺留分減殺すると上記各持分に該当する部分の贈与が無効となり、各遺留分減殺権利者に存在したことになる。

〔演習問題〕

太郎は「私の資産である甲・乙・丙・丁・戊土地および預金2億円を財団法人K会に遺贈する」との遺言を遺して死亡した。他の遺産としては、若干の動産と、負債2,000万円のみである。太郎の唯一の相続人である一郎は、いかなる対処が可能か。

● 年月日順判例索引 ●

- 大判明治33・11・17民録6輯10巻82頁　49
- 大判明治34・9・26民録7輯8巻45頁　371
- 大判明治37・10・8民録10輯1319頁　41
- 大判明治38・12・7民録11輯1662頁　371
- 大判明治39・3・30民録12輯486頁　179
- 大判明治39・10・10民録12輯1253頁　415
- 大判明治39・11・27刑録12輯1288頁　171
- 名古屋控判明治41・5・5最近判例集2巻137頁　41
- 大判大正3・9・28民録20輯690頁　214
- 大判大正3・12・1民録20輯1019頁　262
- 大民聯判大正4・1・26民録21輯49頁　27
- 大判大正6・2・28民録23輯292頁　32
- 大判大正6・12・28民録23輯2273頁　294
- 大判大正7・1・26民録24輯103頁　371
- 大判大正7・2・2民録24輯237頁　421
- 大判大正7・4・9民録24輯653頁　371
- 大判大正7・12・27民録24輯2452頁　371
- 大判大正8・3・21民録25輯494頁　30
- 大判大正8・5・12民録25輯760頁　30, 32
- 大判大正9・5・28民録26輯773頁　29
- 大判大正9・12・22民録26輯2062頁　282
- 大決大正10・7・25民録27輯1354頁　224
- 大判大正11・3・27民集1巻137頁　161, 165
- 大判大正11・7・22民集1巻474頁　165
- 大判大正11・9・2民集1巻448頁　171
- 大判大正11・9・25民集1巻534頁　262
- 大判大正12・1・26民集2巻24頁　424
- 大民聯判大正12・7・7民集2巻438頁　179
- 大判大正13・7・9民集3巻303頁　380
- 大判大正14・9・18民集4巻635頁　165
- 大判大正15・6・2評論16巻民法44頁　266
- 大判大正15・7・20刑集5巻318頁　59
- 大判大正15・12・20民集5巻869頁　165

- 大判昭和 2・5・4 新聞2697号 6 頁　*276*
- 大判昭和 2・7・4 民集 6 巻436頁　*274*
- 大判昭和 4・7・4 民集 8 巻686頁　*162*
- 大決昭和 5・9・30民集 9 巻926頁　*67*
- 大決昭和 5・12・4 民集 9 巻1118頁　*284*
- 大判昭和 6・2・20新聞3240号 4 頁　*28*
- 大判昭和 9・7・10民集13巻1341頁　*404*
- 大判昭和11・6・30民集15巻1290頁　*179*
- 東京控判昭和11・9・21新聞4059号13頁　*379*
- 大判昭和11・10・23民集15巻1865頁　*178*
- 大判昭和13・2・23民集17巻259頁　*424*
- 大判昭和13・2・26民集17巻275頁　*448, 469*
- 大判昭和15・1・23民集19巻54頁　*150*
- 大判昭和15・12・6 民集19巻2182頁　*171, 178*
- 大判昭和19・10・5 民集23巻579頁　*68*
- 最判昭和23・11・6 民集 2 巻12号397頁　*371*
- 最判昭和23・12・23民集 2 巻14号493頁　*172*
- 最判昭和24・1・18民集 3 巻 1 号10頁　*203*
- 大阪高決昭和24・10・29家月 2 巻 2 号15頁　*291*
- 最判昭和25・4・28民集 4 巻 4 号152頁　*429*
- 大津地判昭和25・7・27下民集 1 巻 7 号1150頁　*97*
- 前橋地判昭和25・8・24下民集 1 巻 8 号1328頁　*29*
- 最判昭和25・12・28民集 4 巻13号701頁　*176*
- 金沢地判昭和26・1・31下民集 2 巻 1 号105頁　*161*
- 広島高判昭和26・10・31高民集 4 巻11号359頁　*291*
- 最判昭和27・2・19民集 6 巻 2 号110頁　*109*
- 福岡高判昭和27・2・27高民集 5 巻 2 号70頁　*400*
- 名古屋高判昭和27・7・3 高民集 5 巻 6 号265頁　*272*
- 最判昭和27・10・3 民集 6 巻 9 号753頁　*52, 173*
- 広島高米子支判昭和27・11・7 高民集 5 巻12号645頁　*296*
- 最判昭和28・6・26民集 7 巻 6 号787頁　*165*
- 東京高決昭和28・9・4 高民集 6 巻10号603頁　*292*
- 最判昭和29・3・12民集 8 巻 3 号696頁　*295*
- 最判昭和29・4・8 民集 8 巻 4 号819頁　*282*
- 大阪地判昭和29・10・5 下民集 5 巻10号1675頁　*45*

483

・最判昭和29・11・5民集8巻11号2023頁　*109*
・最判昭和29・12・14民集8巻12号2143頁　*109*
・東京地判昭和30・5・6下民集6巻5号896頁　*109*
・最判昭和30・5・10民集9巻6号657頁　*438, 447*
・最判昭和30・5・31民集9巻6号793頁　*280*
・最大決昭和30・7・20民集9巻9号1122頁　*162*
・最判昭和30・11・24民集9巻12号1837頁　*110*
・東京地判昭和31・1・30下民集7巻1号138頁　*439*
・最判昭和31・2・21民集10巻2号124頁　*130*
・東京地判昭和31・4・12下民集7巻4号958頁　*81*
・福岡高判昭和31・4・13高民集9巻3号206頁　*175*
・最判昭和31・7・19民集10巻7号908頁　*179*
・最判昭和31・9・18民集10巻9号1160頁　*447*
・最判昭和31・10・4民集10巻10号1229頁　*415*
・最判昭和31・12・11民集10巻12号1537頁　*102*
・最判昭和32・6・21民集11巻6号1125頁　*164*
・最判昭和32・12・3民集11巻13号2009頁　*164*
・最判昭和33・2・25家月10巻2号39頁　*103*
・最判昭和33・3・6民集12巻3号414頁　*68*
・最判昭和33・5・28民集12巻8号1224頁　*203*
・東京家審昭和33・7・4家月10巻8号36頁　*290*
・最判昭和33・7・25民集12巻12号1823頁　*99, 115*
・最判昭和34・6・19民集13巻6号757頁　*282, 284*
・最判昭和34・7・14民集13巻7号1023頁　*74*
・大阪高決昭和34・9・5家月11巻11号109頁　*66*
・大阪高決昭和35・1・14家月12巻4号95頁　*66*
・札幌高函館支判昭和35・2・16高民集13巻3号243頁　*296*
・最判昭和35・2・25民集14巻2号279頁　*214*
・岡山地判昭和35・3・7判時223号24頁　*171*
・大阪地判昭和35・6・23判時237号27頁　*105*
・仙台高判昭和35・7・4高民集13巻9号799頁　*131*
・最判昭和35・7・19民集14巻9号1779頁　*475, 478*
・大阪高決昭和36・3・1家月13巻7号104頁　*88*
・最判昭和36・3・2民集15巻3号337頁　*296*
・新潟地判昭和36・4・24下民集12巻4号857頁　*97*

484

・最判昭和36・4・25民集15巻4号891頁　*108*
・最判昭和36・6・22民集15巻6号1622頁　*399*
・名古屋高判昭和36・11・8高刑集14巻8号563頁　*43*
・東京地判昭和36・12・20下民集12巻12号3067頁　*49*
・最判昭和37・2・6民集16巻2号206頁　*105*
・東京高判昭和37・2・26下民集13巻2号288頁　*105*
・最判昭和37・4・10民集16巻4号693頁　*164*
・最判昭和37・4・20民集16巻4号955頁　*286*
・最判昭和37・4・27民集16巻7号1247頁　*160*
・最判昭和37・5・24家月14巻10号108頁　*402*
・最判昭和37・5・29家月14巻10号111頁　*399, 429*
・最判昭和37・6・8民集16巻7号1293頁　*402*
・最判昭和37・6・21家月14巻10号100頁　*378*
・最判昭和37・10・2民集16巻10号2059頁　*213*
・最判昭和37・11・9民集16巻11号2270頁　*274*
・最判昭和38・2・22民集17巻1号235頁　*294, 296, 310, 434*
・長野地判昭和38・7・5下民集14巻7号1329頁　*136*
・仙台地大河原支判昭和38・8・29下民集14巻8号1672頁　*97*
・大阪家審昭和38・9・2家月15巻12号154頁　*88*
・最判昭和38・9・5民集17巻8号942頁　*28*
・大阪地堺支判昭和38・9・16家月16巻2号70頁　*266*
・最判昭和38・9・17民集17巻8号968頁　*203*
・最判昭和38・12・20民集17巻12号1708頁　*28*
・最判昭和39・2・25民集18巻2号329頁　*295*
・最判昭和39・2・27民集18巻2号383頁　*371*
・最判昭和39・3・6民集18巻3号437頁　*425*
・最判昭和39・3・17民集18巻3号473頁　*178*
・最判昭和39・9・4民集18巻7号1394頁　*33*
・最判昭和39・9・8民集18巻7号1423頁　*162, 173*
・最判昭和39・9・17民集18巻7号1461頁　*97*
・福岡高決昭和39・9・17家月7巻1号79頁　*72*
・仙台高判昭和39・11・16下民集15巻11号2725頁　*275*
・東京家審昭和39・12・14家月17巻4号55頁　*209*
・福岡家審昭和40・1・19家月18巻12号42頁　*251*
・広島高岡山支判昭和40・5・21高民集18巻3号239頁　*470*

485

・最判昭和40・6・18民集19巻4号986頁　*285*
・最大決昭和40・6・30民集19巻4号1089頁　*66, 352*
・最大決昭和40・6・30民集19巻4号1114頁　*66, 245, 352*
・東京高決昭和40・7・16家月17巻12号121頁　*66*
・最大決昭和41・3・2民集20巻3号360頁　*66, 352*
・最判昭和41・5・19民集20巻5号947頁　*295*
・松山家審昭和41・5・30家月19巻1号59頁　*273*
・最判昭和41・7・14民集20巻6号1183頁　*468, 469, 477*
・最判昭和41・7・15民集20巻6号1197頁　*130*
・最判昭和42・2・2民集21巻1号88頁　*68*
・最判昭和42・2・17民集21巻1号133頁　*244*
・東京家審昭和42・2・18家月19巻9号76頁　*157*
・最判昭和42・4・27民集21巻3号741頁　*378, 390*
・最大判昭和42・5・24民集21巻5号1043頁　*277*
・長崎地判昭和42・9・5判時504号81頁　*101*
・最大判昭和42・11・1民集21巻9号2249頁　*273*
・最判昭和42・12・8家月20巻3号55頁　*52, 93*
・最判昭和43・5・31民集22巻5号1137頁　*447*
・最判昭和43・7・4民集22巻7号1441頁　*203*
・最判昭和43・8・27民集22巻8号1733頁　*164*
・名古屋高決昭和43・9・30高民集21巻4号460頁　*65*
・最判昭和43・10・8民集22巻10号2172頁　*213*
・最判昭和43・12・20民集22巻13号3017頁　*404*
・最判昭和43・12・20判時546号69頁　*178, 179*
・最判昭和43・12・24民集22巻13号3270頁　*452*
・札幌高決昭和44・1・10家月21巻7号80頁　*136*
・最判昭和44・4・3民集23巻4号709頁　*46*
・最判昭和44・4・17民集23巻4号785頁　*282*
・最判昭和44・5・29民集23巻6号1064頁　*87, 151*
・最判昭和44・6・26民集23巻7号1175頁　*445*
・最判昭和44・7・24判時567号51頁　*281*
・最決昭和44・9・4刑集23巻9号1085頁　*68*
・最判昭和44・10・30民集23巻10号1881頁　*281*
・最判昭和44・10・31民集23巻10号1894頁　*39, 54*
・最判昭和44・12・18民集23巻12号2476頁　*80, 81*

- 福岡高判昭和44・12・24判時595号69頁　*136, 142*
- 大阪地判昭和45・2・23家月23巻5号91頁　*174*
- 最判昭和45・3・12判時593号41頁　*99*
- 東京高判昭和45・3・17家月22巻10号81頁　*265*
- 最判昭和45・10・13判時614号46頁　*296*
- 山形地判昭和45・11・10判時615号63頁　*106*
- 最判昭和45・11・24民集24巻12号1931頁　*175*
- 最判昭和45・11・24民集24巻12号1943頁　*100*
- 山形地判昭和45・12・8下民集21巻11＝12号1531頁　*355*
- 最判昭和46・1・26民集25巻1号90頁　*358, 434*
- 最判昭和46・4・20判時631号53頁　*213*
- 最判昭和46・5・21民集25巻3号408頁　*87, 110*
- 最判昭和46・7・23民集25巻5号805頁　*130, 142*
- 福岡家小倉支審昭和46・8・25家月25巻1号48頁　*140*
- 最判昭和46・10・22民集25巻7号985頁　*172*
- 最判昭和46・11・16民集25巻8号1182頁　*434*
- 名古屋地判昭和47・2・29判時615号63頁　*105*
- 最判昭和47・3・17民集26巻2号249頁　*409*
- 最判昭和47・5・25民集26巻4号747頁　*406*
- 最判昭和47・7・6民集26巻6号1133頁　*298*
- 最判昭和47・7・25民集26巻6号1263頁　*48, 52, 173*
- 最判昭和47・11・9民集26巻9号1566頁　*298*
- 福岡地小倉支判昭和48・2・26判時713号108頁　*31*
- 最判昭和48・4・12民集27巻3号500頁　*174*
- 最判昭和48・7・3民集27巻7号751頁　*286*
- 東京家審昭和48・8・23家月26巻3号47頁　*66*
- 福島家郡山支審昭和48・10・18家月26巻4号88頁　*105*
- 最判昭和48・11・15民集27巻10号1323頁　*96*
- 最判昭和49・2・26家月26巻6号22頁　*203*
- 大阪家審昭和49・3・26家月27巻3号70頁　*88*
- 最判昭和49・4・26民集28巻3号503頁　*389*
- 最判昭和49・4・26民集28巻3号540頁　*425*
- 大阪高決昭和49・6・28家月27巻4号56頁　*67*
- 最判昭和49・7・22家月27巻2号69頁　*214*
- 名古屋地判昭和49・10・1判時786号69頁　*105*

487

- 仙台地判昭和49・10・8判時770号77頁　*107*
- 大阪高判昭和49・10・29判時776号52頁　*88*
- 最判昭和49・12・24民集28巻10号2152頁　*402*
- 最判昭和50・3・6民集29巻3号203頁　*282*
- 最判昭和50・4・8民集29巻4号401頁　*176*
- 最判昭和50・5・27民集29巻5号641頁　*132*
- 東京高判昭和50・6・26判時790号60頁　*128*
- 福島家審昭和50・9・16家月28巻8号52頁　*88*
- 東京高判昭和50・12・22判時810号38頁　*61*
- 最判昭和51・1・16家月28巻7号25頁　*404*
- 最判昭和51・3・18民集30巻2号111頁　*316, 317*
- 最判昭和51・7・13訟月22巻7号1954頁　*278*
- 最判昭和51・7・19民集30巻7号706頁　*447*
- 水戸地判昭和51・7・19判タ347号276頁　*128*
- 最判昭和51・7・27民集30巻7号724頁　*180*
- 最判昭和51・8・30民集30巻7号768頁　*468, 475*
- 東京高判昭和51・10・29判タ350号309頁　*103*
- 大阪家審昭和52・1・19家月30巻9号108頁　*290*
- 最判昭和52・4・19家月29巻10号132頁　*400*
- 東京高判昭和52・6・30下民集28巻5〜8号766頁　*178*
- 熊本地八代支判昭和52・7・5判時890号109頁　*128, 137*
- 最判昭和52・9・19家月30巻2号110頁　*334*
- 最判昭和52・11・21家月30巻4号91頁　*400*
- 最判昭和52・11・29家月30巻4号100頁　*400*
- 大阪高判昭和52・12・28判タ362号328頁　*106*
- 最判昭和53・2・24民集32巻1号98頁　*214*
- 最判昭和53・2・24民集32巻1号110頁　*162*
- 大阪地判昭和53・3・27判時904号104頁　*261*
- 東京高判昭和53・3・29判時893号38頁　*103*
- 名古屋地一宮支判昭和53・5・26判時937号64頁　*128*
- 最判昭和53・6・16判時897号62頁　*277*
- 最判昭和53・7・13判時908号41頁　*312*
- 最判昭和53・7・17民集32巻5号980頁　*180*
- 最判昭和53・11・14民集32巻8号1529頁　*128*
- 最大判昭和53・12・20民集32巻9号1674頁　*368, 371*

・最判昭和54・2・22家月32巻1号149頁　*334*
・東京地判昭和54・3・8判タ389号113頁　*274*
・最判昭和54・3・23民集33巻2号294頁　*361*
・最判昭和54・3・30民集33巻2号303頁　*62, 200*
・最判昭和54・4・17判時929号67頁①　*369*
・最判昭和54・5・31民集33巻4号445頁　*400*
・東京高判昭和54・6・21判時937号39頁　*107*
・名古屋地判昭和54・9・26判タ401号147頁　*102*
・最決昭和54・10・19刑集33巻6号651頁　*68*
・東京地判昭和54・10・26判タ404号136頁　*101*
・最判昭和54・11・2判時955号56頁　*176*
・最判昭和54・12・14家月32巻5号41頁　*359*
・大阪高判昭和55・1・30判タ414号95頁　*275*
・東京高判昭和55・3・24高民集33巻1号61頁　*176*
・最決昭和55・7・10判時981号65頁　*267*
・東京高判昭和55・7・10判タ423号137頁　*107*
・最判昭和55・7・11民集34巻4号628頁　*131*
・最判昭和55・11・27民集34巻6号815頁　*278*
・最判昭和55・12・4民集34巻7号835頁　*407*
・東京高判昭和55・12・16判タ437号151頁　*137*
・東京地判昭和56・3・12判時1016号76頁　*275*
・最判昭和56・4・3民集35巻3号431頁　*263*
・最判昭和56・4・24判時1003号94頁　*174*
・東京高決昭和56・4・28判タ446号97頁　*88*
・最判昭和56・6・16民集35巻4号791頁　*176*
・東京高決昭和56・9・2判時1021号108頁　*199*
・最判昭和56・9・11民集35巻6号1013頁　*407*
・最判昭和56・11・13民集35巻8号1251頁　*452*
・東京高判昭和56・12・17判時1036号78頁　*106*
・最判昭和56・12・18判時1030号36頁　*403*
・高松高判昭和56・12・22金法997号42頁　*81*
・浦和地判昭和57・2・19判時1051号125頁　*88*
・最判昭和57・3・4民集36巻3号241頁　*468*
・東京高決昭和57・3・16家月35巻7号55頁　*321*
・最判昭和57・3・26判時1041号66頁　*91*

489

- 東京高判昭和57・4・27判時1047号84頁　*33*
- 徳島地判昭和57・6・21判時1065号170頁　*31, 32*
- 新潟家審昭和57・8・10家月35巻10号79頁　*175*
- 東京高決昭和57・8・27判時1055号60頁　*407*
- 最判昭和57・9・28民集36巻8号1642頁　*49*
- 東京高判昭和57・10・21判タ485号169頁　*107*
- 最判昭和57・11・12民集36巻11号2193頁　*413, 478*
- 最判昭和57・11・26民集36巻11号2296頁　*212*
- 最判昭和57・11・26判時1066号56頁　*185*
- 岐阜地判昭和57・11・29判時1075号144頁　*131*
- 東京高判昭和58・1・18判タ497号170頁　*100, 101*
- 最判昭和58・3・10判時1075号113頁　*126*
- 最判昭和58・3・18判時1075号115頁　*439*
- 東京高決昭和58・6・28判タ510号191頁　*197*
- 東京高判昭和58・9・8判時1095号106頁　*141*
- 札幌地判昭和58・12・5判タ523号181頁　*82*
- 最判昭和58・12・19民集37巻10号1532頁　*132*
- 東京地判昭和59・2・24判時1135号61頁　*102*
- 最決昭和59・3・22家月36巻10号79頁　*66*
- 大阪家審昭和59・3・31家月37巻1号129頁　*251*
- 最判昭和59・4・27判時1116号29頁　*383*
- 津家四日市支昭和59・7・18家月37巻5号63頁　*151*
- 横浜地判昭和59・7・30判時1141号114頁　*107*
- 大阪高決昭和59・10・15判タ541号235頁　*290, 291*
- 東京地判昭和59・10・17判時1154号107頁　*107*
- 最判昭和59・11・22家月37巻8号31頁　*185*
- 浦和地判昭和59・11・27判タ548号260頁　*105, 131, 139*
- 東京地判昭和59・12・26判タ554号229頁　*107*
- 最決昭和60・7・4家月38巻3号65頁　*320*
- 名古屋地判昭和60・8・26判時1181号117頁　*171*
- 浦和地判昭和60・9・10判タ614号104頁　*105*
- 浦和地判昭和60・11・29判タ596号70頁　*97*
- 最判昭和61・1・21判時1184号67頁　*197*
- 東京高判昭和61・1・29家月38巻9号83頁　*140*
- 最判昭和61・3・13民集40巻2号389頁　*287, 352*

- 最判昭和61・3・20民集40巻2号450頁　*380*
- 東京家審昭和61・6・13家月38巻10号33頁　*138*
- 東京高判昭和61・6・18判タ621号141頁　*439*
- 浦和地判昭和61・8・4判タ639号208頁　*105*
- 最判昭和61・9・4判時1217号57頁　*43*
- 東京高判昭和61・9・9家月39巻7号26頁　*359*
- 東京高判昭和61・10・29判時1213号92頁　*176*
- 最判昭和61・11・20民集40巻7号1167頁　*429*
- 大分地判昭和62・1・29判時1242号107頁　*107*
- 千葉地決昭和62・3・18判時1225号109頁　*206*
- 最大判昭和62・4・22民集41巻3号408頁　*427*
- 京都地判昭和62・5・12判時1259号92頁　*105*
- 最大判昭和62・9・2民集41巻6号1423頁　*110, 185*
- 新潟地判昭和62・9・2判タ658号205頁　*49*
- 最判昭和62・10・8民集41巻7号1471頁　*398, 399, 412*
- 東京高判昭和62・10・8判時1254号70頁　*133*
- 大阪地判昭和62・11・16判時1273号82頁　*106*
- 最判昭和62・11・24判時1256号28頁　*111*
- 東京高決昭和63・1・14家月40巻5号142頁　*335*
- 最判昭和63・2・12判時1268号33頁　*111*
- 最大決昭和63・2・17刑集42巻2号299頁　*68*
- 最判昭和63・3・1民集42巻3号157頁　*178*
- 最判昭和63・3・1判時1312号92頁　*286*
- 最判昭和63・4・7判時1293号94頁　*111*
- 名古屋地判昭和63・4・18判タ682号212頁　*107*
- 東京高判昭和63・4・25判時1275号61頁　*197*
- 東京地判昭和63・5・16判時1281号87頁　*72*
- 最判昭和63・6・21家月41巻9号101頁　*386*
- 大阪地判昭和63・7・18判タ683号178頁　*161*
- 東京家八王子支審昭和63・8・12家月41巻3号177頁　*189*
- 最判昭和63・12・8家月41巻3号145頁　*111*
- 東京高判昭和63・12・22判時1301号97頁　*139*
- 最判平成元・2・9民集43巻2号1頁　*355*
- 最判平成元・2・16民集43巻2号45頁　*402*
- 名古屋高決平成元・3・23家月41巻12号112頁　*190*

491

- 最判平成元・3・28民集43巻3号167頁　287
- 最判平成元・3・28判時1315号61頁　111
- 最判平成元・4・6民集43巻4号193頁　165
- 東京高裁平成元・5・11判タ739号197頁　106
- 最判平成元・7・18家月41巻10号128頁　290
- 大阪高判平成元・8・29判タ709号208頁　296
- 最判平成元・9・14判時1336号93頁　132
- 旭川家決平成元・9・25家月41巻12号129頁　205, 206
- 最判平成元・12・11民集43巻12号1763頁　211
- 東京高決平成元・12・28家月42巻8号45頁　320
- 東京高決平成2・1・30家月42巻6号47頁　188
- 東京高判平成2・4・25判時1351号61頁　107
- 大阪地裁平成2・5・14判タ729号202頁　107
- 東京高判平成2・5・31判時1352号72頁　172
- 東京地判平成2・6・26家月43巻5号31頁　440
- 最判平成2・7・20民集44巻5号975頁　119, 126
- 長野地判平成2・9・17判時1366号111頁　106
- 最判平成2・9・27民集44巻6号995頁　357
- 最判平成2・9・27判時1363号89頁　131
- 最判平成2・10・18民集44巻7号1021頁　277
- 最判平成2・11・8判時1370号55頁　111
- 最判平成2・12・4民集44巻9号1165頁　286
- 大阪高判平成2・12・14判時1384号55頁　107
- 東京高判平成3・4・16判時1392号85頁　50
- 最判平成3・4・19民集45巻4号477頁　430, 431, 435, 465
- 名古屋高判平成3・5・30家月44巻11号70頁　106
- 熊本家玉名支審平成3・5・31家月44巻2号138頁　320
- 岡山家児島支審平成3・6・28家月44巻6号76頁　199
- 大阪高判平成3・11・8判時1417号74頁　176
- 名古屋高判平成3・11・27判タ789号219頁　107
- 最判平成4・4・10家月44巻8号16頁　280, 283
- 名古屋高金沢支決平成4・4・22家月45巻3号45頁　359
- 大阪高判平成4・5・27判タ803号251頁　179
- 高松高決平成4・8・7判タ807号235頁　202
- 最判平成4・9・22金法1358号55頁　274

- 東京高決平成4・12・11判時1448号130頁　*266*
- 最判平成4・12・10民集46巻9号2727頁　*214*
- 最判平成5・1・19民集47巻1号1頁　*439*
- 最判平成5・1・21民集47巻1号265頁　*285*
- 福岡高判平成5・3・18判タ827号270頁　*105*
- 広島地判平成5・6・28判タ873号240頁　*107*
- 最判平成5・7・19家月46巻5号23頁　*311, 434*
- 東京高判平成5・8・25判タ863号270頁　*185*
- 最判平成5・9・7民集47巻7号4740頁　*278*
- 東京地判平成5・9・17判タ872号273頁　*107*
- 東京高判平成5・9・28家月46巻12号58頁　*137*
- 仙台家気仙沼支審平成5・10・14判タ832号163頁　*209*
- 最判平成5・10・19民集47巻8号5099頁　*202, 204*
- 最判平成5・10・19判時1477号52頁　*398, 408*
- 最判平成5・11・2家月46巻9号40頁　*111*
- 仙台高秋田支決平成5・11・4家月47巻1号125頁　*387*
- 最判平成5・12・16判時1489号114頁　*351*
- 横浜地横須賀支判平成5・12・21判タ1501号129頁　*100, 102, 130*
- 東京地判平成5・12・24判タ865号257頁　*187*
- 最判平成6・2・8判時1505号59頁　*111*
- 東京高判平成6・3・28高民集47巻1号97頁　*151, 152*
- 最判平成6・4・26民集48巻3号992頁　*204*
- 最判平成6・6・24家月47巻3号60頁　*402*
- 最判平成6・7・8判時1507号124頁　*204*
- 最判平成6・7・18民集48巻5号1233頁　*278*
- 東京高決平成6・8・19判タ888号225頁　*290, 291*
- 福岡家小倉支審平成6・9・14家月47巻5号62頁　*291*
- 最判平成6・11・8判時1514号73頁　*205*
- 最判平成6・12・16判時1518号15頁　*263*
- 最判平成7・1・24判時1523号81頁　*448*
- 最判平成7・3・7民集49巻5号893頁　*302, 319*
- 東京高判平成7・3・13家月48巻8号72頁　*137*
- 東京高判平成7・4・27家月48巻4号27頁　*138*
- 最判平成7・6・9判時1539号68頁　*477*
- 最大決平成7・7・5民集49巻7号1789頁　*306*

・最判平成7・7・14民集49巻7号2674頁　*192*
・最判平成7・12・5判時1563号81頁　*44*
・最判平成7・12・5家月48巻7号52頁　*369*
・最判平成8・1・26民集50巻1号132頁　*426*
・岐阜家大垣支審平成8・3・18家月48巻9号57頁　*208*
・最判平成8・3・26民集50巻4号993頁　*64,87*
・東京家審平成8・3・28家月49巻7号80頁　*205*
・横浜家審平成8・4・30家月49巻3号75頁　*209*
・福井家武生支審平成8・9・12家月50巻3号39頁　*387*
・高松高決平成8・10・4家月49巻8号53頁　*321*
・最判平成8・10・31民集50巻9号2563頁　*427*
・東京高決平成8・11・20家月49巻5号78頁　*189*
・最判平成8・11・26民集50巻10号2747頁　*433,461*
・最判平成8・12・17民集50巻10号2778頁　*295*
・横浜地判平成9・1・22判時1618号109頁　*140,141*
・最判平成9・1・28民集51巻1号184頁　*263,264*
・名古屋高決平成9・1・29家月49巻6号64頁　*208*
・大阪高判平成9・2・25判時1626号83頁　*404*
・東京地判平成9・2・26判時1628号55頁　*264*
・最判平成9・3・11家月49巻10号54頁　*176*
・東京高決平成9・3・17家月49巻9号108頁　*444*
・最判平成9・3・25民集51巻3号1609頁　*277*
・最判平成9・4・10民集51巻4号1972頁　*211*
・浦和家熊谷支審平成9・5・7家月49巻10号97頁　*175,184*
・最判平成9・7・17判時1617号93頁　*476*
・最判平成9・9・12民集51巻8号3887頁　*421,429*
・名古屋高金沢支決平成9・9・17家月50巻3号30頁　*387*
・東京高決平成9・9・29判時1633号90頁　*66*
・水戸家竜ヶ崎支審平成9・10・7家月50巻11号86頁　*140*
・東京地判平成9・10・31判タ1008号230頁　*50*
・最判平成9・11・13家月50巻4号87頁　*453*
・大阪高決平成10・2・9家月50巻6号89頁　*384*
・最判平成10・2・13民集52巻1号38頁　*383,388*
・最判平成10・2・26民集52巻1号724頁　*436,466,467*
・東京高判平成10・2・26家月50巻7号84頁　*131*

494

- 最判平成10・2・27民集52巻1号299頁　*449*
- 最判平成10・3・10民集52巻2号319頁　*475*
- 最判平成10・3・13家月50巻10号103頁　*407*
- 東京高判平成10・3・13家月50巻11号81頁　*140*
- 東京高判平成10・3・18判時1690号66頁　*140*
- 最判平成10・3・24民集52巻2号433頁　*313, 469*
- 最判平成10・3・24判時1641号80頁　*295*
- 東京高判平成10・3・25金法1521号64頁　*397*
- 東京高決平成10・3・31判時1642号105頁　*320*
- 東京地判平成10・4・24判タ987号233頁　*379*
- 最判平成10・6・11民集52巻4号1034頁　*469*
- 名古屋家審平成10・6・26判タ1009号241頁　*138*
- 最判平成10・7・14判時1652号71頁　*192*
- 最判平成10・7・17民集52巻5号1296頁　*285*
- 東京高判平成10・8・26判タ1002号247頁　*396*
- 最判平成10・8・31判時1655号112頁　*152*
- 最判平成10・8・31判時1655号128頁　*152*
- 東京高決平成10・9・16判タ1014号245頁　*197*
- 福岡高宮崎支決平成10・12・22家月51巻5号49頁　*379, 385*
- 最判平成11・4・26判時1679号33頁　*202*
- 東京家八王子支審平成11・5・18家月51巻11号109頁　*140*
- 最判平成11・5・25家月51巻10号118頁　*202*
- 最判平成11・6・1判時1685号36頁　*415*
- 福岡家小倉支審平成11・6・8家月51巻12号30頁　*199*
- 最判平成11・6・24民集53巻5号918頁　*477*
- 最判平成11・7・19民集53巻6号1138頁　*370, 372*
- 横浜地相模原支判平成11・7・30判時1708号142頁　*142*
- 東京地判平成11・9・3判時1700号78頁　*138, 140*
- 最判平成11・12・16民集53巻9号1989頁　*450*
- 最判平成12・1・27家月52巻7号78頁　*306*
- 最判平成12・2・24民集54巻2号523頁　*304, 319*
- 仙台高決平成12・2・25家月56巻7号116頁　*252*
- 東京高判平成12・3・8判タ1039号294頁　*473*
- 大阪高判平成12・3・8判時1744号91頁　*142*
- 最判平成12・3・9民集54巻3号1013頁　*132*

495

- 最判平成12・3・10民集54巻3号1040頁　*126*
- 最判平成12・3・14判時1708号106頁　*152*
- 東京高判平成12・3・16判時1715号34頁　*396*
- 東京地判平成12・3・21判タ1054号255頁　*380*
- 最判平成12・5・1民集54巻5号1607頁　*123*
- 東京高決平成12・5・22判時1730号30頁　*66*
- 最判平成12・7・11民集54巻6号1886頁　*476*
- 東京高決平成12・9・8判時1232号86頁　*227*
- 札幌家審平成12・10・4家月53巻8号80頁　*231*
- 東京高判平成12・12・20判タ1095号233頁　*140*
- 札幌高決平成12・12・25家月53巻8号74頁　*231*
- 広島高判平成13・1・15判時1757号97頁　*176*
- 仙台地判平成13・3・22判時1829号119頁　*141*
- 東京家審平成13・6・5家月54巻1号79頁　*208*
- 奈良家審平成13・6・14家月53巻12号82頁　*291*
- 横浜家審平成13・12・26家月54巻7号64頁　*140*
- 東京高判平成14・1・16家月54巻11号37頁　*176*
- 横浜家審平成14・1・16家月54巻8号48頁　*208*
- 大阪高決平成14・6・5家月54巻11号54頁　*238*
- 最判平成14・6・10家月55巻1号77頁　*434*
- 高松家決平成14・6・25家月55巻4号69頁　*210*
- 大阪高決平成14・7・3家月55巻1号82頁　*379*
- 神戸家決平成14・8・12家月56巻2号147頁　*211*
- 最判平成14・9・24家月55巻3号72頁　*405*
- 東京家審平成14・10・31家月55巻5号165頁　*208*
- 高松高決平成14・11・15家月55巻4号66頁　*218*
- 最判平成15・7・11民集57巻7号787頁　*296*
- 東京家審平成15・9・4家月56巻4号145頁　*230*
- 福岡高那覇支決平成15・11・28家月56巻8号50頁　*208*
- 東京高決平成15・12・26家月56巻6号149頁　*252*
- 大阪高決平成16・1・14家月56巻6号155頁　*252*
- 最判平成16・4・20判時1859号61頁　*280, 282*
- 最判平成16・7・6民集58巻5号1319頁　*269*
- 最判平成16・10・26判時1881号64頁　*288*
- 最決平成16・10・29民集58巻7号1979頁　*315*

- 最判平成16・11・18判時1881号83頁　*35*
- 最判平成16・11・18判時1881号90頁　*111*
- 最判平成17・4・21判時1895号50頁　*261*
- 最判平成17・7・11判時1911号97頁　*288*
- 最判平成17・7・22判時1908号128頁　*440*
- 最判平成17・9・8民集59巻7号1931頁　*284*, *335*
- 最判平成18・7・7民集60巻6号2307頁　*178*
- 最判平成18・9・4民集60巻7号2563頁　*153*
- 最判平成20・3・8判時2006号77頁　*178*
- 最判平成21・1・22民集63巻1号228頁　*282*
- 最判平成21・3・24民集63巻3号427頁　*434*, *436*
- 最判平成22・10・8民集64巻7号1719頁　*284*, *287*

●事項索引●

【あ】
悪意の遺棄　96, 185

【い】
家制度　2, 7, 57, 291
遺骨　290
遺産確認の訴え　287, 352
遺産分割　21, 302, 331
遺産分割協議の性質　354
遺産分割審判の性質　352
遺産分割の効力　357
遺産分割の方法　337, 416, 429, 448
意思能力　41, 48, 114, 161, 405
遺贈　417, 419, 446, 459
遺贈義務者　420
遺贈の放棄　421
遺体　290
一身専属権　272
一般危急時遺言　408
一般承継　272
移転主義　358
遺留分　455
遺留分回復の訴え　423
遺留分侵害額　458
遺留分減殺請求権　273, 310
遺留分減殺請求権の行使　468
遺留分減殺請求権の消滅時効　477
遺留分の放棄　478
姻族　133

【う】
氏と戸籍　133

【え】
営業権　278
縁組意思　171, 178
縁組障碍　173
縁組能力　172
縁組の取消し　178
縁組の無効　178

【お】
親子関係不存在確認の訴え　151, 155, 160, 165

【か】
価額弁償　475
家事審判事件　20
家事調停　23
家庭関係事件の手続　18
可分債権　332
可分債務　336
監護権　200
間接強制　205, 210
完全破綻主義　112
管理権喪失　217
関連請求　53, 113, 145

【き】
期限付き遺贈　422
寄附行為　445
協議離縁　182
協議離婚　91
強制認知　162
共同財産制　73

事項索引

共同相続　279
共同相続財産　293
共同遺言　407
共有物分割　312,355
協力義務　67,87
寄与分　319
近親婚　44,49

【く】
具体的相続分　302

【け】
形式的形成訴訟　155
形成権　280,468
血族　11
血族相続人　256
限定承認　375,381,423
限定承認の抗弁　389

【こ】
合意に相当する審判　51
公開停止　115
後見　220
公正証書遺言　403
呼称上の氏　125
子の監護　194
子の監護に関する定め　122
子の引渡し　202
個別慰謝料　142
固有必要的共同訴訟　53,179,269,
　　287
ゴルフ会員権　276,286
婚姻　37
婚姻届　44
婚姻意思　38

婚姻障碍　42
婚姻適齢　42,49
婚姻能力　41
婚姻の効果　56,87
婚姻の成立　36
婚姻の成立要件　38
婚姻の取消し　48
婚姻の無効　48
婚姻の予約　27
婚姻費用の分担　76,246,248
婚姻費用分担義務　76,88
婚姻履行請求権　29
婚姻を継続し難い重大な事由　102
婚氏続称　124,134
婚約　26
婚約の成立　28
婚約破棄　30

【さ】
債権者代位　131,244
債権者代位権　131
再婚禁止期間　43,49,155
財産管理権　211
財産分与　126,136,186
財産分与請求権　272
祭祀財産　132,272,291
在船者の遺言　411
再転相続　256,311,381
裁判による認知　162
裁判離縁　185
裁判離婚　112
債務不履行に基づく損害賠償請求権
　　30
詐害行為取消権　131
差押禁止債権　244,251

499

事項索引

【し】

死後離縁　184
事実婚主義　44
事実上の推定　150
指定相続分　302, 418
自筆証書遺言　398
社員権　276, 286
借家権　277
受遺者　419
重婚　43, 49
受益者　422
熟慮期間　375, 379
守操義務　59
準婚　35
準正　150
消極的破綻主義　109
条件付き遺贈　422
承認　378
職分管轄　52
職権探知主義　3, 115
処分権主義　19, 125, 156
人格権　273
親権　194
親権者　197
親権者の指定　124
親権喪失　215
親権停止　216
親権の効力　200
親権の性質　195
親権濫用　214
人工授精　153
人事事件と家庭裁判所　18
人事訴訟　3
人事訴訟事件　18

人身保護　203
親族　11
親族の範囲　14
親族法の性質　2
親族法の特徴　3
親等　11
審判離婚　95

【す】

推定されない嫡出子　150
推定相続人廃除　265, 416

【せ】

生活扶助義務　78, 241
生活保持義務　67, 78, 241
請求の認諾　54
請求の放棄　54
制限行為能力者　21
生死不明　185
精神障がい　106
精神病　98
成年擬制　68
成年後見制度　226
生命保険金　277
積極的破綻主義　112
宣言主義　358

【そ】

相続回復請求権　273, 367
相続欠格　261
相続財産　271
相続財産管理人　297
相続財産管理費用　299, 336
相続財産の果実　335
相続財産の管理　293

相続財産の評価　337
相続させる旨の遺言　342, 429, 465
相続人　254
相続の意義　15
相続の根拠　16
相続の承認　378
相続の放棄　383
相続分　301
相続分指定　342, 416, 418, 448, 458
相続分譲渡　311
相続法の性質　2
相続法の特徴　3
訴訟能力　114
訴訟物　108, 116
尊属　11

【た】

体外受精　153
胎児　255, 350
代襲相続　256, 308
代償財産　334
退職金　140
代諾縁組　172
多数関係者の抗弁　164
扶け合いの義務　14
単純承認　375
単独行為　375, 394, 438
担保責任　361

【ち】

父を定める訴え　155
嫡出子　148
嫡出親子関係　149
嫡出推定　149, 154

嫡出否認の訴え　150
抽象的遺留分　457
抽象的相続分　302
超過特別受益　325
調停前置主義　23, 51, 94, 112, 185
調停離婚　94
直系　11
直系尊属　259, 305
直系卑属　258

【つ】

追認　52

【て】

貞操義務　59, 87, 95, 149
伝染病隔離者遺言　410

【と】

同居義務　65, 87
同時存在の原則　254
特定遺贈　423
特別受益　312
特別養子　187
特有財産　73
土地管轄　113

【な】

内縁　27, 35, 126
難船危急時遺言　411

【に】

日常家事債務　79, 88
任意後見制度　232
任意認知　160
認知届　162

501

事項索引

認知の訴え　160, 162
認知の効力　165

【ね】

年金　141

【は】

破産　144
破綻主義　101, 111
判決離婚　95
反訴　53

【ひ】

非訟事件　352
卑属　11
非嫡出子　159, 306
必要的共同訴訟　282
秘密証書遺言　405

【ふ】

夫婦間の契約取消権　68
夫婦共同縁組　173
夫婦財産契約　71
夫婦財産制　71
夫婦同氏　56, 87
夫婦別氏　57
不可分債権　296
復氏　124
不受理申出制度　92, 93, 192
扶助義務　67, 76, 87
附帯処分　116, 145
不代替的作為義務　276
負担付き遺贈　422
普通養子　171
不貞　95

不貞の抗弁　164
不法行為に基づく損害賠償請求権
　　　32, 142
扶養　240
扶養義務　249
扶養義務者　242
扶養請求権　272
不利益変更禁止の原則　125

【へ】

弁論主義　19

【ほ】

包括遺贈　425
包括承継　272
放棄　375
傍系　11
法定後見制度　226
法定財産制　72, 87
法定相続　16
法定相続人主義　254
法定相続分　302, 418
法定訴訟担当　115
法定単純承認　378
法律婚主義　44, 306
保護命令　103
保佐　230
補助　231
補助参加　65, 165
保全処分　118, 144
保存行為　296

【み】

未成年後見　222
未成年後見人の指定　415

未成年者の婚姻　44
民法上の氏　124

【め】
面会交流権　123

【ゆ】
遺言事項　396
遺言執行者　417, 443
遺言書の検認　443
遺言信託　417
遺言相続　16
遺言認知　415, 445
遺言能力　395
遺言の解釈　438
遺言の効力　414
遺言の作成　392
遺言の執行　442
遺言の撤回　451
遺言の取消し　417, 451
遺言の方式　397
結納の性質　32
有責配偶者の離婚請求　109

【よ】
養育費　211, 246
養子　170

養子縁組　169
養子縁組の効力　181
養子縁組無効確認の訴え　178

【り】
利益相反行為　213
離縁　89
離縁の効果　186, 191
離婚　85
離婚意思　90
離婚慰謝料　130, 142
離婚給付　136
離婚原因　95
離婚後扶養　129
離婚の効果　122
離婚の成立　89
離婚無効の訴え　52
立証責任　54, 116, 368, 412

【る】
類似必要的共同訴訟　179, 296

【わ】
和解　54
藁の上からの養子　149, 176

〔著者略歴〕

橋 本 昇 二（はしもと　しょうじ）

〔略歴〕　京都大学法学部卒業、昭和53年裁判官任官、平成17年3月東京高等裁判所を最後に退官、同年4月弁護士登録。平成19年4月東洋大学法科大学院教授。

〔主な著書・論文〕　共著『遺産分割事件をめぐる諸問題』（1994年、法曹会）、共著『注解法律学全集19　民法Ⅹ（相続）〔第882条～第1044条〕』、（執筆担当部分908条から914条、1995年、青林書院）、共著『相続の法律相談〔第5版〕』（執筆担当部分102問、125問、2000年、有斐閣）など。論文に、「民法715条と自賠法3条」吉田秀文・塩崎勤編『裁判実務体系8　民事交通・労働災害訴訟法』（1985年、青林書院）、「遺産、特別受益及び寄与分とその評価方法」（1997年、判例時報1608号12頁）、「葬式費用と香典」梶村太市・雨宮則夫編『現代裁判法体系11　遺産分割』（1998年、新日本法規）、「葬式費用の負担者」（2002年、判例タイムズ1100号342頁）、「遺骸・遺骨」（2002年、判例タイムズ1100号350頁）、「要件事実原論ノート」第1章～第4章（2009年～2012年、白山法学第5号～第8号）など。

三 谷 忠 之（みたに　ただゆき）

〔略歴〕　昭和20年生まれ、昭和44年大阪市立大学法学部卒業、昭和49年神戸大学大学院博士課程単位修得退学後、大阪経済法科大学講師、筑波大学助教授、香川大学教授、東洋大学法科大学院教授を経て、現在、香川大学法学研究院教授（四国ロースクール）、法学博士(神戸大学)、弁護士(東京弁護士会)

〔主な著書〕　『民事再審の法理』（1988年、法律文化社）、『民事訴訟法講義』（2002年、成文堂）、『民事執行法講義』（2004年、成文堂）、『民事訴訟法講義〔第2版補訂版〕』（2005年、成文堂）、訳編『西ドイツ簡素化法入門』（1983年、ユニオン・プレス）、編著『民事執行・保全法への誘い』（2003年、八千代出版）、編著『両性平等時代の法律常識』（2005年、信山社）、『民事倒産法講義』（2006年、成文堂）、『民事訴訟法講義〔第3版〕』（2011年、成文堂）、『民事執行法講義〔第2版〕』（2011年、成文堂）

【実務法律講義⑭】
実務 家族法講義〔第2版〕

平成24年7月24日　第1刷発行

定価　本体4,600円（税別）

著　　者　橋本　昇二　三谷　忠之
発　　行　株式会社　民事法研究会
印　　刷　株式会社　太平印刷社

発 行 所　株式会社　民事法研究会
　　〒150-0013 東京都渋谷区恵比寿3-7-16
　　　　〔営業〕TEL03(5798)7257　FAX03(5798)7258
　　　　〔編集〕TEL03(5798)7277　FAX03(5798)7278
　　　　　http://www.minjiho.com/　info@minjiho.com

落丁・乱丁はおとりかえします。　ISBN4-89628-792-9 C3332 ¥4600E
カバーデザイン　袴田峯男

■平成23年改正民法等に対応して改訂！■

裁判事務手続講座〈第3巻〉

〔全訂八版〕

書式 家事事件の実務
―審判・調停から訴訟・執行までの書式と理論―

二田伸一郎・小磯 治 著

A5判・582頁・定価 5,145円（税込 本体 4,900円）

▷▷▷▷▷▷▷▷▷▷▷▷▷▷▷ **本書の特色と狙い** ◁◁◁◁◁◁◁◁◁◁◁◁◁◁◁

▶全訂八版では、児童虐待の防止等を図り、児童の権利利益を擁護する観点から、親権・監護権などに関して重要な改正がなされた平成23年改正民法に対応するとともに、平成25年1月施行予定の家事事件手続法に沿った申立書の新しい様式を登載して改訂増補！　運用の体系的な整理とともに、全体的な見直しを施し、巻末には近年の家事事件に関わる法改正の動きを収録！

▶家事事件・人訴事件の訴訟・執行も含めて111件の書式・記載例等を収録し、理論と実務を一体として詳解した実践手引書として多くの方々から長年にわたり好評を博してきたロングセラー！

▶手続の流れに沿って具体的かつわかりやすく解説しているので、法律知識にうとい方々でも極めて利用が至便！

▶弁護士、司法書士、裁判所関係者などの法律実務家のみならず、法務アシスタントや一般の市民にとっても格好の手引書！

本書の主要内容

第1章　家事事件の概要　　　　　　　　　第7章　家事雑事件の申立て
第2章　家事事件手続　　　　　　　　　　第8章　民事執行法に関する事件の申立て
第3章　審判の申立て　　　　　　　　　　第9章　その他の申立て
第4章　調停の申立て　　　　　　　　　　第10章　養育費等の強制執行の申立て
第5章　合意に相当する審判事件の申立て　〔参考〕家事事件に関わる最近の制度改正
第6章　人事訴訟

発行　**民事法研究会**

〒150-0013　東京都渋谷区恵比寿3-7-16
（営業）TEL. 03-5798-7257　FAX. 03-5798-7258
http://www.minjiho.com/　　info@minjiho.com